Oracle8

pour Windows NT

CHEZ LE MÊME ÉDITEUR

Bases de données – Data Warehouse

D. Deléglise. – **Oracle et le Web**.
N°8971, 1998, 240 pages.

A. Abdellatif, M. Limame, A. Zeroual. – **Oracle 7**. *Langages, architecture, administration*.
N°8832, 1994, 464 pages.

M. Israel. – **Administration SQL Server 6.5**.
N°8942, 1997, 536 pages + CD-Rom PC.

R. Lefébure, G. Venturi. – **Le Data Mining**.
Collection Informatiques Magazine. N°8981, 1998, 340 pages + CD-Rom PC.

J.-M. Franco, Institut Prométhéus. – **Le Data Warehouse**. *Le Data Mining*.
Collection Informatiques Magazine. N°8956, 1997, 208 pages.

Méthodes et outils d'analyse et conception

N. Kettani, D. Mignet, P. Paré, C. Rosenthal-Sabroux. – **De Merise à UML**.
N°8997, 1998, 448 pages + CD-Rom PC.

P.-A. Muller. – **Modélisation objet avec UML**.
N°8966, 1997, 440 pages + CD-Rom PC.

N. Lopez, J. Migueis, E. Pichon. – **Intégrer UML dans vos projets**.
Collection Informatiques Magazine. N°8952, 1997, environ 240 pages.

H. Smine. – **Concevoir et développer avec Oracle et Case**.
N°8829, 1994, 272 pages.

G. Guedj. – **AMC*Designor**.
Mise en œuvre de Merise – Conception d'applications client-serveur.
N°8931, 1996, 320 pages + CD-Rom PC.

Internet – Intranet

A. Homer, D. Gill, S. Jacab. – **Interface entre Web et bases de données sous Windows NT**.
Internet Information Server – Active Server Pages et objets ADO.
N°8964, 1998, 448 pages.

C. Nicolas, C. Avare, F. Najman. – **Java client-serveur**.
JDK 1.1, Java Beans, JDBC, Corba/RMI, Marimba Castanet.
Collection Fi System. N°8938, 1998, 760 pages + CD-Rom PC/Unix.

P. Chaléat, D. Charnay. – **Programmation HTML et JavaScript**.
N°9024, 1998, 460 pages environ + CD-Rom PC/Mac.

J. Guérin, M. Petremann. – **La face cachée d'HTML**.
HTML 3.2 et 4.0 – Dynamic HTML – Feuilles de style.
N°8930, 1998, 400 pages + CD-Rom PC/Mac.

C. Leloup. – **Moteurs d'indexation et de recherche**.
Environnements client-serveur, Internet et intranet.
N°8976, 1998, 288 pages + CD-Rom PC.

Oracle8

pour Windows NT

Gilles BRIARD

Eyrolles

ÉDITIONS EYROLLES
61, Bld Saint-Germain
75240 Paris Cedex 05
www.eyrolles.com

Un grand merci à tous ceux qui m'ont permis d'écrire ce livre : mes anciens collègues avant-vente auprès de qui j'ai beaucoup appris, Isabelle pour son soutien patient et Jean pour les moments libres qu'il m'a accordés.

Email de l'auteur : *gbriard@club-internet.fr*

Des mises à jour de ce livre ainsi que des compléments seront ajoutés au fil du temps sur le site Eyrolles : *www.eyrolles.com/auteurs/briard.asp*

« La perfection des moyens et la confusion des buts semblent caractériser notre époque. »

Albert Einstein

Table des matières

Avant-propos

Windows NT est mature et sa présence dans les entreprises l'atteste. Une intense guerre commerciale est déclarée par les éditeurs de logiciels pour avoir une place au soleil sur ce système d'exploitation. Tous font de gros efforts d'intégration, de performances, de facilité d'exploitation et surtout de prix.

Oracle, leader mondial des bases de données est l'un des mieux armés pour attaquer ce marché et proposer une base de données très avancée techniquement, au meilleur rapport qualité/coût. Oubliez l'image « Oracle = Unix » ou « Oracle = complexe et cher ». Suivez-nous pas à pas et découvrez les possibilités d'Oracle sur NT : comment l'installer, le configurer, l'administrer et l'intégrer de manière fine à Windows NT.

Objectifs de ce livre

Les produits utilisés

Nous avons choisi de prendre Oracle8 Enterprise Edition comme support de ce livre. C'est en effet la dernière version du serveur Oracle et elle est disponible sur Windows NT. Cette version possède 100 % des possibilités d'Oracle offertes sur les autres systèmes d'exploitation du marché.

La version de Windows NT utilisée est Windows NT 4.0, en version Server ou Workstation, cela est indifférent au fonctionnement d'Oracle8.

A qui s'adresse ce livre ?

Ce livre se veut une réponse aux attentes de deux types de lecteurs, selon deux axes d'orientation.

Tout d'abord une orientation stratégique destinée aux décideurs : directeurs informatique, responsables de veille technologique, consultants, pour les aider à comprendre les enjeux d'Oracle8 sur Windows NT. Quels en sont les apports, les architectures, les logiciels inclus lors de l'achat d'Oracle8, les types d'applications qui peuvent être déployées, etc.

D'autre part une orientation technique, destinée aux administrateurs de Windows NT, aux responsables réseaux, aux développeurs. Leur culture informatique peut venir de plusieurs sources : utilisateurs d'Oracle sur d'autres plates-formes, développeurs connaissant des bases de données micro telles que Access, SQL Anywhere, etc., ou encore utilisateurs d'autres bases de données comme SQL Server, Informix, etc, et amenés à mettre en œuvre Oracle8.

Cette orientation technique permet aussi :

- à des administrateurs Oracle confirmés mais novices sur Windows NT, de comprendre et mettre en pratique leurs connaissances acquises sur d'autres systèmes d'exploitation ;
- à des architectes techniques, spécialisés ni dans Oracle, ni dans Windows NT, de comprendre clairement les briques logicielles mises en œuvre avec telle ou telle configuration. C'est particulièrement vrai pour de nouvelles technologies comme Java, JDBC ou les clusters NT.

Windows NT étant un système récent, nous abordons en plus des aspects propres à Oracle, les commandes et les utilitaires NT indispensables pour tirer le meilleur profit d'Oracle.

Fruit de nombreuses années d'expérience en la matière, cet ouvrage vous apprend à vous servir d'Oracle, tout en vous initiant à Windows NT et à son environnement. Un de ses objectifs est de permettre un transfert de connaissances, au moyen de très nombreux exemples et remarques, en ayant comme souci constant la clarté du propos. Des annexes techniques développent certains points précis sans alourdir les chapitres.

Prérequis à la lecture

Les premiers chapitres stratégiques sont conçus pour être lus sans qu'il soit nécessaire d'avoir une culture informatique très poussée. Ils présentent essentiellement des concepts, des architectures et positionnent différents produits.

Les chapitres techniques nécessitent davantage de compétences en informatique. Ils ne se contentent pas de vous présenter des fonctionnalités, mais vous expliquent comment les mettre en place, essentiellement par des chapitres courts, aux objectifs précis.

Si les bases du fonctionnement de Windows NT ainsi que les principes du langage SQL ne sont pas abordés, toutes les manœuvres effectuées avec Windows NT et Oracle sont explicitement présentées. Cela permet à toute personne n'ayant pas d'expérience précise sur Windows NT ou Oracle, mais ayant manipulé Windows 95 ou Unix, de contrôler avec précision Oracle8 sur Windows NT.

Parcours de lecture proposé

Certains chapitres, les premiers, ont une orientation très stratégique : pourquoi choisir Oracle sur Windows NT ? Quelles architectures matérielles le couple Oracle8/Windows NT supporte-t-il ? Quels sont les apports d'une architecture matérielle de type cluster avec Oracle8 ? Quelles briques logicielles sont fournies lorsque vous achetez Oracle8 ? Tous ces thèmes permettent de faire le point sur l'état de l'art en ce domaine. Ils aideront les décideurs et les architectes techniques à cerner l'intérêt d'Oracle8 et de Windows NT pour leur stratégie actuelle ou future.

Les autres chapitres ont une orientation résolument technique. Ils permettent d'apprendre à tirer le meilleur profit de votre environnement et à réaliser toutes les tâches majeures d'administration.

Vous pouvez facilement passer d'un chapitre à l'autre, sans effectuer une lecture linéaire. S'il est souhaitable de lire au préalable tel ou tel chapitre, ou si des notions ont été abordées ailleurs, cela vous est précisé.

Notre souci constant est de vous aider à distinguer l'essentiel de l'accessoire et à bien comprendre l'articulation des différents produits. C'est pourquoi nous avons choisi de traiter les chapitres sous forme de tâches à réaliser, plutôt que de vous donner une liste indigeste de commandes, sans fil conducteur précis.

Ce que ce livre n'est pas

Ce livre n'est ni un manuel de formation au langage SQL, ni un guide comparatif entre Oracle8, SQL Server et les autres systèmes de gestion de bases de données sous NT.

Nous nous centrons sur l'intérêt offert par Oracle8 sur Windows NT, sur sa mise en place et sur toutes les tâches afférentes.

Cela n'empêche que dès que des commandes SQL intéressantes ou utiles sont abordées, ou qu'un contexte technique nécessite des précisions liées à l'offre ou au positionnement d'un fournisseur, des exemples précis sont proposés.

Plan du livre

Chapitre 1 – Pourquoi choisir Oracle sur NT

Ce chapitre revêt une importance stratégique. Il aborde le positionnement de Windows NT par rapport à Unix et précise les enjeux importants lors du choix d'un système d'exploitation. De nombreux exemples d'utilisation d'Oracle8 et de l'architecture technique mise en place sont par ailleurs abordés.

Chapitre 2 – Environnement NT : l'indispensable

Windows NT est peut-être un nouvel environnement pour vous. Nous énumérerons les outils Microsoft fournis en standard avec Windows NT ainsi que d'autres livrés avec le *Kit de Ressources Techniques* de Microsoft. Ce survol rapide va nous permettre de présenter les outils qui seront utilisés tout au long de ce livre. Certains, méconnus jusqu'ici, vous seront d'une grande utilité.

Chapitre 3 – L'installation d'Oracle8 sur NT

Oracle8 est un produit très complet, qui intègre la base de données mais aussi tout un assortiment d'utilitaires et de logiciels associés. Nous détaillerons l'ensemble de ces logiciels, en précisant leur utilisation. Nous installerons Oracle8 et une base initiale utilisée dans tous nos tests.

Chapitre 4 – Le fonctionnement d'Oracle8 sur NT

Après un rappel des différentes composantes d'une base Oracle8, nous observerons de manière détaillée la façon dont Oracle8 s'intègre à Windows NT. Nous aborderons ensuite les exécutables et les threads NT, puis nous expliquerons et commenterons le lancement et l'arrêt d'une base Oracle8 sur Windows NT.

Chapitre 5 – Net8, le middleware Oracle

Ce chapitre explique comment installer, configurer et mettre en œuvre Net8, le middleware de communication Oracle. Des exemples précis sont fournis pour vous seconder pas à pas.

Chapitre 6 – ODBC et Oracle Objects pour OLE, JDBC et SQLJ

Suite logique du chapitre précédent, nous abordons l'installation et la configuration d'ODBC et d'Oracle OLE Objects, avec des exemples d'utilisation d'Excel et de Word. La configuration ODBC est importante car elle est utilisée par de très nombreux logiciels tiers qui se connectent à Oracle.

Enfin, Java est de plus en plus présent dans les développements applicatifs. Ce langage nécessite des moyens d'accès à Oracle8 : c'est l'objectif proposé par JDBC et SQLJ.

Chapitre 7 – Gestion d'une base Oracle8

Ce chapitre présente toutes les étapes utiles de la vie d'une base Oracle8 : sa création, la gestion du démarrage et de l'arrêt, et sa suppression. De nombreux cas particuliers sont évoqués et une démarche progressive révèle les mécanismes internes d'Oracle8 sur Windows NT. Nous vous montrerons de manière détaillée comment créer une nouvelle base de données sur Windows NT.

Chapitre 8 – Stratégie de sécurité sous Windows NT

Nous avons constaté que l'installation par défaut d'une base Oracle8 est très souple, mais qu'elle présente des lacunes en terme de sécurité. Les options par défaut sont trop permissives. Nous vous expliquerons comment mettre en œuvre une sécurité maximale, en vous donnant toutes les recommandations utiles à la conception de bases de données Oracle8 sécurisées dans un environnement Windows NT.

Chapitre 9 – Oracle Enterprise Manager

Oracle Enterprise Manager est un environnement d'administration et de supervision de nouvelle génération, développé d'une manière modulaire et ouverte. Il est très complet et permet d'envisager des tâches complexes avec beaucoup de sérénité. Les différents composants sont décrits, ainsi que leur mise en œuvre et leur utilisation.

Chapitre 10 – La sauvegarde d'une base Oracle8

Vos données sont précieuses, il faut par conséquent les sauvegarder. Oracle8 dispose de nombreuses options pour adapter vos sauvegardes à vos besoins. Nous présentons différentes méthodes pour sauvegarder vos données avec les outils standard fournis par Oracle. Nous commentons leurs avantages et inconvénients respectifs.

Chapitre 11 – Les disques durs : FAT, NTFS et RAID

Ce chapitre commente un aspect important de votre système : le stockage des données. Windows NT propose les technologies FAT et NTFS. Sous ces technologies, vous pouvez mettre en œuvre des techniques RAID. Tous ce points sont traités dans le cadre de la mise en œuvre d'une base de données, qui a des contraintes spécifiques.

Chapitre 12 – Optimisation et performances

Windows NT est un système performant promis à un bel avenir. Des conseils vous aident à en tirer le meilleur parti en optimisant deux aspects : votre système Windows NT et votre base Oracle8.

Chapitre 13 – Faire migrer vos données Microsoft Access vers Oracle8

Vous êtes utilisateur de Microsoft Access et, lassé des limites rencontrées lors de l'utilisation intensive d'Access, vous souhaitez faire migrer vos données vers une base Oracle8. Ce chapitre vous décrit la marche à suivre.

Chapitre 14 – Clusters NT, Fail Safe et Parallel Server

L'objectif de ce chapitre est, par-delà les effets d'annonce et les idées simplistes accolées aux clusters, de vous en présenter les enjeux, les objectifs et les principes de fonctionnement. Nous aborderons Oracle Fail Safe, Oracle Parallel Server et Microsoft Cluster Server (MSCS), l'ex-Wolfpack, en suivant comme ligne directrice la mise en œuvre de bases de données.

Chapitre 15 – Oracle, le Network Computer et l'architecture NCA

Oracle est l'un des leaders techniques de l'informatique actuelle. Sa stratégie est dirigée selon deux grands axes, le Network Computer (NC) et l'architecture NCA (Network Computer Architecture). Ce chapitre, hors des sentiers battus, du « politiquement correct » et de la « langue de bois » d'Oracle, vous propose une vision stratégique de ces architectures et de leurs raisons d'être.

Annexe 1 – Glossaire des termes utilisés

Liste et définitions des termes techniques utilisés dans ce livre.

Annexe 2 – Mémento SQL

Mémento des commandes SQL, classées par thèmes. Nous expliquons brièvement l'utilité de chacune d'entre elles.

Annexe 3 – Procédures pour le DBA

Commandes SQL utiles pour un administrateur de bases de données Oracle.

*Annexe 4 – Oracle SQL*Loader*

Cette annexe traite de SQL*Loader et de sa mise en œuvre. Nous avons choisi de vous présenter cet outil par une série de questions/réponses et par le recours à de nombreux exemples.

Annexe 5 – Sites Internet et bibliographie

Cette annexe fournit un ensemble d'adresses Internet pour obtenir des informations complémentaires sur le produit Oracle8, ses outils associés, et sur leur mise en œuvre.

1

Pourquoi choisir Oracle sur NT

On oppose souvent Windows NT à Unix et de nombreuses questions se posent lors du choix d'une base de données. Chaque système a ses avantages et ses inconvénients et Oracle a pour principal avantage d'être parfaitement intégré à Windows NT. Cette intégration complète exploite les caractéristiques les plus poussées de Windows NT.

La force principale d'Oracle est la portabilité de sa base de données. Oracle accorde une priorité à quatre systèmes d'exploitation. Windows NT en fait partie, au même titre que HP/UX (Hewlett Packard), Solaris (Sun) et Aix (IBM). C'est-à-dire que toute sortie d'une nouvelle version d'Oracle sera synchronisée de manière prioritaire pour l'ensemble de ces plates-formes.

Opposer Unix et Windows NT pour les applications d'entreprise : vraie guerre ou faux débat

On parle beaucoup de la « guerre » entre Unix et Windows NT. Il est vrai que les enjeux économiques et stratégiques sont capitaux pour les entreprises dont les choix doivent allier performance, pérennité et meilleur coût. Mais on ne peut pas choisir entre Unix et NT sans se poser les questions suivantes :

- pour quelle utilisation ?
- quel est le niveau de performance requis ?
- quelle est la disponibilité demandée ?
- quelles sont les compétences de mes équipes ?
- quel en sera le coût ?

Rappelez-vous il y a quelques années, lors de la montée en puissance d'Unix. A cette époque, on opposait Unix (le « petit ») aux mainframes (les « gros »). Chacun y allait de son avis : qui allait manger qui ? L'un allait écraser l'autre ! L'un était mûr, l'autre immature ! Ça ne prendra jamais ! Ça ne peut pas marcher, etc. Cela évoque fortement l'affrontement actuel entre Windows NT et Unix.

Unix n'a pas tué le mainframe, il l'a remplacé pour certaines applications. De même Windows NT vient concurrencer Unix et peut le suppléer pour certaines applications. C'est une bonne raison pour accorder toute son attention à Windows NT, mais aussi pour apprécier les limites de ce serveur.

Il ne faut pas oublier que si Windows NT monte en puissance, dans le même temps, Unix progresse et les mainframes tout autant ! Evitons l'écueil qui consiste à comparer des systèmes de générations différentes.

Pour de petites applications avec quelques utilisateurs connectés, des volumes de données de quelques giga-octets, des postes de développement autonomes, des projets du type groupes de travail, Windows NT présente des avantages certains face à Unix. Ce type de projet et d'environnement est de plus en plus répandu.

A l'inverse, si vous devez utiliser des terminaux en mode caractère, si vous avez beaucoup d'utilisateurs connectés simultanément, si la puissance et la disponibilité sont importantes, si vous devez exploiter votre système sans avoir à le relancer à chaque modification, c'est Unix qui reprend l'avantage.

Les choix sont plus difficiles lorsque la charge que vous devez soumettre à votre serveur se situe dans une zone intermédiaire. Voici quelques critères qui peuvent vous aider à opter pour l'un ou l'autre de ces deux systèmes d'exploitation :

- Windows NT, même avec la version 4.0, n'est pas réputé pour tirer le meilleur parti des processeurs qu'on peut lui ajouter, comparé à Unix. Ce qui veut dire que vous n'êtes pas assuré qu'une application qui fonctionne bien sur une machine Windows NT avec un processeur verra sa puissance grimper linéairement (ou presque) par l'adjonction d'autres processeurs. Mais avez-vous réellement besoin d'une machine à 16 processeurs ?
- Simple et efficace pour des configurations moyennes, le réseau Netbios propre à Windows NT et aux clients Windows peut être très verbeux en terme d'échanges réseau. Cela concerne les accès aux fichiers distants, aux imprimantes, aux domaines, etc. Unix a généralisé et imposé TCP/IP. Ces deux protocoles coexistent, mais le mélange des deux sur Windows NT, pour un réseau étendu d'entreprise, peut complexifier l'installation.
- D'un point de vue administration, Unix dispose de langages de scripts plus sophistiqués (script Shell versus ligne de commande), lui offrant de plus grandes possibilités. Le langage de scripts est quasi inexistant sous NT. De même, des outils complémentaires doivent être ajoutés à Windows NT pour effectuer nombre de tâches, alors que la bibliothèque standard d'Unix offre un riche éventail de fonctions.
- Le contrôle à distance des PC est actuellement difficile et il ne peut se faire sans l'ajout de produits externes. Unix a été conçu dès le début pour cela, car ses concurrents mainframes étaient superbement équipés en la matière. Il est facile d'administrer un

large réseau de machines Unix distantes. Windows NT doit faire des progrès dans cette voie.

- Windows NT est avantageux pour les réseaux réduits qui n'ont pas besoin d'une administration sophistiquée, alors qu'Unix propose des choix d'architectures plus larges.

Comme vous le voyez, c'est ce que l'on souhaite faire qui détermine les choix. L'autre critère important est votre « sensibilité » informatique : c'est le règne des critères affectifs et irrationnels et là, il y a souvent une partialité proche des guerres de religion ! En tout état de cause, une configuration hybride avec à la fois des serveurs NT et des serveurs Unix permet, le cas échéant, de tirer bénéfice des avantages de chaque système.

Vers une nouvelle stratégie de distribution

Oracle a effectué depuis quelques années une percée remarquée dans le domaine du groupe de travail, avec ses produits « Oracle8 Server » et avec « Personal Oracle » sur les postes de travail personnels. L'évolution est majeure : nous ne sommes plus dans une diffusion à faible échelle, avec des produits chers, mais dans celle des produits micro-informatiques. La diffusion se veut large et à faible coût, en concurrence directe avec les autres éditeurs de bases de données.

Les moyens de diffusion sont eux aussi adaptés à cette évolution. D'une force commerciale directe, Oracle se diversifie en mettant en œuvre une télévente située en Irlande, pour cette gamme de produits. De nombreux revendeurs sont aptes à commercialiser ses produits et à mettre en œuvre des solutions client-serveur et Internet.

Fait nouveau, des versions d'évaluation des produits, qui regroupent 100 % des fonctionnalités, sont diffusées gratuitement par l'éditeur, sur CD-Rom, aux USA et en France. De même, et c'est une première, des sites Internet appartenant à Oracle permettent de récupérer ces logiciels directement par le réseau mondial, pour les tester durant 90 jours avant de les acheter. Ces logiciels ne contiennent pas de clé de cryptage, ni de « bombe à retardement » permettant de les verrouiller à l'issue des 90 jours de prêt, ce qui permet de convertir simplement la licence de prêt en une licence achetée. L'adresse incontournable d'Oracle est *http://www.oracle.com/*. Les CD-Rom sont disponibles auprès de l'éditeur. Cette tendance, loin d'être une action commerciale ponctuelle, est d'évidence l'orientation future de la diffusion de masse des logiciels.

Une couverture de l'ensemble des besoins de l'entreprise

La micro-informatique est désormais prédominante dans l'environnement des entreprises. De nombreuses applications nécessitent un stockage de données. Pourquoi ne pas mettre à la disposition des utilisateurs familiers du PC des outils leur permettant de stocker et de manipuler des volumes importants de données, d'autant que des mémoires de masse imposantes équipent désormais tous les micro-ordinateurs ? Comment éviter de recourir à des solutions hétérogènes, « micro », « mini » et « mainframe » qui communiquent peu ou mal ? Oracle8 Server et Personal Oracle répondent à ces besoins. Ils offrent des caractéristiques techniques strictement identiques à celles de leurs aînés qui fonctionnent sur des machines plus puissantes. Ils vous permettent ainsi de prendre pied dans l'univers d'Oracle, avec un investissement réduit et en utilisant des machines que vous maîtrisez déjà.

Supporter avec une même technologie des projets d'envergure différente

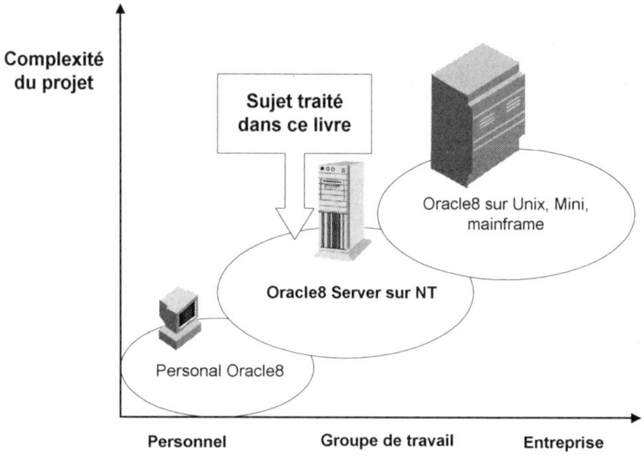

Oracle8 est porté sur différentes machines et systèmes d'exploitation. Tout d'abord, *Personal Oracle8* est une base de données mono-poste, ne permettant pas à des utilisateurs distants de se connecter. *Oracle8 sur NT* est une base de données multi-utilisateur autorisant des clients locaux, intranet ou distants à se connecter. Enfin, Oracle8 est utilisé sur de très nombreuses machines puissantes, de type Unix, mini ou mainframe.

Oracle8 : une seule souche technologique

Ce qui est primordial, c'est que toutes ces versions sont issues de la même souche technologique. Toutes les fonctions accessibles aux développeurs pour l'une de ces versions se retrouvent dans les autres. Il convient de parler du *portage* d'Oracle sur différentes machines, car, à numéro de version équivalent, ce sont les mêmes produits.

Cela offre de grands avantages :

- disposer d'une même base de données pour des développements personnels, un groupe de travail ou l'ensemble de l'entreprise ;
- supporter des projets allant du plus simple, nécessitant peu de puissance, au plus complexe, qui en requiert beaucoup ;
- utiliser la bonne machine au bon endroit, selon vos besoins, votre budget, avec une puissance adaptée ;

- autoriser une grande souplesse en matière d'architecture, différentes technologies (client-serveur, Internet, etc.) pouvant être déployées autour d'une base de données au rôle fédérateur;
- respecter les choix technologiques des entreprises en assurant une cohérence autour de la base de données.

Permettre une réelle concurrence

Comment choisir une machine, un système d'exploitation, une base de données, sans se tromper ? Le choix de l'un des composants entraîne-t-il obligatoirement le choix des autres ? Comment concilier la durée de vie de vos application avec vos choix technologiques ? Comment faire évoluer un tel parc ? Oracle apporte une réponse en transformant l'informatique moderne en un Meccano, un assemblage de composants.

Le point invariant de votre système d'information n'est plus le système d'exploitation, un type de machine, mais vos données et vos applications. C'est un recentrage nécessaire de l'informatique : mettre la technique au service de vos données et applications, et non l'inverse.

Ce recentrage et cet assemblage de composants qui banalisent les machines et systèmes d'exploitation au profit de la base de données vous offrent une diversité de fournisseurs. Cela permet une très forte concurrence pour chaque composant. La base de données n'est pas l'élément le plus coûteux de votre configuration, mais c'est à la fois le plus structurant et celui qui vous offre la plus grande liberté de choix pour l'ensemble des autres composants.

Windows NT est un système d'exploitation comme il en existe d'autres. Il offre des avantages et des inconvénients ; à vous de ne pas le transformer en un ensemble qui vous lie à un seul fournisseur : Microsoft.

Quelles utilisations possibles d'Oracle8

Tout projet nécessitant un stockage de données peut être réalisé par ces logiciels. Cela va d'un progiciel acheté, une application que vous développez, la réalisation d'un infocentre, une messagerie. Bref, tout ce qui était envisageable avec les bases de données micro connues depuis l'apparition de la micro-informatique, plus ce que seule la puissance des mini-ordinateurs permettait.

Oracle8 : serveur de données

Oracle a fait sa réputation comme serveur de données, sur de multiples plates-formes. Windows NT est l'une d'entre elles. Toutes les applications « classiques » nécessitant une base de données peuvent être mises en œuvre avec Oracle8 sur NT.

Par sa facilité d'installation et de paramétrage, un serveur Windows NT relié à des postes Windows 3.1, Windows 95 ou autres, permet de constituer facilement une configuration client-serveur à faible coût. Dans cette architecture, les programmes fonctionnent sur les clients et interagissent avec la base de données. Seules les données utiles aux programmes sont échangées entre le client et le serveur.

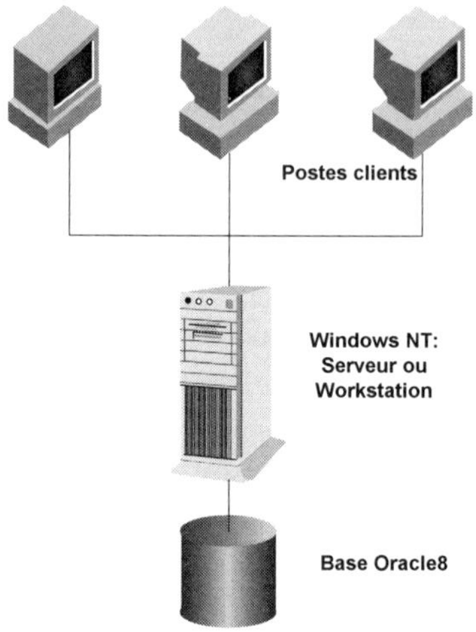

Pourquoi pas une base de données type Microsoft Access ?

La question est légitime : pourquoi ne pas préférer une base de données de type Microsoft Access à Oracle8 ?

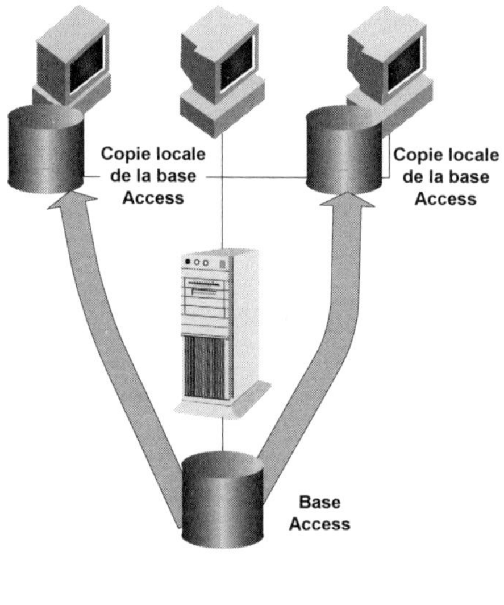

Le principal inconvénient de Microsoft Access (ou plus généralement de ce type de bases) est qu'à chaque utilisation, c'est l'ensemble de la base de données qui est transféré sur le poste client. De plus, il y a verrouillage des données à chaque mise à jour, ce qui bloque fréquemment les autres utilisateurs. Facile d'utilisation pour de petites configurations (peu d'utilisateurs simultanés, faible volume, peu de transactions), ce type de bases de données doit être limité à cet usage.

Les applications client-serveur

Oracle8 permet un fonctionnement réellement client-serveur, ce qui fait de Windows NT une plate-forme privilégiée pour le déploiement d'applications de type départemental.

La puissance du serveur doit être adaptée aux besoins. Windows NT fonctionne sur des serveurs mono ou multiprocesseur, ce qui offre une plage de puissance intéressante. Toute la communauté informatique s'accorde à reconnaître que Windows NT 4.0 gère mal l'apport de puissance au-delà de 4 processeurs. La puissance maximale disponible est aujourd'hui limitée. Le haut de gamme est à réserver à Unix.

Oracle8 permet de disposer d'une même technologie sur des machines de puissances très différentes : PC monoposte, serveur NT, serveur Unix. Il y a, bien entendu, des segments de marché où la puissance et le prix de ces machines les rendent concurrentes entre elles.

Le fait que de petites machines suffisent pour programmer des applications susceptibles d'être déployées sur de plus grosses offre de grands avantages. Par exemple, les sociétés de service qui développent des progiciels n'ont plus à se soucier de l'environnement cible. C'est l'une des raisons majeures de la taille de la bibliothèque logicielle proposée par des partenaires d'Oracle.

L'intégration de NT dans votre système d'information

Que vos bases Oracle soient situées sur un poste autonome, sur un serveur NT ou sur un serveur Unix, il est toujours facile de les faire communiquer.

Dans cette architecture, tout le monde peut communiquer avec tout le monde : le serveur Unix peut être à la fois serveur pour les bases de données qu'il contient et client des bases situées sur NT. Il en va de même pour votre serveur NT qui peut se transformer en client du serveur Unix.

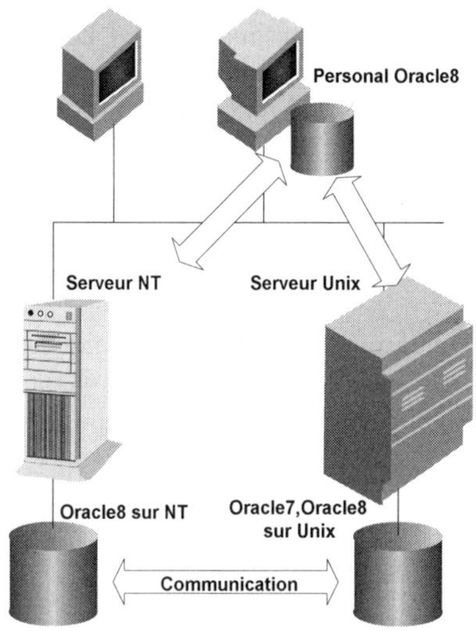

Partition des applications

Cette souplesse d'architecture apportée par le fonctionnement en client-serveur permet de répartir vos applications comme bon vous semble. Sous ce nom *d'applications,* nous entendons toutes sortes de programmes exécutables (écrans, éditions...) qui accèdent aux données de la base.

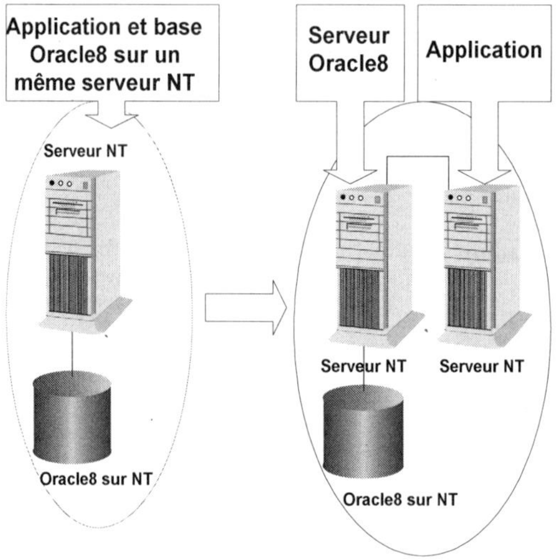

Exemple typique : vous utilisez une application de gestion de paie et, lors des éditions des bulletins, votre machine arrive à saturation, victime de surexploitation. Que faire ?

Augmenter sa puissance ? Acheter une autre machine ? Changer de système d'exploitation ? Il suffit de répartir vos applications sur différentes machines qui accèdent toutes à la même base de données. C'est la solution idéale si une machine tierce est en sous-charge.

La réplication des données

Disséminer ses informations dans plusieurs bases de données n'est pas sans poser des problèmes techniques. Pour les résoudre et assurer une cohérence entre des données synchronisées, la *réplication* intègre l'ensemble des techniques à mettre en œuvre.

Oracle8 sur Windows NT permet de synchroniser simplement vos données entre plusieurs bases situées sur NT, Unix ou Windows. Utiliser Oracle8 sous NT apporte la garantie de ne pas rester « isolé » et de disposer d'un système d'information ouvert.

Infocentres, datawarehouse et data marts

Vos données d'entreprise sont de véritables mines d'information. Les solutions de type infocentre, datawarehouse ou data marts consistent à faire migrer vos données dans une base Oracle8, à en rafraîchir régulièrement le contenu et à l'interroger à des fins d'analyse, de consolidation et de décision.

Il est préférable d'éviter de travailler directement sur la machine hébergeant vos applications de production, car des interrogations libres peuvent affecter les performances globales de votre activité courante. De plus, vos données ne sont pas forcément contenues dans une base relationnelle comme Oracle8, dont l'accès est facilité par des outils d'interrogation du marché.

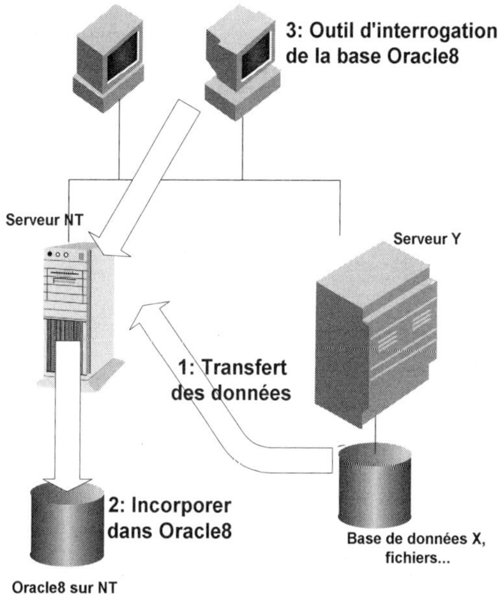

Oracle8 sur Windows NT constitue alors une solution simple pour bâtir rapidement et à coût réduit une solution de type infocentre, datawarehouse ou data marts. Les outils décisionnels modernes accèdent à la base Oracle8 en client-serveur. Le serveur Windows NT peut voir ses performances amoindries par la charge des interrogations sans que cela perturbe votre serveur de données de production.

Serveur Internet/intranet

Les sites Internet et intranet se multiplient. Leur finalité est d'apporter de l'information et des connaissances à ceux qui les consultent. Vous pouvez extraire des données de la base Oracle8 et les mettre à disposition sur intranet ou l'Internet.

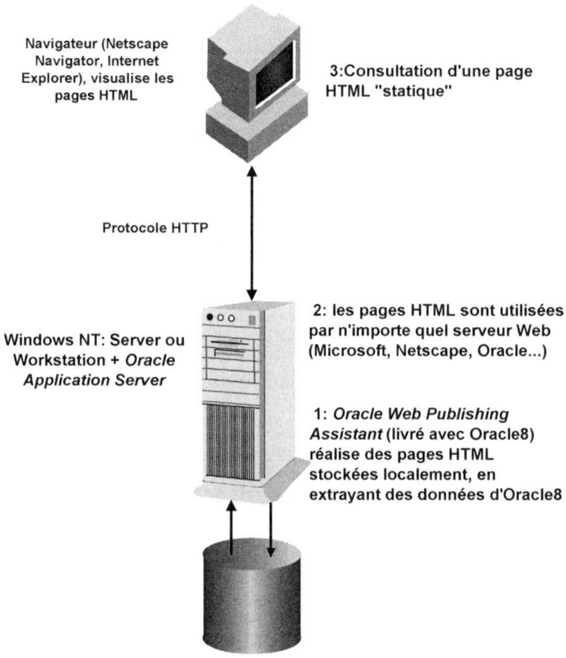

Mais comment se contenter de pages affichées « statiques », c'est-à-dire qui ne reflètent pas dynamiquement le contenu de votre base de données ?

Le serveur Internet/intranet d'Oracle, Oracle Web Application Server, est là pour vous permettre d'extraire vos données d'Oracle et de les publier de manière professionnelle et sécurisée sur le Web. L'avantage majeur de ces techniques est d'utiliser un outil du marché, un « navigateur » comme l'Internet Explorer de Microsoft ou Communicator Navigator de Netscape pour visualiser vos pages issues d'Oracle Web Application Server.

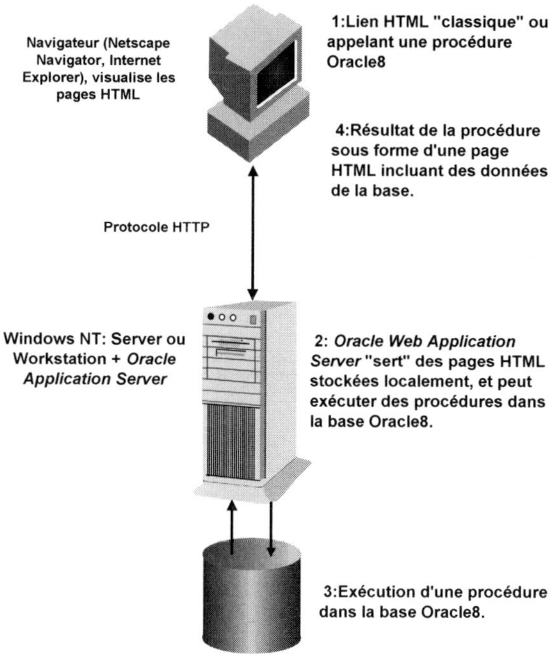

Là encore, l'alliance d'Oracle8 et de Windows NT constitue une solution simple pour évaluer, faire une maquette ou mettre en production vos données sur le Web.

Architecture à trois niveaux

Cette architecture est l'une des plus intéressantes. En comparant le client-serveur et les pages HTML, nous constatons que :

- le client-serveur nécessite des clients puissants ; son installation et son déploiement sont lourds ;
- l'interface cliente, rendue possible techniquement par les pages HTML, est limitée ;
- le standard HTML vit de nombreuses évolutions, toutes ne sont pas compatibles entre elles. C'est pourquoi certains sites Internet ont des développements spécialisés par type de navigateurs Internet qui y accède.

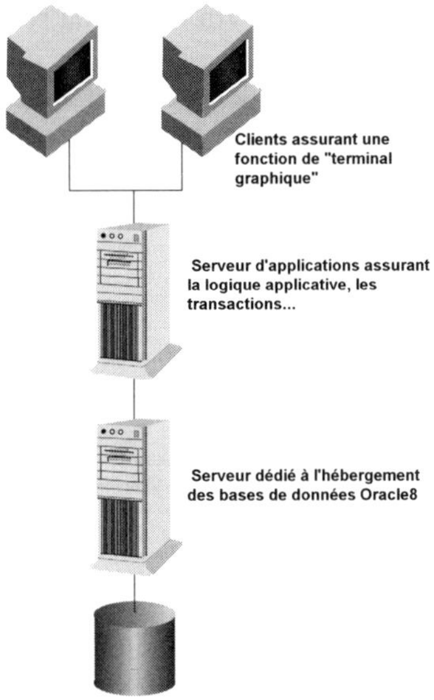

Pour gommer ces inconvénients, pourquoi ne pas redéfinir le rôle de chaque composant d'une architecture informatique ?

- le poste utilisateur graphique devra se comporter comme un « terminal », incorporant ou non des capacités de traitement ;
- un serveur intermédiaire assurera la réalisation de tous vos traitements, la gestion des connexions de vos utilisateurs, leur contexte d'exécution, etc. ;
- un serveur de données hébergera votre base de données.

C'est la démarche suivie par Microsoft et Oracle, avec des objectifs différents. Pour Microsoft, se centrer autour de ses technologies propriétaires : serveurs NT, Cluster Server, moniteur transactionnel, postes clients Windows95, NT ou CE et... base de données SQL Server ! Du fait de son absence dans des domaines comme les systèmes d'exploitation ou le poste utilisateur, Oracle propose un assemblage de composants provenant de divers éditeurs. L'élément prépondérant est le choix du système d'exploitation.

Et la technologie Java ?

Face à Microsoft, de quels arguments les autres acteurs du monde du logiciel disposent-ils pour exister ? Comment se rassembler autour d'un projet commun tout en restant en concurrence (le barbarisme « coopétiteurs » résume bien la situation) ? Comment desserrer l'emprise de Microsoft sur les interfaces client ? Comment exister face au marketing technologique de Microsoft qui, avec ses énormes moyens, truste les premières places ? Eh oui, vous l'avez deviné, Java arrive et tente de redistribuer les cartes.

La technologie Java peut être utilisée pratiquement à tous les niveaux des architectures évoquées dans ce chapitre. Un moteur d'exécution Java embarqué dans les navigateurs du marché permet d'exécuter des programmes (ou applets) sur le poste client, sans les difficultés de déploiement du client-serveur. Au niveau du serveur, le langage Java permet de réaliser plus simplement qu'avec un langage C ou C++ des applications d'un excellent niveau technologique. Enfin, le serveur de données peut avoir des procédures et fonctions programmées en Java (c'est une orientation prévue pour Oracle8).

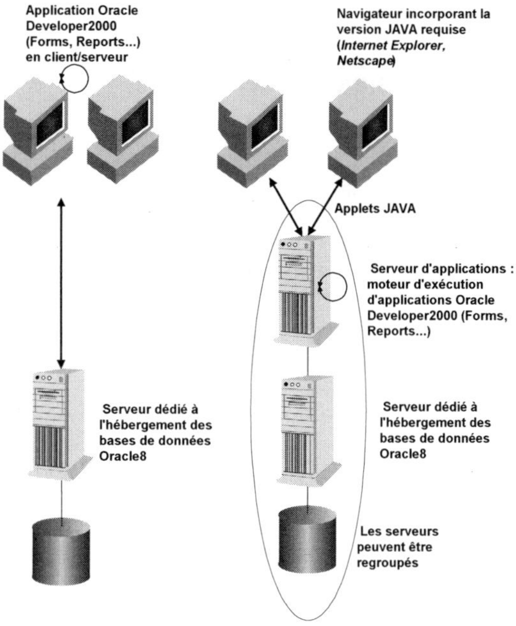

Une des nouvelles possibilités offertes par Java est l'exploitation des outils de développement *Oracle Developer2000*, soit en client-serveur, soit en utilisant un serveur d'applications qui héberge les moteurs d'exécution de ces produits. Notez que ce sont strictement les mêmes sources d'applications qui sont utilisées dans les deux environnements.

Java est, bien sûr, un effet marketing et tous les acteurs sont aujourd'hui « Java Ready », « Java Enable », etc., mais ce serait injuste de nier l'indiscutable apport technologique. Depuis environ deux ans que les premiers éléments de cette technologie sont apparus sur le marché, sa progression et son évolution ont été époustouflantes. Selon l'adage « Rome ne s'est pas construite en un jour... », laissons donc du temps à Java.

L'intégration entre Oracle8 et Windows NT

L'intégration entre les deux logiciels est forte. Depuis la première version d'Oracle7 sur Windows NT, il y a environ 3 ans, de grands progrès d'intégration ont été enregistrés (comme pour NT lui-même !). Voici quelques points importants qui méritent d'être signalés.

Support d'un mode 32 bits multitâche préemptif

Les anciennes versions de Windows permettaient seulement un adressage sur 16 bits, avec un support de 32 bits, ce qui permettait un adressage plus grand à la fois en mémoire et sur disque. Avec le support du multitâche 32 bits de Windows NT, Oracle est particulièrement optimisé pour tirer parti des systèmes multiprocesseurs NT qui offrent une plage de puissance progressive.

Fonctionnement sous forme d'un service NT

Le moteur d'Oracle fonctionne comme un service NT natif, la forme la plus proche possible du système d'exploitation. C'est un gage d'intégration et de performance. Ce point est détaillé dans le chapitre 4 (*Le fonctionnement d'Oracle8 sur NT*).

Intégré à l'Analyseur de performances de Windows NT

L'Analyseur de performances de Windows NT est un outil NT standard de surveillance et d'analyse des performances. Oracle s'y intègre complètement. L'analyse du système permet d'effectuer un tuning simple et efficace des paramètres de configuration de la base de données. L'utilisation d'outils standard de Windows NT permet de tirer parti des connaissances déjà acquises autour du système d'exploitation Windows NT, au profit de la base de données Oracle, sans avoir à apprendre et à mettre en œuvre d'autres outils.

Intégré à l'Observateur d'événements de Windows NT

En intégrant les événements de la base de données Oracle dans l'Observateur d'événements, l'administrateur dispose d'un point de contrôle unique en cas de dysfonctionnements. Leur résolution est plus facile, car l'ensemble des problèmes visibles dans l'Observateur d'événements intègre beaucoup plus d'éléments que ceux concernant la base de données seule. Ces remontées d'information sont inscrites dans le Journal d'applications ou le Journal système de l'Observateur d'événements.

Oracle permet des solutions sécurisées sur Windows NT

Oracle Parallel Server et Oracle Fail Safe™ tireront parti de la technologie Wolfpack dès qu'elle sera disponible. Ces options permettent de faire fonctionner sur NT des applications d'entreprise avec de fortes contraintes de sécurité et de disponibilité.

Connexion couplée à celle de Windows NT

Avoir des connexions différentes et répétées pour la machine et la base de données n'est pas optimal. Oracle s'appuie sur les rôles et les privilèges de Windows NT. L'environnement d'exploitation est ainsi plus simple, cohérent et sécurisé.

Compatible OLE et OLE dB

Le respect des spécifications OLE et OLE dB assure que des applications telles qu'Excel ou Word accèdent aux bases de données Oracle grâce à Oracle Objects for OLE. Les bases de données Oracle se trouvent accessibles et intégrées à tous les outils et produits respectant ces normes de dialogue inter-applications.

Compatible ODBC et peut être accédé par des pilotes ODBC

Oracle sur NT incorpore des pilotes ODBC de niveau 1 et de niveau 2. Ce respect des normes assure une intégration sans problème des applications client-serveur incluant ODBC.

Oracle sur NT permet d'avoir plusieurs bases sur la même machine

Sur un poste Windows NT, plusieurs bases Oracle peuvent fonctionner simultanément. Leur gestion est simple et les bases sont réellement indépendantes les unes des autres.

Toutes les options du serveur Oracle sont disponibles pour Windows NT et permettent ainsi de tester des projets d'entreprise sur des matériels de moindre coût.

Oracle sur NT est 100 % compatible avec Oracle sur d'autres plates-formes

Les applications existantes et les développements peuvent migrer rapidement car très peu de codes diffèrent. La coexistence avec Oracle sur d'autres systèmes d'exploitation ou d'autres machines est transparente. Il est extrêmement facile de faire communiquer une base de données Oracle sur NT avec une autre base Oracle sur NT, ainsi que sur les 90 autres plates-formes matérielles supportées par Oracle.

Oracle sur NT a un système de sauvegarde performant

Oracle sur NT propose un utilitaire de sauvegarde qui n'existe pas sur d'autres plate formes. Il est très simple d'emploi et permet une sécurité maximale pour la sauvegarde de vos données.

Oracle Enterprise Manager sur NT est une console d'administration et de gestion de tous les aspects d'Oracle

Cet outil d'installation et de prise en main faciles donne, à partir d'une seule console, une vision graphique complète de tous les objets existant dans des bases de données Oracle. Il permet aussi d'administrer et de gérer des bases Oracle qui ne sont pas dans un environnement Windows NT.

Toutes les caractéristiques les plus évoluées d'Oracle sont présentes

La réplication, les index bitmap, les star schema, etc., caractéristiques des versions les plus évoluées et les plus performantes, sont toutes disponibles dans Oracle pour Windows NT.

Quelle version Oracle choisir pour Windows NT

Oracle est votre choix pour NT. Mais quel Oracle ? Les utilisateurs sont souvent décontenancés devant la multitude des options et des produits proposés par Oracle. Le contenu des différents packages varie suivant les versions, et il est parfois difficile de s'y retrouver. Voici quelques grandes lignes pour vous guider.

Il existe deux grandes familles de produits sur NT, chacune d'elles offrant des possibilités de plus en plus élaborées, à la manière des poupées russes qui s'imbriquent les unes dans les autres.

En ce qui concerne Oracle8, on parlera d'Oracle8 Server pour la version de base et d'Oracle8 Server Enterprise Edition pour la version la plus complète. Qu'on ne s'y trompe pas ! Oracle8 Server n'est pas un produit bridé ou limité ; c'est un produit complet qui satisfait un très grand nombre de besoins.

Les différentes versions d'Oracle8 proposées sont :

- **Oracle8 Server** (la version de base, appelée auparavant « Workgroup Server ») ;
- **Oracle8 Server Enterprise Edition** (la version la plus complète, intégrant des options supplémentaires).

Le tableau suivant résume le contenu des deux versions d'Oracle8 sur Windows NT. Une liste commentée de tous les modules et options figure dans le chapitre 3 (*L'installation d'Oracle8 sur NT*).

	Résumé du contenu	Options supplémentaires
Oracle8 Server	Serveur Oracle Option Distribuée Middleware réseau Oracle Objects for OLE Pilote ODBC Oracle Enterprise Manager SQL*Plus : usage limité à l'installation	Aucune (limitation commerciale)

	Résumé du contenu	Options supplémentaires
Oracle8 Server Enterprise Edition	**Tout le contenu de base plus** : Option Réplication avancée Option Parallel Query (incluant les index bitmap et les start queries) Advanced Backup & Recovery Advanced Queuing et Connection Manager Enterprise Backup Utility	Option Objet Option Partitionnement Option Parallel Server Réseau Avancé Oracle Trace et Expert Context Cartridge Image Cartridge Oracle Spatial Data Cartridge Video Cartridge Visual Image Retrieval Cartridge

Il apparaît clairement que, plus vous montez dans la gamme de produits, plus vous avez de fonctionnalités et d'options. Malheureusement, le prix du produit suit la même progression. Si vous souhaitez avoir le maximum de fonctionnalités au moindre coût, c'est Oracle8 Server pour NT qu'il vous faut. Ce sont son installation, sa configuration, son fonctionnement et son administration que nous allons traiter et détailler dans ce livre.

Que contiennent les versions d'Oracle8 pour Windows NT ?

Nous entrons maintenant dans le vif du sujet. Avant de nous intéresser à l'installation d'Oracle8 Server, nous allons en détailler les composants.

Le package d'Oracle8 Server pour NT ne comprend pas uniquement un moteur de base de données et des logiciels pour Windows NT. Il s'accompagne également de tout un ensemble de logiciels pour permettre à des postes clients de se connecter à votre base Oracle sur NT.

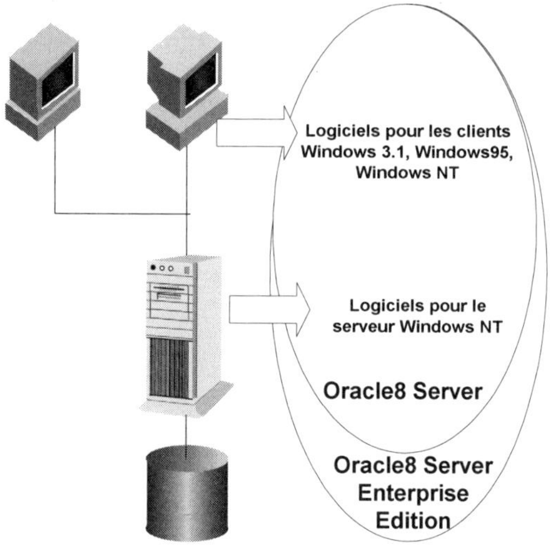

Ces clients peuvent être d'autres postes Windows NT, des postes Windows 95 ou Windows 3.x. D'autres types de clients (OS/2, Unix, Apple...) peuvent aussi se connecter à votre base Oracle sur NT, mais leurs logiciels ne sont pas fournis dans ce package. Il faudra donc les acquérir séparément.

Windows NT, 95, 3.1 et Oracle : disponibilité des logiciels client et serveur

Le tableau suivant donne la disponibilité des logiciels d'Oracle8 Server et du logiciel client Oracle sur les différentes versions de Windows en usage :

Système d'exploitation	Oracle8 Server	Logiciel client
WindowsNT Workstation 4.0	Oui	Oui
Windows NT Server 4.0	Oui	Oui
Windows NT Workstation 3.51	Oui	Oui
Windows NT Server 4.0	Oui	Oui
Windows 95	Non	Oui
Windows 3.1 et 3.11	Non	Oui

Note : Un point très important est à relever dans ce tableau : vous pouvez construire une configuration groupe de travail avec une version Windows NT Workstation. Pour le fonctionnement d'Oracle8 vous n'avez pas besoin d'une version Serveur de Windows NT. Il suffit de ne pas dépasser le nombre de connexions autorisé par Microsoft pour une licence NT Workstation. Ceci a un impact direct sur le coût global de votre configuration.

Résumé

Ce chapitre a permis de positionner Oracle8 et Windows NT dans leur contexte :

- sous quelles conditions peut-on comparer NT et Unix, quels sont les enjeux et objectifs respectifs ;
- les besoins couverts par Oracle sur NT ;
- l'intégration entre Oracle8 et NT ;
- les différentes versions d'Oracle.

Les différentes utilisations possibles d'Oracle8 ont été largement abordées et commentées.

2

Environnement NT : l'indispensable

Nous allons rapidement passer en revue l'ensemble des outils standard de Windows NT, qui seront utiles tout au long de ce livre. Cette liste est loin d'être exhaustive et nous n'avons pas la prétention de vous apprendre à les exploiter. Nous nous contenterons de préciser dans quel contexte ils sont mis en œuvre pour administrer une base Oracle8.

Puis, nous évoquerons un certain nombre d'utilitaires provenant, pour la plupart, du Kit de Ressources techniques de Windows NT et qui s'avèrent très pratiques pour de nombreuses tâches d'administration. Le Kit de ressources techniques de Windows NT est un ouvrage publié par Microsoft Press France, qui s'accompagne d'un CD-Rom intégrant ces utilitaires.

Les outils standard de Windows NT

Explorateur Windows NT

Nouvelle version de l'antique gestionnaire de fichiers de Windows 3.1, l'Explorateur Windows NT reprend une interface popularisée depuis quelques années par Windows 95. Il s'avère très pratique, exploite dans une large mesure le clic droit de la souris et permet, par exemple, d'effectuer des recherches sur des données ou des mots clés contenus à l'intérieur des fichiers et non plus uniquement sur le nom des fichiers.

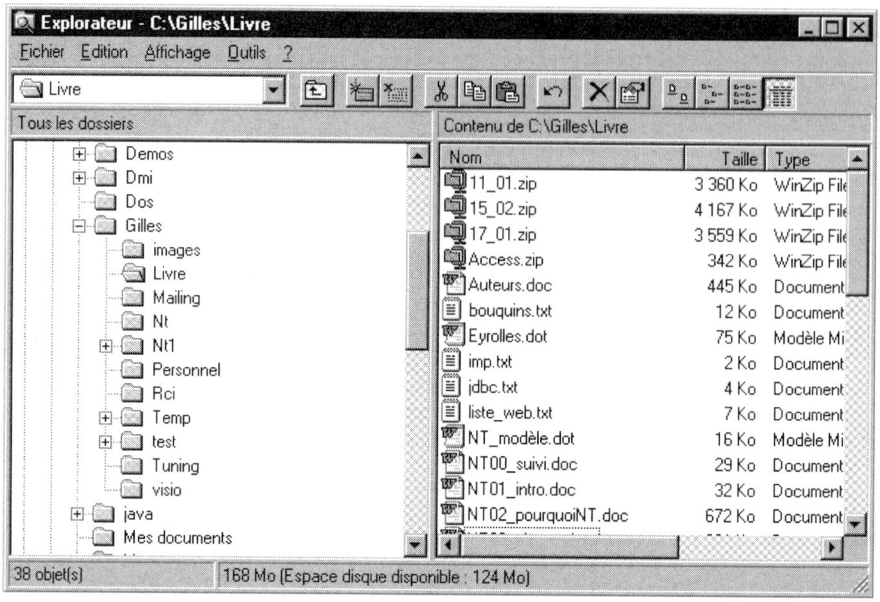

L'Explorateur permet de visualiser l'organisation des répertoires, dossiers, sous-dossiers, imprimantes de l'ordinateur local, mais également des ordinateurs distants, par le biais du *voisinage réseau*. Il permet d'affecter des droits de lecture/écriture sur ses dossiers. C'est un outil à exploiter sans modération !

Le Gestionnaire des services

Sous Windows NT, vous pouvez décider d'activer tels ou tels services du système lors du démarrage de votre serveur. C'est le Gestionnaire des services qui vous autorise à formuler des préférences.

Il est accessible par Démarrer > Paramètres > Panneau de configuration, puis Services.

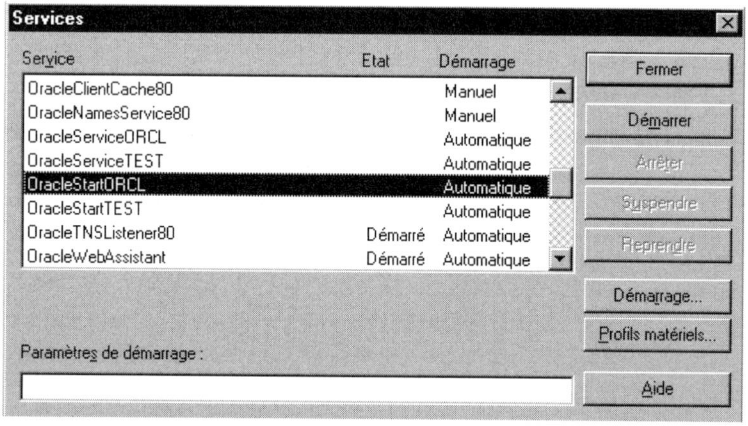

Les paramètres du démarrage déterminent ses caractéristiques : automatique, manuel ou désactivé et la connexion utilisateur sous laquelle il s'effectuera.

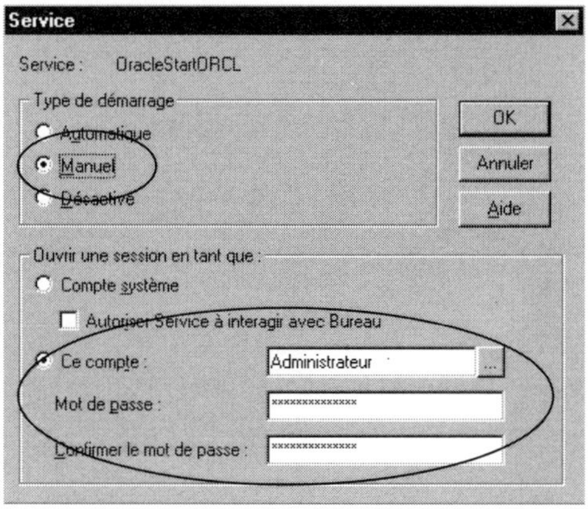

La possibilité de démarrer un service sous la session d'un utilisateur (et donc d'hériter des propriétés et droits de cet utilisateur) est un point important dans la mise en place d'une stratégie de sécurité. Nous utiliserons constamment le Gestionnaire des services dans ce livre.

Le Gestionnaire des tâches

Le Gestionnaire des tâches de Windows NT est un nouvel outil qui permet de suivre l'activité de votre ordinateur. Contrairement à l'Analyseur de performances, qui peut se connecter à un poste distant pour en étudier les performances, le Gestionnaire des tâches ne surveille que votre poste.

Le Gestionnaire des tâches affiche un résumé de l'ensemble des activités de votre machine : les programmes lancés, les processus, ainsi que l'activité processeur, mémoire, pagination, etc.

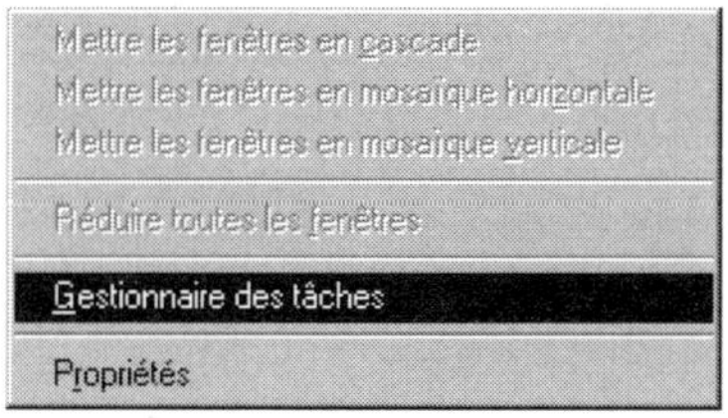

Lancez le Gestionnaire des tâches par un clic droit de la souris sur la barre d'outils de votre système.

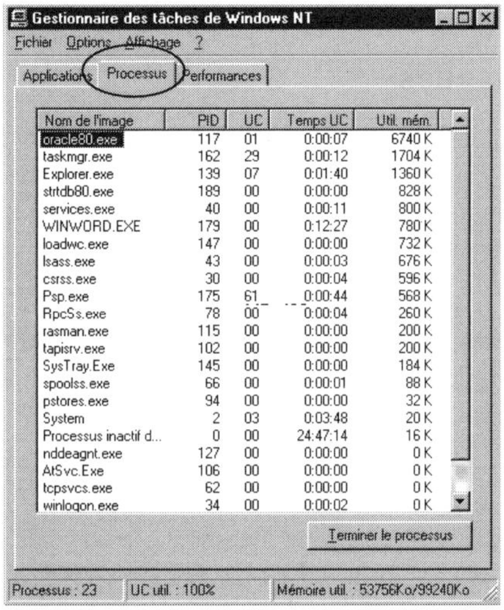

L'onglet Processus visualise les programmes lancés sur votre machine. Vous pouvez les stopper ou encore en modifier les priorités. Nous vous conseillons d'éviter ces deux options car elles ne respectent ni la procédure normale d'arrêt d'une base Oracle8, ni son mode de fonctionnement.

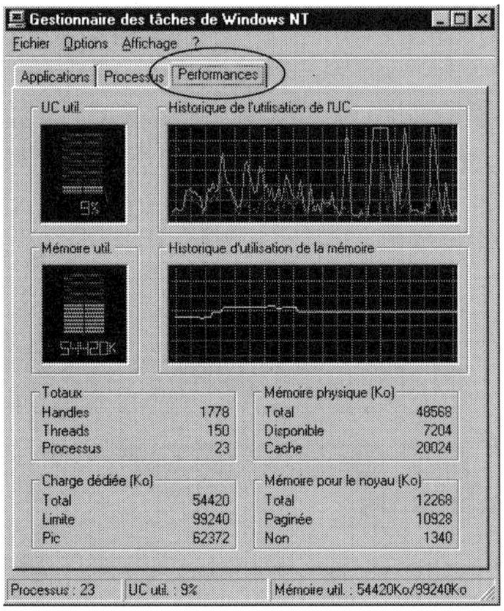

L'onglet Performances est très intéressant. Il vous offre un résumé des consommations processeur et mémoire. Vous avez ainsi des indications précises sur la quantité de mémoire disponible sur votre serveur avant d'utiliser les fichiers de pagination, préjudiciables aux performances.

Administrateur de disques

La gestion des disques est particulièrement intéressante dans le cadre d'une base de données qui nécessite à la fois de l'espace et une forte sécurité. Windows NT vous permet de gérer vos disques de plusieurs façons : FAT, NTFS, RAID. Le chapitre 11 (*Les disques durs : FAT, NTFS et RAID*) est consacré aux avantages et inconvénients respectifs de ces différentes technologies.

L'Administrateur de disques de Windows NT est un programme spécifique dédié à la gestion des disques. C'est un outil très convivial, toutes les commandes étant organisées en menus ; leur résultat est affiché sous forme graphique.

Il est accessible à partir du menu Démarrer > Programmes > Outils d'administration (Commun) > Administrateur de disques.

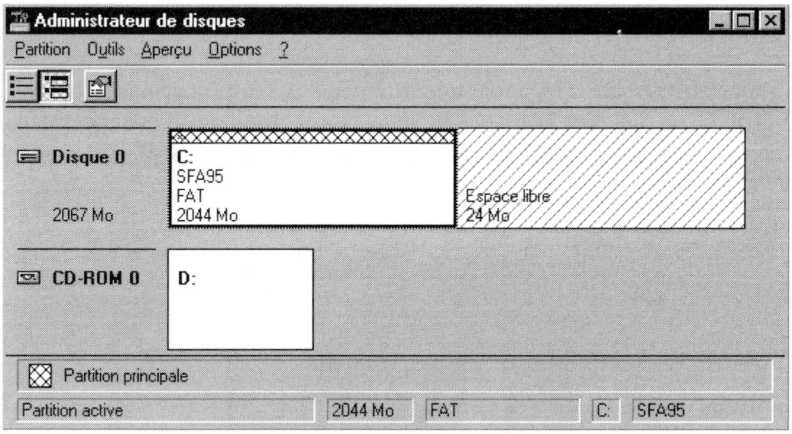

Attention ! Gérer des disques ou créer des partitions sont des opérations majeures qui doivent être effectuées par un administrateur NT averti. Même si l'outil prévient du caractère irréversible des actions réalisées, de gros dégâts peuvent être provoqués avec cet utilitaire. Il est indispensable de disposer d'une sauvegarde complète du système avant toute action.

L'Observateur d'événements

Windows NT dispose d'un observateur d'événements. C'est à cet endroit que sont centralisées toutes les informations concernant votre système NT, concernant les erreurs et la sécurité. L'importance de chaque message est indiquée : erreur (stop), information (i), indication (!).

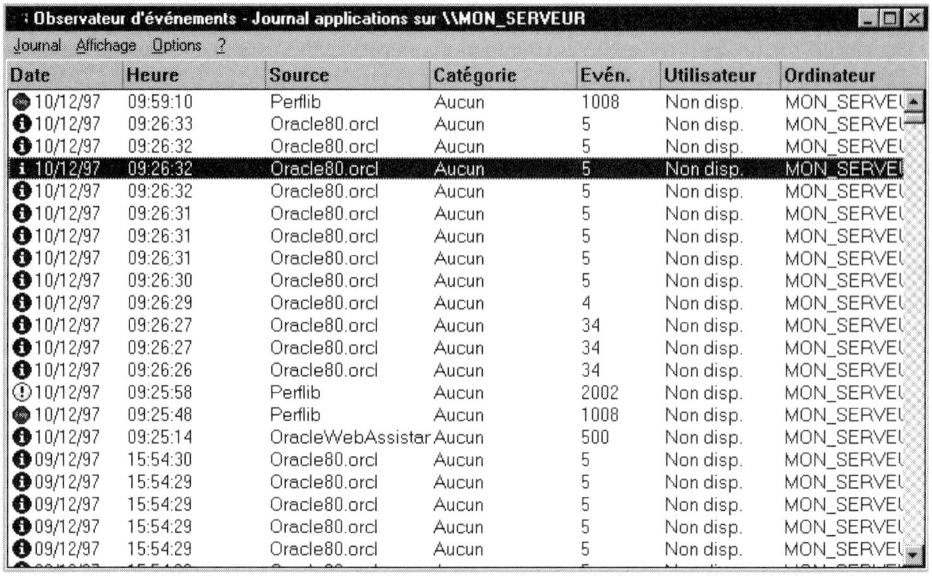

Oracle8 est interfacé à l'Observateur d'événements et lui adresse automatiquement des messages.

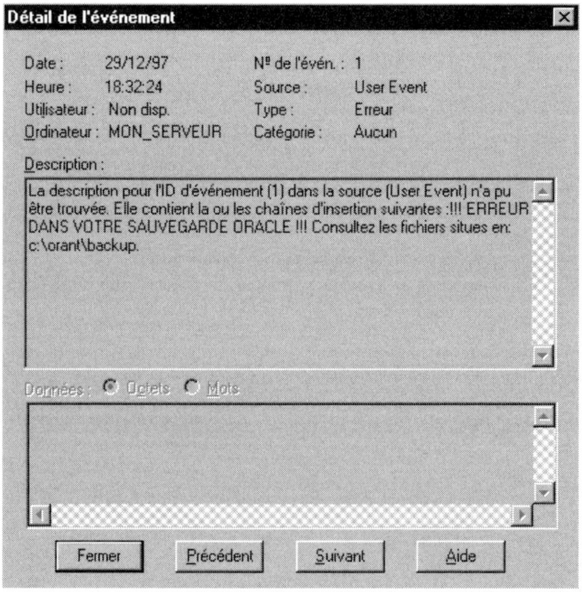

Avec un double clic sur un événement, vous visualisez le contenu du message envoyé à l'Observateur. Cet exemple montre un message envoyé à l'Observateur d'événements par l'utilitaire LogEvent, décrit dans ce chapitre.

L'Analyseur de performances

L'Analyseur de performances est un outil d'administration de Windows NT qui permet le contrôle des performances des stations de travail et des serveurs NT. Des séries de compteurs permettent de mesurer de nombreux aspects de l'activité de votre système : les accès disque, le temps processeur consommé, le nombre de threads actifs, etc.

Les données peuvent être examinées en temps réel sous forme de graphe, enregistrées dans un fichier, et des seuils de consommation au-delà desquels vous serez averti peuvent être définis.

L'Analyseur de performances est accessible à l'aide du menu Démarrer > Programmes > Outils d'administration (Commun) > Analyseur de performances.

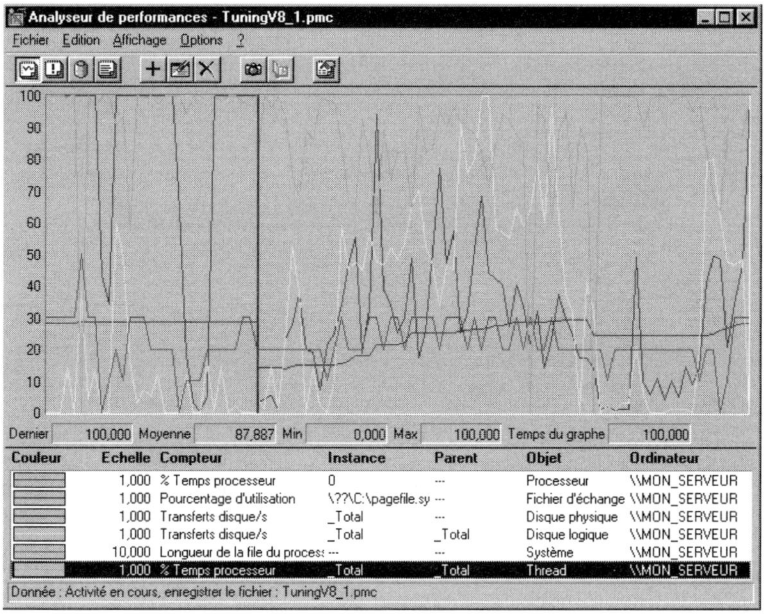

Une autre caractéristique de l'Analyseur de performances est la possibilité de définir de nouveaux compteurs. C'est ce qu'a fait Oracle en ajoutant des compteurs spécifiques à la surveillance d'une instance Oracle8.

Regedit et Regedt32

Windows NT possède deux outils qui permettent de visualiser et d'éditer la base de registres de votre machine. Le plus ancien est Regedt32. Le nouveau, Regedit, ajoute aux fonctions de Regedt32 la possibilité d'effectuer des recherches sur le nom de la clé de registre, en plus de la valeur de la clé et des sous-clés.

Attention ! C'est la base de registres qui contrôle l'ensemble de votre système. Toute modification ou erreur de votre part (ou de l'un de vos utilisateurs) peut endommager gravement votre configuration.

Les éditeurs de registre doivent être lancés manuellement par Démarrer > Exécuter, puis il faut saisir Regedit ou Regedt32.

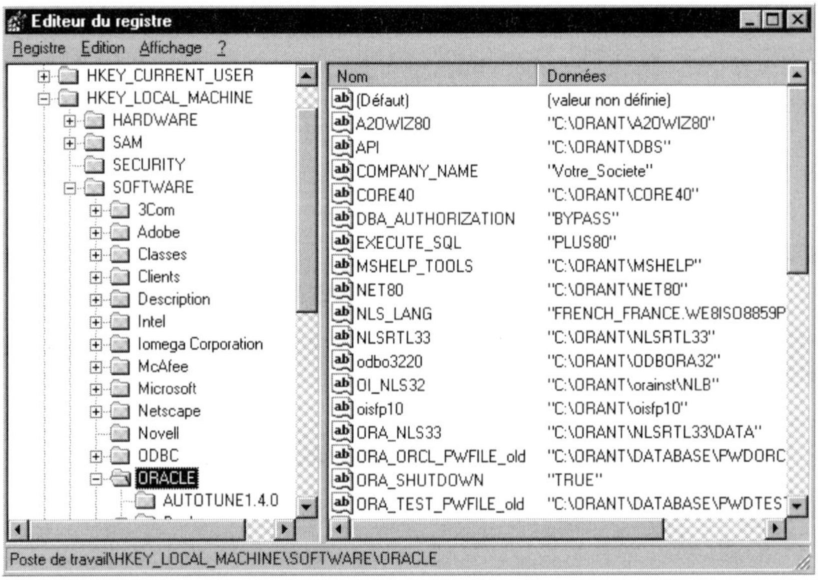

La commande AT

La commande AT permet de lancer des ordres de planification sur votre système Windows NT local ou distant. Cette commande n'existe qu'en ligne. Pour plus de facilité, nous vous conseillons l'utilitaire graphique WinAT, décrit dans ce même chapitre.

Le service Windows NT *Planning* doit être lancé avant l'utilisation de la commande AT. Ce service est lancé par le Gestionnaire de services de Windows NT.

WinMSD : l'outil de diagnostic de Windows NT

WinMSD est un outil de diagnostic très utile. Il permet d'afficher des éléments de votre base de registres dans un format lisible. Il peut examiner votre ordinateur local ou un ordinateur distant et offre une large vision des ressources de votre système. Il vous donne également la possibilité d'imprimer des rapports.

L'exécutable se situe dans votre répertoire d'installation NT en : *C:\WINNT\system32\winmsd.exe*.

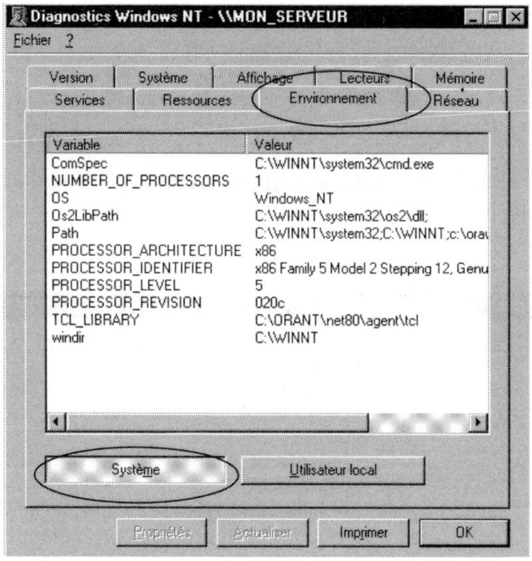

D'innombrables informations sont accessibles par le biais d'onglets. De plus, cet utilitaire vous permet d'imprimer la configuration du serveur, ce qui est souvent très pratique.

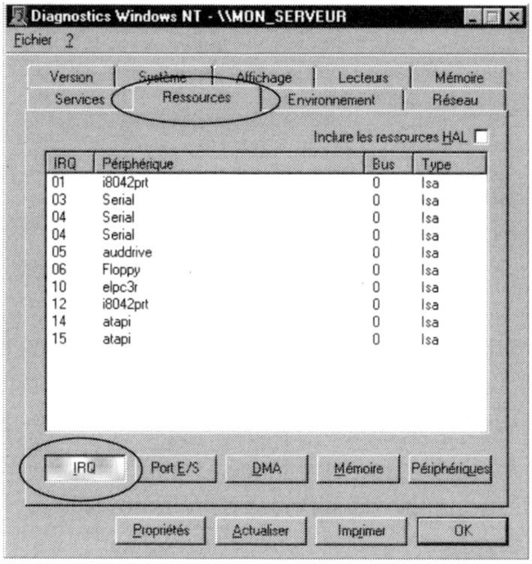

C'est par exemple le moyen le plus simple pour identifier les interruptions matérielles occupées, les zones mémoires retenues, la configuration matérielle de votre système, etc.

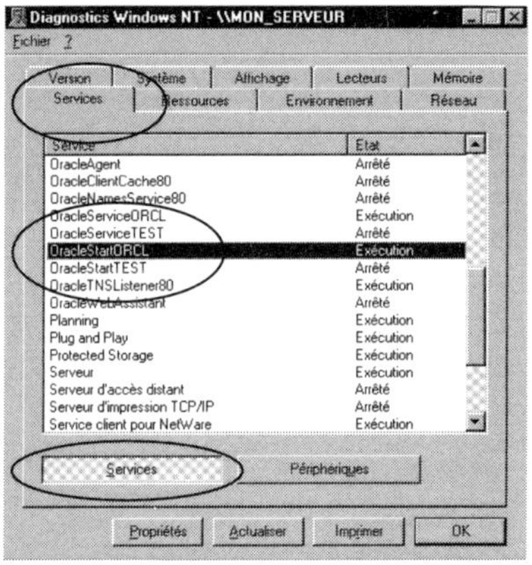

Il vous donne notamment accès à la liste des services NT. Par un double clic sur l'un des services, vous obtenez des informations concernant celui-ci, qui sont conservées dans la base de registres :

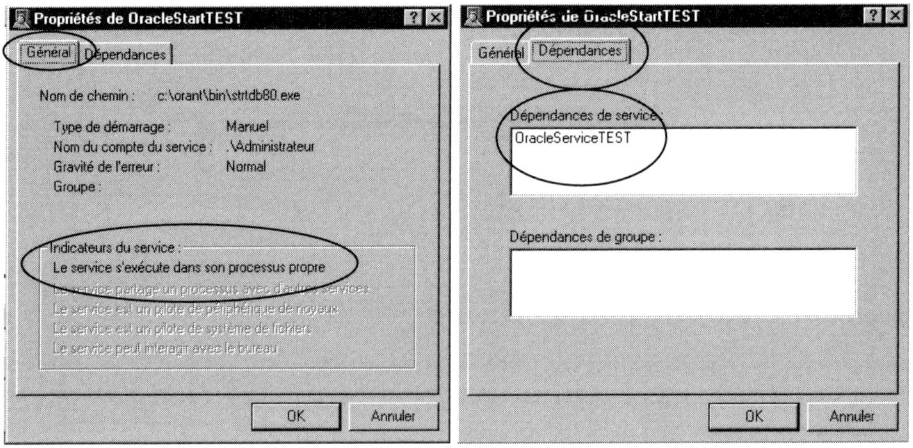

Cette possibilité de visualiser un très grand nombre de paramètres au sein d'un même utilitaire le rend très pratique. Il convient de l'examiner en profondeur.

Configuration des paramètres DCOM

DCOM (Distributed Component Object Model) est l'un des fers de lance de Microsoft pour la mise en œuvre de systèmes distribués. Dans une relation mettant en œuvre des composants logiciels agissant sur différents postes, vous pouvez définir « qui fait quoi » et « où s'exécute tel programme », ou encore « sous quel compte le programme doit-il s'exécuter ». L'utilitaire de configuration DCOM, *dcomcnfg* permet de visualiser et de paramétrer ces caractéristiques.

Pour lancer cet utilitaire, choisissez Exécuter dans le menu Démarrer, puis tapez *dcomcnfg*.

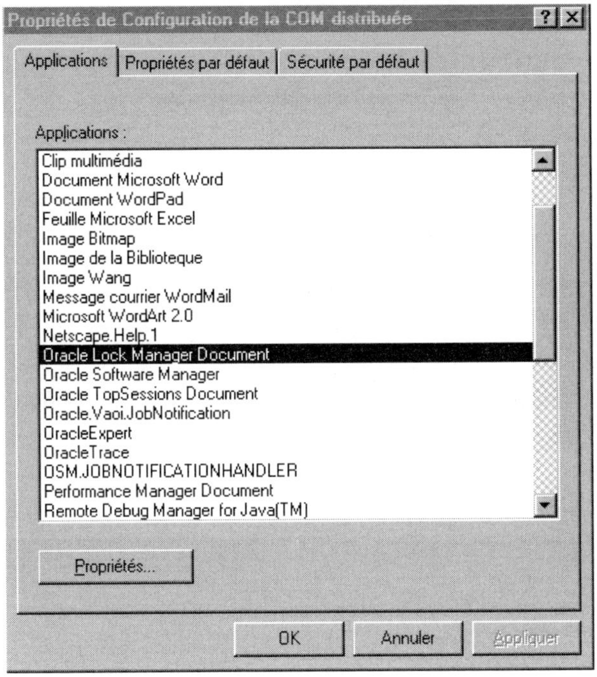

Paramètres régionaux, date et heure

Chaque pays possède ses propres caractéristiques. Un certain nombre de paramètres régionaux sont accessibles à partir du programme *Propriétés de Paramètres régionaux*. Quel impact pour Oracle8 ? L'heure système ainsi que les fuseaux horaires (changement de l'heure d'été, etc.) définissent le jour et l'heure récupérés par Oracle8.

Pour modifier ces paramètres régionaux, cliquez sur Démarrer > Paramètres > Panneau de configuration > Paramètres régionaux ou Date et Heure.

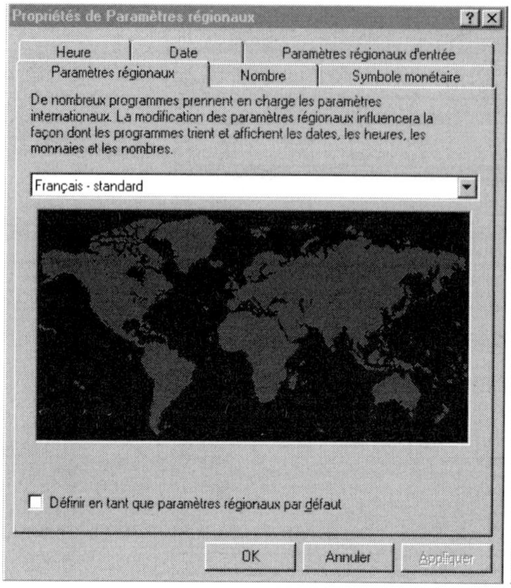

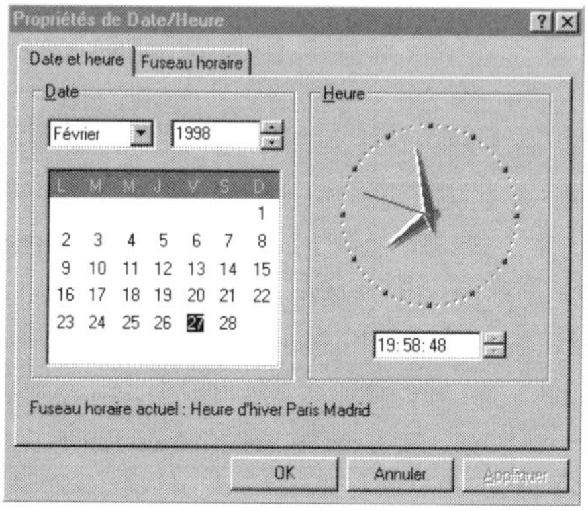

Les outils complémentaires

Le Kit de ressources techniques de Windows NT est très riche en utilitaires. Il est regrettable qu'il ne soit pas intégré en standard à Windows NT.

Parmi ces utilitaires, nous avons été amené à utiliser les suivants :

LogEvent

L'utilitaire LogEvent.exe vous permet d'insérer tous types de messages dans le journal d'événements de Windows NT, sur votre poste local ou distant.

Simple d'utilisation, cette commande est particulièrement intéressante dans le cadre d'opérations exécutées en arrière-plan (batch), pour remonter les messages, les informations et les erreurs rencontrés.

Process Viewer

L'utilitaire Pviewer.exe permet d'analyser votre mémoire et vos processus.

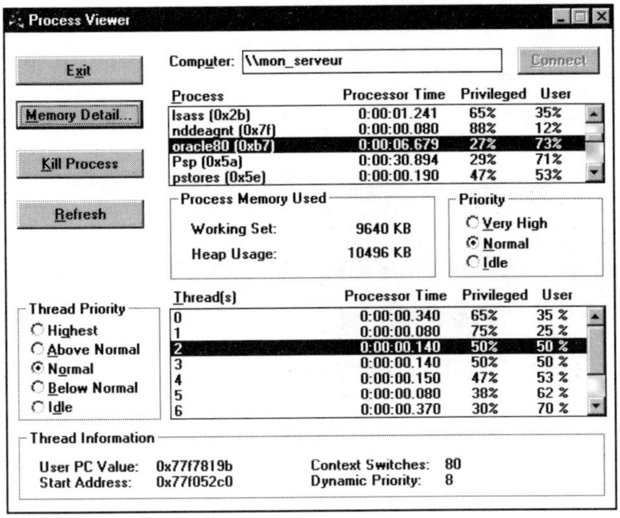

Nous l'utiliserons pour visualiser les threads lancés par une base Oracle8 dans les différentes phases de son fonctionnement.

Wsendmail, Postie, WindMail

Ces programmes ne font pas partie du Kit de ressources techniques. Ce sont des logiciels freeware ou shareware qui permettent d'envoyer des messages électroniques à partir de programmes « batch ».

Ils permettent donc de remonter automatiquement des messages ou des comptes rendus d'exécution de programmes, dans la boîte aux lettres d'un ou plusieurs utilisateurs.

L'un des plus complets, Wsendmail est décrit sur le site Internet *www.geocel.com*, les autres sont accessibles sur des sites comme *www.tucows.com* ou *www.windows95.com*.

WinAT

WinAT.exe est un utilitaire graphique qui permet de piloter la commande de planification AT autrement qu'avec des lignes de commande.

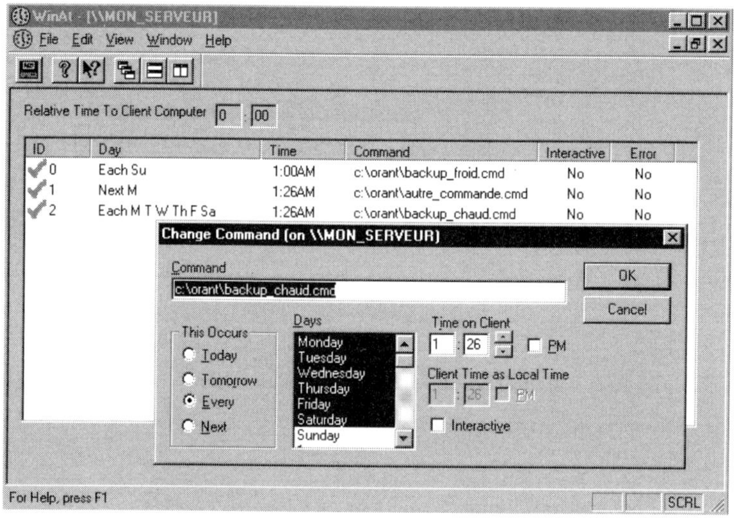

La commande AT s'exécute sous le compte d'un utilisateur Windows NT particulier. Ce point est traité au chapitre 8 (*Stratégie de sécurité sous Windows NT*).

3

L'Installation d'Oracle8 sur NT

Ce chapitre a pour but de vous guider dans l'installation d'Oracle8 sur votre serveur et sur vos postes clients.

Nous décrivons les différents logiciels livrés avec Oracle8. Etant donné leur nombre, nous nous bornons à une description succincte de chacun d'entre eux, en précisant à la fois la localisation de leur installation sur le poste client ou sur le serveur, ainsi que leurs modes d'installation par défaut. Nous abordons la configuration de ces logiciels dans des chapitres spécifiques. C'est le cas de Net8 et d'ODBC qui sont traités respectivement au chapitre 5 (*Net8, le middleware Oracle*) et au chapitre 6 (*ODBC, Oracle Objects pour OLE, JDBC*).

Pendant l'installation, nous vous demandons de créer une base Oracle par défaut, qui nous servira ensuite de support pour l'ensemble de nos tests.

Enfin, nous vous expliquons comment réaliser une installation 100 % automatique pour vos serveurs ou vos clients Oracle8.

Oracle8 Server Enterprise Edition

Oracle vous livre le CD-Rom correspondant à la version que vous avez commandée. Ce CD-Rom comprend à la fois les logiciels de la base Oracle8 pour Windows NT, dans la version « Server » ou « Enterprise Server », mais aussi les logiciels pour les postes clients, qu'ils soient sous Windows 3, Windows 95 ou Windows NT.

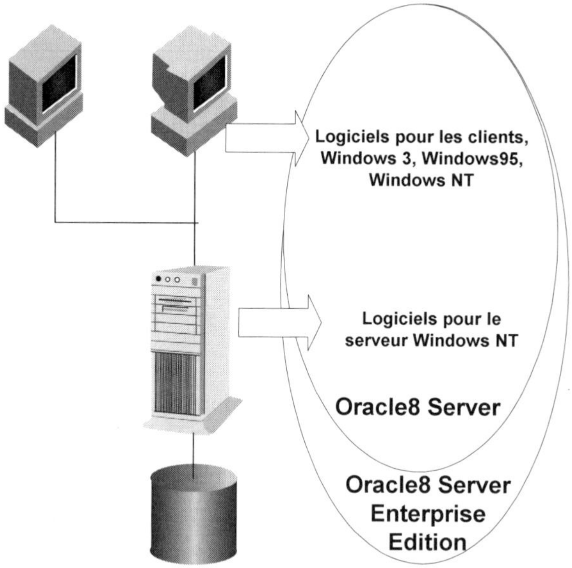

Lorsque vous lancez l'installation de Oracle8 à partir du CD-Rom fourni par Oracle, différentes options vous sont proposées, selon le système d'exploitation sur lequel vous vous trouvez. Sur Windows 3 et Windows 95, vous trouvez uniquement la partie « client Oracle ». Sur Windows NT, les parties « serveur Oracle » et « client Oracle » vous sont proposées.

Chaque type d'installation regroupe un ensemble de logiciels :

Système d'exploitation	Options d'installation	Commentaire
Windows NT	Oracle8 Enterprise Edition	C'est le « serveur » Oracle8
Windows NT	Oracle8 Client	« client » sur Windows NT
Windows NT	Custom Installation	permet de choisir librement les modules à installer
Windows 95	Oracle8 Client	« client » sur Windows 95
Windows 95	Custom Installation	permet de choisir librement les modules à installer

Rappel : le serveur Oracle8 peut être installé sur un Serveur Windows NT ou sur une Workstation Windows NT. Il suffit de vous conformer au nombre d'utilisateurs autorisé dans vos licences Microsoft.

Description des produits livrés

Le module d'installation propose d'installer par défaut les logiciels : « serveur », « client », « custom ». Nous précisons que pour chaque logiciel, il s'agit de savoir par quel groupe il est installé : « Serveur », « Client » ou « Custom ». Si un logiciel est spécifique à un système d'exploitation, nous indiquons « NT » ou « 95 ». Nous les avons regroupés par logiciels de même « famille ».

Les logiciels généraux

Oracle Installer *Serveur/Client/Custom*

Outil graphique qui permet d'installer, de mettre à jour et de supprimer des produits Oracle. Il détecte automatiquement le système d'exploitation (Windows NT ou Windows 95) sur lequel il est lancé.

Oracle Online Documentation *Serveur/Client/Custom*

Documentation en ligne d'Oracle8. C'est une aide précieuse, copie intégrale (et même plus parfois) de la documentation papier. La version installée est sous forme de pages HTML, visualisables à partir d'un navigateur Internet.

Les logiciels liés au serveur Oracle8

Oracle8 Server/Oracle8 Server - Enterprise Edition *Serveur/Custom*

C'est le serveur Oracle8, version Oracle8 Server ou Oracle8 Server - Enterprise Edition.

Required Support Files 7.3, 7.2, 7.1 *Custom*

Ensemble de fichiers et de DLL nécessaires à certaines applications tierces pour se connecter à des serveurs Oracle 7.3, 7.2, 7.1. Ces fichiers sont fournis pour Windows NT et Windows 95. Leur installation ne se fait qu'avec une installation de type « Custom ».

Required Support Files 8.0 *Serveur/Client/Custom*

Ensemble de fichiers et de DLL nécessaires pour se connecter à une version Oracle8. Ils peuvent être mis en fonction à partir de n'importe quelle option d'installation.

Oracle8 Call Interface (OCI) version 8 *Serveur/Client/Custom*

Interface de programmation de bas niveau la plus proche d'Oracle. Elle permet de faire des appels directs aux fonctions Oracle à partir du langage C ou C++.

Oracle8 Utilities 8.0 *Serveur/Client/Custom*

Ensemble d'outils dédiés à l'administration d'Oracle8. On retrouve des outils disponibles sur toutes les versions d'Oracle : Server Manager, Export/Import, SQL*Loader, mais aussi des utilitaires spécifiques à NT : ORADIM80, Migration utility, Recovery Manager ou Password Utility.

Oracle Database Assistant *Serveur/Custom NT*

Assistant graphique indispensable pour vous aider pas à pas dans la création ou la suppression d'une base Oracle8.

Oracle Data Migration Assistant *Serveur/Custom*

Utilitaire graphique permettant de faire migrer les données d'une base Oracle7 conçue sur Windows NT vers une base Oracle8.

Oracle Migration Assistant for Microsoft Access *Serveur/Client/Custom*

Utilitaire permettant de faire migrer votre structure de données et vos données d'une base Microsoft Access vers une base Oracle8.

*SQL*Plus* *Serveur/Client/Custom*

C'est l'interpréteur SQL le plus connu historiquement chez Oracle. Il permet de travailler en SQL et PL/SQL directement sur vos bases Oracle8. Si vous recherchez une interface utilisateur plus conviviale, SQL Worksheet (installé avec Oracle Enterprise manager) est fait pour vous.

Logiciel lié aux bases objet

Oracle INTYPE File Assistant *Serveur/Client/Custom*

Assistant graphique qui permet de créer ou de modifier des fichiers de type INTYPE. Ces fichiers seront utilisés par l'OTT (Object Type Translator) pour réaliser des programmes d'accès aux objets en OCI (Oracle Call Interface) ou en C++.

Logiciels liés à Internet et Java

Oracle Web Publishing Assistant *Serveur/Custom NT*

Assistant graphique qui permet d'interroger une base Oracle8 et de publier les données renvoyées dans des pages Web au format HTML. Ces pages peuvent être automatiquement rafraîchies.

OCI JDBC Driver *Serveur/Client/Custom*

Le pilote JDBC pour Oracle8 est semblable dans son principe au pilote ODBC pour Oracle, sauf qu'il est destiné à être utilisé à partir de programmes écrits en langage Java.

Thin Client JDBC Driver *Serveur/Client/Custom*

Ce pilote a une supériorité par rapport au pilote JDBC. Il permet de communiquer avec un serveur Oracle8 directement à partir d'un poste client qui n'a pas de protocole Net8 installé.

Oracle WebServer Manager *Serveur/Client/Custom*

Permet de configurer vos WebServers Oracle par des pages Web.

Java Runtime Environment *Serveur/Client/Custom*

Fichiers d'origine Sun nécessaires à l'exécution de programmes Java. Vous pensez que Java c'est de la science fiction ? Détrompez-vous ! de nombreux assistants livrés dans cette version sont écrits en Java (Oracle Database Assistant, Oracle Net8 Assistant, Oracle Net8 Easy Config, etc.).

Assistant Common Files *Serveur/Client/Custom*

Environnement utilisé par l'ensemble des assistants écrits en Java. Vous noterez que leur traduction, leur fonctionnement et leur aide sont très aboutis.

Performances et administration

Oracle8 Performance Utility *Serveur/Custom*

Permet à des administrateurs Oracle d'accéder aux performances d'une base Oracle8 locale ou distante par l'intermédiaire du Moniteur de Performances de Windows NT.

Oracle Enterprise Manager *Serveur/Client/Custom*

C'est un produit majeur qui permet d'administrer graphiquement l'ensemble de vos bases Oracle à partir d'une console. Des agents intelligents sont chargés d'exécuter vos travaux et d'assurer la surveillance de paramètres déterminés.

Oracle Administrator Toolbar *Serveur/Client/Custom*

Barre flottante d'outils intégrés à Oracle Enterprise Manager.

Oracle Intelligent Agent *Serveur/Client/Custom*

Agent intelligent d'Oracle Enterprise Manager chargé d'exécuter vos travaux et de surveiller vos bases.

Oracle Replication Manager *Serveur/Client/Custom*

Utilitaire graphique pour vous aider dans la configuration de bases de données répliquées.

Oracle Client Software Manager (OCSM) *Serveur/Client/Custom*

Assure une distribution et une installation automatique de vos logiciels Oracle sur vos clients et serveurs. Il est commenté dans le chapitre 3 (*L'installation d'Oracle8 sur NT*).

Oracle Enterprise Manager SDK *Serveur/Client/Custom*

Permet d'intégrer de nouvelles fonctionnalités à Oracle Enterprise Manager via une interface de programmation : Software Development Kit (SDK). Très spécifique, peu utile.

Legato Storage Manager *Serveur*

Oracle8 propose des options avancées de sauvegarde. Pour plus d'efficacité et d'homogénéité, les sauvegardes doivent être liées à un outil d'automatisation tel Legato Networker de la société Legato. Une version réduite de ce produit est proposée avec

Oracle8. Vous pouvez consulter le site Internet *www.backup-oracle.com* pour plus d'informations.

Oracle Patch Assistant *Serveur/Client/Custom*

Utilitaire qui permet de télécharger et d'installer facilement des patch ou correctifs.

Les logiciels liés au réseau

Net8 Products *Serveur/Client/Custom*

Net8 (anciennement SQL*Net) est le logiciel assurant la connexion entre un poste client et un serveur. Il permet une communication client-serveur ou serveur/serveur utilisant n'importe quel type de réseau. Il comprend les produits suivants : Native Naming Adapter, Oracle Names, Net8 Client, Net8 Server.

Net8 Protocols Adapters *Serveur/Client/Custom*

Couches logicielles qui s'adaptent à vos protocoles réseau. Sont généralement fournis les « Adapters » pour : TCP/IP, SPX/IPX, Named Pipes, APPC/LU6.2 et NDS.

Oracle Net8 Assistant/Easy Config *Serveur/Client/Custom*

Assistants graphiques qui permettent de réaliser rapidement et simplement la création de vos « alias » Net8 (ancien SQL*Net) et la configuration avancée d'options de Net8.

Oracle Biometrics Manage *Serveur/Client/Custom*

Cette option permet, avec les produits complémentaires Oracle Advanced Networking Option et un produit de la société Identix, d'assurer une identification par empreintes digitales. C'est en quelque sorte James Bond chez vous !

Les middleware de communication

Pilote ODBC 32 bits pour Oracle8 *Serveur/Client/Custom*

Pilote ODBC (Open Database Connectivity Driver) 32 bits pour Windows 95 et Windows NT.

Oracle OLE Objects *Serveur/Client/Custom*

Permet à tous les outils Windows capables de communiquer via OLE (Object Linking and Embedding) d'accéder aux données contenues dans Oracle8.

Les options complémentaires d'Oracle8

Oracle8 ConText Cartridge *Serveur/Custom*

ConText est une option du noyau Oracle8 qui permet d'interroger des textes avec du SQL ou du PL/SQL à travers la majorité des interfaces Oracle. En installant Oracle8 ConText Cartridge avec un serveur Oracle8 Enterprise Edition (les options fonctionnelles ne sont pas permises avec Oracle8 Server), des outils clients comme SQL*Plus, Oracle Forms et Pro*C sont capables de rechercher, de manipuler et de modifier des textes stockés dans une base. Ce produit nécessite une licence d'utilisation spécifique. Si vous l'installez, il installe avec lui :

- Oracle8 ConText Filters : extrait le texte ASCII de documents formatés,
- Oracle8 ConText Cartridge Demos : démonstrations.

Oracle8 ConText Cartridge Workbench *Serveur/Client/Custom*

Suite d'outils pour l'option ConText du serveur Oracle8 : pour insérer facilement des documents dans la base, en extraire le contenu via des OCX, etc.

Oracle8 Spatial Cartridge *Serveur/Custom*

Version d'Oracle8 capable de stocker des données spatiales. Ce produit nécessite une licence d'utilisation spécifique.

Oracle8 Image Cartridge *Serveur/Custom*

Permet de stocker des images (à 2 dimensions) dans Oracle8. Les formats d'image reconnus sont les formats standard du marché : Bitmap, Gif, Jpeg, etc.

Utilisation de l'aide Oracle

Pour un logiciel comme Oracle, la documentation est indispensable. Nous allons indiquer les différentes documentations présentes sur le CD-Rom Oracle8 (vous les trouverez également sur le CD-Rom joint à ce livre).

Il y a d'abord les documentations qui sont l'image exacte de la version papier. Elles intègrent souvent des volumes qui ne sont pas encore imprimés. Cette documentation existe sous les formats HTML et Acrobat.

D'autres documentations sont également disponibles. Et là, il faut être curieux ! Nous vous proposons différentes pistes à suivre lorsque la documentation standard ne suffit pas à répondre à vos questions.

La documentation « HTML »

Lorsque vous installez Oracle, vous pouvez consulter la documentation sous forme de pages HTML, visualisables à partir d'un navigateur Internet. Cette documentation a comme caractéristique d'être accessible par une aide en ligne écrite en Java, qui est exécutée sous le contrôle de votre navigateur Internet.

Pour y accéder, si vous l'avez installé sur votre disque dur, cliquez sur Démarrer > Programmes > Oracle pour Windows NT > Oracle8 Documentation.

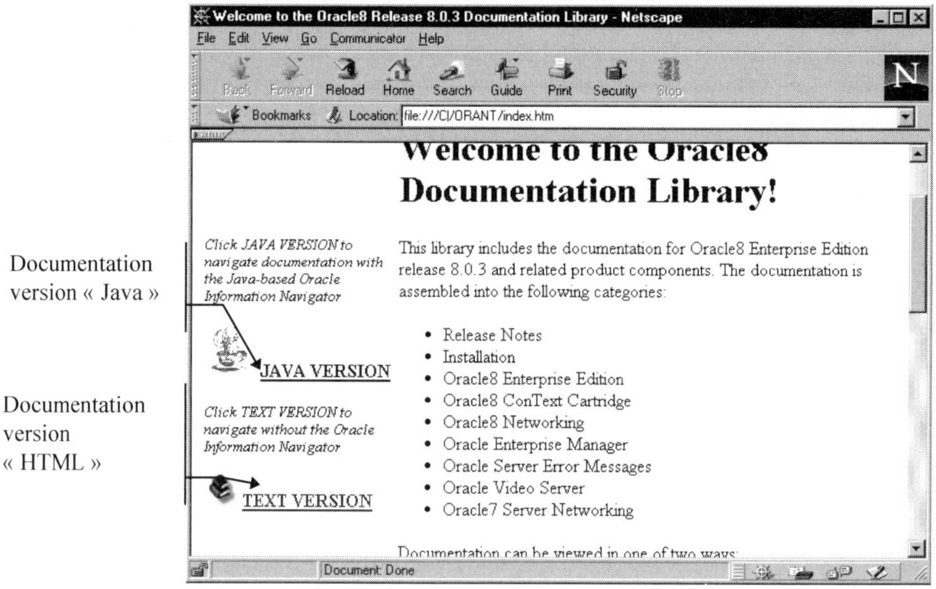

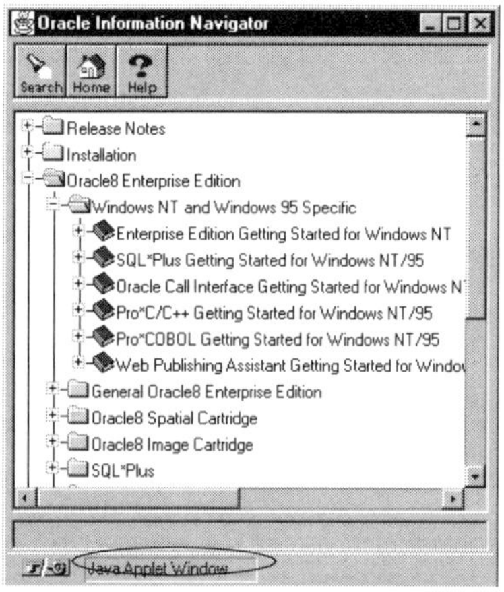

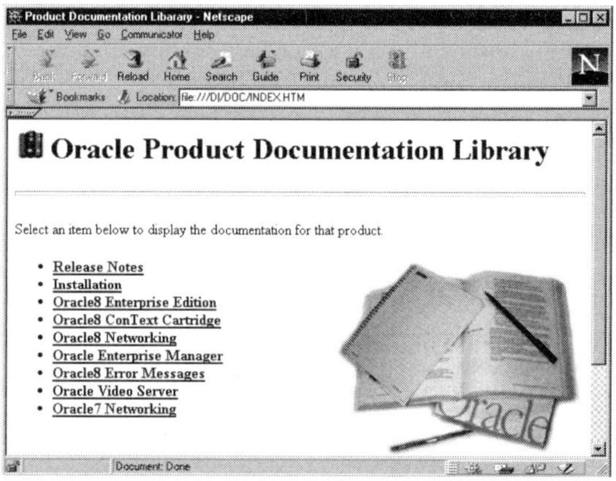

La version «Java» lance une applet : c'est un programme Java indépendant de votre navigateur qui s'avère très pratique pour se déplacer dans la documentation.

La documentation « Acrobat »

La version au format Adobe Acrobat (PDF) existe également sur le CD-Rom du produit Oracle8 (ainsi que sur le CD-Rom joint à ce livre). Vous pouvez l'installer par copie manuelle des fichiers situés dans le répertoire \PDFDOC. L'outil de visualisation Adobe

Acrobat Reader qui doit être installé sur votre poste est situé sous \ACROREAD (la version française 3.0.1 peut également être installée à partir du CD-Rom de ce livre).

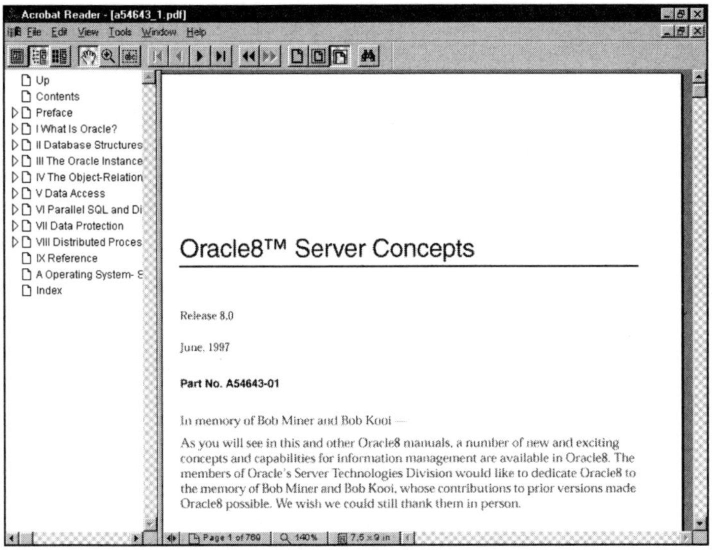

Cette version est très compacte sur votre disque dur.

Les autres documentations

D'autres documentations existent. Il faut être curieux, fouiner un peu, mais le résultat est souvent très intéressant.

Les documentations « en ligne »

Les produits Oracle sont accompagnés de documentations en ligne. N'hésitez pas à les utiliser. Elles donnent souvent des informations complémentaires à la version papier.

Sur le CD-Rom fourni avec ce livre, vous trouverez l'intégralité des documentations de l'aide en ligne Oracle8, aux formats HTML et PDF.

Les textes supplémentaires

De nombreux textes non répertoriés et non indiqués sont livrés avec les produits. Ce sont souvent des documents complémentaires qui n'ont pas encore été intégrés dans la documentation officielle. Ils concernent les derniers « bugs », des recommandations, des conseils, etc. Recherchez dans l'arborescence des produits Oracle des fichiers de type « READ*.* », « *.DOC », « *.WRI », etc. Vous y trouverez de véritables mines d'or.

Installation pas à pas d'Oracle8

Prérequis techniques

Poste serveur

Le système d'exploitation peut être Windows NT Server ou Windows NT Workstation. Seul le nombre de connexions autorisées par vos licences est à respecter.

Note : L'utilisateur Windows NT sous lequel vous allez installer Oracle8 doit avoir le privilège ADMINISTRATEUR. Ceci est nécessaire pour les accès à la base de registres de Windows NT.

Poste client

Le poste client d'un serveur Oracle8 peut être Windows NT ou Windows 95. Ce poste peut être client de tous les autres serveurs Oracle, qu'ils soient sur Windows NT ou sur un autre système d'exploitation.

Installation du serveur Oracle8 Server

Insérez le CD-Rom du produit Oracle8 pour NT dans votre lecteur. La fenêtre suivante apparaît aussitôt. L'installateur d'Oracle8 détecte automatiquement votre système d'exploitation.

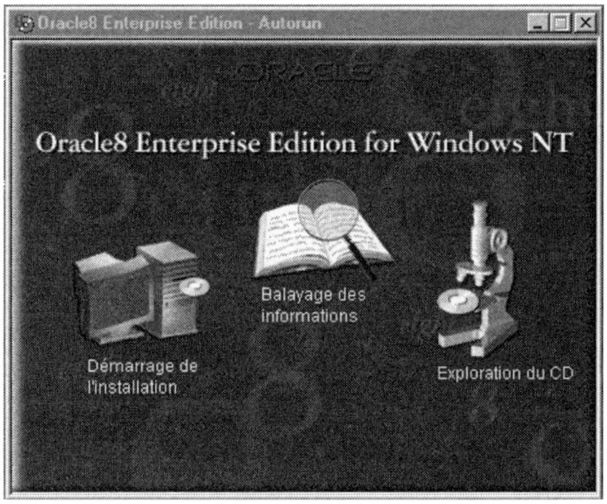

Sélectionnez votre langue. Je vous engage à toujours choisir le français, Oracle se devant, par sa dimension internationale, de vous fournir des logiciels personnalisés. Si vous voyez apparaître des termes anglais, cela signifie que les messages n'ont pas encore été traduits.

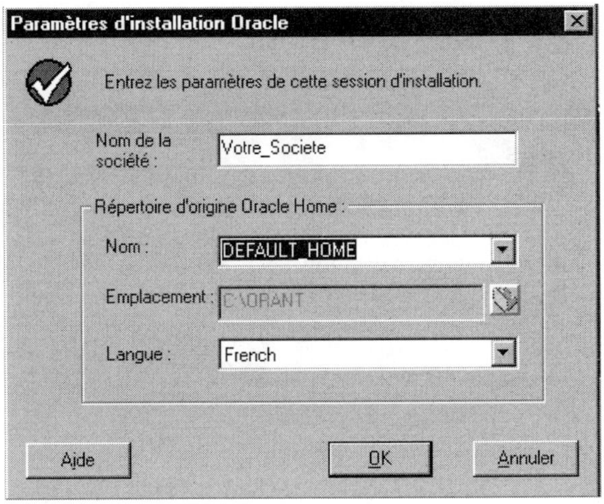

Donnez le nom de votre société et le point d'entrée où vous souhaitez installer les logiciels Oracle (c'est le fameux ORACLE_HOME). Les bases de données que vous créerez par la suite seront installées ailleurs, si vous le souhaitez.

Oracle8 vous permet maintenant de disposer de plusieurs ORACLE_HOME, c'est-à-dire de plusieurs « racines » destinées à contenir des versions différentes d'Oracle8. Vous pouvez ainsi avoir une version 8.0.4 en production, installer une version 8 .0.x sur la même machine, la tester, puis faire migrer votre base de données de 8.0.4 vers la version plus récente. C'est une notion très intéressante, indispensable à moyen terme pour une exploitation maîtrisée de vos environnements. L'utilisation et la mise en œuvre d'ORACLE_HOME sont traitées en annexe.

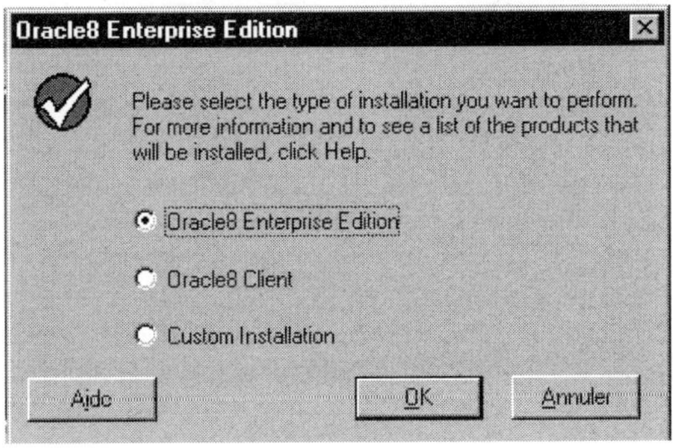

A présent, choisissez votre type d'installation. Chaque famille regroupe divers logiciels installés ensemble. Choisissez d'installer un serveur.

Note : Les messages passent en anglais ! Oracle doit encore faire des efforts pour adapter ses produits aux pays dans lesquels il les commercialise.

Ce livre ne couvre pas les options suivantes d'Oracle8. Nous ne les installerons pas.

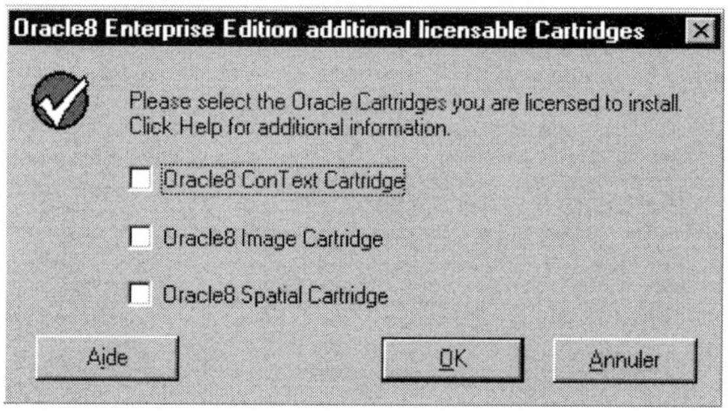

Nous allons créer une base Oracle8 par défaut, que nous utiliserons pour l'ensemble de nos présentations. Attention, cette instance se nomme ORCL. Vérifiez qu'une base identique n'existe pas déjà en consultant les services de Windows NT. Cette base de données contient l'utilisateur SCOTT (mot de passe Tiger), ainsi qu'un jeu de données pour vos tests.

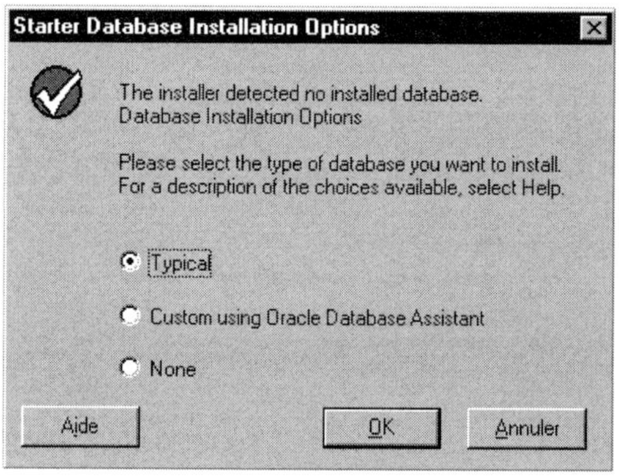

Comme la documentation Oracle est la compagne indispensable de tout administrateur Oracle, nous allons l'installer (la version HTML) sur notre disque dur. La documentation sous forme PDF (outil de visualisation Acrobat) existe également sur le CD-Rom du produit Oracle8 pour NT ainsi que sur le CD-Rom d'accompagnement de ce livre.

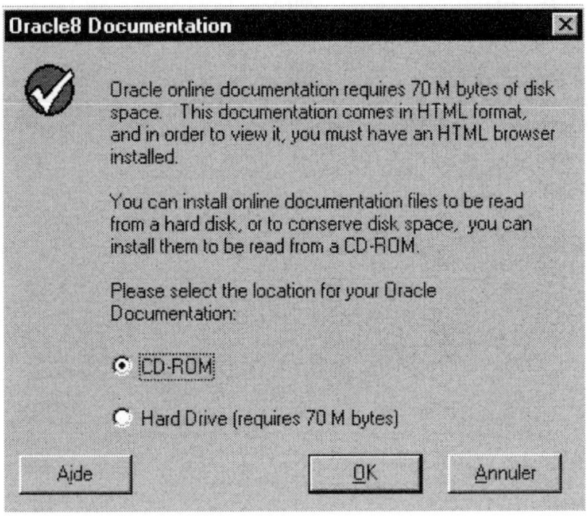

Les logiciels s'installent automatiquement...

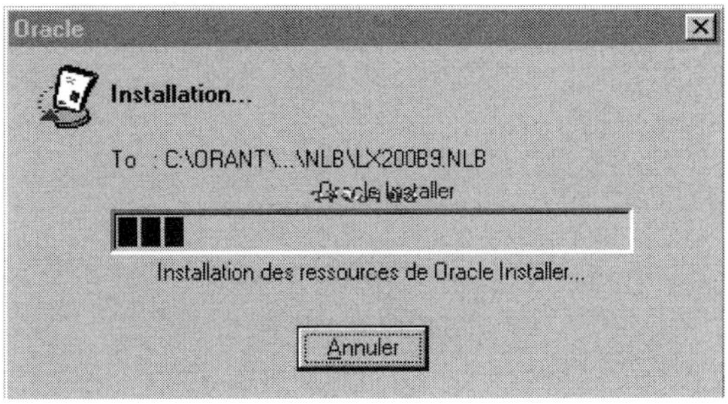

L'installation est terminée. Vérifiez que la base Oracle8 nommée ORCL a bien été construite en consultant les services de Windows NT. Votre instance ORCL et le Listener de Net8 sont opérationnels.

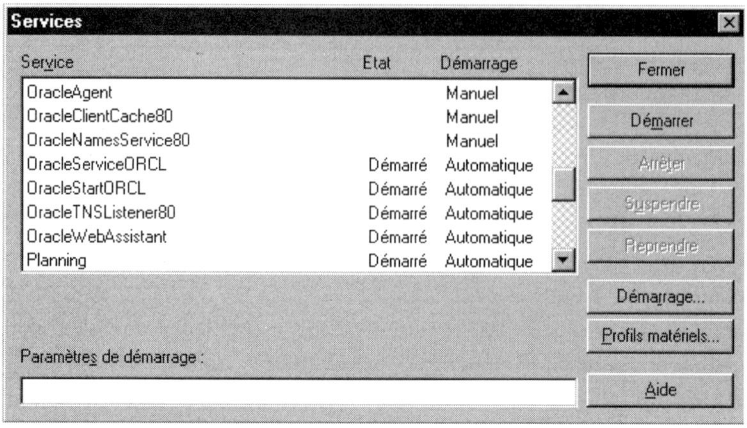

Vérifiez votre installation en lançant SQL*Plus : Démarrer > Programmes > Oracle pour Windows NT > SQL*Plus 80. Une fois lancé, connectez-vous sous l'utilisateur *Scott*, mot de passe *TIGER* (l'utilisation des minuscules/majuscules n'a aucune importance). Enfin, exécutez un ordre SQL.

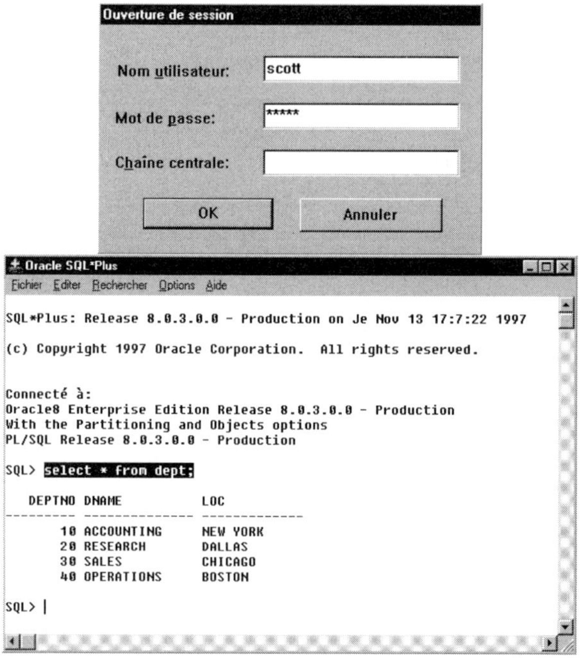

Votre installation est maintenant terminée.

Installation et distribution automatique

L'installation d'Oracle8 telle que nous l'avons décrite est très simple. Elle satisfait la plupart des besoins. Mais qu'en est-il des sites ayant plusieurs dizaines de serveurs et quelques centaines de clients à installer ? Dans ce cas, une installation graphique pour laquelle il faut répondre à des questions dans de multiples fenêtres devient vite impraticable. Il faut alors concevoir l'installation de ses logiciels comme un véritable projet.

Oracle propose deux méthodes pour installer automatiquement vos logiciels Oracle à la fois sur vos serveurs et sur vos postes clients :

- La première est basée sur SMS (System Managment Server de Microsoft). Ce type d'installation nécessite SMS déjà installé et configuré. La marche à suivre se trouve sur le CD-Rom du produit Oracle8 pour NT, en \SMS. Cette solution n'est pas poussée par Oracle car, pour conserver la configuration à déployer sur les différents postes, SMS utilise SQL Server, le concurrent direct d'Oracle8 sur NT !
- La seconde, 100 % Oracle, gratuite, s'appuie sur Oracle Client Software Manager (OCSM). OCSM fait partie de l'installateur Oracle. Elle permet aux administrateurs système d'installer et de configurer aussi bien des clients 16/32 bits que des serveurs. L'installation est centralisée et les mises à jour sur les postes clients ou les serveurs sont automatiques. Cette méthode est largement commentée dans le guide d'installation d'Oracle8 sur Windows NT.

Notre objectif n'est pas de vous exposer dans le détail leur mise en œuvre, ce qui dépasse le cadre de ce livre, mais de vous donner les pistes à suivre.

Résumé de l'installation

Nous avons étudié dans le détail la liste complète des produits présents sur le CD-Rom du produit Oracle8 pour NT, et installables par les différentes options de l'Oracle Installer.

Nous vous avons montré pas à pas comment réaliser une installation « minimale » d'Oracle8. Cette installation servira de support à tous les exemples du livre.

Attention ! Le CD-Rom du produit Oracle8 pour NT contient plus de produits que ceux installés par l'Oracle Installer. On peut citer les documentations Oracle sous forme de fichiers Acrobat (fournies également sur le CD-Rom de ce livre), comment installer Oracle8 via SMS de Microsoft, les pilotes JDBC version Bêta, etc. Si vous êtes curieux, nous vous recommandons d'en consulter le contenu.

Après cette installation par défaut, votre base est en ordre de marche mais doit souvent être adaptée et paramétrée selon vos besoins. Chaque chapitre décrivant un outil ou une fonction vous indiquera les paramétrages adaptés à l'outil/fonction.

4

Le fonctionnement d'Oracle8 sur NT

Une des grandes forces d'Oracle est de proposer ses produits sur de nombreuses plates-formes, car l'architecture technique de sa base de données est unique.

La première partie de ce chapitre présente les grands composants d'une base de données Oracle et introduit les concepts et les termes techniques utilisés dans ce livre.

La seconde partie traite des spécificités d'Oracle8 sur Windows NT. Nous abordons dans le détail les liens qui unissent le fonctionnement de Windows NT et Oracle8. Des exemples pratiques vous sont proposés.

Les composants d'une base Oracle

Parmi les différents composants d'une base Oracle8, nous détaillons ici les composants « fichiers », les composants « programmes », les composants « mémoire ».

Les composants « fichiers »

Note : Il s'agit des fichiers qui composent votre ou vos bases de données. Les autres fichiers, mis en place lors de l'installation Oracle, sont décrits au chapitre 3 (L'installation d'Oracle8 sur NT).

Toute base de données se réduit en définitive d'une part à des fichiers qui contiennent vos données, d'autre part à des fichiers qui interviennent dans son fonctionnement. Chaque base de données possède des fichiers spécifiques, qu'il faut pouvoir identifier et dont il s'agit de connaître le rôle.

Les trois types de fichiers indispensables au fonctionnement d'une base Oracle sont :

- Les **fichiers de données**. Ils contiennent vos tables, index, procédures, fonctions, etc., ainsi que le dictionnaire de données (crée lors de la création d'une base de données). Ce dictionnaire, géré 100 % par Oracle, assure la gestion interne de la base. Les fichiers de données constituent plus de 99 % du volume global d'une base de données Oracle. Comme se sont les fichiers les plus volumineux, leur taille, leur emplacement et leur paramétrage sont de la responsabilité de l'administrateur de la base de données.
- Les **fichiers Redo-Log**. Ces fichiers mémorisent l'historique de tous les ordres modifiant des données ou la structure de la base de données. Ils sont au minimum deux, chaînés circulairement. C'est-à-dire que l'un se remplit, puis l'autre, puis le premier, etc. Il assurent une mission de sécurité. Ainsi, dès que vous validez la modification d'une donnée, elle sera réalisée quoi qu'il arrive (arrêt brutal, panne électrique, etc.). Leur taille est fixée lors de la création de la base de données (modifiable ultérieurement). Leur fonctionnement est entièrement géré par Oracle.
- Les **fichiers de contrôle**. Ils permettent de renseigner la base de données sur son état lors de son démarrage, de son arrêt et lors de certaines phases de fonctionnement. Par exemple, lors de son démarrage, ils permettent de savoir quel type d'arrêt a eu lieu (normal, brutal, etc.). Ils contiennent par ailleurs les chemins d'accès et les noms de tous les fichiers (base de données et log) qui composent votre base de données. Pour pouvoir démarrer une base de données, il suffit que le logiciel Oracle sache où se trouve les fichiers de contrôle. Il y puise tout un ensemble de renseignements qui lui serviront à réaliser l'opération. Leur taille (quelques centaines de Ko maximum) et leur fonctionnement sont entièrement gérés par Oracle.

Les composants « programmes »

Les composants « programmes » assurent le fonctionnement de la base de données. Ce sont les exécutables qui permettent toutes les actions sur les fichiers (base, contrôle, redo-log). Sous Unix, on évoquera des « process » ; sous NT, on parlera d'exécutables et de « threads ». L'architecture du système d'exploitation Windows NT permet à l'exécutable d'Oracle d'être multitâche et multithread. Ce sont ces différents threads qui travaillent avec les composants mémoire, les fichiers et les programmes utilisateurs.

Les composants « mémoire »

Pour assurer son fonctionnement et sa performance, Oracle8 a besoin de mémoire. Une zone mémoire (paramétrable suivant votre configuration) est primordiale pour les performances de la base de données : Il s'agit de la SGA (System Global Area). Cette SGA se compose de plusieurs zones : une pour mettre en cache des données manipulées, une pour effectuer certains tris, une autre pour analyser et réutiliser les ordres SQL déjà exécutés, etc.

D'autres zones mémoire sont automatiquement allouées pour le fonctionnement de la base de données (la mémoire prise par les exécutables) et par les connexions utilisateurs (chaque connexion nécessite un minimum de mémoire).

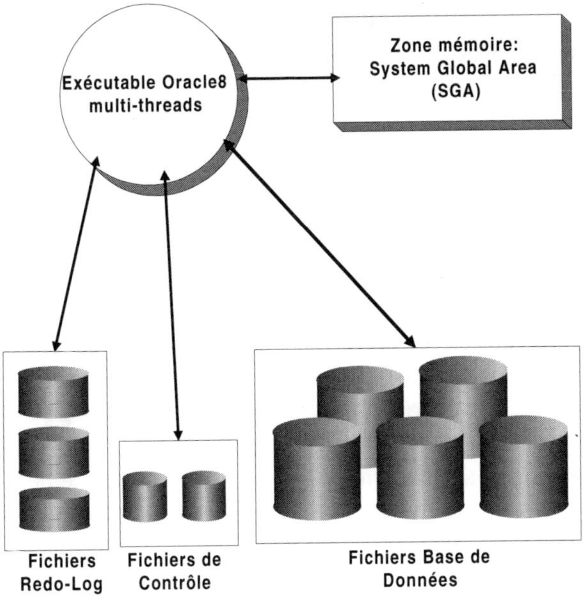

Base de données et instance

Une base de données Oracle se compose donc de :

- fichiers : base de données, Redo-Log, contrôle ;
- exécutables : pour faire fonctionner la base ;
- mémoire réservée : la SGA.

On parlera de base de données pour qualifier l'ensemble des fichiers qui la composent.

Une instance regroupe la base de données (les fichiers), la zone mémoire allouée (SGA) et les exécutables assurant le fonctionnement de la base. On peut simplifier en disant qu'une instance est une base de données « en action ».

Un serveur Windows NT peut accueillir une ou plusieurs instances (bases de données fonctionnant simultanément). Chaque instance aura son propre jeu de fichiers, son propre exécutable et sa propre SGA. Ces bases de données et instances auront des vies et des administrations indépendantes les unes des autres. Nous aborderons les avantages et les inconvénients d'avoir une ou plusieurs bases de données sur un seul serveur NT dans le chapitre 7 (*Gestion d'une base Oracle8*).

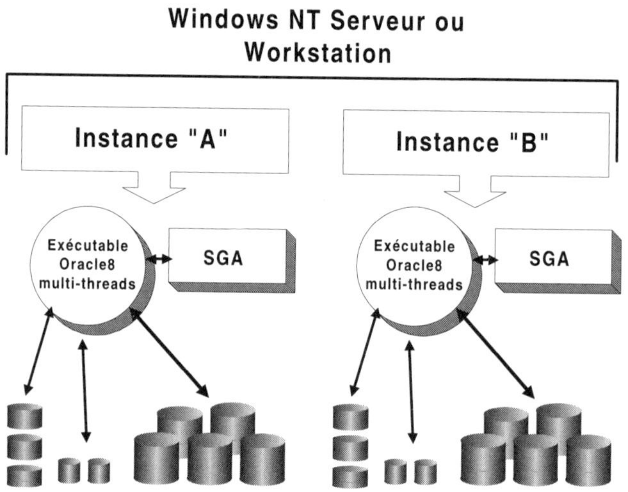

Le cluster NT : Oracle Parallel Server

La technologie cluster commence tout juste à arriver sur NT. Elle permet de combiner haute disponibilité, sécurité et performance. Oracle l'utilise depuis de nombreuses années sur les systèmes d'exploitation comme VMS (Digital) ou Unix (différents contructeurs), qui supportent la mise en cluster. Son principe est le suivant : deux machines sont connectées et partagent un jeu de disques commun. Chaque machine est indépendante mais, lorsque les nœuds d'un cluster sont actifs, ils doivent être synchronisés. Chaque machine a donc sa propre instance mais chaque instance accède à une base de données unique (c'est-à-dire au même jeu de fichiers physiques).

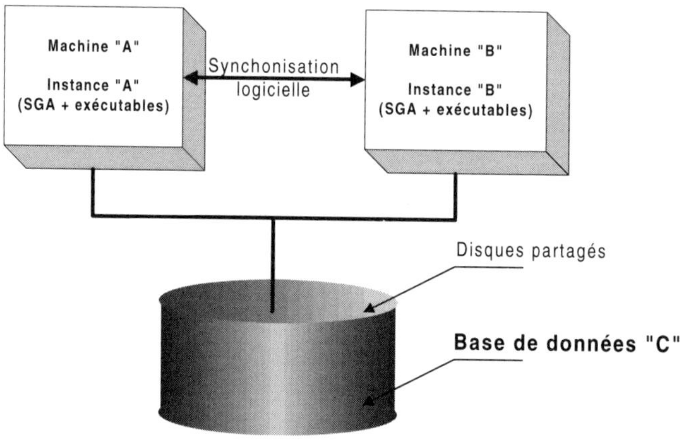

Dans ce type de configuration, les utilisateurs sont connectés à une instance située sur une machine. D'autres utilisateurs sont connectés à une autre instance, située sur une autre machine du cluster. Ces différents ordinateurs constituent les « nœuds » d'un cluster. Les deux instances partagent une même base de données (des fichiers communs). Pour que les modifications effectuées par un utilisateur travaillant sur l'instance « A » du nœud « A » soient vues par un utilisateur travaillant sur l'instance « B » du nœud « B », il faut que les deux instances communiquent entre elles. Pour que cette communication soit plus facile, elles doivent posséder un identifiant distinct : l'instance ou SID (System Identifier). L'architecture cluster est l'unique exemple dans lequel plusieurs instances Oracle accèdent à une base de données Oracle commune.

Ce type de configuration explique pourquoi une instance (SGA+process) et une base de données (l'ensemble des fichiers) ont des identifiants distincts. Si elles avaient le même identifiant, il serait impossible d'effectuer une synchronisation entre des instances différentes. La difficulté technique d'un cluster consiste en cette synchronisation. Par exemple, la suppression d'un enregistrement effectué sur la machine A doit être répercutée pour les utilisateurs qui travaillent au même instant sur la machine B.

L'architecture cluster est très spécifique : elle nécessite une version spéciale de Windows NT pour laquelle l'ensemble du matériel et des logiciels doit être certifié par Microsoft. Oracle8 a lui aussi besoin d'une version spéciale : Oracle Parallel Server qui gère la synchronisation logicielle entre les deux instances. Nous nous éloignons du cadre de la « micro » pour entrer dans le monde plus « constructeur ».

Nous détaillons l'architecture cluster au chapitre 14 (*Clusters NT, Fail Safe et Parallel Server*).

Note : Sauf dans le cas très particulier des clusters, attribuez toujours le même nom à votre instance et à votre base de données. Cela facilite l'exploitation. Ce point sera détaillé dans le chapitre 7 (Gestion d'une base Oracle8).

Spécificités d'Oracle8 sur Windows NT

Cette section traite de l'architecture interne d'Oracle8 sur Windows NT. Il sera très utile aux administrateurs Oracle travaillant sur NT pour saisir les liens qui s'établissent entre Oracle8 et NT, ainsi que pour les administrateurs Oracle sous Unix, pour comprendre les variantes de portage dues aux différences entre les deux systèmes d'exploitation.

Architecture interne d'Oracle8 sur NT

Le Serveur Oracle8 fonctionne sous Windows NT comme un exécutable unique ayant de multiples threads. Chaque thread a ses propres tâches à réaliser. Certains threads sont dus aux connexions des utilisateurs, d'autres assurent le fonctionnement de la base de données en tâche de fond. Les threads internes au fonctionnement d'Oracle8 sont les équivalents des processus sous Unix. On retrouve des threads équivalents à PMON, DBWR, ARCH, etc., c'est-à-dire à toutes les grandes fonctions internes du moteur Oracle8. Le nombre de threads lancés dépend à la fois des fonctions internes du moteur Oracle8 (certaines, comme la réplication, sont optionnelles) et du nombre d'utilisateurs connectés.

Cet exécutable Oracle8 fonctionne sous forme d'un service NT, car c'est le mode de fonctionnement sur ce système d'exploitation. Les services associés à une base de données sont abordés plus loin.

Les processus Oracle8x

Chaque instance d'Oracle8 consiste donc en un programme exécutable unique ayant de multiples threads. Pour que chaque nouvelle instance soit identifiée par NT, son nom figure dans la base de registres Windows NT sous la forme d'un service NT. Le nom du service sera toujours OracleServiceXXXX, où XXXX représente l'identifiant de l'instance Oracle ou SID. Ce service est associé à un exécutable Oracle8x.exe. Ce service OracleServiceXXXX se compose initialement de deux threads, qui ont pour tâche de gérer tous les threads ultérieurs. C'est grâce à ce service que l'on va pouvoir faire des opérations telles que le démarrage ou l'arrêt de la base de données.

S'il y a plusieurs instances Oracle sur un serveur NT, il y aura autant de services OracleServiceXXXX et d'Oracle8x.exe que d'instances.

Fonctionnement de l'exécutable Oracle8x.exe sous NT

Oracle8x.exe est écrit sous la forme d'un service NT. Cela lui permet de fonctionner indépendamment de la session d'un utilisateur NT et de pouvoir être lancé automatiquement lors du « boot » de Windows NT. Par défaut, les services sont lancés sous le compte Windows NT Système. Système n'est pas un utilisateur capable de créer une session Windows NT, il sert à assurer la gestion des services.

Les différents threads d'Oracle8x.exe

Les administrateurs d'Oracle sur d'autres systèmes d'exploitation connaissent bien les différents processus d'Oracle (PMON, SMON...). Sous Windows NT, ce seront des threads du processus Oracle8x.exe. Il est facile de les visualiser à l'aide d'un outil fourni dans le Windows NT Resource Kit (Microsoft), le Performance monitor. Les deux premiers threads (0, 1) sont utilisés pour la gestion des threads suivants. Les autres threads 2, 3, 4, 5, 6 sont respectivement PMON, DBWR, LGWR, SMON, RECO. Après le thread 6, il en existe d'autres optionnels (ARCH, CKPT, etc.). Suivent ensuite les threads créés par les connexions des utilisateurs. Nous vous montrerons les différents threads dans le chapitre 7 (*Gestion d'une base Oracle8*), traitant de la création d'une base sous NT.

Thread	Abréviation	Description
0, 1		Gestionnaires des autres threads d'Oracle8x.
Process Monitor (thread 2)	PMON	Il administre les différents threads et processus d'Oracle8. Il est chargé de la libération des ressources occupées si une session est anormalement tuée (ex : un client distant éteint son PC sans se déconnecter d'Oracle).
Database Writer (thread 3)	DBWR	Chargé de l'écriture dans la base de données. Il écrit les blocs de données modifiés en SGA (mémoire centrale) dans les fichiers base.

Thread	Abréviation	Description
Log Writer (thread 4)	LGWR	Ecrit séquentiellement dans le fichier redo-log courant des enregistrements redo-log de la SGA. LGWR écrit un enregistrement de petite taille dans le fichier redo-log courant. Cela garantit la possibilité de restaurer la base de données suite à un incident (ex : coupure électrique).
System Monitor (thread 5)	SMON	C'est le grand « nettoyeur » : il est responsable de la validation d'une base lors de son démarrage. Il vérifie si la base a été arrêtée proprement. Si ce n'est pas le cas, il récupère dans les fichiers redo-log les enregistrements validés (par un COMMIT ou un ROLLBACK) qui n'ont pas encore été écrits dans la base par Oracle, pour les insérer. Les autres enregistrements (non validés) sont annulés.
Recover (thread 6)	RECO	Résout les pannes lorsque l'option distribuée est utilisée.
Archivage	ARCH	C'est un thread optionnel. Par défaut, il n'est pas actif. Si le mode ARCHIVELOG est activé, sa mission consiste à archiver (copier) chaque redo-log plein dans un endroit particulier (répertoire ou bande). Les fichiers log sont utilisables pour reconstruire une base de données lorsqu'elle a été perdue.
Checkpoint Dédié	CKPT	Prévient le DBWR de réaliser une opération de Checkpoint (littéralement : point de contrôle) sur tous les composants de la base de données. S'il n'est pas présent, ce rôle est tenu par le LGWR.
Autres threads		Se sont les threads dédiés aux utilisateurs connectés à la base de données.

Les « sessions utilisateurs » d'Oracle8x

Chaque connexion à la base Oracle8 crée un thread dédié dans l'exécutable Oracle8 gérant l'instance de cet utilisateur. Toutes les actions de cet utilisateur connecté seront gérées par ce thread. C'est lui qui dialoguera avec la SGA (pour exécuter les ordres SQL et accéder aux données) et il s'allouera automatiquement de la mémoire (par exemple pour assurer le rôle de « buffer » et vous retourner vos données à l'issue d'un ordre SQL).

Comment identifier facilement la session d'un utilisateur

Avec les outils de Windows NT ou ceux du Kit de ressources technique Microsoft, il n'est pas possible d'identifier précisément une session utilisateur. C'est grâce aux outils fournis par Oracle que vous pouvez identifier et relier un « thread » à une connexion à la base Oracle8. Il y a deux sortes d'outils : des ordres SQL qui interrogent le dictionnaire de données Oracle8 et qui donnent tous ces renseignements d'une part, ou les mêmes ordres SQL habillés graphiquement dans l'outil d'administration Oracle Enterprise Manager Performance Pack d'autre part.

Oracle et la registry NT

Toutes sortes d'informations concernant l'installation, le paramétrage d'Oracle8 et des outils sur une machine NT sont conservées par Oracle dans la base de registres (ou registry) de Windows NT. Par exemple, ORACLE_HOME et ORACLE_SID sont des variables définies dans la base de registres. Vous pouvez consulter son contenu avec les utilitaires Windows NT Regedt32 ou Regedit.

Note : Attention ! Soyez très attentifs lorsque vous effectuez des changements dans la base de registres. Ils sont immédiats et définitifs ! Nous commentons ici les principaux paramètres utilisés par Oracle et conservés dans la base de registres. D'autres sont proposés en annexe.

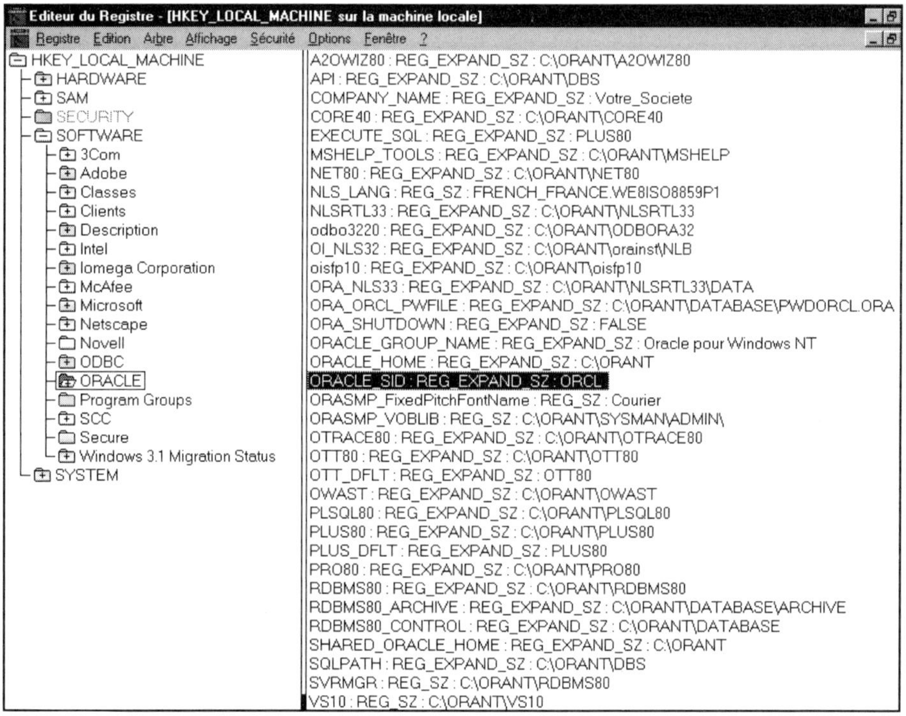

Pour l'instant, les valeurs essentielles de la base de registres que nous allons utiliser sont :

ORACLE_HOME

Actuellement, toutes les versions Oracle sur un poste NT sont stockées dans la même arborescence de fichiers, c'est-à-dire sous le même ORACLE_HOME (généralement *\ORANT*). Si vous installez plusieurs versions d'Oracle sur une même machine, les différents programmes sont identifiés par un numéro dans leur nom : Oracle73.exe, Oracle80.exe, Plus33.exe, Plus80.exe, etc. Car ils sont stockés dans le même répertoire.

Les versions futures d'Oracle8 offriront plusieurs ORACLE_HOME distincts. Cela permettra, comme sous Unix, d'avoir différentes versions d'Oracle8 installées dans des répertoires séparés. Par exemple, une arborescence complète avec les logiciels Oracle8.0 (version de votre application de production) et une autre arborescence avec Oracle8.1 (version de réception et de tests, avant mise en production).

La valeur d'ORACLE_HOME est fixée dans l'Installer Oracle. Vous pouvez y accéder dans la base de registres en HKEY_LOCAL_MACHINE/SOFTWARE/ORACLE.

ORACLE_SID

ORACLE_SID permet de définir une instance par défaut. C'est à elle que vous vous connecterez par défaut, par exemple avec svrmgr30. Il est possible de changer cette valeur ou de se connecter à une autre instance :

- en modifiant ORACLE_SID dans la registry avec Regedt32.exe ;
- en créant une variable d'environnement NT ORACLE_SID ;
- en utilisant un « alias » Net8 pour se connecter (voir le chapitre 5, *Net8, le middleware Oracle*).

*Note : Il est possible de changer automatiquement des valeurs de « clés » dans la registry avec des utilitaires NT que l'on trouve dans le Kit de ressources techniques de NT (Microsoft). Dans cette longue liste, nous vous proposons Regchg.exe, Setx.exe et bien d'autres. Ce sujet est traité au chapitre 2 (*Environnement NT : l'indispensable*).*

Vérification pratique de ces éléments

Comment traduire en pratique ces éléments théoriques sous Windows NT ?

Le premier écran vous explique comment démarrer une base Oracle8 (services + instance) à partir des services de Windows NT. Nous nous servons pour cela de la base ORCL, créée par défaut lors de l'installation d'Oracle8. Notez que cette base démarre automatiquement lorsque le système Windows NT est lancé.

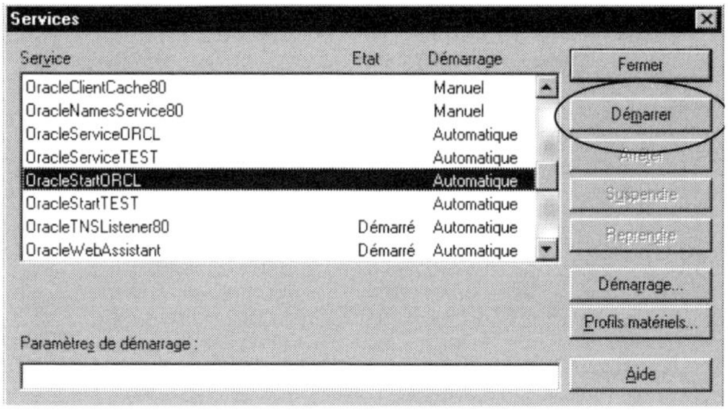

En démarrant le service OracleStartORCL, le service OracleServiceORCL est également lancé.

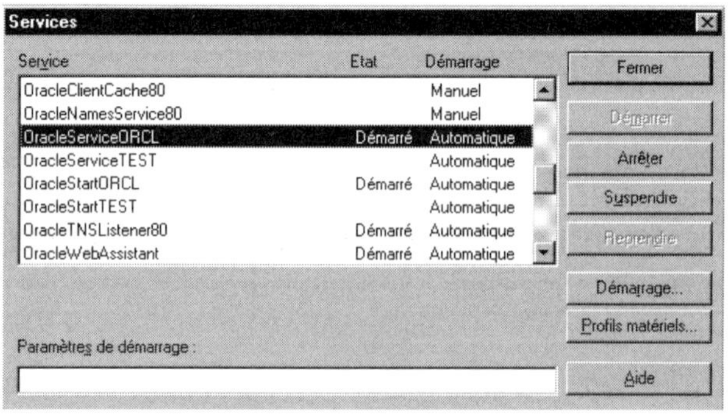

Nous pouvons vérifier à l'aide du Gestionnaire de tâches de Windows NT que l'exécutable Oracle8 a été lancé : c'est le service dédié à la gestion de cette instance ORCL. L'exécutable Oracle80.exe apparaîtra autant de fois qu'il y aura de services lancés sur votre machine.

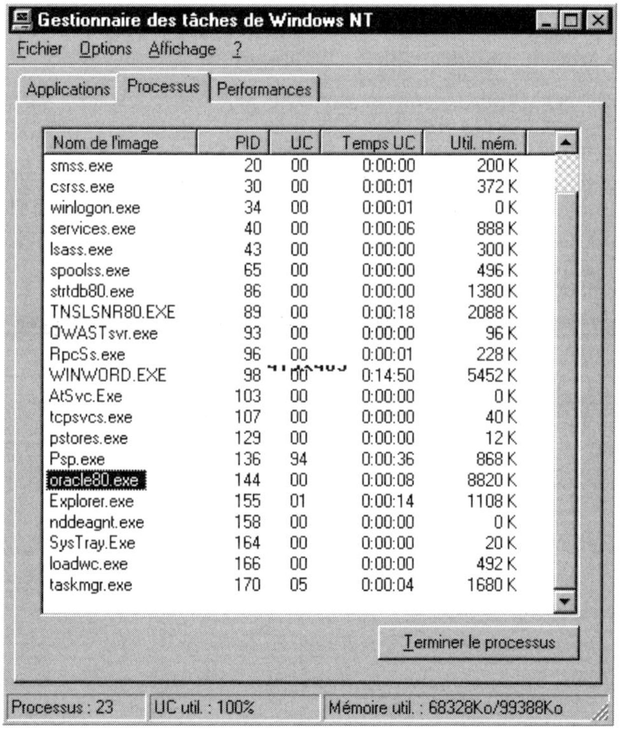

Avec le Process Viewer (outil du Kit de ressources techniques de Windows NT), nous pouvons entrer dans l'exécutable Oracle8.exe lancé et vérifier le nombre de threads actifs pour cette instance.

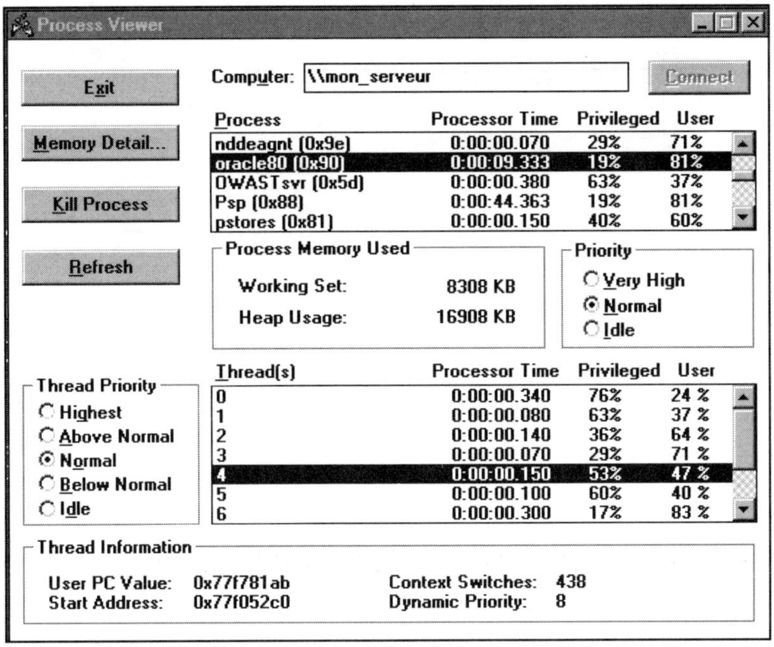

Arrêtons maintenant le service OracleServiceORCL dans le Gestionnaire des services de Windows NT. Comme ce service arrête l'exécutable Oracle8.exe, cela implique l'arrêt de l'instance associée, donc du service OracleStartORCL.

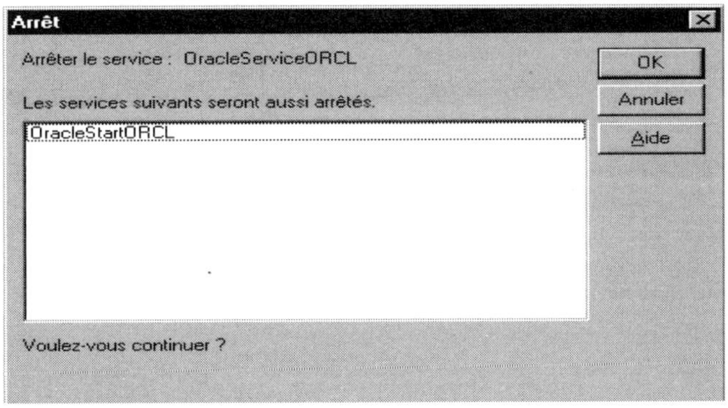

Pour comprendre la différence entre les services OracleStartORCL et OracleServiceORCL, démarrez uniquement le service OracleServiceORCL. Comme ce service ne gère que le lancement de l'exécutable Oracle8.exe, le service est démarré mais pas l'instance.

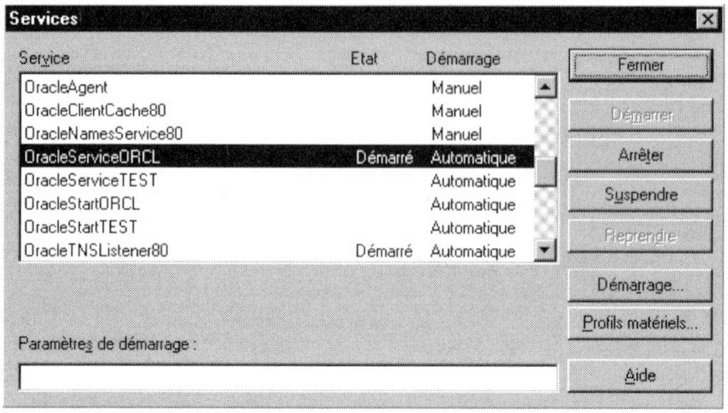

Vérifions à l'aide du Process Viewer que seuls les deux threads initiaux du service oracle8.exe ont été lancés. Les autres naissent avec le démarrage de l'instance.

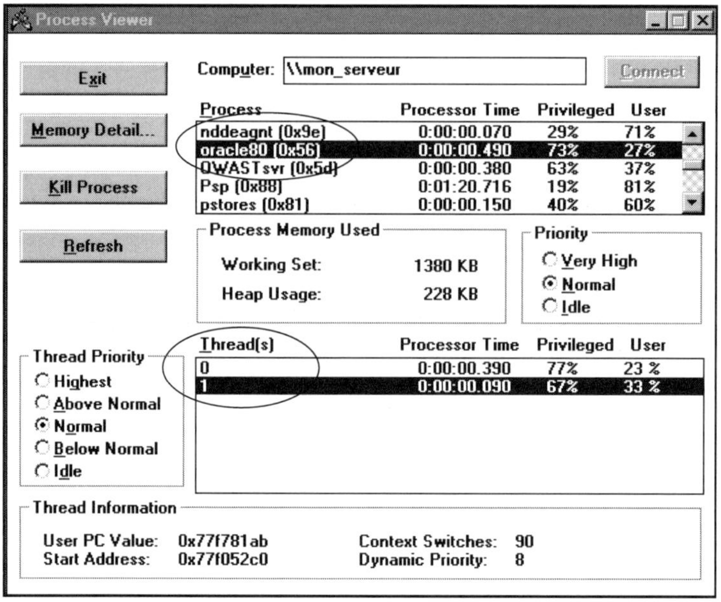

Vous pouvez maintenant démarrer l'instance de plusieurs façons :

- en lançant le service *OracleStartORCL ;*
- à partir du Server Manager d'Oracle.

Démarrer l'instance par le service *OracleStartORCL*

Ce service exécute en réalité un fichier de commande, *Strtorcl.cmd,* situé en *ORACLE_HOME\DATABASE.* Le contenu de ce fichier de commande lance un utilitaire Oracle (ORADIM80, présenté dans ce chapitre), qui a en charge de démarrer l'instance, en fournissant tous les paramètres requis.

```
c:\orant\bin\oradim80.exe -startup -sid ORCL -usrpwd oracle -starttype
srvc,inst -pfile c:\orant\database\initorcl.ora
```

Démarrer l'instance par l'utilitaire Server Manager d'Oracle

Cet utilitaire est bien connu des administrateurs Oracle sur d'autres systèmes d'exploitation. Il permet de créer de nouvelles bases de données (voir le chapitre 3, *L'installation d'Oracle8 sur NT*), de les démarrer, de les arrêter et de réaliser d'autres tâches d'administration.

Cet utilitaire se nomme Svrmgr30.exe (son nom dépend de sa version) et il se trouve en $ORACLE_HOME\BIN.

Note : Vérifiez la valeur de votre variable d'environnement ORACLE_SID, qui conditionne l'instance sur laquelle votre exécutable Svrmgr30.exe vous positionne.

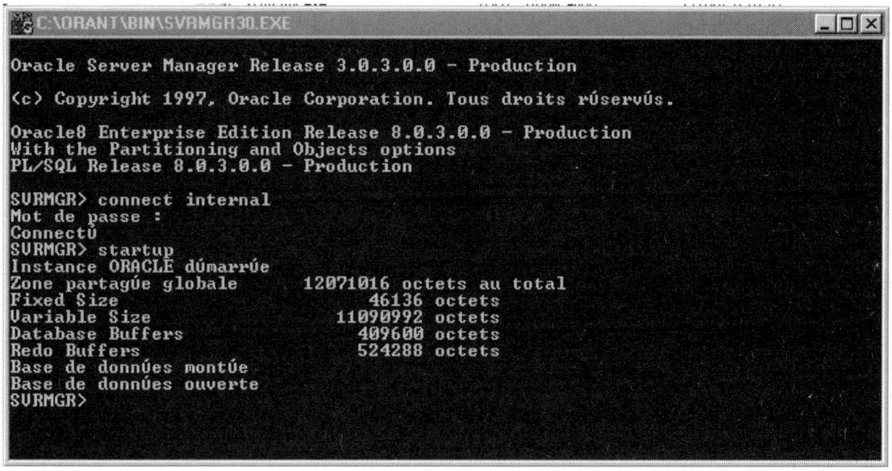

Après vous être connecté en Internal et avoir fourni le mot de passe (que l'on retrouve dans le fichier Strtorcl.cmd, dans la rubrique usrpwd oracle), votre base de données est démarrée. Les threads supplémentaires sont lancés par le démarrage de l'instance, comme nous le montre alors l'outil Process Viewer :

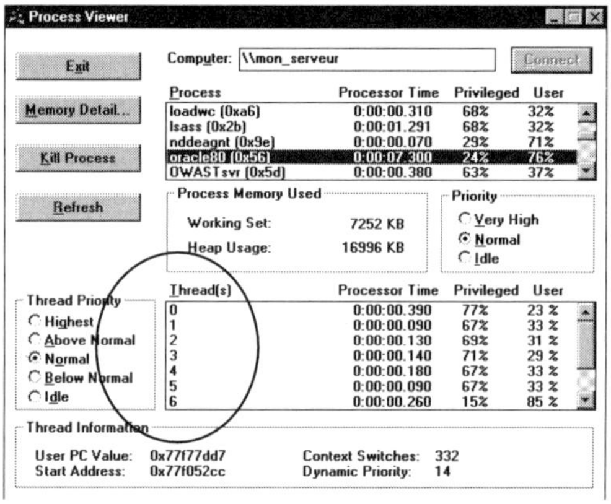

Et, comme nous ne sommes pas passés par le service OracleStartORCL, celui-ci n'est pas lancé bien que la base de données fonctionne.

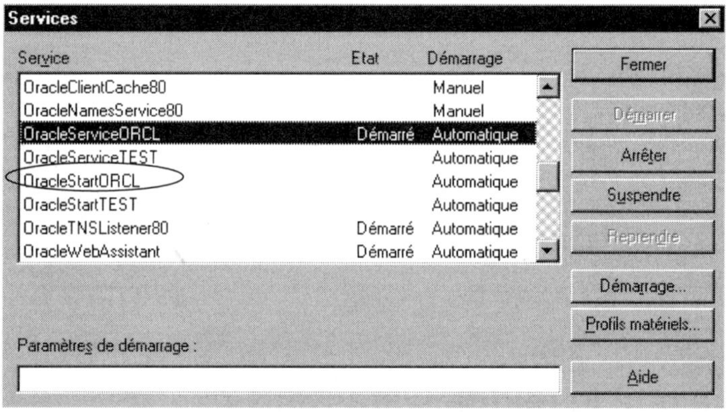

Résumé

Ce chapitre a permis d'effectuer un bref rappel des composants majeurs d'une base Oracle8. Les notions de base de données, d'instance, de cluster ont été abordées.

Les spécificités du fonctionnement d'Oracle8 sur Windows NT ont été traitées. Pour plus de clarté dans l'exposé, une vérification pratique des éléments théoriques a été effectuée.

5

Net8, le middleware Oracle

Ce chapitre a pour but de démystifier Net8 (précédemment SQL*Net), de vous en expliquer son installation, son fonctionnement et son paramétrage. Oracle a beaucoup fait souffrir ses clients avec SQL*Net V2, dont l'installation était une véritable aventure. Heureusement, les choses s'arrangent et des outils de paramétrage simples et conviviaux ont été créés.

Par souci de simplicité, les exemples fournis utilisent principalement le protocole TCP/IP. Ils sont très facilement transposables si vous optez pour un autre protocole.

Qu'est-ce que le middleware Net8 ?

La majorité des experts s'accorde à définir le middleware comme un regroupement de logiciels et de matériels mis en œuvre entre votre application cliente et votre serveur de données.

La partie matérielle n'est pas de la compétence d'Oracle, vous choisissez le type de réseau, son câblage, les cartes de communication, etc. Néanmoins, Oracle s'interface avec les logiciels que vous aurez choisis ou qui seront déjà installés sur votre poste.

Pour les produits Oracle, le middleware se compose de Net8 ainsi que des outils de communication comme Oracle Objects pour OLE et le pilote ODBC pour Oracle, ou encore les composants JDBC pour Java.

Si votre base de données et votre application sont sur la même machine, les logiciels de middleware « s'accrochent » directement à la base de données.

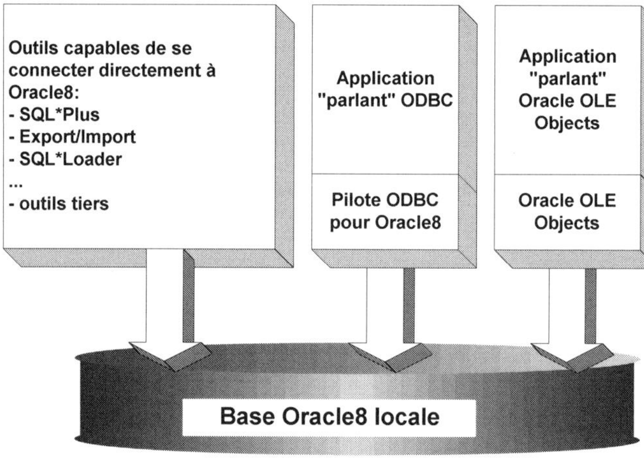

Si votre base de données et votre application ne sont pas sur la même machine, vous avez besoin d'un réseau entre le poste client et le serveur. Comme Net8 s'appuie sur le réseau que vous utilisez, il faut disposer de Net8 adapté au protocole réseau aussi bien sur le poste client que sur le serveur.

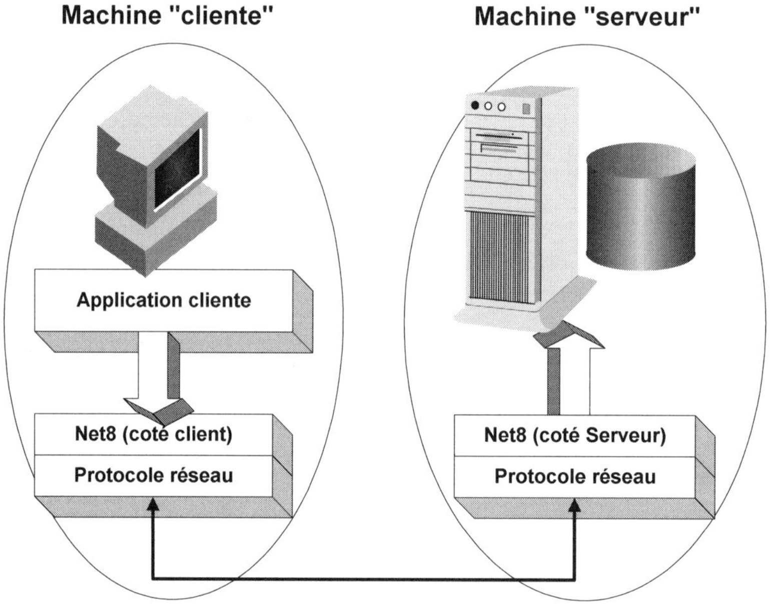

Dans le cas d'une architecture client-serveur, les logiciels de middleware comprennent en plus Net8 et le protocole de communication. La partie cliente et la partie serveur de Net8 doivent être installées et configurées séparément.

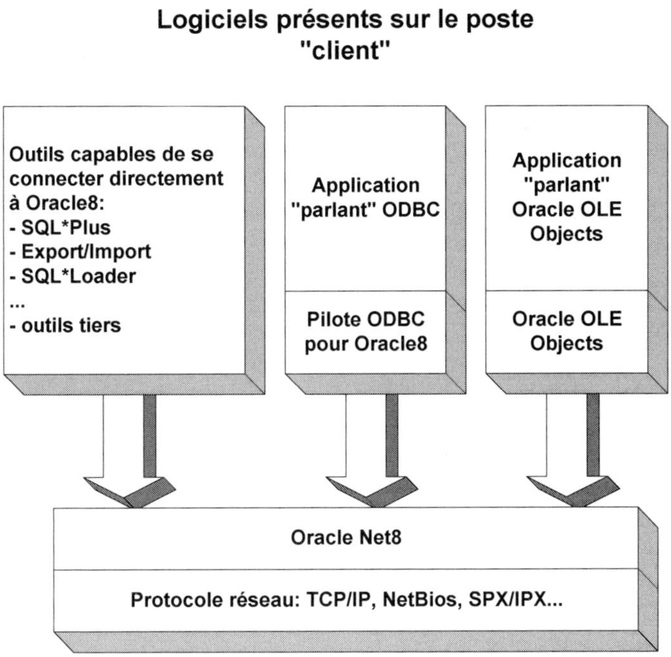

Tous les outils destinés à fonctionner en client-serveur s'interfacent à Net8. Certains proviennent d'Oracle, d'autres sont développés par des sociétés tierces. C'est le cas de la majorité des outils et des applications présents sur le marché.

Des logiciels peuvent accéder à Oracle en utilisant le pilote ODBC ou l'interface OLE2. Un tableur comme Excel a même le choix d'utiliser l'un ou l'autre ! C'est à vous de choisir le chemin à emprunter, chaque interface ayant ses avantages et ses inconvénients.

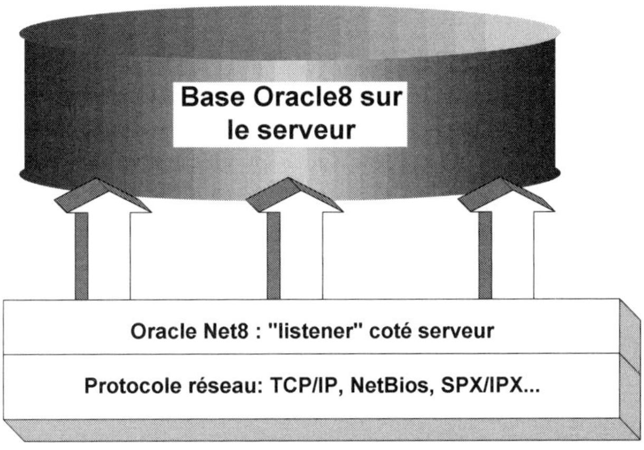

Le schéma technique positionnant l'ensemble des couches logicielles mises en œuvre lors d'une relation client-serveur est donc :

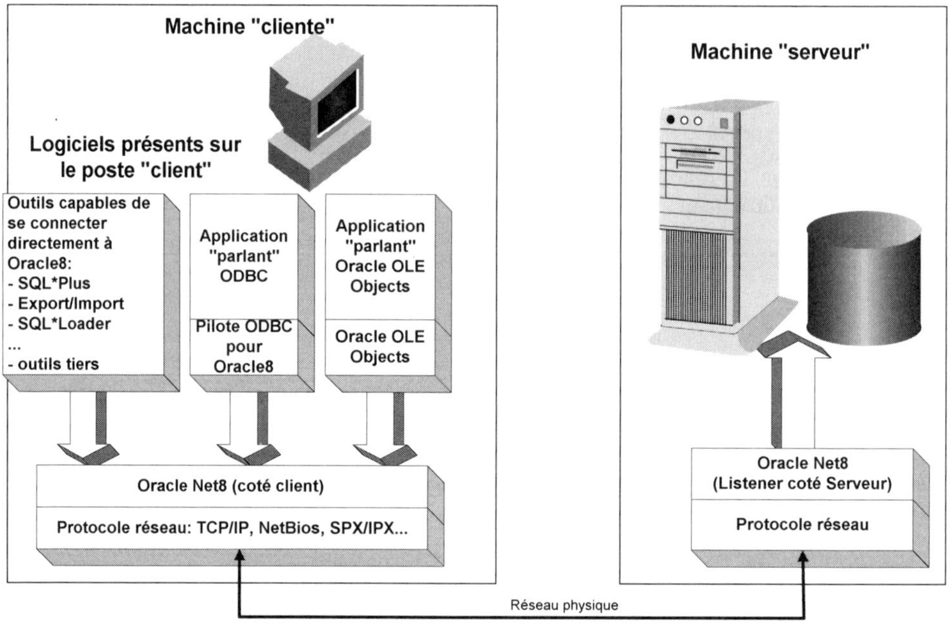

Ce schéma vous permet de bien comprendre le rôle « pivot » de Net8 dans une relation client / serveur.

Comment dialoguer entre plusieurs serveurs Oracle ?

Ce sont exactement les mêmes couches logicielles qui sont mises en œuvre dans le cadre d'une relation serveur/serveur.

Dans une relation serveur/serveur, il faut que, sur chaque serveur, soient installés à la fois Oracle Net8 « client » et Oracle Net8 « serveur » et que chaque serveur soit configuré à la fois comme « serveur », mais aussi comme « client ». Il n'y a aucune configuration spécifique à un dialogue serveur/serveur à prévoir. A un instant donné, le « serveur » se comportant comme « client » d'un autre serveur. Tout ceci est parfaitement transparent lors de l'utilisation.

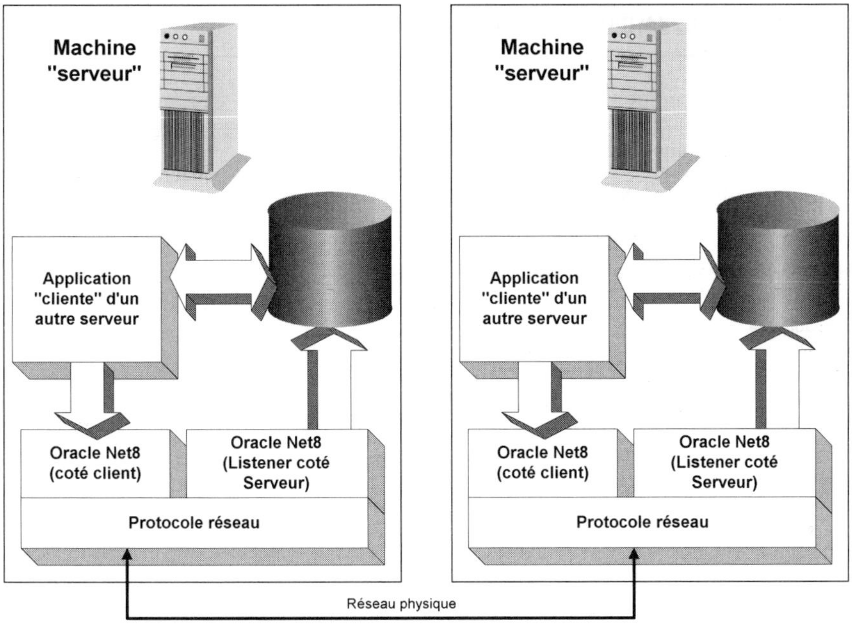

Oracle Net8

Net8 assure un lien transparent entre les applications situées sur le poste client et la base de données située sur le serveur. Si le poste client et la base de données sont sur la *même machine*, vous n'avez pas besoin d'installer Net8. C'est le cas de Personal Oracle, mais toute application client-serveur utilisant un réseau a besoin de Net8.

Pour se connecter à Oracle8, il faut fournir trois paramètres :

- le nom de l'utilisateur (déclaré dans la base Oracle8 cible) ;
- le mot de passe (déclaré dans la base Oracle8 cible) ;
- un alias pour se connecter à la base cible.

C'est cet alias qui force à utiliser Net8. Il regroupe sous son nom tout un ensemble de renseignements :

- le protocole réseau utilisé pour accéder à la machine cible (TCP/IP, NetBios, SPX/IPX...) ;
- la machine cible où se situe la base (pour le protocole utilisé) ;
- comme la machine cible peut accueillir plusieurs bases, le SID de la base cible ;
- d'autres paramètres dépendant du protocole utilisé.

Le fichier contenant l'ensemble des paramètres regroupés sous un alias figure plus loin dans ce chapitre.

Le Listener Oracle

Les paramètres regroupés sous un alias significatif sont ceux qui sont « envoyés » à la machine cible. Celle-ci doit être à l'écoute des demandes de connexion. C'est le rôle du Listener Oracle. Ce Listener qui a la charge d'écouter doit être paramétré et lancé, opérations qui sont décrites dans ce chapitre.

Il doit y avoir un Listener par serveur. Un Listener unique permet de se connecter à toutes les bases présentes sur le serveur. Il faudra modifier le fichier de configuration du Listener présent sur votre serveur et ajouter de nouveaux alias sur vos clients lorsque vous créez de nouvelles bases.

Le démarrage et l'arrêt du Listener sont gérés directement au niveau des services de Windows NT.

Note : Vous pouvez lancer en mode ligne le service correspondant au Listener par la commande Net Start OracleTNSListener80.

Note : Les administrateurs avertis retrouveront sous ORACLE_HOME\BIN l'exécutable Lsnrctl80.exe qui permet d'accéder à toutes les fonctions de pilotage du Listener en mode commande. La liste de commandes est accessible en lançant, à partir d'une invite de commande MS-DOS, le programme Lsnrctl80.exe, puis en tapant Help.

Configuration des alias

Une nouvelle fois, nous allons nous appuyer sur l'instance ORCL, créée par défaut lors de l'installation d'Oracle8. Assurez-vous que la base ORCL et votre Listener sont lancés au niveau des services NT.

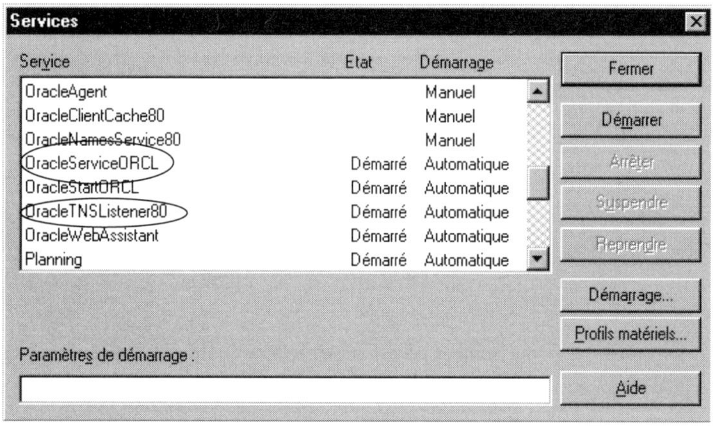

Note : Si vous avez des bases Oracle7 et Oracle8 sur le même serveur, seul le Listener Net8 doit être configuré et démarré pour gérer les deux versions de bases.

Pour paramétrer, créer et modifier les alias, nous avons le choix entre deux utilitaires accessibles à partir de : Démarrer>Programmes>Oracle pour Windows NT :

- Oracle Net8 Assistant (le plus complet),
- Oracle Net8 Easy Config (le plus simple, celui que nous allons utiliser).

Lancez Oracle Net8 Easy Config. Pour ajouter un nouvel alias, donnez le nom que vous souhaitez à la place de « mon_alias », puis cliquez sur « Suivant » et choisissez TCP/IP.

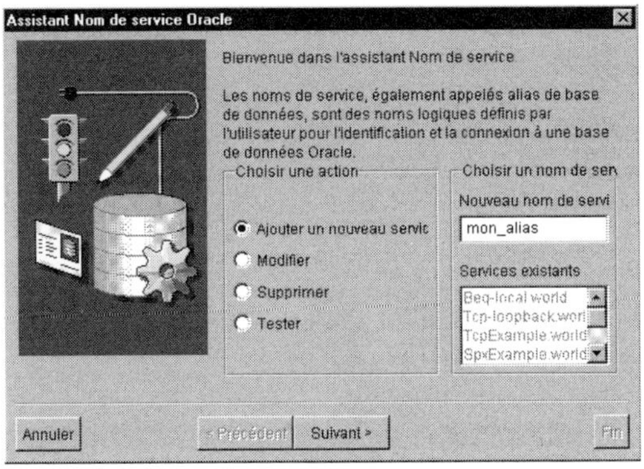

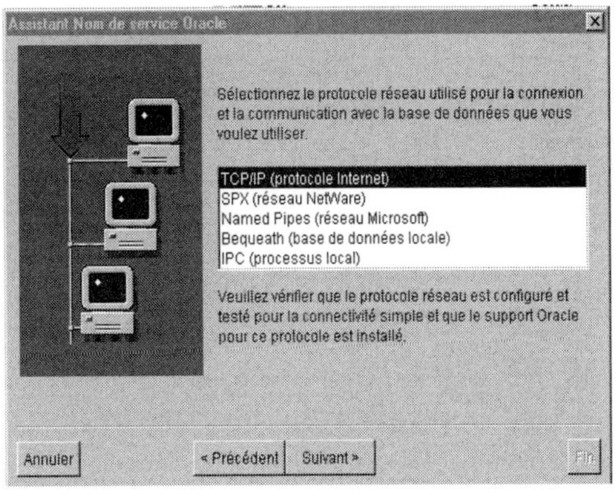

Donnez ensuite le nom de votre serveur (ce nom figure dans le paramétrage du réseau de votre serveur). Le numéro de port concerne un paramètre de TCP/IP. Ce point est détaillé plus loin lors de l'étude des fichiers de configuration. Spécifiez toujours 1526 ou 1521 pour plus de simplicité.

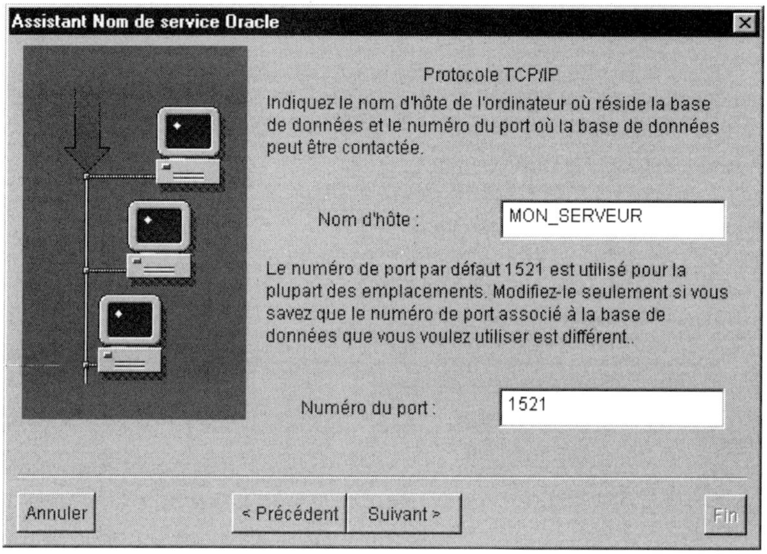

Précisez le SID de la base à laquelle vous souhaitez accéder. Une machine cible peut en effet accueillir plusieurs instances.

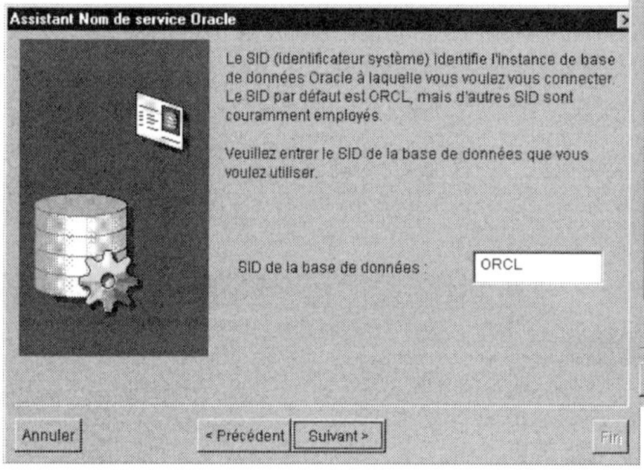

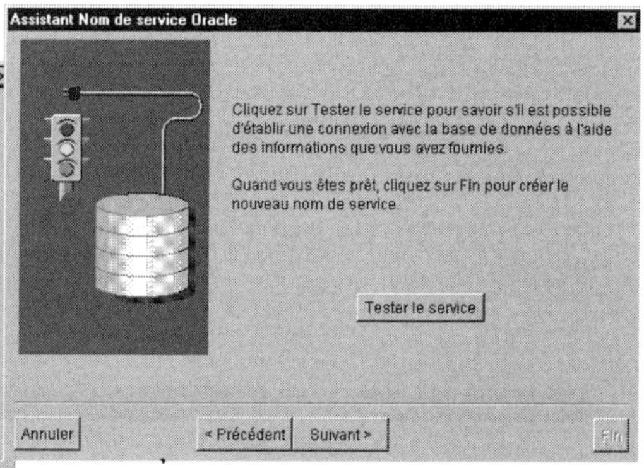

Il ne vous reste plus qu'à tester votre connexion avec l'utilisateur *Scott* (mot de passe *Tiger*) qui est créé par défaut dans l'instance de test ORCL.

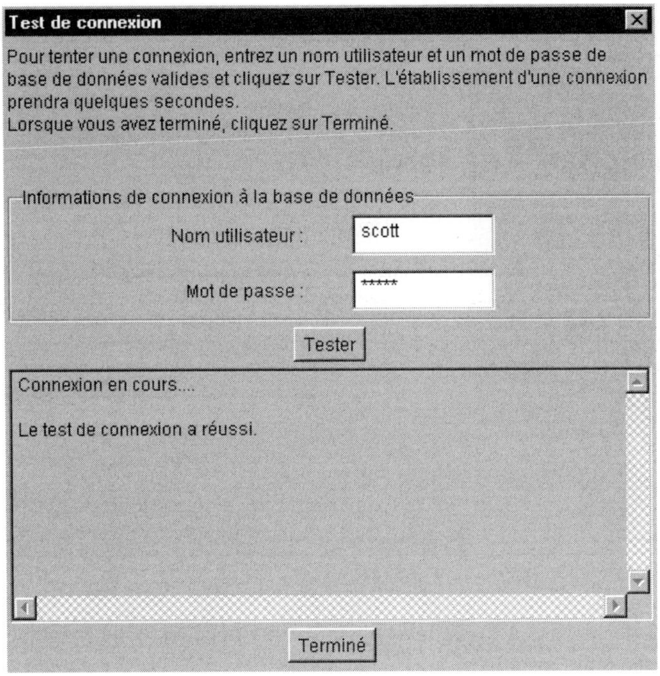

C'est la démarche la plus simple pour créer des alias. La démarche est similaire, si votre réseau est en NetBios ou SPX/IPX au lieu de TCP/IP. Vous avez d'ailleurs, dans la première fenêtre de l'utilitaire, des exemples sur différents réseaux.

Maintenant, pour vous connecter, vous pouvez utiliser l'alias « mon_alias » créé précédemment. Par exemple, à partir de SQL*Plus. Nous vous précisons les deux syntaxes possibles.

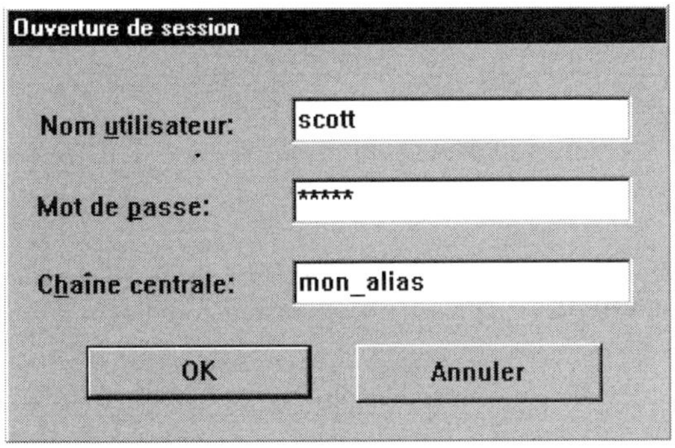

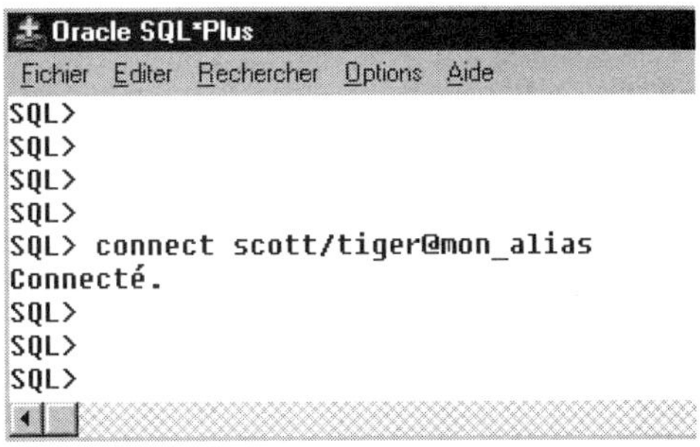

L'assistant Oracle Net8 Easy Config agit sur le fichier Tnsnames.ora. C'est pourquoi nous allons en étudier la structure.

Etude du fichier Tnsnames.ora

Le paramétrage de cet alias est stocké dans le fichier Tnsnames.ora situé en ORACLE_HOME\NET80\ADMIN, fichier texte que vous pouvez lire facilement.

Note : Si vous le modifiez, faites toujours des sauvegardes de votre fichier initial et utilisez impérativement un éditeur de texte (notepad). Les autres éditeurs risquent d'insérer des caractères de contrôle indésirables.

Pour plus de clarté, nous vous présentons la structure de l'exemple créé précédemment. Nous en avons uniquement extrait les paramètres suivants. Les « # » indiquent des commentaires.

Pour qu'une configuration client-serveur fonctionne, il faut qu'un alias existe dans le fichier Tnsnames.ora, mais aussi que le serveur (le Listener Oracle) soit configuré pour écouter ce qui lui est envoyé par le client.

Configuration pour un alias TCP/IP

```
mon_alias.world =                     # nom donné à mon alias
  (DESCRIPTION =
    (ADDRESS =
          (PROTOCOL = TCP)            # TCP/IP
          (HOST = MON_SERVEUR)        # nom du serveur cible sous TCP/IP
          (PORT = 1521)               # numéro de port IP
    )
    (CONNECT_DATA = (SID = ORCL)      # SID de la base cible
    )
  )
```

L'extension « .world » vient du fichier Sqlnet.ora que nous étudions par la suite.

Configuration pour un alias NetBios ou SPX/IPX

Voici les exemples standards provenant du même fichier pour des réseaux NetBios et SPX/IPX :

```
NmpExample.world =                    # nom donné à mon alias
  (DESCRIPTION =
    (ADDRESS =
        (PROTOCOL = NMP)              # Name Pipes
        (Server = FinanceServer1)     # nom NetBios du serveur cible
        (Pipe = ORAPIPE)              # canal écouté par le Listener
    )
    (CONNECT_DATA = (SID = ORCL)      # SID de la base cible
    )
  )
```

```
SpxExample.world =                      # nom donné à mon alias
  (DESCRIPTION =
    (ADDRESS =
        (PROTOCOL = SPX)                # SPX
        (Service = Server_lsnr)         # nom du Listener (unique sous IPX)
    )
    (CONNECT_DATA = (SID = ORCL)        # SID
    )
  )
```

SPX/IPX a la particularité de proposer un nom unique pour tous les objets sur son réseau. Il n'est donc pas nécessaire de faire figurer le nom de la machine cible, qui est retrouvée dès que l'on donne le nom de service.

L'alias « Procédure Externe »

Les procédures externes sont des programmes écrits en L3G, par exemple du « C », que l'on peut appeler à partir du PL/SQL Oracle, directement depuis le « noyau » Oracle.

```
extproc_connection_data.world =
  (DESCRIPTION =
    (ADDRESS =
        (PROTOCOL = IPC)
        (KEY = ORCL)
    )
    (CONNECT_DATA = (SID = extproc)
    )
  )
```

L'alias « Bequeath »

Ce type d'alias est important. Il permet de se connecter à une base locale sans utiliser le moindre protocole réseau. Quel intérêt ? Si vous avez un serveur avec deux bases de données, cet alias vous permet de vous connecter à l'une ou à l'autre sans utiliser une couche réseau. Pour savoir à quelle base se connecter, il suffit de préciser le nom du service NT auquel on souhaite se connecter (lire le chapitre 4, *Le fonctionnement d'Oracle8 sur NT*).

```
Beq-local.world =                          # nom donné à mon alias
  (DESCRIPTION =
    (ADDRESS =
        (PROTOCOL = BEQ)                   # bequeath (Oracle)
        (PROGRAM = oracle80)
        (ARGV0 = oracle80ORCL)             # lire « oracle80 ORCL »
        (ARGS = '(DESCRIPTION=(LOCAL=YES)(ADDRESS=(PROTOCOL=beq)))')
    )
    (CONNECT_DATA = (SID = ORCL)           # on retrouve le SID
    )
  )
```

*Note : Avec SQL*Net V2, on pouvait utiliser la syntaxe 2 :ORCL comme alias pour se connecter à l'instance ORCL. Cette syntaxe n'est plus autorisée par Net8, vous devez vous construire des alias « Bequeath » (ou* *tcp/ip...) pour vous connecter via Net8 en indiquant, pour chaque connexion, les trois paramètres : utilisateur/mot de passe/alias. Ce type d'alias est très utilisé dès que l'on exploite des scripts de commandes. Il permet d'être certain de la base de données sur laquelle on se connecte.*

Note : Pour construire un alias Bequeath, vous devez fournir deux fois la valeur de votre SID dans le fichier de configuration : une fois au niveau du paramètre ARGV0, une seconde fois au niveau du paramètre CONNECT_DATA.

Le fichier Sqlnet.ora

Ce fichier est également placé en ORACLE_HOME\NET80\ADMIN. Il ne contient que des paramètres. Il est normalement inutile de le modifier.

```
TRACE_LEVEL_CLIENT = OFF
sqlnet.authentication_services = (NTS)
names.directory_path = (TNSNAMES, HOSTNAME)
names.default_domain = world
name.default_zone = world
automatic_ipc = off
```

Vous constatez que le nom de zone est « world », par défaut. Si vous le modifiez ici, il faudra répercuter la modification dans les fichiers Tnsnames.ora et Listener.ora.

Le fichier Listener.ora

C'est le plus complexe à configurer. Il permet de paramétrer le Listener. Oracle ne propose pas d'outil simple pour effectuer cette configuration. Heureusement, les cas de modifications nécessaires sont peu nombreux.

Nous n'étudierons que les paramètres à modifier dans le Listener.ora, lors de l'ajout d'une nouvelle base sur un serveur.

Le schéma suivant en résume les deux grandes fonctions assurées par le Listener :

- écouter sur plusieurs réseaux (TCP/IP, NetBios...),
- router les communications vers l'instance cible.

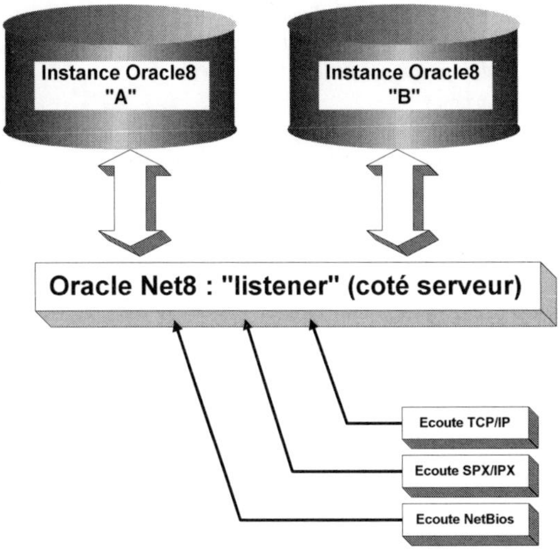

On retrouvera donc ces deux aspects dans le fichier Listener.ora. Une partie pour écouter les différents réseaux, l'autre pour router vers une instance ou l'autre. Le contenu du fichier Listener.ora est construit dynamiquement en fonction des protocoles réseau présents sur votre machine lors de l'installation de *Net8 Server*. Cela explique pourquoi certaines sections du fichier Listener.ora ne seront pas présentes sur votre machine. Comme le Listener écoute successivement sur chaque « entrée » réseau, vous minimiserez son travail en installant uniquement les protocoles réseau strictement nécessaires, sur votre machine.

Pour accéder à une nouvelle base, nous avons fait figurer en gras les lignes à ajouter (n'oubliez pas de sauvegarder votre ancien fichier avant de le modifier et d'utiliser l'éditeur Notepad). Les deux paramètres à changer sont le nom du serveur et le nom de l'instance écoutée par le Listener.

Il est indispensable d'arrêter puis de relancer le service NT pour prendre en compte les modifications apportées au fichier Listener.ora.

```
################
# Filename......: Listener.ora
# Node..........: local.world
# Date..........: 24-MAY-94 13:23:20
################
LISTENER =
  (ADDRESS_LIST =
        (ADDRESS=
          (PROTOCOL= IPC)
          (KEY= oracle.world)
        )
        (ADDRESS=
          (PROTOCOL= IPC)
          (KEY= ORCL)
        )
        (ADDRESS=
```

```
        (COMMUNITY= NMP.world)
        (PROTOCOL= NMP)
        (SERVER= MON_SERVEUR)
        (PIPE= ORAPIPE)          # écoute sur le pipe
      )
      (ADDRESS=
        (PROTOCOL= TCP)
        (Host= MON_SERVEUR)
        (Port= 1521)             # écoute sur le port 1521
      )
      (ADDRESS=
        (PROTOCOL= TCP)
        (Host= MON_SERVEUR)
        (Port= 1526)             # écoute sur le port 1526
      )
      (ADDRESS=
        (PROTOCOL= TCP)
        (Host= 127.0.0.1)
        (Port= 1521)
      )
      (ADDRESS=
        (PROTOCOL= SPX)
        (Service= mon_serveur_lsnr)    # écoute pour SPX
      )
  )
STARTUP_WAIT_TIME_LISTENER = 0
CONNECT_TIMEOUT_LISTENER = 10
TRACE_LEVEL_LISTENER = 0
SID_LIST_LISTENER =
  (SID_LIST =
    (SID_DESC =
      (GLOBAL_DBNAME = MON_SERVEUR)
      (SID_NAME = ORCL)
    )
    (SID_DESC =
      (GLOBAL_DBNAME = MON_SERVEUR)
      (SID_NAME = MON_NOUVEAU_SID)
    )
    (SID_DESC =
      (SID_NAME = extproc) # procédure externe
      (PROGRAM=extproc)    # programme exécutant le procédure externe
    )
  )
PASSWORDS_LISTENER = (oracle)
```

Note : Pour des raisons de performance, nous vous conseillons de supprimer dans votre fichier Listener.ora toutes les références à des réseaux non utilisés. Par exemple, supprimez les entrées suivantes si vous n'utilisez, avec Net8, ni les protocole SPX/IPX, ni le protocole NetBios.

```
      (ADDRESS=
        (COMMUNITY= NMP.world)
        (PROTOCOL= NMP)
        (SERVER= MON_SERVEUR)
```

```
        (PIPE= ORAPIPE)                   # écoute sur le pipe
      )

      (ADDRESS=
        (PROTOCOL= SPX)
        (Service= mon_serveur_lsnr)       # écoute pour SPX
      )
```

Où placer les fichiers Tnsnames, Sqlnet, Listener ?

Le fichier Listener.ora doit être présent uniquement sur le serveur pour lequel il été conçu.

Les fichiers Tnsnames.ora et Sqlnet.ora sont utilisés par tous les postes clients. Vous devez en placer une copie sur chaque client, en ORACLE_HOME\NET80\ADMIN. Si votre serveur peut être « client » de lui-même ou d'un autre serveur, il doit aussi disposer de ce fichier.

Oracle8 et le multi-threading

Par défaut, pour chaque connexion cliente, Net8 ouvre un thread (ou process) sur votre serveur. Dans les cas de grandes configurations, cela entraîne une surconsommation de mémoire et de processeur.

Oracle8 sur Windows NT permet d'utiliser le multi-threading. C'est une configuration spéciale de Net8 qui permet de faire du multiplexage au niveau du serveur, c'est-à-dire de gérer un seul thread au niveau du serveur pour *n* clients connectés. Cela limite la consommation mémoire et CPU.

Coexistence de Net8 et SQL*Net version 2

Net8 est compatible avec les différentes versions de son prédécesseur SQL*Net version 2. Cela signifie qu'un poste client utilisant SQL*Net version 2 est capable d'atteindre et de dialoguer avec un serveur utilisant Net8.

Inversement, un client Net8 est capable d'attaquer un serveur équipé de SQL*Net version 2.

Vous pouvez avoir les deux produits installés sur le même poste. Il suffit de respecter les recommandations suivantes :

- Si vous avez une base Oracle7 et une base Oracle8 sur le même serveur, seul le Listener correspondant à Net8 doit être démarré. Dans ce cas, seul le fichier Listener.ora situé en ORACLE_HOME\NET80\ADMIN doit être configuré.
- Si votre poste agit en tant que client avec des outils qui choisissent SQL*Net version 2 ou Net8 (cela dépend des outils), **vous devez faire évoluer ensemble les fichiers**

Tnsnames.ora des deux versions, fichiers situés respectivement en : ORACLE_HOME\NET80\ADMIN et ORACLE_HOME\NETWORK\ADMIN.

Net8, un middleware intelligent

Net8 vous propose beaucoup d'autres options de fonctionnement. C'est bien plus qu'un simple support pour véhiculer des paquets sur un réseau.

Il vous permet, par exemple, de spécifier une liste exhaustive d'adresses TCP/IP, c'est-à-dire des clients qui ont le droit d'atteindre vos bases sur vos serveurs. Cela se paramètre dans le Listener.

Une autre caractéristique très importante de Net8 est le nombre d'informations qu'il transmet au serveur. En consultant la vue V$SESSION de votre serveur, vous êtes capable d'identifier très précisément qui est connecté à votre base de données. Vous disposez, entre autres, de renseignements tels que :

- le user de connexion à Oracle8 ;
- le nom du poste connecté (le nom de la station Windows 95 ou Windows NT cliente) ;
- sous quel utilisateur Windows 95 ou Windows NT votre client est connecté ;
- le nom du programme client utilisé.

Tous ces renseignements sont très utiles pour vos tâches d'administration. Si elles n'étaient pas remontées automatiquement à votre serveur par Net8, vos applications auraient à s'en charger.

Résumé

Net8 est un logiciel très complet offrant un nombre important de possibilités. Notre objectif était de vous fournir les éléments essentiels pour comprendre et réussir une configuration « sans douleur ».

Nous avons étudié les points suivants :

- la nature de la structure du middleware Net8 dans une architecture réseau ;
- la façon d'utiliser Oracle Net8 Easy Config pour configurer les alias et la structure interne du fichier Tnsnames.ora ;
- le fichier Sqlnet.ora ;
- la façon de configurer manuellement le fichier Listener.ora.

6

ODBC, Oracle Objects pour OLE, JDBC et SQLJ

Votre base Oracle8 est installée, votre middleware réseau Net8 également. Vos utilisateurs ont certainement besoin d'accéder, de récupérer et de manipuler les données contenues dans la base de données en les rapatriant dans leurs outils familiers, Excel et Word par exemple.

Nous mettons en œuvre les deux accès possibles livrés en standard avec Oracle8 : par le biais du pilote ODBC pour Oracle8 et par Oracle OLE Objects. L'accès ODBC est important car un très grand nombre de logiciels utilisent cette technique pour se connecter à une base Oracle8. Nous aborderons ensuite la sécurité liée à ce type d'accès et nous proposerons des critères pour choisir entre ODBC et OLE en fonction de vos besoins.

Enfin, Java est de plus en plus présent. Ce langage nécessite des moyens d'accès à Oracle8 : c'est l'objectif proposé par JDBC et SQLJ. Les pilotes JDBC sont livrés avec toutes les versions d'Oracle8 pour Windows NT.

Configuration d'un pilote ODBC

Prérequis techniques

L'emplacement du pilote ODBC et d'Oracle OLE Objects dans une chaîne de liaison avec Oracle8 a été présenté dans le chapitre 5 (*Net8, le middleware Oracle*). Pour mettre en œuvre ODBC et Oracle OLE Objects, il faut que Net8 soit installé, configuré et testé entre le poste client et votre serveur Oracle8.

Il faut par ailleurs que les logiciels Oracle ODBC et/ou Oracle OLE Objects soient installés sur votre poste client. Vous pouvez le vérifier à l'aide de l'Installer Oracle.

Les pilotes ODBC

Il y a quelques années, il était possible de configurer manuellement les pilotes ODBC en accédant directement aux fichiers ODBC.INI. Cela n'est plus possible maintenant dans les environnement 32 bits (Windows NT, Windows 95) car la configuration ODBC doit être synchronisée entre les fichiers « .INI » et la Registry du système (certains outils clients utilisent l'un ou l'autre). Les deux configurations sont gérées en même temps par l'administrateur ODBC de Microsoft.

Oracle fournit un point d'entrée pour accéder à l'administrateur ODBC et un utilitaire de test pour valider la liaison ODBC.

Pour commencer, il faut créer un *Data Source Name ODBC*, c'est-à-dire un alias ODBC qui permet à toute liaison ODBC de déterminer :

- vers quelle fournisseur de base de données il pointe : ORACLE ;
- quel alias Net8 il va utiliser (le protocole, la machine cible, l'instance cible sont alors connus).

Lancez l'administrateur ODBC : Démarrer > Programmes > Oracle pour Windows NT > Microsoft ODBC Administrator. Cliquez sur l'onglet DSN système puis sur Ajouter. Parmi la liste de pilotes proposés, choisissez celui pour Oracle8.

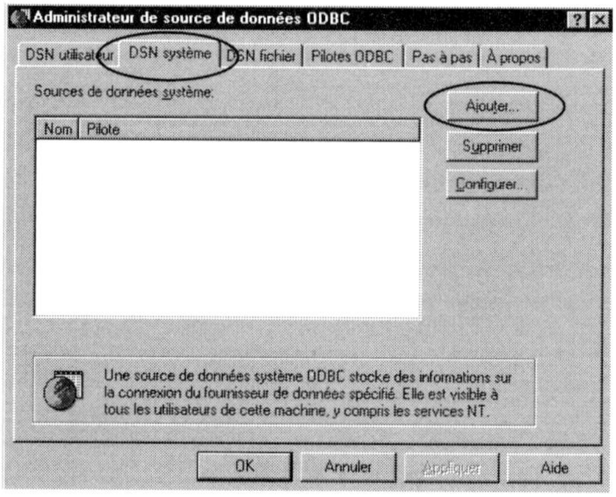

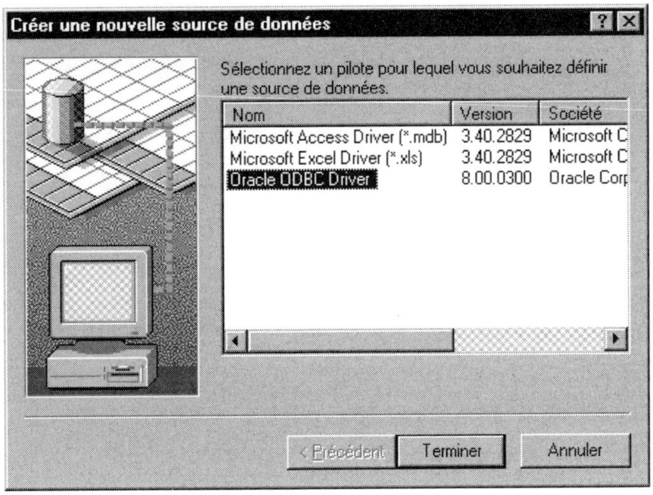

L'étape suivante précise l'alias Net8 que vous allez utiliser, puis un nom d'utilisateur Oracle qui sera proposé par défaut.

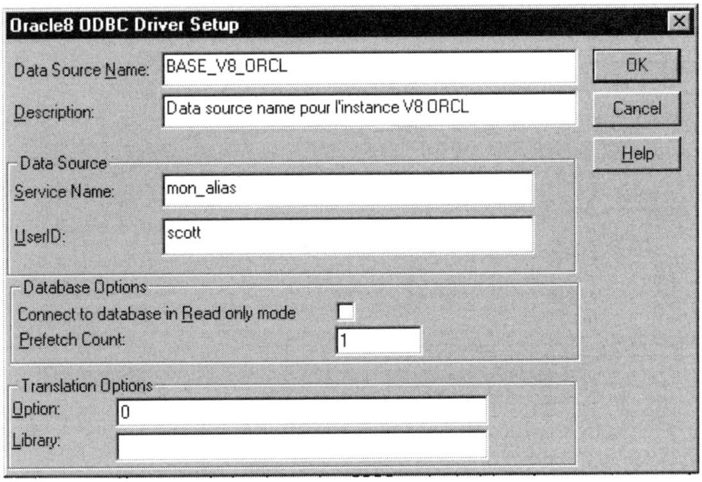

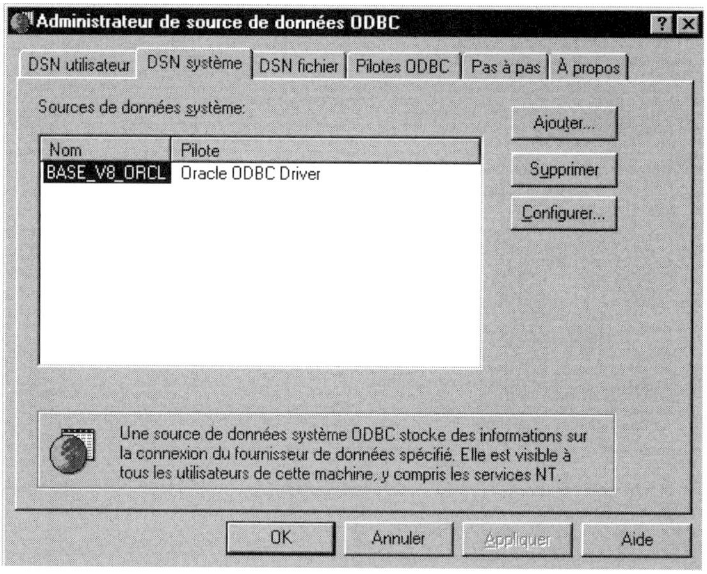

Votre DSN (Data Source Name) est maintenant configuré, vous allez le tester avec l'utilitaire fourni par Oracle. Pour y accéder, lancez : Démarrer > Programmes > Oracle pour Windows NT > Oracle ODBC Test.

Cliquez sur Connect et choisissez le DSN que vous venez de créer.

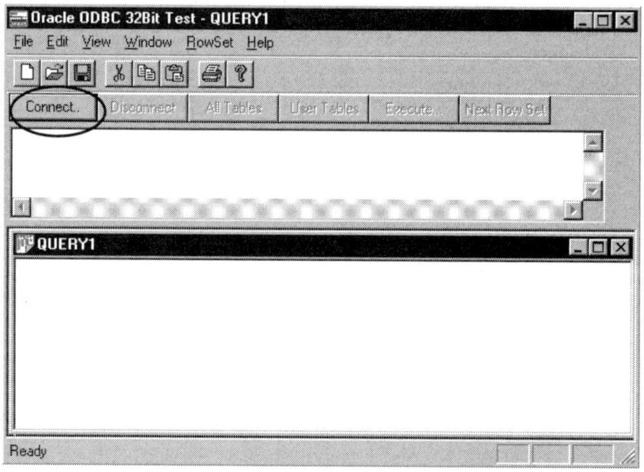

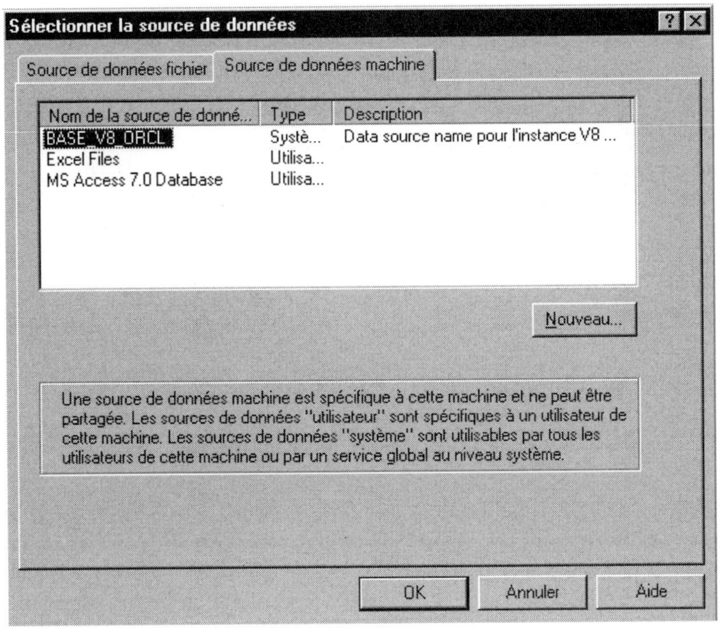

Saisissez le mot de passe de l'utilisateur *Scott* (mot de passe *Tiger*). Vous êtes maintenant connecté à la base cible. Vérifiez si le fonctionnement est correct en saisissant un ordre SQL dans la fenêtre supérieure puis en cliquant sur Execute.

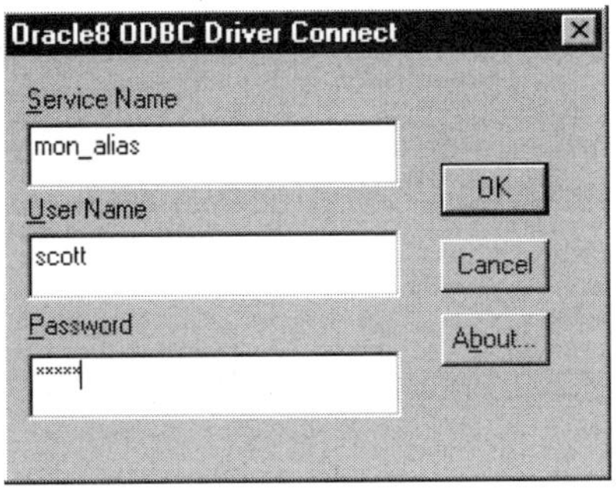

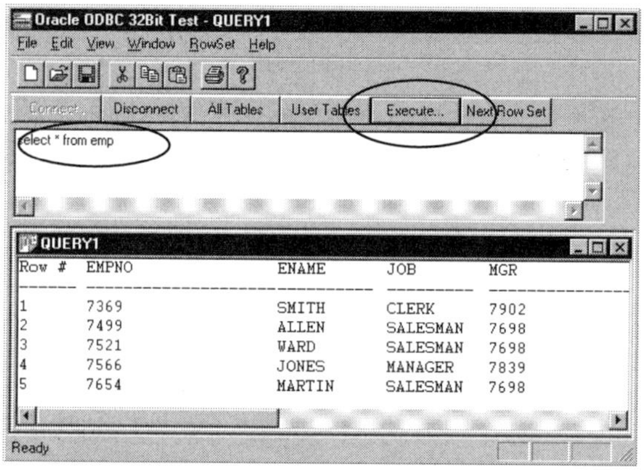

Votre configuration ODBC fonctionne. Vous pouvez réutiliser ce DSN à partir de tous les outils qui utilisent ODBC pour accéder à Oracle8. C'est le cas dans l'exemple suivant où nous allons faire le lien entre Excel et Oracle8.

Lien ODBC entre Excel et Oracle8

Cet exemple vous montre comment rapatrier dans Excel7 des données provenant d'Oracle8. Tous les produits utilisés sont inclus dans Microsoft Office. Lancez Excel7. Au préalable, il faut que Net8 et le pilote ODBC pour Oracle soient installés et fonctionnent.

A partir d'Excel7, exécutez *Lire des données externes*. Cela lance le produit *Microsoft Query* (qui est exécutable séparément d'Excel7).

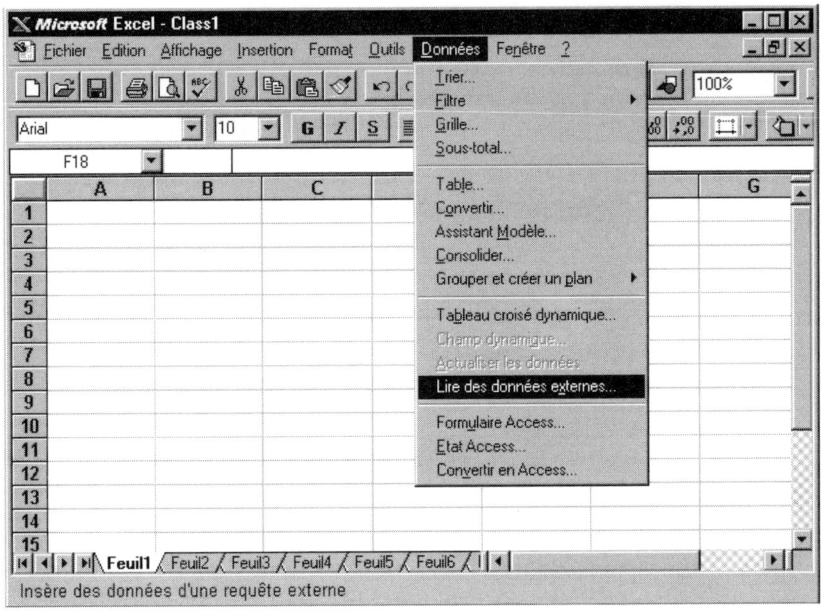

Choisissez le Data Source Name pour la base Oracle8 comme source de données ODBC, puis connectez-vous au compte Oracle *Scott* (mot de passe *Tiger*).

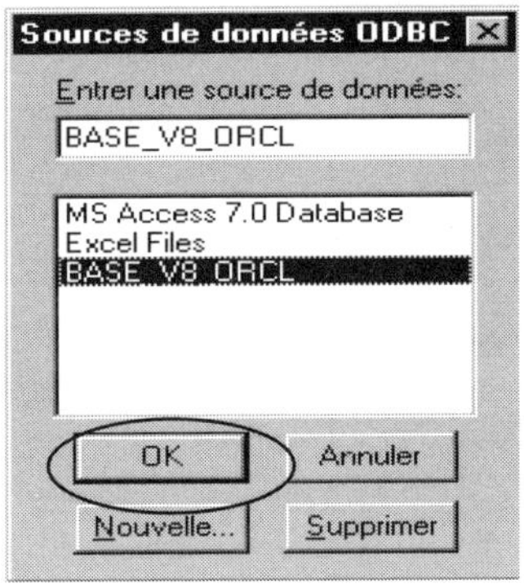

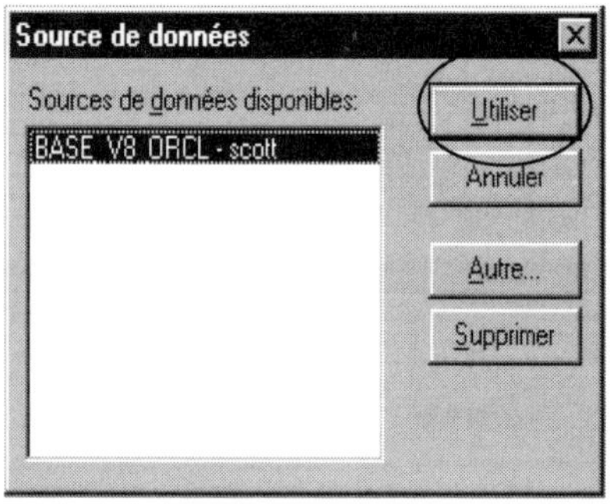

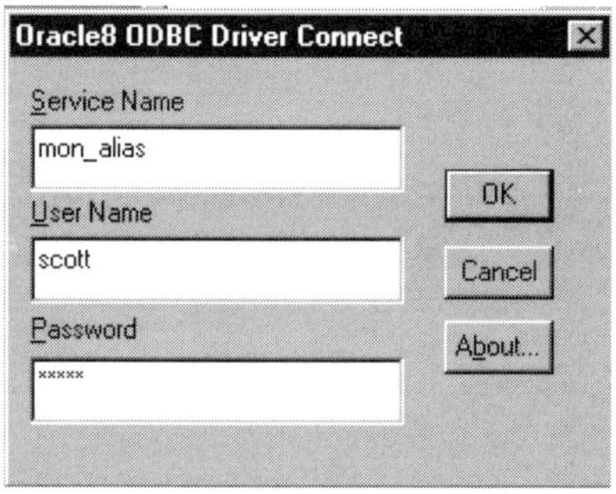

Vous êtes maintenant connecté à Oracle8 et l'ensemble des tables, vues, synonymes de l'utilisateur Scott sont affichés. Sélectionnez les tables EMP et DEPT.

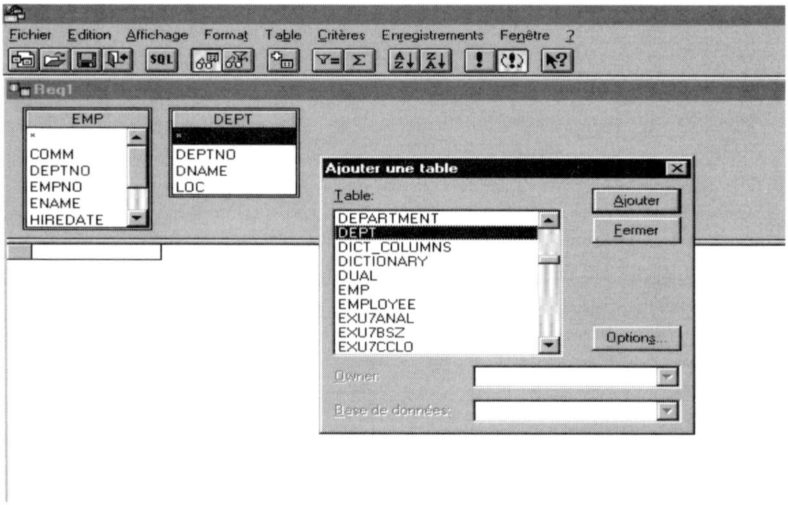

Effectuez une jointure entre les deux tables en effectuant un glisser-déplacer de la colonne DEPTNO de la table EMP vers la colonne DEPTNO de la table DEPT. Cliquez ensuite sur les colonnes pour en afficher les données.

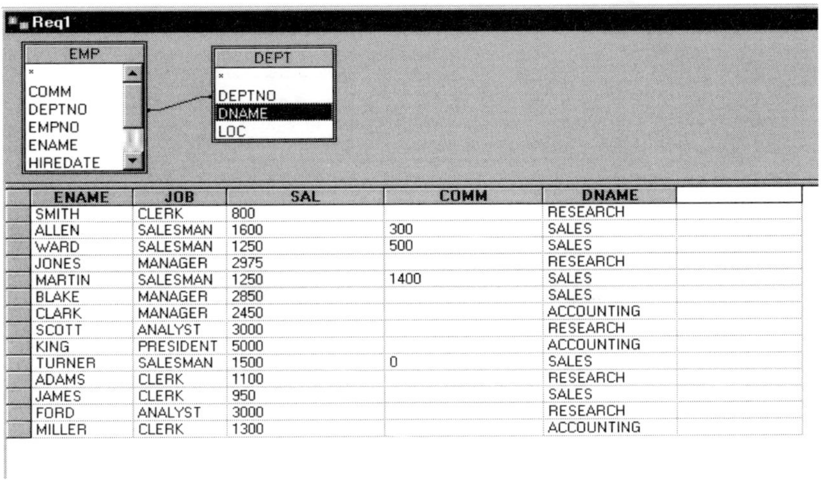

ENAME	JOB	SAL	COMM	DNAME
SMITH	CLERK	800		RESEARCH
ALLEN	SALESMAN	1600	300	SALES
WARD	SALESMAN	1250	500	SALES
JONES	MANAGER	2975		RESEARCH
MARTIN	SALESMAN	1250	1400	SALES
BLAKE	MANAGER	2850		SALES
CLARK	MANAGER	2450		ACCOUNTING
SCOTT	ANALYST	3000		RESEARCH
KING	PRESIDENT	5000		ACCOUNTING
TURNER	SALESMAN	1500	0	SALES
ADAMS	CLERK	1100		RESEARCH
JAMES	CLERK	950		SALES
FORD	ANALYST	3000		RESEARCH
MILLER	CLERK	1300		ACCOUNTING

Quittez l'environnement Microsoft Query pour retourner vers Excel7.

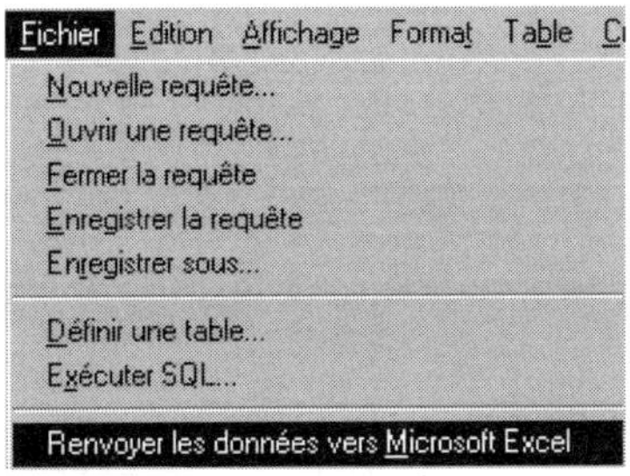

Les données sont récupérées dans votre environnement familier.

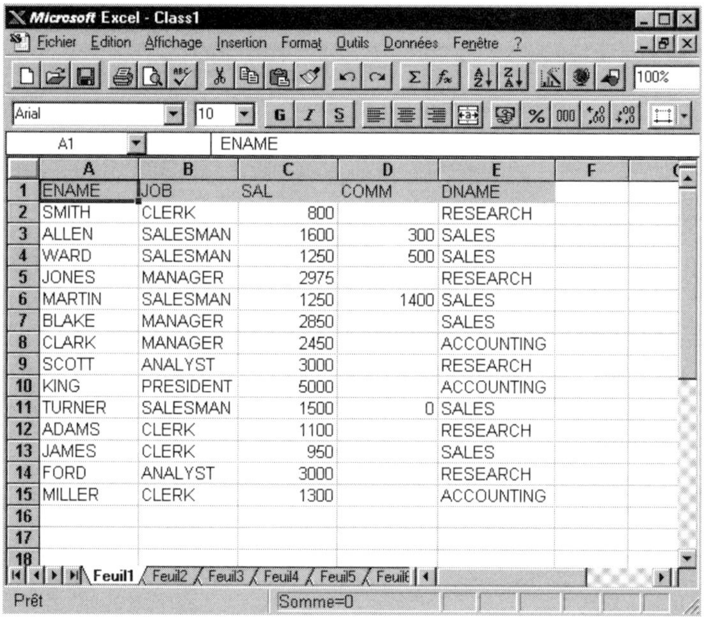

	A	B	C	D	E
1	ENAME	JOB	SAL	COMM	DNAME
2	SMITH	CLERK	800		RESEARCH
3	ALLEN	SALESMAN	1600	300	SALES
4	WARD	SALESMAN	1250	500	SALES
5	JONES	MANAGER	2975		RESEARCH
6	MARTIN	SALESMAN	1250	1400	SALES
7	BLAKE	MANAGER	2850		SALES
8	CLARK	MANAGER	2450		ACCOUNTING
9	SCOTT	ANALYST	3000		RESEARCH
10	KING	PRESIDENT	5000		ACCOUNTING
11	TURNER	SALESMAN	1500	0	SALES
12	ADAMS	CLERK	1100		RESEARCH
13	JAMES	CLERK	950		SALES
14	FORD	ANALYST	3000		RESEARCH
15	MILLER	CLERK	1300		ACCOUNTING

Lien ODBC entre Word et Oracle8

Nous allons réaliser le même exemple à partir de Word7. La démarche est tout à fait similaire et les prérequis d'installation sont les mêmes que pour Excel7. Suivez-nous pas à pas, à partir de Word7 :

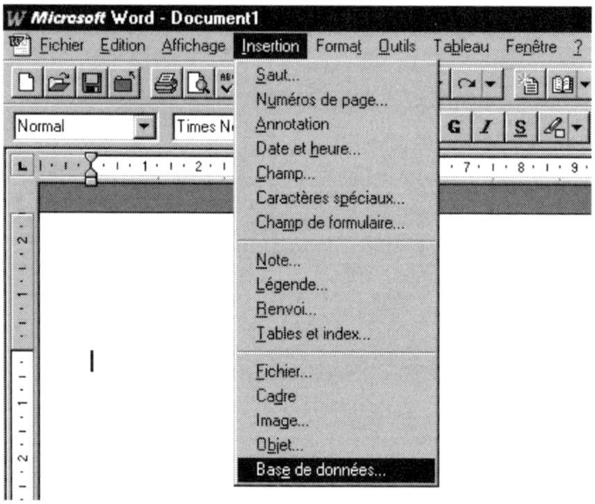

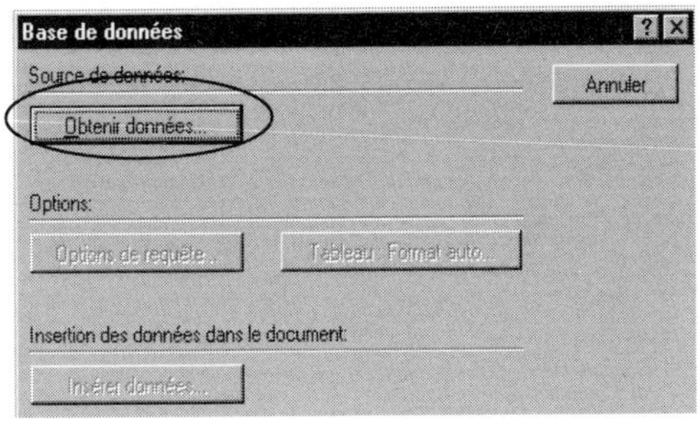

Jusqu'au retour dans Word7, les étapes dans Microsoft Query sont exactement les mêmes que dans l'exemple précédent.

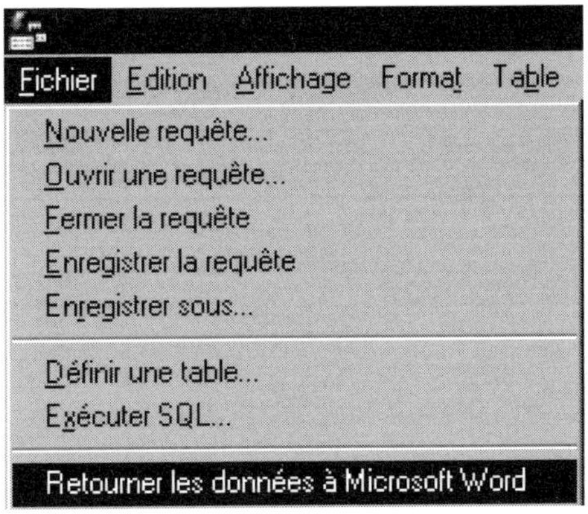

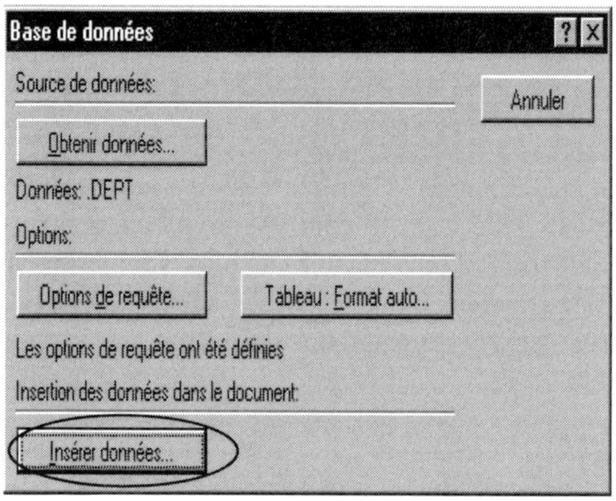

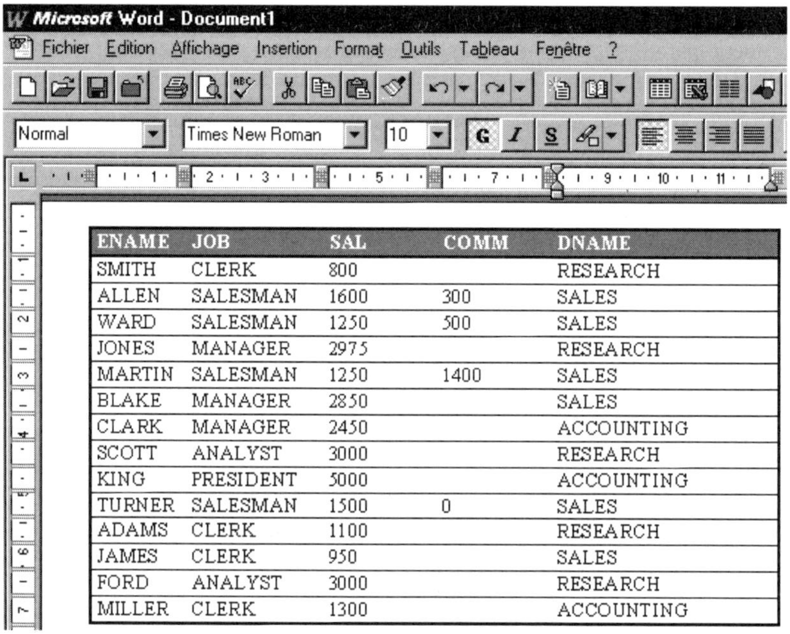

ENAME	JOB	SAL	COMM	DNAME
SMITH	CLERK	800		RESEARCH
ALLEN	SALESMAN	1600	300	SALES
WARD	SALESMAN	1250	500	SALES
JONES	MANAGER	2975		RESEARCH
MARTIN	SALESMAN	1250	1400	SALES
BLAKE	MANAGER	2850		SALES
CLARK	MANAGER	2450		ACCOUNTING
SCOTT	ANALYST	3000		RESEARCH
KING	PRESIDENT	5000		ACCOUNTING
TURNER	SALESMAN	1500	0	SALES
ADAMS	CLERK	1100		RESEARCH
JAMES	CLERK	950		SALES
FORD	ANALYST	3000		RESEARCH
MILLER	CLERK	1300		ACCOUNTING

A présent vos données sont rapatriées dans Word7.

Les limites de ces exemples avec ODBC

La performance

Ces deux exemples sont très attrayants mais ils présentent certaines limites dues à la façon de travailler de Microsoft Query. En premier lieu, ce mode de fonctionnement ne peut s'appliquer que pour de petits volumes de données. Toutes les données sont en effet transférées sous forme de couper/coller d'Excel (ou Word) à MS Query, ouverts simultanément. Il faut de la mémoire pour tant d'outils gourmands lancés en même temps !

La sécurité

Microsoft Query permet un accès complet aux données. Outre la lecture, vous pouvez modifier/supprimer des données à partir de MS Query. Cela peut être très dangereux en terme de sécurité pour vos données de production. Pour l'éviter, le plus simple est de systématiquement créer un compte Oracle particulier pour les accès ODBC. Sous ce compte, votre administrateur Oracle aura créé des vues qui n'autoriseront que les lectures sur certaines parties des données.

La programmation du Data Source Name

Sous certaines conditions, il est possible d'utiliser ODBC sans avoir à paramétrer un Data Source Name, mais c'est loin d'être le cas général. En effet, ce paramétrage est un inconvénient majeur lors du déploiement d'applications. Oracle Objects pour OLE n'a besoin d'aucun paramétrage préalable, ce qui simplifie son installation.

L'utilisation de PL/SQL

Il est difficile de programmer du PL/SQL (le langage procédural de la base Oracle8) au travers de l'interface ODBC. L'interface OLE (Microsoft) est là pour pallier les manques d'ODBC qui commence à vieillir. Pour lever les limites rencontrées avec ODBC : performances et possibilités, Oracle a ajouté Oracle Objects pour OLE dans ces produits.

Oracle Objects pour OLE

Oracle Objects pour OLE est une interface de communication fournie par Oracle pour permettre à tout outil de l'environnement Windows d'accéder à Oracle8 via les mécanismes OLE2. C'est un utilitaire très complet qui contient :

- une interface de programmation pour Visual Basic, incluant des Data Control Oracle ;
- une interface analogue pour la programmation en C++ ;
- des exemples de macros VBA (Visual Basic Application) utilisés à partir d'Excel et transposables à Word.

Les limites rencontrées avec ODBC sont levées. Vous pouvez, par ailleurs, programmer beaucoup plus facilement qu'avec ODBC dont l'utilisation est fastidieuse.

Notre but n'est pas de vous préparer à la programmation Visual Basic ou C++. Néanmoins, si cela vous concerne, des exemples sont fournis lors de l'installation d'Oracle Objects pour OLE (allez en ORACLE_HOME\OO4O21).

Lien OLE entre Excel et Oracle8

Nous allons étudier l'exemple standard fourni pour Excel. Pour y accéder, positionnez-vous sur le répertoire \ORANT\OO4O21\EXCEL\SAMPLES et lancez la feuille Excel EMPX.XLS.

Visualisez le code de la macro en cliquant sur l'onglet Subroutines. Modifiez le nom de l'alias Net8 attribué dans l'exemple en remplaçant :

Set OraDatabase = OraSession.OpenDatabase(« ExampleDb », « Scott/Tiger », 0&)

par :

Set OraDatabase = OraSession.OpenDatabase(« mon_alias », « Scott/Tiger », 0&)

*Note : « **mon_alias** » correspond à un alias Net8 dont la configuration est expliquée dans le chapitre précédent.*

Dans cet exemple, l'alias, l'utilisateur et le mot de passe sont codés et visibles mais vous pouvez programmer votre macro Excel pour demander une saisie dynamique lors de son exécution.

Il ne vous reste plus qu'à retourner dans la feuille principale et à cliquer sur Refresh pour rapporter vos données dans Excel.

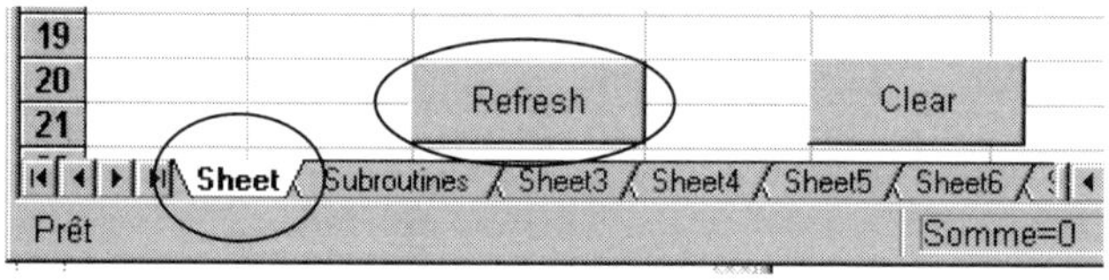

Une autre macro Excel est fournie au même endroit : OO4O_ORA.XLS. Pour la mettre en œuvre, suivez les mêmes recommandations que précédemment. C'est un exemple beaucoup plus complet qui vous aidera dans vos futurs développements.

Les avantages d'Oracle Objects OLE

Il n'est pas utile, comme avec ODBC, de réaliser un paramétrage quelconque du produit avant son utilisation. Son installation suffit. C'est particulièrement intéressant dans la cadre de grandes configurations, avec des postes utilisateurs distants.

Toute la syntaxe Oracle est accessible, sans limitation, même le PL/SQL. Vous pouvez programmer en VBA (Visual Basic Application) à partir d'Excel ou Word ou encore à partir de Visual Basic ou en C++. L'éventail est large !

Comme l'accès via OLE se fait au travers de macros ou de développements spécifiques, la sécurité est renforcée et se trouve reportée au niveau de votre application : les utilisateurs ne peuvent faire que ce que leur application leur permet.

Accéder à Oracle8 à partir de Java

Dans le petit monde de l'informatique, plus personne aujourd'hui ne peut ignorer l'existence de Java. Oracle, à la pointe de la technique, offre des possibilités d'accès aux bases Oracle8 à partir d'applications écrites en langage Java.

Ce paragraphe présente deux interfaces d'accès à Oracle8 : la première, JDBC, est incorporée en standard dans toutes les versions Oracle ; la seconde, SQLJ, est un nouveau produit commercialisé séparément, lié à JDBC, d'où sa présentation dans ce chapitre.

Face à la multiplication des interfaces, notre objectif est de vous fournir les éléments pour choisir en connaissance de cause la technique d'accès qui vous convient.

Le chapitre 15 (*Oracle, le Network Computer et l'architecture NCA*) aborde d'autres points liés à la technologie Java.

Le langage Java et Oracle8

Java est avant tout un langage de développement portable. C'est-à-dire qu'un « moteur d'exécution » de vos applications écrites en langage Java existe pour pratiquement toutes les plates-formes matérielles. Ce moteur d'exécution, incorporé dans les grands navigateurs du marché (Netscape Navigator et Microsoft Internet Explorer), assure un grand nombre de fonctions nécessaires à la mise en œuvre d'une application.

Si le moteur d'exécution est présent au niveau de votre système d'exploitation, on parlera d'une application Java, s'il est embarqué dans un navigateur Internet, on parlera d'applet Java. Ces applets étant destinées à être téléchargées par le réseau, elles intègrent de nombreuses restrictions. Celles-ci sont liées à des impératifs de sécurité, à l'instar de l'interdiction d'écrire ou de supprimer des fichiers sur votre poste...

Mais vos applications ne sont pas faites pour fonctionner en vase clos. Il vous est souvent nécessaire d'accéder à des informations contenues dans des bases de données relationnelles comme Oracle8, pour y effectuer diverses opérations (lecture, écriture, modification...). C'est là que les interfaces de programmation JDBC et SQLJ interviennent.

JDBC et ODBC : une même famille ?

JDBC est principalement une bibliothèque de classes Java destinée à faciliter l'accès à des données contenues dans des bases relationnelles. Ce n'est pas une invention d'Oracle, mais une interface standardisée utilisée par de multiples acteurs de l'informatique. Toute la difficulté de cette interface est de bien saisir le « lego logiciel», les différentes briques mises en œuvre par telle ou telle implémentation. Car les JDBC sont multiples et utilisent des « chemins d'accès » très variés.

JDBC a été conçu après ODBC et en reprend bon nombre de caractéristiques : connexion simultanée à plusieurs bases de données, gestion des transactions, interrogations, appel à des procédures stockées, etc. Le premier pilote JDBC opérationnel, qui a été proposé par JavaSoft (la filiale de Sun dédiée aux produits Java), nécessitait l'installation de pilotes ODBC pour fonctionner. Heureusement, cela a évolué.

On peut considérer qu'il existe trois types de pilotes JDBC :

- ceux qui s'appuient sur ODBC ;
- ceux qui s'appuient sur Net8 ;
- ceux qui n'ont besoin ni d'ODBC, ni de Net8.

Ces différents accès sont résumés dans le schéma suivant :

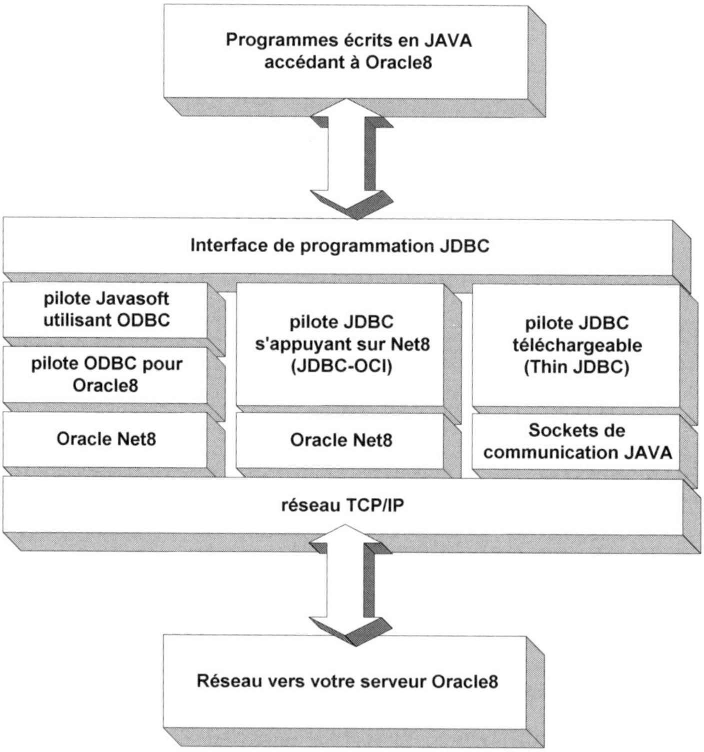

La façon dont vous programmez vos applications Java est unique : elle est définie par les spécifications de l'interface de programmation JDBC. A l'inverse, lors de l'écriture de vos programmes, vous pouvez préciser le type de pilote donc le chemin que vous souhaitez emprunter pour accéder à Oracle8.

Comment choisir entre les différents JDBC existants

L'intérêt principal de Java est sa portabilité et ses possibilités de téléchargement d'applications. L'avantage majeur que les entreprises recherchent dans ces solutions techniques est avant tout l'absence de déploiement d'applications. Actuellement, il existe des outils de développement très productifs mais dont l'utilisation est limitée par la difficulté de leur installation sur les postes des utilisateurs. Même si les applications peuvent être téléchargées après modification, les couches techniques basses comme Net8 doivent être installées sur chaque poste utilisateur.

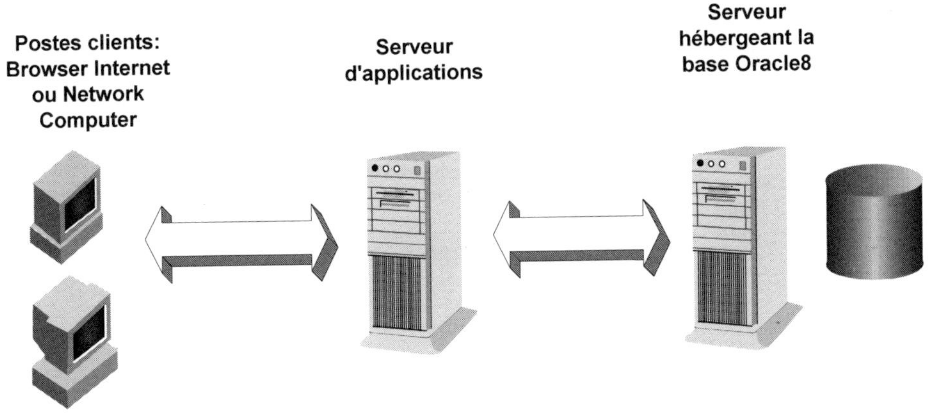

Illustrons nos commentaires au moyen d'une architecture à trois niveaux : un poste client (PC équipé d'un navigateur ou poste style Network Computer), un serveur d'application intermédiaire et un serveur de données hébergeant une base Oracle8.

Voyons, selon ces critères, quelles sont les solutions existantes :

Pilote Javasoft (ou autre) utilisant ODBC

C'est le pire des trois. Il a comme seul avantage de valider une solution technique novatrice. Pour fonctionner, il faut installer à la fois l'interface JDBC (ajout au langage Java qui interprète les appels JDBC dans vos programmes), un pilote ODBC pour Oracle8 (plus sa configuration) et enfin le « client » Net8 et sa configuration. Cela fait beaucoup !

Ce type de pilote exclut l'utilisation de Network Computers et alourdit énormément le poste client. Il est à réserver à une validation technique ou à des programmes fonctionnant sur des serveurs d'applications.

Pilote JDBC s'appuyant sur Net8

Une installation et une configuration de Net8 et du pilote JDBC sont indispensables au fonctionnement de cette architecture. Ce pilote se caractérise par une bonne capacité à supporter une charge importante.

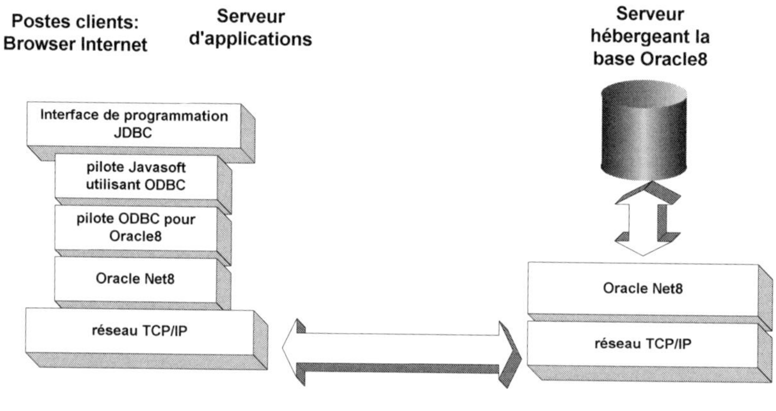

La solution technique proposée dans ce cas est fort semblable à du client-serveur traditionnel. Deux sortes d'applications peuvent être visées par ce type de pilote. Tout d'abord, celles fonctionnant sur un serveur d'applications, le code applicatif mis en œuvre sur le poste client ne gère que l'affichage des données, le code autorisant l'accès aux données fonctionne sur le serveur d'applications. Une seule installation est alors nécessaire quel que soit le nombre de clients connectés.

L'autre type d'applications concernées sont les applications clientes ayant un fort besoin d'échanges avec la base Oracle8, à l'instar des applications client-serveur actuelles. La lourdeur d'installation se justifie par les performances. Toutefois, l'installation d'un parc important de machines clientes augmente fortement les installations à effectuer.

Pilote téléchargeable Thin JDBC

Ce pilote possède un avantage majeur : il ne nécessite pas l'installation d'un logiciel Oracle sur le poste client et peut être téléchargé par le réseau, sous forme d'une applet Java.

Techniquement, le code de ce pilote « émule » Net8 et permet une communication directe entre votre poste client et votre base de données Oracle8.

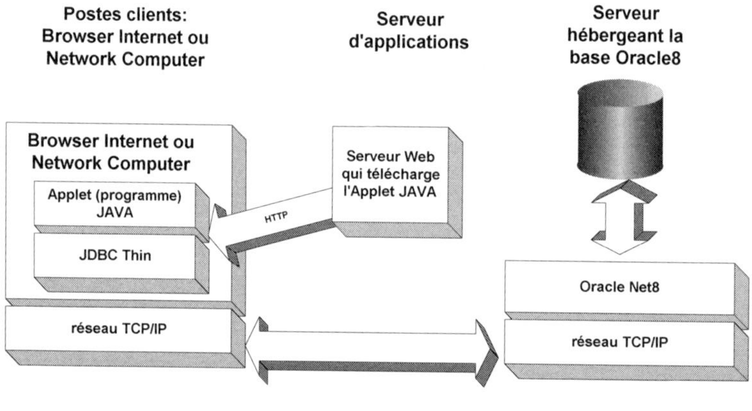

Les limitations techniques du pilote Thin JDBC concernent son volume de chargement, environ 300 Ko hors application Java, qui le rend difficilement utilisable sur des réseaux à faible débit.

*Note : Pour les « anciens » d'Oracle, le pilote Thin JDBC d'Oracle n'est autre qu'une remise au goût du jour de l'antique SQL*Net V1 !*

SQLJ : le préprocesseur Java

Depuis longtemps, il est possible de programmer en langage C, C++, Cobol, etc. pour accéder à Oracle. Dans ce but, il existe des « pré-compilateurs » adaptés au langage utilisé.

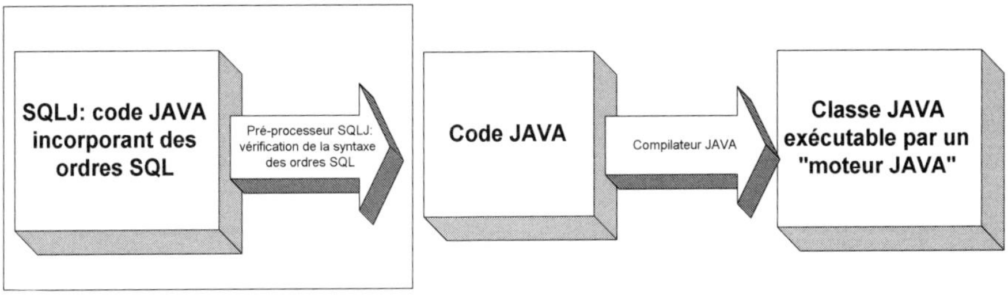

SQLJ est donc le pré-compilateur Java qui accède aux bases de données Oracle8 en utilisant les pilotes JSQL choisis. C'est un outil de développement commercialisé séparément de la base de données Oracle8.

Résumé

Nous avons vu, concrètement, comment mettre en œuvre Oracle ODBC et Oracle Objects pour OLE. C'est cette méthode d'accès que nous préconisons si vous avez le choix, car elle offre beaucoup d'avantages face à ODBC.

Si votre objectif est d'intégrer Excel et Oracle8 le plus finement possible, il existe un outil tiers qui « gomme » les difficultés d'écriture des macros Excel. Il a été développé en utilisant Oracle Objects pour OLE et permet de travailler très efficacement. Son éditeur est la société RCI-Informatique. Vous pouvez en consulter les caractéristiques sur le site Internet : *http://www.rcitool.com.*

Enfin, JDBC et SQLJ disposent de divers moyens d'accès puissants à vos bases Oracle8. Ces sujets étant à la pointe de l'actualité informatique, Oracle les diffuse largement sur ses différents sites Internet, dont *http://www.oracle.com.*

7

Gestion d'une base Oracle8

Ce chapitre traite de toutes les étapes notables de la vie d'une base Oracle8 : sa création, son démarrage/arrêt et sa suppression.

Note : Nous utiliserons les notions introduites dans le chapitre 4 (Le fonctionnement d'Oracle8 sur NT). Nous vous conseillons de le lire au préalable.

Nous expliquerons, dans une démarche progressive, les mécanismes du fonctionnement interne d'Oracle8 sur Windows NT.

En nous aidant de la base ORCL de test, nous verrons comment démarrer/arrêter une base de données. De nombreux cas particuliers sont traités, tout comme la syntaxe de l'utilitaire indispensable à toutes ces actions : ORADIM80. Elle nous sera utile par la suite pour comprendre la création d'une base.

La partie concernant la création d'une nouvelle base de données sera la plus complète. Nous vous donnerons des éléments pour choisir : « pourquoi créer deux bases de données sur la même machine ? ». Puis, nous étudierons les phases successives de la création de cette nouvelle base de données, en les commentant.

La suppression sera traitée en final.

Quels utilitaires pour quelle tâche ?

Les utilitaires sont nombreux et, souvent, l'utilisateur néophyte ne sait que choisir pour répondre à un besoin bien précis.

Avant d'entrer dans le détail de la description de ces utilitaires, étudions leurs fonctions respectives, lequel nous vous recommandons en premier lieu et ceux qui peuvent vous être utiles en second lieu, pour la même tâche.

Tâche à effectuer	Choix prioritaire	Choix complémentaire
Démarrer une base	Gestionnaire de services de NT	ORADIM80 et Server Manager
Arrêter une base	Gestionnaire de services de NT	ORADIM80 et Server Manager
Créer une base de données	*Oracle Database Assistant*	ORADIM80 et Server Manager
Supprimer une base	*Oracle Database Assistant*	ORADIM80 et Server Manager
Supprimer le *service* d'une base	*Oracle Database Assistant*	ORADIM80

Tous ces utilitaires sont abordés dans ce chapitre.

Démarrer/arrêter une base Oracle8

Il y a plusieurs façons d'effectuer cette tâche. La plus simple est d'utiliser les services de Windows NT. Pour y accéder : Démarrer >Paramètres >Panneau de configuration > Services.

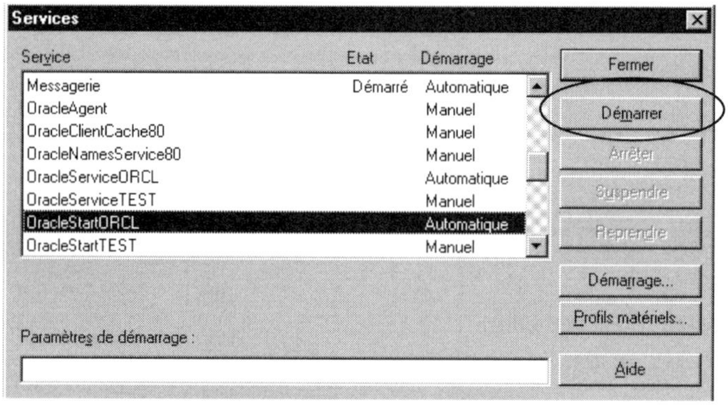

Pour démarrer la base ORCL, choisissez le service OracleStartORCL et démarrez-le.

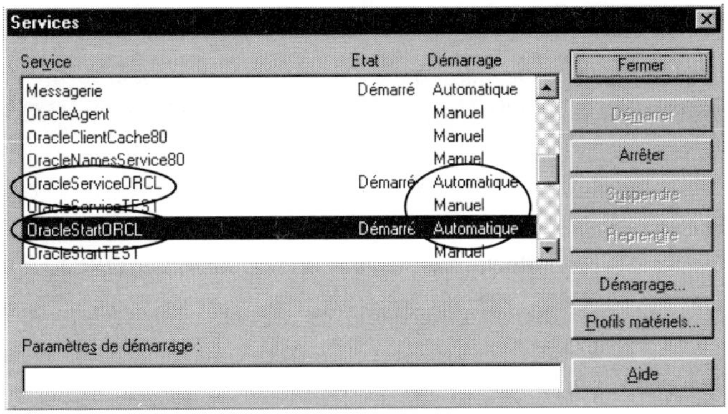

Ce service est alors automatiquement lancé, puis il démarre l'instance ORCL. Votre base ORCL est maintenant en fonction. Notez l'option de démarrage automatique.

Comment faire en sorte que votre base démarre en même temps que Windows NT ?

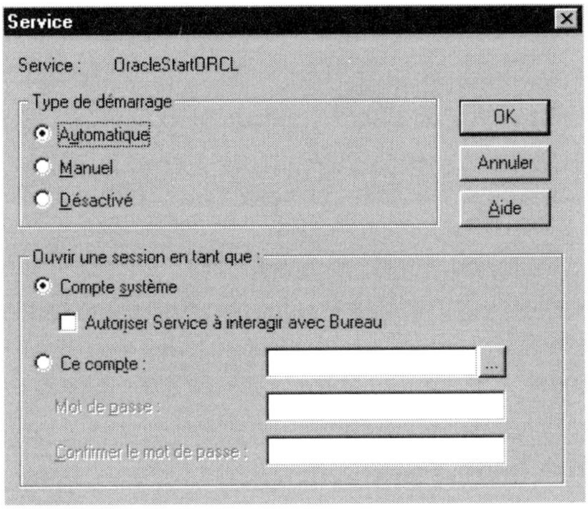

Le plus simple est d'utiliser les services de Windows NT. Sélectionnez le service *OracleStartORCL*, puis l'option *Démarrage.* Spécifiez alors un démarrage automatique.

Les autres options de cet écran sont commentées au chapitre 8 (*Stratégie de sécurité sous Windows NT*).

Quel est l'ordre de démarrage des logiciels ?

Comme nous l'avons vu dans le chapitre 4 (*Le fonctionnement d'Oracle8 sur NT*) et le chapitre 7 (*Gestion d'une base Oracle8*), le démarrage d'une base Oracle8 se fait selon les étapes suivantes :

- démarrage obligatoire du service Windows NT associé à votre base de données (*OracleServiceORCL* dans notre cas) ;
- ensuite, l'instance peut être démarrée par le service OracleStartORCL.

Ces opérations via le gestionnaire de services de NT sont très simples à réaliser, parfaitement intégrées à Windows NT. Si les services sont positionnés en Automatique, les bases sont lancées/arrêtées en même temps que Windows NT.

Peut-on utiliser d'autres outils pour démarrer une base ?

La réponse est oui. ORADIM80 et Server Manager (deux outils en mode texte utilisables à partir de scripts) peuvent vous y aider. C'est d'ailleurs ORADIM80 qui est appelé par le Gestionnaire de services de Windows NT lors du lancement des services OracleServiceORCL et OracleStartORCL.

Comment démarrer le service NT lié à la base ?

Pour démarrer le service Windows NT associé à l'instance ORCL, il existe deux possibilités :

- en lançant le service OracleServiceORCL par une ligne de commande : *net start OracleServiceORCL* (au lieu de l'outil graphique Gestionnaire de services de Windows NT) ;
- par le biais de l'utilitaire ORADIM80 (présenté plus loin).

Comment démarrer l'instance (après le service NT) ?

Pour démarrer l'instance, vous pouvez utiliser ORADIM80 ou Server Manager qui permettent d'effectuer ces opérations par des commandes « en ligne ». Ces utilitaires sont présentés dans ce chapitre.

Et pour arrêter une base ?

De nouveau, le plus simple est d'utiliser le Gestionnaire de services de Windows NT. Arrêtez le service OracleServiceORCL qui entraînera l'arrêt de votre instance.

Cet type d'arrêt est-il brutal ?

La réponse est oui. L'arrêt du service OracleServiceORCL arrête immédiatement l'exécutable Oracle8.exe associé à votre instance. La base procédera automatiquement à une restauration lors de son prochain démarrage (ce type d'arrêt correspond à un « kill » des process sous Unix).

Les types d'arrêt brutaux qui nécessitent une restauration automatique au démarrage suivant de la base sont :

- un arrêt du système Windows NT ;
- un arrêt du service par ligne de commande **net stop OracleServiceSID** ;
- un arrêt du service OracleService*SID* par le gestionnaire des services de NT ;
- à partir du Gestionnaire des tâches de NT, un arrêt brutal du processus Oracle80.

La base de données Oracle8 est solide et supporte ce type d'arrêt sans broncher. L'inconvénient est que ce type d'arrêt ne relâche pas complètement la mémoire utilisée. Elle sera libérée si vous démarrez puis stoppez votre instance au moyen d'une commande moins brutale qu'un « shutdown abort ».

Peut-on arrêter une base plus « doucement » ?

Oui. Vous pouvez utiliser de nouveau ORADIM80 ou Server Manager. Nous verrons comment en commentant ces utilitaires.

Vous pouvez aussi modifier ce comportement par défaut, en créant ou modifiant des valeurs de clés dans la base de registres de Windows NT. Ces clés se situent en HKEY_LOCAL_MACHINE\SOFTWARE\ORACLE.

Créez une clé ORA_*SID*_SHUTDOWN avec la valeur TRUE, qui arrêtera votre *SID* proprement lorsque le service OracleService*SID* sera stoppé. Cette opération doit être paramétrée manuellement. Pour appliquer ce fonctionnement à toutes les bases présentes sur votre serveur, positionnez la clé ORA_SHUTDOWN à la valeur TRUE.

Peut-on démarrer/arrêter une base par des commandes ?

Oui. Des outils graphiques sont agréables et utiles, mais des opérations répétitives ou automatiques doivent pouvoir être lancées à partir de lignes de commandes.

Pour démarrer/arrêter le service NT lié à la base

La commande **net start <nom_du_service>** démarre le service, **net stop <nom_du_service>** l'arrête. Pour les services de l'instance ORCL, on aura :

```
net start OracleServiceORCL
net stop OracleServiceORCL
```

Pour démarrer/arrêter l'instance

Là aussi, il est possible de démarrer ou d'arrêter une instance par une commande en ligne :

```
net start OracleStartORCL
net stop OracleStartORCL
```

Avec Server Manager, pour démarrer l'instance ORCL.

```
set ORACLE_SID=ORCL          -- pour être sûr de l'instance accédée
svrmgr30
connect internal/oracle      -- oracle est le mot de passe internal pour
                             -- l'instance
startup
exit
```

Avec Server Manager, pour arrêter l'instance ORCL.

```
set ORACLE_SID=ORCL          -- pour être sûr de l'instance accédée
```

```
svrmgr30
connect internal/oracle     -- oracle est le mot de passe internal pour
                            -- l'instance
shutdown immediate          -- les options sont : normal, immediate, abort
exit
```

C'est ce type d'utilisation des lignes de commande que nous retrouverons lors de la création d'une nouvelle base, de l'automatisation des sauvegardes, etc.

Syntaxe de l'utilitaire Server Manager

Cet utilitaire Oracle s'exécute à partir d'une invite de commandes MS-DOS (accessible à partir de Démarrer >Programmes >Invite de Commandes). Tous les aspects concernant la sécurité, les mots de passe, etc., sont traités au chapitre 8 (*Stratégie de sécurité sous Windows NT*). Vous accédez à la syntaxe de Server Manager par :

```
c :\> svrmgr30 help  (attention, la version « 30 » peut évoluer dans le
temps )
```

L'exemple précédent nous montre comment démarrer l'instance ORCL, avec Server Manager.

```
set ORACLE_SID=ORCL         -- pour être sûr de l'instance accédée
svrmgr30
connect internal/oracle     -- oracle est le mot de passe internal pour
                            -- l'instance
startup
exit
```

Idem, pour arrêter l'instance ORCL.

```
set ORACLE_SID=ORCL         -- pour être sûr de l'instance accédée
svrmgr30
connect internal/oracle     -- oracle est le mot de passe internal pour
                            -- l'instance
shutdown immediate          -- les options sont : normal, immediate, abort
exit
```

Nous vous recommandons de regarder la syntaxe de Server Manager utilisée dans les scripts de création d'une nouvelle base (les scripts figurent dans le même chapitre).

Syntaxe de l'utilitaire ORADIM80

Cet utilitaire Oracle s'exécute à partir d'une invite de commandes MS-DOS (accessible à partir de Démarrer >Programmes >Invite de commande). Tous les aspects concernant la sécurité, les mots de passe, etc., sont traités au chapitre 8 (*Stratégie de sécurité sous Windows NT*).

Attention, chaque paramètre d'ORADIM80 doit être précédé d'un « - ». Le nom du programme, Oradim80.exe peut évoluer dans les prochaines versions d'Oracle8. Vous obtiendrez la syntaxe exacte d'ORADIM80 avec la commande :

```
c :\> oradim80 -?
```

Nous vous recommandons de comparer les paramètres d'ORADIM80 avec ceux issus de la création d'une nouvelle base Oracle (les scripts figurent dans le même chapitre).

Créer une instance

```
ORADIM80 -NEW -SID votre_sid [-INTPWD mot_passe_internal] [-SRVC nom_service] [-
MAXUSERS nombre ] [-STARTMODE AUTO,MANUAL] [-PFILE fichier_initialisation]
```

- *votre_sid* est l'identifiant de votre instance, ou SID (utilisez 4 caractères majuscules) ;
- *mot_passe_internal* est le mot de passe utilisé lorsqu'on se connecte sous le compte INTERNAL. Il est facultatif pour ORADIM, uniquement si la clé DBA_AUTHORIZATION ou DBA_*SID*_AUTHORIZATION est positionnée à BYPASS dans le registre \\HKEY_LOCAL_MACHINE\SOFTWARE\ORACLE ;
- *nom_service* est le nom du service Windows NT à créer. Respectez une syntaxe du type OracleService*SID* (comme pour OracleServiceORCL) ;
- *nombre* est le nombre d'utilisateurs définis dans le fichier de mot de passe ;
- AUTO ou MANUAL indique si le service NT créé doit automatiquement démarrer en même temps que la machine NT. Si vous choisissez AUTO, un service OracleStart*SID* ainsi que le fichier de commandes ORACLE_HOME\DATABASE\STRSID.CMD seront créés ;
- *fichier_initialisation* précise où se trouve votre fichier d'initialisation Init*SID*.ora (avec son chemin d'accès).

Les paramètres entre crochets [ ] sont optionnels, les autres sont obligatoires.

Cette commande crée uniquement les services NT et le fichier mot de passe associés à votre nouvelle base. La base de donnée n'est pas créée à cette étape.

Démarrer une instance

```
ORADIM80 -STARTUP -SID votre_sid [-PFILE fichier_initialisation] [-USRPWD
mot_passe_internal] -STARTTYPE SRVC, INST
```

- *votre_sid* est l'identifiant de votre instance, ou SID ;
- *fichier_initialisation* indique où se trouve votre fichier d'initialisation Init*SID*.ora (avec son chemin d'accès). Si vous ne le donnez pas, il doit se trouver en ORACLE_HOME\DATABASE\INIT*SID*.ORA ;
- *mot_passe_internal* est le mot de passe utilisé lorsqu'on se connecte sous le compte INTERNAL. Il n'est facultatif pour ORADIM que si la clé DBA_AUTHORIZATION ou DBA_*SID*_AUTHORIZATION est positionnée à BYPASS dans le registre \\HKEY_LOCAL_MACHINE \ SOFTWARE \ ORACLE ;
- SRVC démarre le service NT associé à votre instance (Oracle8.exe), puis INST démarre l'instance. Les deux paramètres peuvent être précisés.

Les paramètres -STARTUP, -SID, -STARTTYPE sont obligatoires, les autres sont optionnels.

Arrêter une instance

```
ORADIM80 -SHUTDOWN -SID votre_sid ] [-USRPWD mot_passe_internal ] -SHUTTYPE
SRVC, INST,-SHUTMODE [A, I, N]
```

- *votre_sid* est l'identifiant de votre instance, ou SID ;

- *mot_passe_internal* est le mot de passe utilisé lorsqu'on se connecte sous le compte INTERNAL. Il est facultatif pour ORADIM uniquement si la clé DBA_AUTHORIZATION ou DBA_*SID*_AUTHORIZATION est positionnée à BYPASS dans le registre \ \ HKEY_LOCAL_MACHINE \ SOFTWARE \ ORACLE ;
- SRVC arrête le service NT associé à votre instance (Oracle8.exe), puis INST arrête l'instance. Les deux paramètres peuvent être précisés. Arrêter le service revient à un « shutdown abort » de votre base, ce qui entraînera une restauration automatique à son prochain démarrage. ;
- on indique le type d'arrêt de l'instance : A signifie Abort (« shutdown abort » correspond à l'arrêt le plus violent) ; I signifie Immediate (toutes les connexions sont fermées, puis la base arrêtée) ; N signifie Normal (on attend que toutes les connexions soient fermées avant d'arrêter la base). Méfiez-vous de « N » si des process en tâche de fond sont connectés à la base (c'est le cas de l'agent intelligent Oracle et des serveurs WebServer), ils empêchent alors l'arrêt de votre instance.

Les paramètres -SUTDOWN, -SID, -SHUTTYPE sont obligatoires, les autres sont optionnels.

Modifier les caractéristiques d'une instance

```
ORADIM80 -EDIT -SID votre_sid [-NEWSID nouveau_sid] [-INTPWD mot_passe_internal] [-
STARTMODE AUTO,MANUAL] [-PFILE fichier_initialisation]
```

- *votre_sid* est l'identifiant de votre instance, ou SID (utilisez 4 caractères majuscules) ;
- *nouveau_sid* est le nouveau SID donné à votre instance (seulement si vous voulez changer le nom d'une instance). Méfiez-vous !
- *mot_passe_internal* est le mot de passe utilisé lorsqu'on se connecte sous le compte INTERNAL. Il est facultatif pour ORADIM uniquement si la clé DBA_AUTHORIZATION ou DBA_*SID*_AUTHORIZATION est positionnée à BYPASS dans le registre \\HKEY_LOCAL_MACHINE\SOFTWARE\ORACLE ;
- AUTO, ou MANUAL, indique si le service NT créé doit automatiquement démarrer en même temps que la machine NT. Si vous choisissez AUTO, un service OracleStart*SID* ainsi que le fichier de commandes ORACLE_HOME\DATABASE\STRSID.CMD seront créés ;
- *fichier_initialisation* précise où se trouve votre fichier d'initialisation Init*SID*.ora (avec son chemin d'accès).

Les paramètres entre crochets [ ] sont optionnels. Les autres sont obligatoires.

Cette commande ne modifie pas le fichier mot de passe associé à votre base. Elle peut seulement le créer, s'il n'existe pas. Pour créer un nouveau fichier mot de passe, utilisez l'utilitaire ORAPWD80 (décrit dans le chapitre 8, *Stratégie de sécurité sous Windows NT*). Une solution alternative consiste à supprimer le service OracleService*SID* (qui détruit le fichier mot de passe), puis à recréer ce même service (le fichier mot de passe est alors créé).

Supprimer une instance

```
ORADIM80 -DELETE -SID votre_sidA, votre_sidB, votre_sidC,...

ORADIM80 -DELETE -SRVC votre_serviceA, votre_serviceB, votre_serviceC...
```

- *votre_sidA, votre_sidB, votre_sidC* sont les identifiants (ou *SID*) des instances à supprimer. Méfiez-vous !
- *votre_serviceA, votre_serviceB, votre_serviceC* sont les services à supprimer. Méfiez-vous !

Une fois votre instance supprimée, les fichiers qui constituent votre base de données existent toujours, c'est à vous de les détruire manuellement.

Comment déplacer une base Oracle8 existante vers une autre machine

Si vous avez besoin de déplacer une base Oracle8 d'un serveur NT vers un autre serveur NT, la démarche est la suivante :

- installez les logiciels Oracle sur votre nouveau serveur ;
- créez les services sur le nouveau serveur NT, avec le même *SID ;*
- arrêtez la base sur l'ancien serveur ;
- copiez les fichiers de l'ancien serveur vers le nouveau dans les mêmes répertoires. Si les répertoires sont différents, consultez la syntaxe des commandes *alter tablespace rename datafile xxxx,yyyy to vvvv, wwww* ;
- copiez les fichiers d'initialisation Init*SID*.ora ;
- modifiez vos fichiers Listener.ora et Tnsnames.ora pour tenir compte de cette nouvelle base sur votre serveur ;
- démarrez la base sur le nouveau serveur.

Pourquoi créer une nouvelle base de données ?

C'est l'une des premières questions à se poser. Avez-vous besoin d'une nouvelle base de données sur votre machine ? Nous vous proposons quelques éléments d'appréciation.

Une nouvelle application

Si une nouvelle application doit être hébergée sur votre serveur, vous n'avez pas forcément besoin de créer une nouvelle base de données pour elle. En effet, Oracle8 vous permet d'avoir, au sein de la même base de données, des environnements complètement étanches. Par exemple, pour une même application, les environnements de développement et de production peuvent cohabiter dans la même base. Ce sera le nom de l'utilisateur et son mot de passe qui orienteront vers l'environnement cible (comme si vous aviez deux bases distinctes). De plus, une seule base de production facilite votre administration et vos sauvegardes.

La puissance de votre serveur

Comme nous l'avons vu dans le chapitre précédent, si plusieurs bases de données fonctionnent simultanément sur la même machine, la consommation mémoire et processeur augmente fortement. Vous aurez autant d'exécutables Oracle et de zones mémoire réservées qu'il y aura de bases de données lancées.

D'autre part, il est parfois difficile de régler une machine NT qui a plusieurs bases en marche car il faut alors s'assurer qu'une surcharge ponctuelle sur l'une des bases n'induit pas une diminution des performances sur l'autre.

Les besoins de test

Pour vous exercer aux tâches d'administration, nous vous recommandons vivement de créer une petite base personnelle pour mettre au point vos procédures de sauvegarde, etc.

Des applications différentes

Bien que cela soit déconseillé, certaines circonstances peuvent imposer la mise en place de plusieurs bases fonctionnant en parallèle. Cela est notamment le cas si vous disposez de progiciels différents, nécessitant des environnements hétérogènes et dont les mises à jour de versions ne sont pas synchronisées.

Création d'une nouvelle base de données

Pour créer cette deuxième base de données, nous utiliserons un nouvel assistant : l'Assistant Base de données Oracle (Oracle Database Assistant). C'est l'utilitaire réclamé par tous les administrateurs Oracle depuis des années. Il est enfin arrivé et s'avère très bien conçu.

Dans l'exemple que nous allons suivre, le choix de créer ou non la base de données à la fin vous est offert. De plus, vous pouvez conserver la création de la base de données sous forme de scripts que nous commenterons au fur et à mesure.

Lancez cet assistant par la commande Démarrer >Programmes > Oracle pour Windows NT > Oracle Database Assistant.

Note : Ecrit 100 % en Java, cet assistant est très bien traduit (c'est assez rare pour être signalé !) et c'est un programme fonctionnant sous Windows grâce à un « moteur Java ». Sa consultation vous sera d'une aide précieuse.

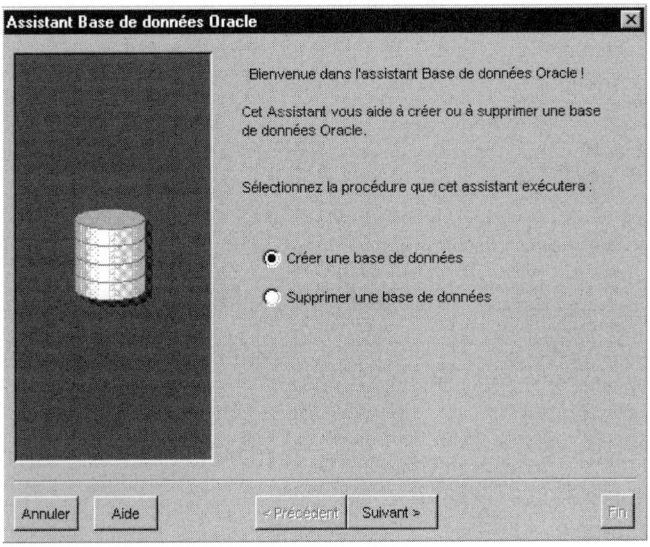

La première option propose de créer ou de supprimer une base de données. Nous examinerons la suppression plus loin dans ce chapitre. Choisissez pour l'instant la création d'une nouvelle base Oracle8.

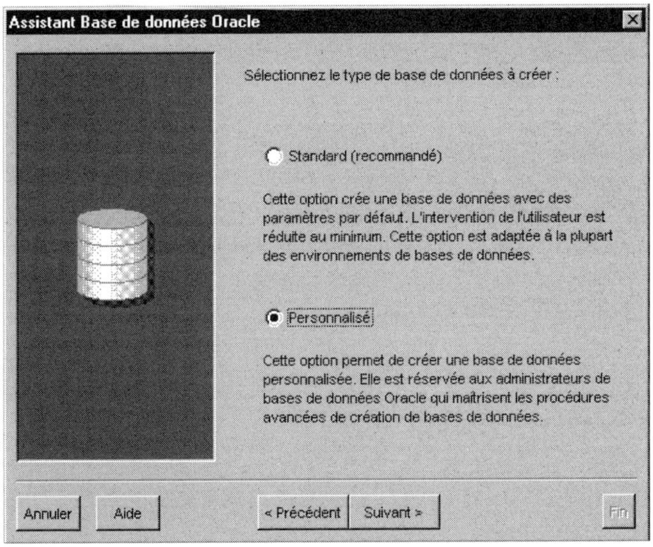

Vous avez deux possibilités pour créer une nouvelle base :

- Standard : votre base de données est créée pratiquement sans autre intervention de votre part ;
- Personnalisé : vous choisissez de nombreux paramètres utilisés lors de la création et la mise en place d'une base de données.

C'est la seconde option que nous choisissons. Elle permet un contrôle pratiquement total sur les paramètres, que nous commenterons au fur et à mesure.

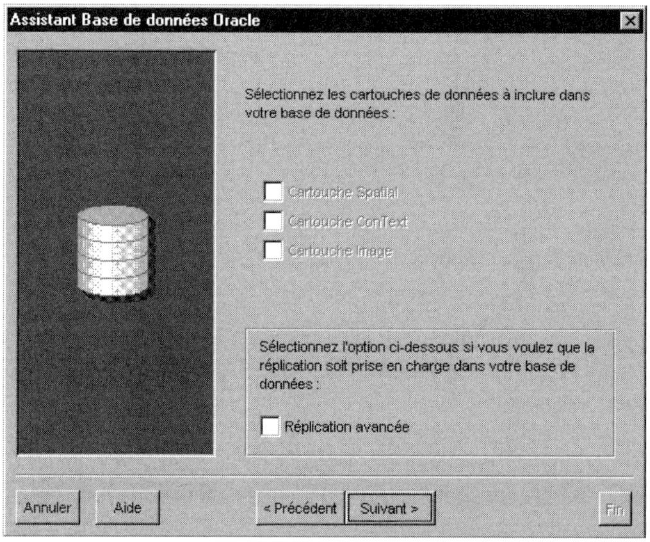

Ne choisissez pas les options proposées, elles ne sont pas nécessaires à notre test. (Si vous le faites, vous observerez que cela ajoute des fichiers de commande SQL dans les fichiers finaux.)

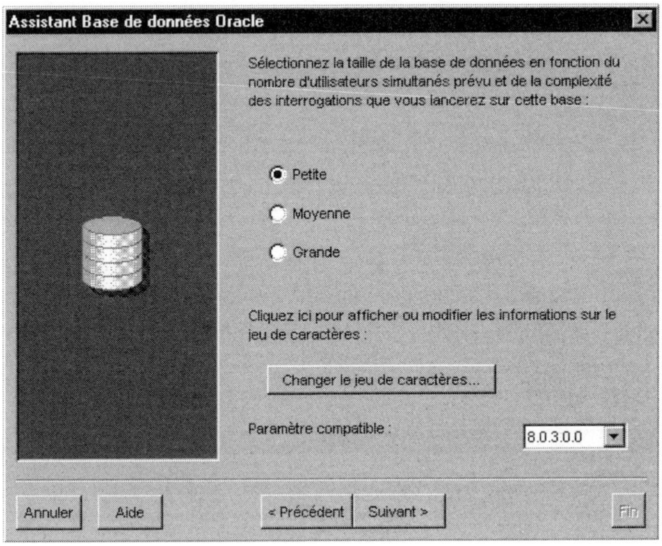

Il existe plusieurs jeux de paramètres adaptables aux différentes tailles de bases de données envisageables. Choisissez en fonction de la taille de votre base de données cible.

Le jeu de caractères est un paramètre qu'il convient de choisir avec soin car il n'est pas modifiable après la création de la base de données. Il détermine l'ensemble des caractères que l'on peut coder sous un même jeu de caractères. Cela va des Kanji japonais au russe, etc. Pour les caractères français et européens, l'option WE8ISO8859P1 est la bonne car son codage sur 8 bits permet le stockage de nos accents et caractères spécifiques. La langue anglaise (dénuée d'accents) se contente d'un jeu de caractères 7 bits.

La liste de dialogue du paramètre compatible ne permet qu'un choix, celui de la version installée. On retrouve ce paramètre dans le fichier Init*SID*.ora. Il permet de faire fonctionner une version récente d'Oracle comme si c'était une version plus ancienne. Par exemple, compatible=7.3.3.0.0 ferait fonctionner la version 8 d'Oracle comme une version d'Oracle7.

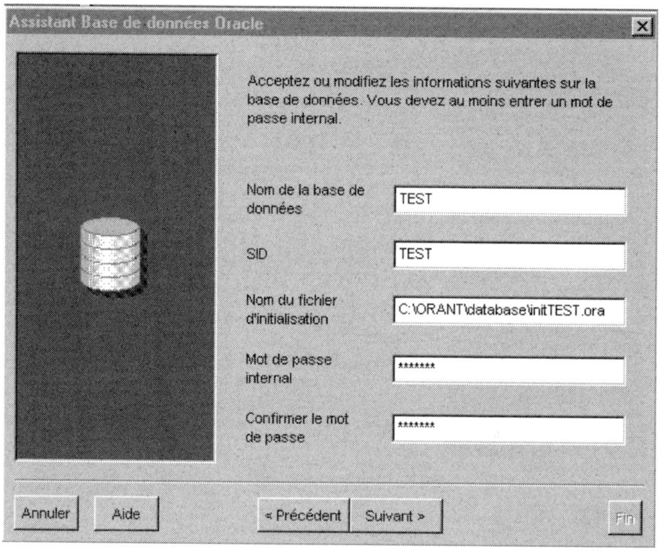

Les paramètres suivants sont également très importants. Ils permettent de spécifier le nom de votre base de données et celui de l'instance.

- Base de données : pour simplifier, c'est le nom donné à l'ensemble des fichiers composant la base de données. On le retrouvera dans le fichier d'initialisation.
- Instance : pour simplifier, c'est le nom de votre base de données « en marche », avec en plus les exécutables lancés et une zone mémoire réservée pour l'instance. C'est votre System Identifier (SID) qui permet d'identifier deux instances fonctionnant sur la même machine. On retrouvera aussi l'instance dans le nom des services NT qui seront créés.

Note : Pour plus de simplicité, nom de base = instance, *codé sur 4 caractères en majuscules (le nom d'instance est sensible à la casse des caractères).*

Le fichier d'initialisation est utilisé lors du démarrage de l'instance. Il détermine par exemple la taille mémoire allouée à celle-ci, décide si les fichiers journaux doivent être archivés ou encore choisit les fichiers de contrôle utilisés par l'instance. Il est placé par défaut en ORACLE_HOME\DATABASE sous le nom : Init*SID*.ora (par exemple Initorcl.ora pour l'instance ORCL). Nous commenterons ce fichier au chapitre 12 (*Optimisation et performances*). C'est un fichier ASCII consultable et modifiable avec un éditeur de texte ASCII tel que le Notepad (n'utilisez pas Word !).

Le mot de passe *internal* renforce la sécurité. Il faut être connecté sous un utilisateur NT de droit Administrateur et donner de surcroît ce mot de passe *internal* pour pouvoir effectuer des opérations comme le démarrage ou l'arrêt de la base de données. Pour plus de détails, reportez-vous au chapitre 8 (*Stratégie de sécurité sous Windows NT*). Si vous avez créé une base « par défaut », le mot de passe internal est ORACLE.

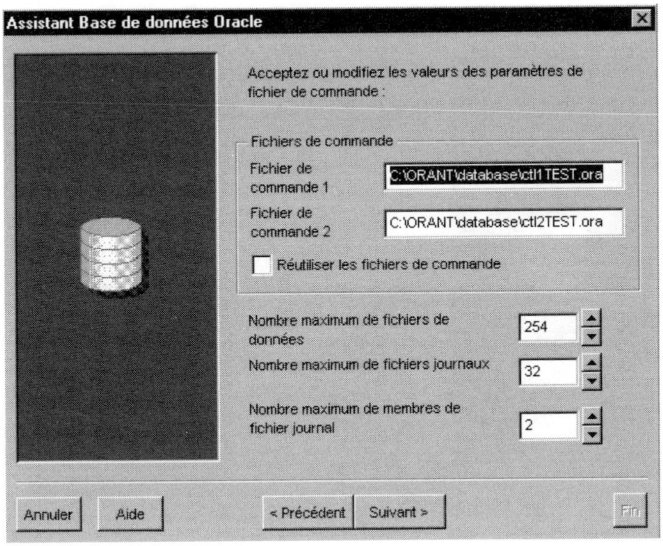

Les écrans suivants, donnent les caractéristiques des trois types de fichiers composant une base Oracle8 :

- les fichiers de contrôle (ou de commande) ;
- les fichiers de la base de données ;
- les fichiers redo-log (ou journaux).

Vous avez un contrôle complet sur leur taille, leur emplacement, leurs caractéristiques par défaut.

Pour les fichiers de contrôle, vous devez seulement préciser leur emplacement. Ils sont créés en même temps que la base de données, et le fichier d'initialisation de la base doit indiquer leur localisation (car ils permettent de retrouver l'ensemble des autres fichiers base et redo-log). Les options par défaut de ce fichier sont : son nom, Init*SID*.ora, et son emplacement, ORACLE_HOME\DATABASE.

Note : Nous vous conseillons de ne ***jamais utiliser*** *l'option qui permet d'écraser les fichiers de contrôle s'ils existent déjà. Un ordre de création de base de données qui aboutit à un blocage, si ces fichiers existent déjà, est de loin préférable à un ordre écrasant une base de données existante...*

N'hésitez pas à augmenter la valeur des autres paramètres, car ils risquent ultérieurement de provoquer des goulets d'étranglement :

- le nombre maximum de fichiers de données qui composeront votre base (250, c'est déjà bien !) ;
- le nombre maximum de fichiers journaux (32 est une valeur haute) ;
- le nombre maximum de membres de fichiers journaux nous semble sous-évalué. Il permet d'avoir des « groupes » ou « membres » de fichiers journaux dupliqués simultanément à différents endroits sur vos disques. Cela réduit les risques liés aux pannes disques. Rehaussez-le à 5 minimum.

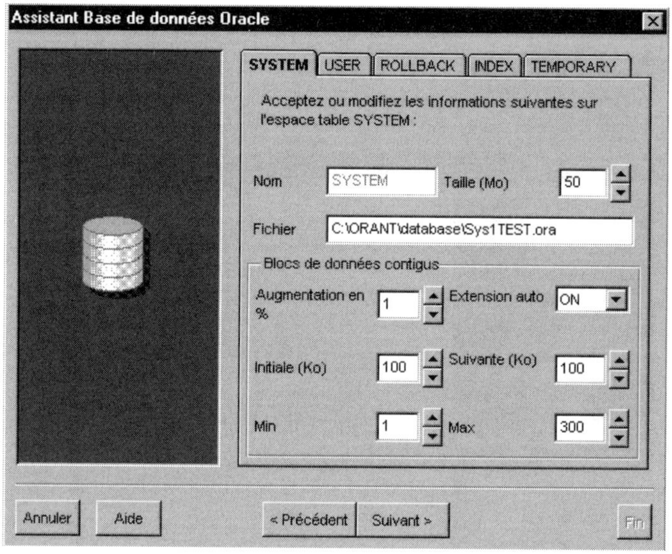

Cet écran permet d'attribuer la taille et les caractéristiques de l'ensemble des tablespaces qui vont constituer votre base. Le modèle proposé par défaut a 5 tablespaces, chacun d'eux ayant un rôle bien particulier. Un tablespace peut bien entendu être constitué de plusieurs fichiers, créés au fur et à mesure de sa croissance. Vous pouvez modifier le nom des tablespaces, sauf pour SYSTEM qui est obligatoire. Attribuez-leur des noms évoquant leur fonction, c'est plus pratique :

- SYSTEM : destiné à contenir le dictionnaire interne nécessaire au fonctionnement de la base, au stockage des procédures, des fonctions, des descriptions des objets, des tables, à la gestion de la sécurité, etc.
- USER : tablespace destiné à contenir vos données. Vous pouvez en avoir plusieurs ; chacun d'eux est constitué de plusieurs fichiers regroupés sous un même nom.
- ROLLBACK : tablespace dans lequel vous créerez de manière privilégiée vos *rollback segments*, qui contiennent vos données en instance de validation (commit) ou d'annulation (rollback).
- INDEX : vous propose d'y placer vos index relatifs aux tables créées dans le tablespace USER.
- TEMPORARY : tablespace « vide », destiné à contenir les opérations temporaires de tri qui n'ont pu être effectuées dans l'espace mémoire réservé à cette fin.

Si, par exemple, les fichiers d'un tablespace sont situés au point que les tables ne parviennent plus à s'étendre, deux solutions existent : soit vous avez accordé au tablespace les droits, auquel cas il s'alloue automatiquement les fichiers supplémentaires dont il a besoin ; soit vous ajoutez manuellement un fichier. Le paramètre *Extension Auto* et les autres paramètres de cet écran contrôlent la taille des fichiers ajoutés automatiquement.

Passez en revue les différents onglets de cet écran pour adapter les paramètres à vos besoins. Tous ces paramètres (sauf le nom donné au tablespace) sont modifiables par un administrateur Oracle.

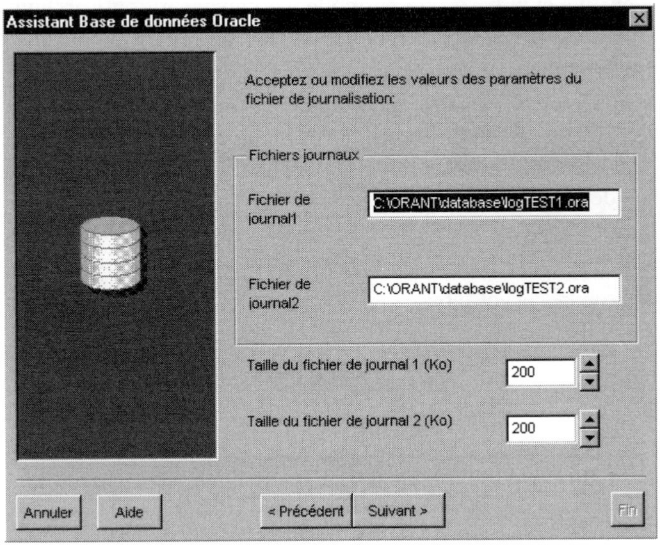

Cet écran vous permet de paramétrer les caractéristiques des fichiers de journalisation. Une taille de 500 Ko à 1 Mo par fichier est une bonne moyenne pour la plupart des applications. Ces paramètres sont modifiables par l'administrateur Oracle (en ajoutant des fichiers journaux ayant de nouvelles caractéristiques, puis en supprimant les anciens).

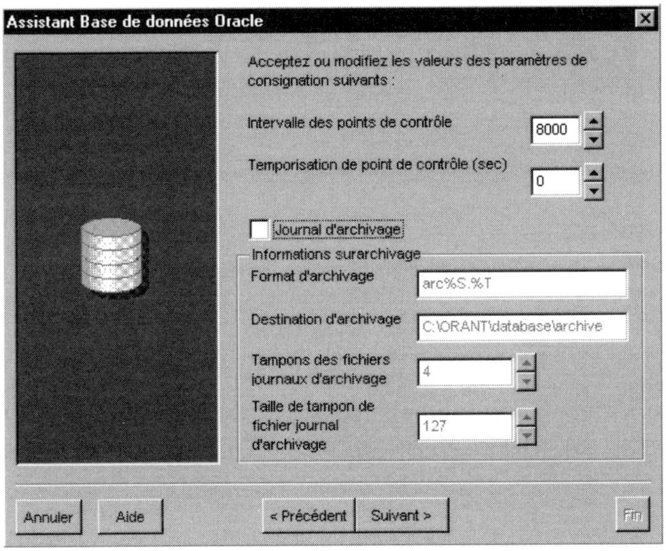

Vous décidez maintenant de la fréquence à laquelle les fichiers de journalisation seront déversés dans la base de données. Ces paramètres entrent en jeu dans le cas où d'autres mécanismes de la base de données n'ont pas déclenché cette action. Ils figurent dans le fichier d'initialisation et sont modifiables lors de tout redémarrage de la base de données.

Vous choisissez ensuite si la base sera en mode « archivage » (ou « archivelog »), puis, où et comment seront conservés les fichiers archivés. Le mode archivage nécessite deux conditions pour fonctionner :

- que le moteur Oracle8 démarre un « thread » supplémentaire qui aura pour tâche d'assurer la copie des fichiers journaux vers leur emplacement de stockage, une fois remplis. C'est le rôle du paramètre ARCHIVELOG=START dans le fichier d'initialisation de la base .
- que l'on donne l'ordre à la base de données d'utiliser cette possibilité. C'est la commande *ALTER DATABASE ARCHIVELOG START ;* qui met en route l'archivage des fichiers journaux sur votre base.

Ce sont donc des paramètres modifiables par la suite. Nous ne le mettrons pas en œuvre dans cet exemple.

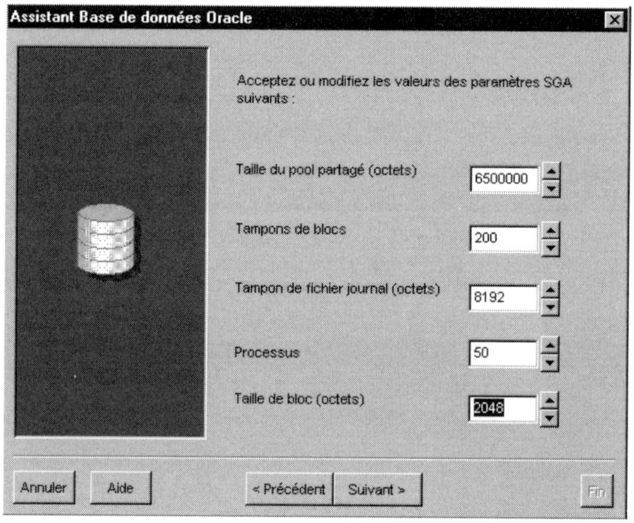

Cet écran permet de préciser des paramètres du fichier d'initialisation. Un seul n'est plus modifiable ultérieurement, c'est la taille du bloc Oracle. Il est utilisé lors de la création de la base de données. C'est un paramètre très important pour les performances. Il détermine la taille qui servira de base pour le formatage interne des fichiers de données, ainsi que celle de la zone mémoire réservée pour l'instance. Il précise aussi la taille des échanges entre la mémoire et vos disques. Nous en reparlerons au chapitre 12 (*Optimisation et performances*). Pour NT, nous vous conseillons 4 ko, qui est une valeur très polyvalente.

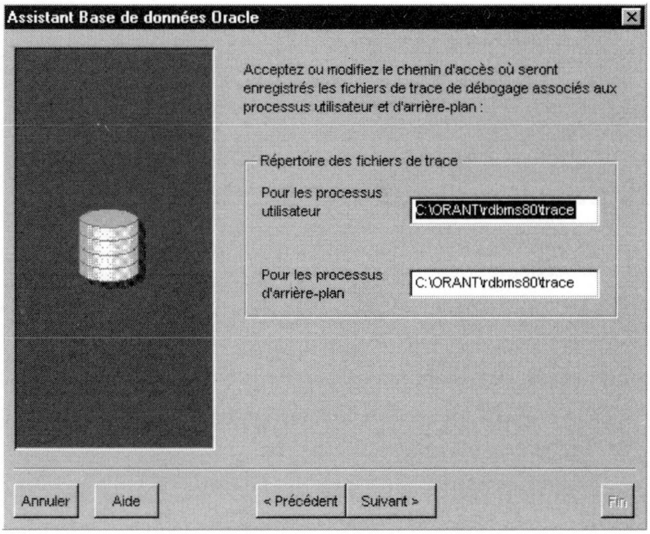

Vous précisez ensuite l'emplacement ou seront inscrits les fichiers de débogage en cas de problème.

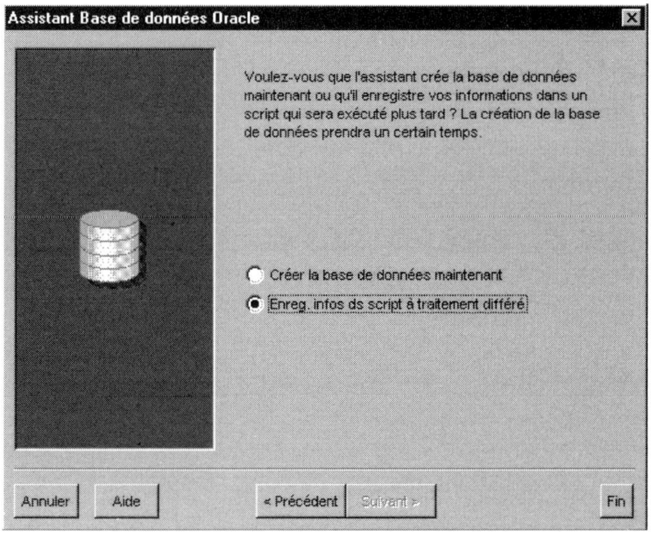

L'option suivante, importante, permet d'enregistrer l'ensemble des fichiers qui construiront votre base de données. Cochez la case correspondante. Nous commenterons le contenu des fichiers.

A présent, vous avez précisé tous les renseignements nécessaires à la création d'une nouvelle base de données. Avant de lancer la procédure, étudions les ordres de création utilisés.

Les ordres de création d'une base Oracle8

A l'issue de l'étape précédente, quatre fichiers sont créés :

- un fichier « .BAT » pour créer les nouveaux services Windows NT destinés à gérer votre nouvelle base, puis à enchaîner l'exécution des deux autres fichiers ;
- un fichier d'ordres SQL contenant la création de la base de données ;
- un fichier d'ordres SQL destinés à compléter cette création en ajoutant les nouveaux tablespaces, à modifier leurs caractéristiques, etc. ;
- le fichier d'initialisation propre à votre base de données.

Il est important de bien saisir la relation de cause à effet qui existe entre les options choisies dans l'assistant graphique et les commandes qui en résultent dans les fichiers créés.

Le fichier de création des services NT

Ce fichier « .BAT » s'exécute sous Windows NT. Il se sert de l'utilitaire ORADIM80 pour créer les services NT associés à la nouvelle base. Une fois ceux-ci créés, il les démarre, puis lance l'instance, toujours à partir d'ORADIM80. Il exécute ensuite les fichiers SQL de création de la base, par l'intermédiaire de SVRMGR30 ou de Server Manager.

```
set ORACLE_SID=TEST
oradim80 -new -sid TEST -intpwd manager -startmode auto -pfile ✂
C:\ORANT\database\initTEST.ora
oradim80 -startup -sid TEST -starttype srvc,inst -usrpwd manager ✂
-pfile C:\ORANT\database\initTEST.ora
svrmgr30 @TESTrun.sql
svrmgr30 @TEST1run.sql
```

Le fichier de création de la base

Voici le contenu du fichier TestRun.sql. Il contient la commande **CREATE DATABASE**. Certains paramètres sont présents dans la commande, d'autres, comme le **DB_BLOCK_SIZE**, sont puisés dans le fichier d'initialisation.

```
spool C:\ORANT\database\spoolmain
set echo on
connect INTERNAL/manager
startup nomount pfile=C:\ORANT\database\initTEST.ora
CREATE DATABASE TEST
LOGFILE 'C:\ORANT\database\logTEST1.ora' SIZE 200K,
        'C:\ORANT\database\logTEST2.ora' SIZE 200K
MAXLOGFILES 32
MAXLOGMEMBERS 2
```

```
MAXLOGHISTORY 1
DATAFILE 'C:\ORANT\database\Sys1TEST.ora' SIZE 50M
MAXDATAFILES 254
MAXINSTANCES 1
CHARACTER SET WE8ISO8859P1
NATIONAL CHARACTER SET WE8ISO8859P1;
spool off
```

Le fichier de paramétrage de la base

Voici le contenu du fichier TestRun1.sql. C'est lui qui va créer tout votre environnement de travail, vos tablespaces, leurs caractéristiques, etc. Il lance par ailleurs les fichiers Catalog.sql et Catproc.sql qui construisent le dictionnaire interne de votre base une fois celle-ci créée. Si vous avez ajouté d'autres options à votre base de données, par exemple la réplication, les fichiers SQL correspondants seront lancés.

```
spool C:\ORANT\database\spoolmain
set echo on
connect INTERNAL/manager
ALTER DATABASE DATAFILE 'C:\ORANT\database\Sys1TEST.ora' AUTOEXTEND ON;
CREATE ROLLBACK SEGMENT SYSROL TABLESPACE "SYSTEM" STORAGE (INITIAL 100K
NEXT 100K);
ALTER ROLLBACK SEGMENT "SYSROL" ONLINE;
@C:\ORANT\Rdbms80\admin\catalog.sql;
@C:\ORANT\Rdbms80\admin\catproc.sql

REM **************TABLESPACE FOR ROLLBACK*****************
CREATE TABLESPACE RBS DATAFILE 'C:\ORANT\database\Rbs1TEST.ora' SIZE 10M
DEFAULT STORAGE ( INITIAL 1024K NEXT 1024K MINEXTENTS 2 MAXEXTENTS 121
PCTINCREASE 0);
ALTER DATABASE DATAFILE 'C:\ORANT\database\Rbs1TEST.ora' AUTOEXTEND ON;

REM ***********Alter system tablespace ********************
ALTER TABLESPACE SYSTEM
DEFAULT STORAGE ( INITIAL 100K NEXT 100K MINEXTENTS 1 MAXEXTENTS 300
PCTINCREASE 1);

REM **************TABLESPACE FOR USER*********************
CREATE TABLESPACE USR DATAFILE 'C:\ORANT\database\Usr1TEST.ora' SIZE 3M
DEFAULT STORAGE ( INITIAL 50K NEXT 50K MINEXTENTS 1 MAXEXTENTS 121
PCTINCREASE 1);
ALTER DATABASE DATAFILE 'C:\ORANT\database\Usr1TEST.ora' AUTOEXTEND ON;

REM **************TABLESPACE FOR TEMPORARY*****************
CREATE TABLESPACE TEMPORARY DATAFILE 'C:\ORANT\database\Tmp1TEST.ora'
SIZE 10M
DEFAULT STORAGE ( INITIAL 100K NEXT 100K MINEXTENTS 1 MAXEXTENTS 121
PCTINCREASE 0) TEMPORARY;
ALTER DATABASE DATAFILE 'C:\ORANT\database\Tmp1TEST.ora' AUTOEXTEND ON;

REM **************TABLESPACE FOR INDEX*********************
CREATE TABLESPACE INDX DATAFILE 'C:\ORANT\database\Indx1TEST.ora' SIZE
10M
```

```
DEFAULT STORAGE ( INITIAL 50K NEXT 50K MINEXTENTS 1 MAXEXTENTS 121
PCTINCREASE 1);
ALTER DATABASE DATAFILE 'C:\ORANT\database\Indx1TEST.ora' AUTOEXTEND ON;

REM **** Creating two rollback segments ***************
CREATE ROLLBACK SEGMENT RB0 TABLESPACE "RBS"
STORAGE ( INITIAL 50K NEXT 50K MINEXTENTS 2 MAXEXTENTS 121 );
CREATE ROLLBACK SEGMENT RB1 TABLESPACE "RBS"
STORAGE ( INITIAL 50K NEXT 50K MINEXTENTS 2 MAXEXTENTS 121 );
ALTER ROLLBACK SEGMENT "RB0" ONLINE;
ALTER ROLLBACK SEGMENT "RB1" ONLINE;
alter user sys temporary tablespace TEMPORARY;
alter user system default tablespace USR;
alter rollback segment "SYSROL" offline;
spool off
```

Le fichier d'initialisation de votre base

Contenu du fichier d'initialisation de l'instance InitTest.ora. Nous aborderons ses principaux paramètres au chapitre 12 (*Optimisation et performances*).

```
db_name = TEST
db_files = 1020
control_files =(C:\ORANT\database\ctl1TEST.ora,
               C:\ORANT\database\ctl2TEST.ora)
db_file_multiblock_read_count = 8
db_block_buffers = 200
shared_pool_size = 6500000
log_checkpoint_interval = 8000
processes = 50
dml_locks = 100
log_buffer = 8192
sequence_cache_entries = 10
sequence_cache_hash_buckets = 10
#audit_trail = true
#timed_statistics = true
background_dump_dest = C:\ORANT\rdbms80\trace
user_dump_dest = C:\ORANT\rdbms80\trace
db_block_size =2048
compatible = 8.0.3.0.0
sort_area_size = 65536
log_checkpoint_timeout = 0
remote_login_passwordfile = shared
max_dump_file_size = 10240
```

Création de la base

Une fois les fichiers examinés (et éventuellement modifiés), nous lançons le fichier « .BAT » de création de la base. La durée d'exécution de ces commandes (surtout

Catalog.sql et Catproc.sql) peut durer parfois plus de dix minutes, selon la puissance de votre machine.

Note : L'installation de la base par défaut, ORCL, est plus rapide car tous les fichiers la composant sont copiés à partir du CDRom d'installation d'Oracle8. Ils comprennent déjà le passage de Catalog.sql et Catproc.sql.

Ne vous inquiétez pas des messages d'erreur lors du déroulement de Catalog.sql et Catproc.sql : avant de créer un objet, il le détruit systématiquement (au cas où ces scripts auraient déjà été lancés). La première fois, il y a donc une erreur avant chaque création.

```
C:\DEMOS>
C:\DEMOS>sql

C:\DEMOS>set ORACLE_SID=TEST

C:\DEMOS>oradim80 -new -sid TEST -intpwd manager -startmode auto -pfile C:\ORANT
\database\initTEST.ora

C:\DEMOS>oradim80 -startup -sid TEST -starttype srvc,inst -usrpwd manager -pfile
 C:\ORANT\database\initTEST.ora
```

En cas de problème

Si vous rencontrez un problème d'autorisations lors de la création de votre base de données, cela provient souvent du gestionnaire de fichiers NTFS. Contrairement au système FAT selon lequel les utilisateurs ont les mêmes droits sur tous les fichiers, le système NTFS permet de préciser les droits d'écriture, de lecture et d'exécution, fichier par fichier. Les différences entre les systèmes FAT et NTFS sont commentées dans le chapitre 4 (*Le fonctionnement d'Oracle8 sur NT*).

Oracle8 utilise par défaut le compte interne System de Windows NT, à la place d'un utilisateur NT comme administrateur. Cet utilisateur System de Windows NT doit avoir les droits d'écriture, de lecture et d'exécution sur le répertoire ORACLE_HOME. L'utilisateur System de Windows NT est identifié par une icône représentant une « puce » informatique. Contrôlez ses droits sur le répertoire ORACLE_HOME et sur tous les répertoires dans lesquels la création de votre base place des fichiers.

Il ne reste plus qu'à détruire les fichiers partiellement créés : redo-log, base de données et fichiers de contrôle, puis à relancer la création de votre base de données.

Les actions complémentaires

Votre base de données est maintenant créée, avec les paramètres que vous avez spécifiés. Il vous reste encore un certain nombre d'actions à réaliser. Certains outils ont en effet besoin que des scripts SQL soient lancés pour chaque base à laquelle ils se connecteront.

Note : Au fil des différents chapitres, nous citons de tels scripts. Faites la liste de ceux qui vous seront utiles pour les intégrer une fois pour toutes dans la création des prochaines bases Oracle8.

Si vous souhaitez accéder à votre nouvelle base en client-serveur, le chapitre 5 (*Net8, le middleware Oracle*) vous indique comment créer de nouveaux alias et modifier la configuration du Listener.

Il vous reste ensuite à créer vos utilisateurs, à leur attribuer des droits et, enfin, à créer et insérer vos données.

Une fois votre base de données en œuvre, vous devrez l'intégrer dans vos sauvegardes.

Résumé

L'assistant Oracle Database Assistan*t* nous permet de créer une base sans saisir le moindre paramètre (option Standard), ou en paramétrant avec un maximum de détails, comme nous venons de le faire (option Personnalisé).

L'utilitaire ORADIM80 vous permet la plus grande finesse de gestion d'une base Oracle8 sur Windows NT.

Enfin, nous vous avons fourni des exemples, sous forme de questions/réponses, relatifs aux besoins d'administration les plus divers.

8

Stratégie de sécurité sous Windows NT

Nous considérons que l'installation par défaut d'une base Oracle8 est très souple, mais présente des lacunes en termes de sécurité. Il ne s'agit pas d'un dysfonctionnement d'Oracle, mais d'une trop grande permissivité des options par défaut.

D'une manière générale, les administrateurs de systèmes sont davantage soucieux de sécurité dans le monde Unix que dans celui de Windows NT. Dès lors qu'un serveur Windows NT héberge les données de l'entreprise, sa sécurité doit être renforcée et faire l'objet d'une attention pointilleuse. Les sauvegardes dont il sera question au chapitre 10 *(La sauvegarde d'une base Oracle8)* sont, elles aussi, indispensables.

Pour se connecter à une base Oracle sur un serveur, il y a deux frontières à franchir : la connexion au système d'exploitation, puis la connexion à la base de données. Ce chapitre vous donne toutes les recommandations utiles, pour rendre vos bases de données Oracle8 plus sûres, dans un environnement distribué. Nous commentons l'option d'Oracle qui pose des problèmes de sécurité et vous expliquons comment résoudre ces derniers.

Oracle propose une architecture très souple permettant de définir des droits particuliers autorisant le démarrage/arrêt d'une base de données sans être administrateur, ni posséder un accès intégral au contenu de la base.

Nous verrons, par ailleurs, comment éviter la multiplication des mots de passe, pour vous connecter sous Windows NT, puis de nouveau sous Oracle.

Les principes à suivre

Pour simplifier les tâches de l'administrateur Oracle8, nous vous proposons une démarche permettant d'assurer une sécurité maximale dans un environnement distribué.

Cette démarche s'appuie sur deux grands principes :

1. Définir un domaine Windows NT, dans lequel les administrateurs Oracle ont tous les droits sur les bases.
2. Tous les accès à Oracle nécessitant un privilège supplémentaire s'appuieront sur des droits donnés par le système NT.

Cette approche présente de nombreux avantages :

- elle permet aux administrateurs Oracle d'administrer toutes les bases Oracle et tous les serveurs NT au sein d'un même domaine ;
- il devient inutile désormais de gérer des fichiers mot de passe, avec le défaut de sécurité que cela représente ;
- les administrateurs Oracle peuvent lancer des scripts sur les bases Oracle, sans imposer de mot de passe pour leur exécution ;
- les administrateurs NT peuvent lancer des scripts qui ne contiennent pas de mot de passe ;
- elle permet de redémarrer les bases Oracle en même temps que le système NT sans imposer de mot de passe dans les scripts ;
- elle autorise la mise en œuvre des privilèges particuliers qui permettent à d'autres personnes que les administrateurs Oracle d'effectuer des tâches d'administration sans disposer d'un accès complet sur la base ;
- elle permet à un utilisateur, déjà connecté à NT, d'avoir accès à la base sans qu'il ait besoin nécessairement de taper un mot de passe.

Les besoins d'accès de l'administrateur Oracle

Comme pour les autres systèmes d'exploitation, l'administrateur de données Oracle sur un serveur Windows NT doit disposer de droits étendus pour effectuer son travail quotidien. Dans des situations extrêmes de crash ou de dysfonctionnement, ces droits sont indispensables pour restaurer rapidement votre environnement de production. Ces droits étendus sont utiles pour les tâches suivantes :

- installer/supprimer/modifier les produits Oracle ;
- exécuter l'Oracle Database Instance Manager (ORADIM) ;
- créer/modifier des entrées dans les registres de Windows NT par l'Installer Oracle ou d'autres produits ;
- démarrer/arrêter/modifier des services Oracle par le gestionnaire de services de Windows NT ;
- planifier des tâches avec le « scheduler » de Windows NT ;

- arrêter le serveur NT à distance ;
- effectuer des sauvegardes/restaurations ;
- modifier des paramètres système, des droits d'accès, etc.

S'appuyer sur l'administration de Windows NT

Un administrateur Oracle a besoin de droits étendus. A la limite, il doit pouvoir administrer tout le système NT avec des droits du type *maître des comptes des domaines* de NT. C'est rarement souhaitable dans le déploiement de grandes configurations Windows NT. C'est pourquoi, nous vous recommandons l'une des approches suivantes pour coupler le plus finement possible vos sécurités Windows NT et Oracle :

Affecter des droits à un domaine NT

C'est la solution préconisée : créer un domaine particulier et donner des droits spécifiques aux administrateurs Oracle pour ce domaine qui couvrira toutes les machines hébergeant des bases Oracle. Pour assurer la diffusion et la sécurité des droits NT en cas de problème, un serveur sera désigné comme serveur de domaine primaire (PDC), les autres comme serveurs secondaires (BDC). Un lien reliera le gestionnaire des domaines NT et le domaine utilisé pour les bases de données Oracle. Cette approche par domaine de sécurité NT procure les avantages suivants :

- administration centralisée ;
- permet aux administrateurs Oracle de gérer toutes leurs bases dans le domaine ;
- permet aux administrateurs Oracle de s'appuyer sur les droits d'accès NT pour contrôler l'accès aux bases ;
- le domaine NT créé donne des droits sur les serveurs inclus dans ce domaine, mais aucun droit sur les autres serveurs ;
- s'il y a un problème réseau, les contrôleurs de domaine secondaire sont accessibles pour les utilisateurs locaux.

Domaine local

Si vous ne pouvez pas mettre en œuvre la stratégie précédente, ou si votre réseau ne comporte qu'un nombre réduit de serveurs NT, l'alternative est de faire de votre serveur un membre du domaine (ni PDC, ni BDC) et d'ajouter les comptes administrateur Oracle au groupe Administrateur (de NT). Cela procure les avantages suivants :

- permet aux administrateurs Oracle de gérer conjointement les droits d'accès à NT et à la base de données ;
- les droits de l'administrateur sont limités à un seul serveur et n'offrent aucun privilège sur les autres serveurs ou les autres domaines.

Sécurité : les points sensibles

Etant donné que d'autres utilisateurs ont accès à votre serveur NT, c'est à l'administrateur de définir leurs droits sur la partie du registre NT concernant Oracle et sur le système de fichiers utilisé par Oracle. Omettre de gérer ces accès expose votre système aux risques suivants :

- Si, malgré nos recommandations, vous souhaitez conserver un fichier de mot de passe pour le compte INTERNAL, le mot de passe INTERNAL se trouve dans le fichier STRT*SID*.CMD, du dossier ORACLE_HOME\DATABASE.
- Les scripts d'administration doivent être protégés. S'ils ne le sont pas, ils peuvent être modifiés. Assurez-vous que tous les scripts utilisés pour administrer votre base sont la propriété exclusive de l'administrateur Oracle.
- Lorsque vous exécutez des programmes à partir du service de planning (commande AT de NT), ou d'autres commandes dans vos scripts, donnez toujours le chemin d'accès complet à vos programmes. Se fier aux variables d'environnement peut être source d'erreurs. Mais cela permet surtout à des commandes pirates du même nom que la vôtre d'être exécutées si elles sont placées dans un chemin d'accès plus proche de la racine.
- Ces mêmes recommandations sont valables pour toutes les stations d'administration connectées en client-serveur sur vos bases. N'autorisez aucun accès (ni en lecture, ni en écriture) aux comptes autres que celui de l'administrateur Oracle.

La faille de sécurité

La connexion « standard »

Pour se connecter à une base Oracle sur un serveur, il y a deux frontières à franchir : la connexion au système d'exploitation, puis la connexion à la base de données.

La connexion au système d'exploitation peut s'entendre au sens « large » : vous pouvez être connecté à un domaine Windows NT qui vous donne un ensemble de droits englobant ceux qui portent sur le serveur.

Pour vous connecter en client-serveur, ce sont votre nom d'utilisateur et votre mot de passe distants qui vous donnent les droits nécessaires pour vous connecter à la base Oracle.

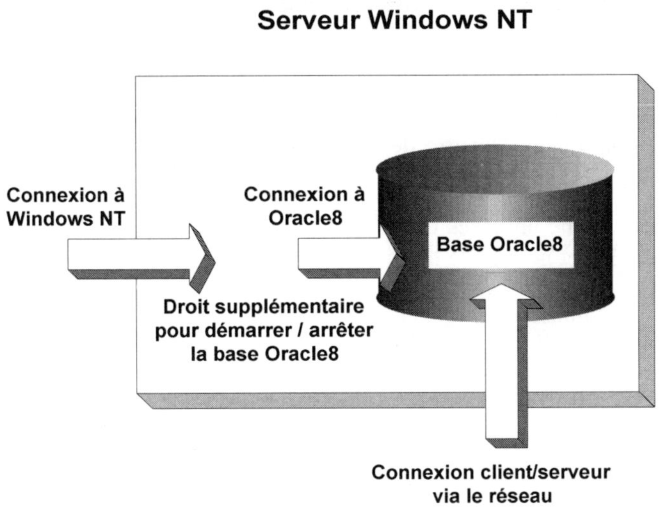

Pour démarrer/arrêter la base Oracle, il faut disposer de droits plus étendus.

Contrairement à toutes les connexions Oracle8 qui sont vérifiées par le « noyau Oracle8 » (en marche à ce moment-là), la connexion utilisée pour démarrer/arrêter la base doit s'appuyer sur des autorisations externes à la base. Cela relève de l'évidence puisque, pour démarrer la base, on ne peut pas vérifier la connexion en son sein car, à cet instant précis, elle est arrêtée.

C'est l'utilisateur spécial auquel est affecté le rôle INTERNAL qui permet cette opération de démarrage/arrêt de la base. Les rôles SYSOPER et SYSDBA, traités dans ce chapitre, font partie de cette même famille.

Pour assurer cette vérification extérieure à la base, il y a deux possibilités sous Windows NT :

- donner un mot de passe à l'utilisateur INTERNAL (les mots de passe sont cachés dans un fichier). C'est l'option par défaut ;
- hériter d'un droit spécial attribué par le système d'exploitation NT.

C'est l'un des programmes utilisés pour démarrer une base, Server Manager ou ORADIM80, qui vérifie ce droit et permet de réaliser un « connect internal » pour démarrer/arrêter une base.

Si vous avez un « fichier mot de passe », lorsque vous exécutez un « connect internal », un mot de passe est exigé, puis vérifié dans le fichier caché.

Si vous avez un droit spécial au niveau du système Windows NT, lorsque vous exécutez un « connect internal », l'outil constate que vous disposez de droits étendus et vous connecte sans demander de mot de passe supplémentaire.

Jusque-là, la sécurité est assurée dans les deux cas.

Où se situe la faille de sécurité ?

Le problème vient des scripts de commandes conçus pour automatiser le démarrage ou l'arrêt de la base de données.

Par défaut, c'est le fichier mot de passe qui prévaut. Il faut lui fournir un mot de passe. C'est celui qui figure en clair dans les scripts de commandes utilisés pour démarrer/arrêter la base de données.

Ce mot de passe donne un accès complet à la base de données à partir de l'outil Server Manager (svrmgr30) et permet de lancer n'importe quel ordre SQL sur la base de données, avec des droits d'administrateur.

Par exemple, pour démarrer ma base par défaut ORCL avec ORADIM80 :

```
oradim80 -startup -sid ORCL -starttype srvc,inst -usrpwd manager -pfile
C:\ORANT\database\initORCL.ora
```

Le mot de passe apparaît en clair dans le fichier \ORANT\DATABASE\strtORCL.cmd, qui est exécuté lors du démarrage du service NT OracleStartORCL. Ce fichier est généré automatiquement lors de la création d'une instance par l'utilitaire ORADIM80.

Ne cédons pas à la panique !

Cette faille de sécurité n'est pas majeure, car vous êtes protégé par le mot de passe fourni pour vous connecter à Windows NT.

Server Manager et ORADIM80 sont un cas très particulier. Ils ont besoin d'obtenir une autorisation « sans la base ». Tous les autres outils pourront se connecter à la base de données en fournissant un nom/mot de passe qui sera validé par la base.

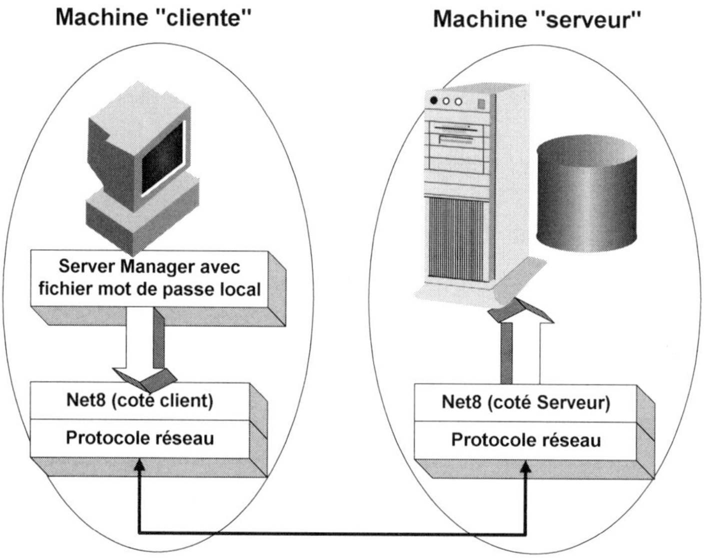

Pourquoi avoir mis en place un tel système de « fichier mot de passe » ? Pour permettre le contrôle du démarrage et de l'arrêt des bases de données à partir de postes distants. Si ces postes ne sont pas connectés au serveur NT ou à un domaine de sécurité du serveur NT, c'est au fichier mot de passe d'assurer cette sécurité.

Nous vous avons donné cet exemple pour insister sur deux grands principes :

- modifiez l'option « fichier mot de passe » pour toutes vos bases ;
- ne laissez jamais apparaître les mots de passe en clair dans vos scripts.

Pour ajouter à cet aspect sécurité, voici deux autres conseils de sécurité qui ne sont pas mis en place dans plus de 90 % des sites :

- modifiez le mot de passe de l'utilisateur Oracle « Sys » (change_on_install) pour toutes vos bases ;
- modifiez le mot de passe de l'utilisateur Oracle « System » (manager) pour toutes vos bases.

Après cette sensibilisation un peu alarmiste, voyons comment mettre en œuvre ces principes.

Supprimer le fichier mot de passe

Oracle8 a introduit des nouveautés permettant de se connecter en INTERNAL sans fournir de mot de passe. Nous allons créer un droit au niveau du système d'exploitation NT et allouer ce droit aux utilisateurs qui pourront démarrer/arrêter la base par un « connect internal ».

Cette méthode sera valable dans les configurations suivantes :

- à partir d'un client NT, sur un serveur NT situé sur la même machine ;
- à partir d'un poste Windows NT client ;
- à partir d'un poste Windows 95 client.

Prérequis technique

Net8 doit être installé et configuré entre vos clients et vos serveurs (voir le chapitre 5, *Net8, le middleware Oracle*).

Marche à suivre

1. Choisir un compte utilisateur Windows NT sur votre serveur NT qui sera utilisé pour démarrer/arrêter vos bases Oracle8.
2. Dans la base de registres du répertoire HKEY_LOCAL_MACHINE/SOFTWARE/ORACLE, ajoutez une nouvelle valeur : **DBA_AUTHORIZATION**, valeur de clé : **REG_SZ**, valeur de chaîne : **BYPASS**. Soit : **DBA_AUTHORIZATION=BYPASS**. Cette valeur est nécessaire uniquement à ORADIM80 pour démarrer sans mot de passe.
3. Dans le fichier d'initialisation de votre base initSID.ora, positionnez le paramètre **REMOTE_LOGIN_PASSWORDFILE = NONE**. Aucun fichier mot de passe ne sera utilisé lors

de la connexion. La sécurité de la connexion de l'utilisateur Internal reposera à 100 % sur les droits hérités du compte NT.

4. Créez un nouveau groupe local sous NT. Ce groupe doit se nommer ORA_SID_DBA (juste pour votre instance SID) ou ORA_DBA (générique pour toutes vos instances).

Pour cela, Démarrer > Programmes > Outils d'administration (commun) > Gestionnaire des utilisateurs.

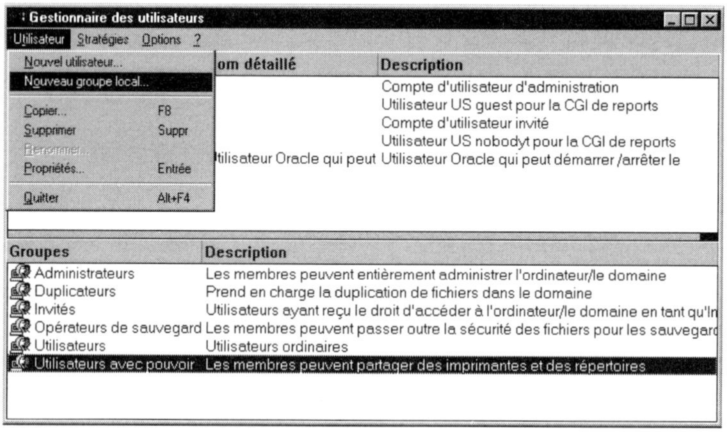

Choisissez Utilisateur puis Nouveau groupe local. La fenêtre Nouveau groupe local apparaît.

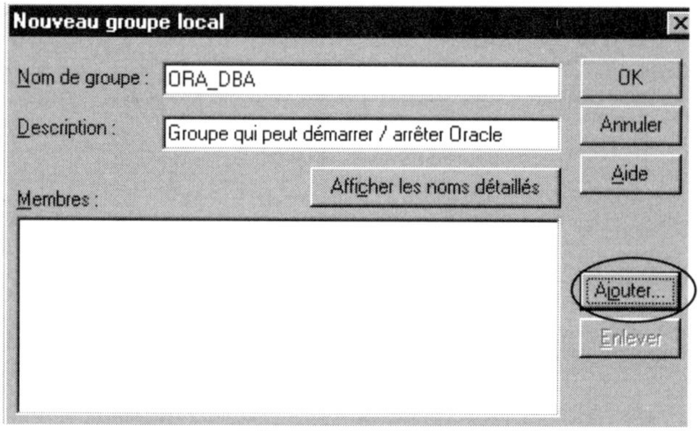

Attribuez le nom du groupe (ORA_DBA ou ORA_*SID*_DBA) et sa description.

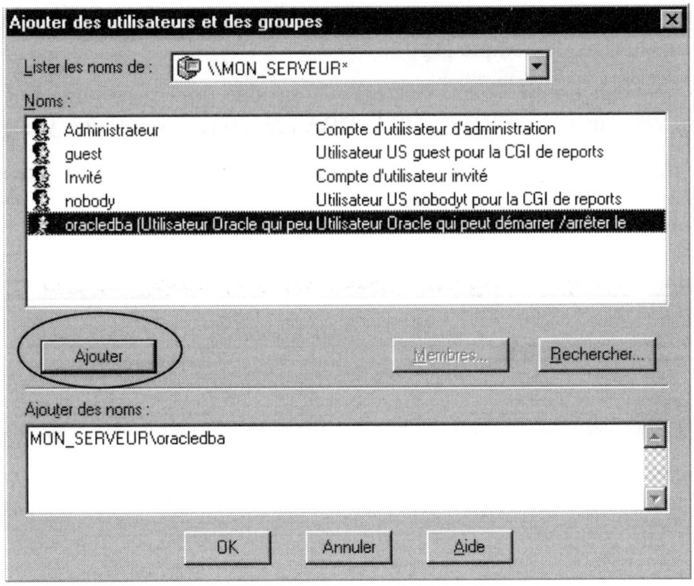

Ajoutez les utilisateurs qui vont hériter de ce droit ORA_DBA.

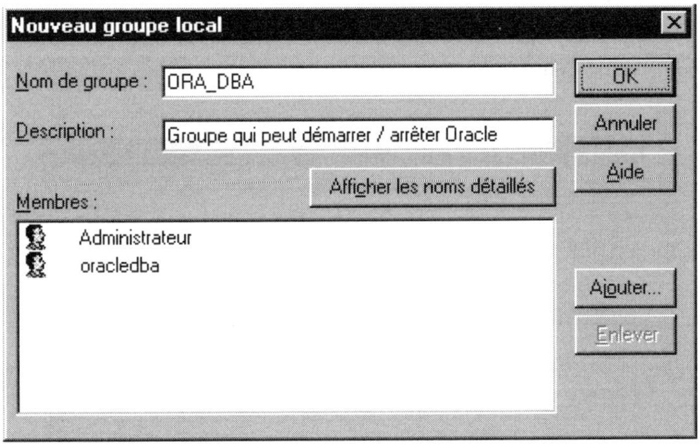

Dans notre exemple, les utilisateurs Administrateur et Oracledba bénéficieront de ce droit.

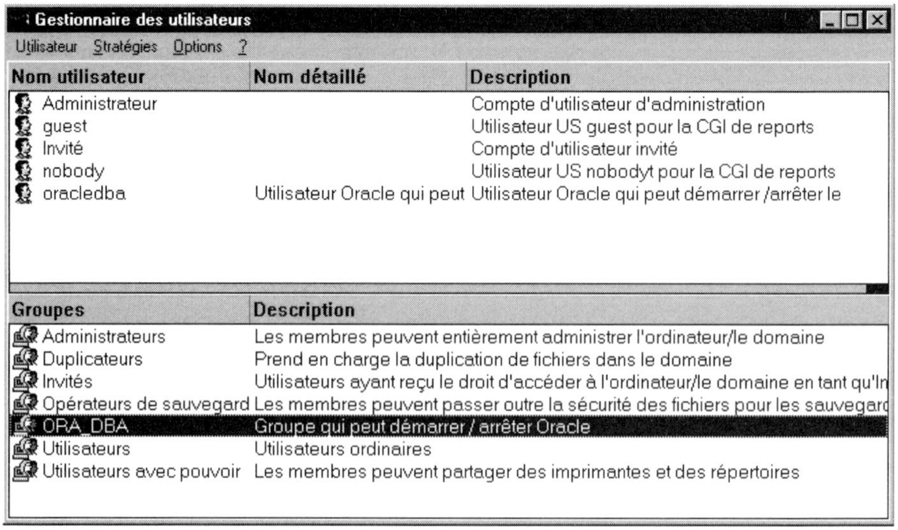

Vous pouvez quitter le Gestionnaire des utilisateurs.

Tester votre configuration

1. Arrêtez et démarrez votre base par les services NT (pour prendre en compte le paramètre de l'InitSID.ora).
2. Connectez-vous à un utilisateur appartenant au groupe ORA_DBA (Oracledba ou administrateur dans notre exemple).
3. Lancez l'outil Oracle SQL*Plus ou Server Manager (Svrmgr30).
4. Exécutez la commande suivante pour tester votre configuration. Suivez bien la syntaxe :

```
svrmgr30 > connect internal/
connecté
svrmgr30 > connect internal/ @mon_alias
connecté
```

Où mon_alias désigne l'alias Net8 qui pointe vers l'instance cible, locale ou distante.

Vous n'avez plus besoin de mot de passe pour vous connecter en Internal. Vous êtes autorisé à le faire si votre utilisateur NT appartient à un groupe NT particulier.

Que faut-il modifier ensuite ?

1. Modifiez vos fichiers \ORANT\DATABASE\STRTSID.CMD en supprimant la référence au mot de passe.

```
oradim80 -startup -sid ORCL -starttype srvc,inst -usrpwd manager -pfile
C:\ORANT\database\initORCL.ora
```

2. Si vous avez choisi un arrêt automatique de la base en cas d'arrêt du service Oracle, modifiez les fichiers \ORANT\DATABASE\ORASHUT*.* s'ils contiennent un mot de passe en clair ou s'ils font référence au mot de passe d'un utilisateur Oracle (en passant un paramètre, généralement le « %2 ») . Supprimez toute référence à celui-ci.

3. Pour démarrer automatiquement la base sans fournir de mot de passe, vous devez vous connecter sous un compte qui hérite de ces droits. Si vous souhaitez démarrer la base Oracle à partir du gestionnaire des services de NT, il faut que ce dernier soit également configuré pour démarrer la base sous ce même compte utilisateur NT. La marche à suivre est la suivante :

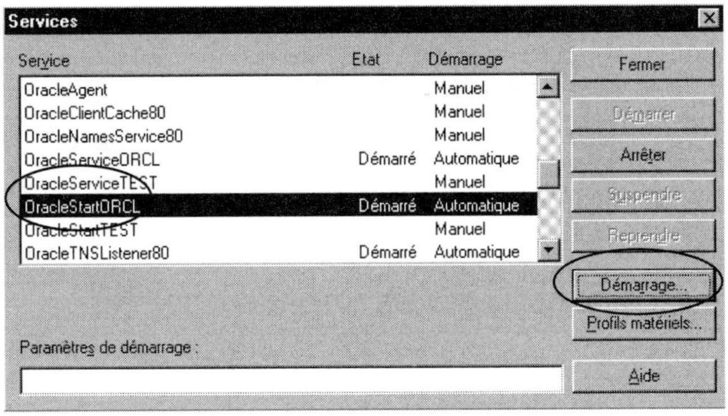

4. Lancez le gestionnaire de services de NT et choisissez le service OracleStartSID, puis cliquez sur Démarrage.

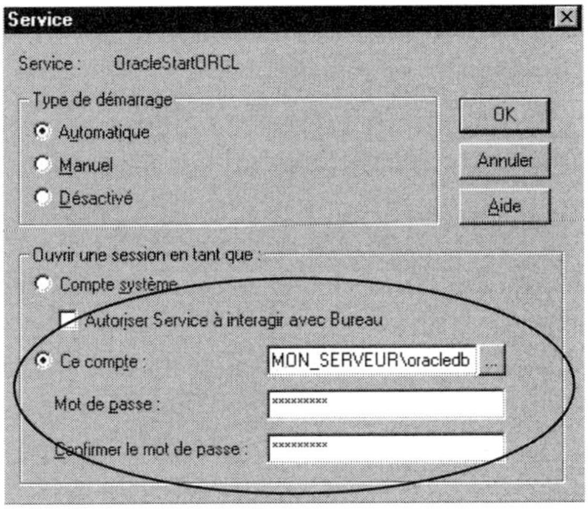

5. Précisez le compte utilisateur NT auquel vous souhaitez attribuer les droits requis et fournissez son mot de passe.

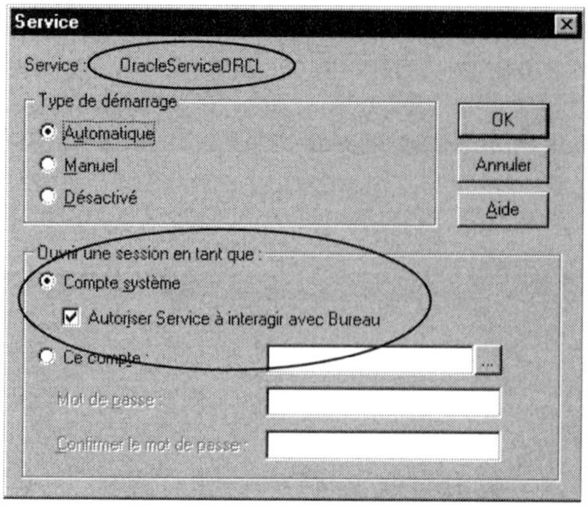

En revanche, ne modifiez pas les services OracleService*SID*.

6. Modifiez les scripts de commande que vous avez écrits.
7. Testez l'arrêt et le démarrage de vos bases. Procédez à un arrêt/démarrage de votre serveur pour vérifier que tout fonctionne comme prévu.

Droits spéciaux pour démarrer/arrêter une base Oracle

Pour accomplir des tâches d'administration sur une base Oracle, différents accès sont possibles :

- se connecter en INTERNAL (avec le droit système d'exploitation supplémentaire) ;
- se connecter « as SYSOPER » ;
- se connecter « as SYSDBA » ;

SYSOPER et SYSDBA sont des rôles Oracle particuliers qui permettent à un utilisateur Oracle d'acquérir plus de pouvoirs.

- SYSOPER est le rôle qui permet à un utilisateur Oracle de démarrer/arrêter une base sans être DBA (c'est-à-dire sans avoir les droits d'un DBA Oracle).
- SYSDBA est le rôle qui permet à un utilisateur Oracle de démarrer/arrêter une base en tant que DBA (c'est-à-dire avec les droits d'un DBA Oracle).

Nous vous conseillons d'utiliser SYSOPER et SYSDBA dans vos scripts car INTERNAL n'est maintenu que pour assurer une compatibilité avec les versions précédentes. Il disparaîtra dans les futures versions.

Ces rôles doivent être attribués à l'utilisateur par le compte Oracle INTERNAL ou Sys.

Attribuer les rôles SYSOPER ou SYSDBA à un utilisateur

Dans l'exemple suivant, connectez-vous à l'utilisateur Sys avec l'outil SQL*Plus :

```
SQL> connect sys/change_on_install
```

```
SQL> grant sysoper to scott ;
SQL> grant sysdba to scott ;
SQL> exit ;
```

L'utilisateur Scott possède maintenant les rôles SYSOPER et SYSDBA.

Vérification

Connectez-vous à l'outil Svrmgr30 :

```
C:\> set ORACLE_SID=ORCL    -- pour travailler sur l'instance ORCL
C:\> svrmgr30
SVRMGR> connect scott/tiger as SYSOPER
SVRMGR> connecté
SVRMGR> shutdown immediate
...
base de donnée arrêtée              ➔ SYSOPER peut arrêter
...
SVRMGR> startup
...
base de donnée démarrée             ➔ SYSOPER peut démarrer
...
SVRMGR> select * from dba_users ;
la table ou la vue n'existe pas     ➔ SYSOPER ne donne pas des droits DBA

SVRMGR> connect scott/tiger as SYSDBA
SVRMGR> connecté
SVRMGR> shutdown immediate
...
base de donnée arrêtée              ➔ SYSDBA peut arrêter
...
SVRMGR> startup
...
base de donnée démarrée             ➔ SYSDBA peut démarrer
...
SVRMGR> select * from dba_users ;
vous avez accès aux données         ➔ SYSDBA donne les droits DBA
SVRMGR> exit
```

SYSOPER et SYSDBA permettent à n'importe quel utilisateur d'arrêter et de démarrer une base Oracle. Dans notre exemple, il n'y a pas de fichier mot de passe externe, c'est le mot de passe interne à la base Oracle qui est utilisé.

Coupler les utilisateurs NT à ceux d'Oracle

Pour éviter de multiplier la saisie de mots de passe, Oracle autorise tout utilisateur connecté à NT à accéder à la base sans qu'un mot de passe supplémentaire soit nécessaire.

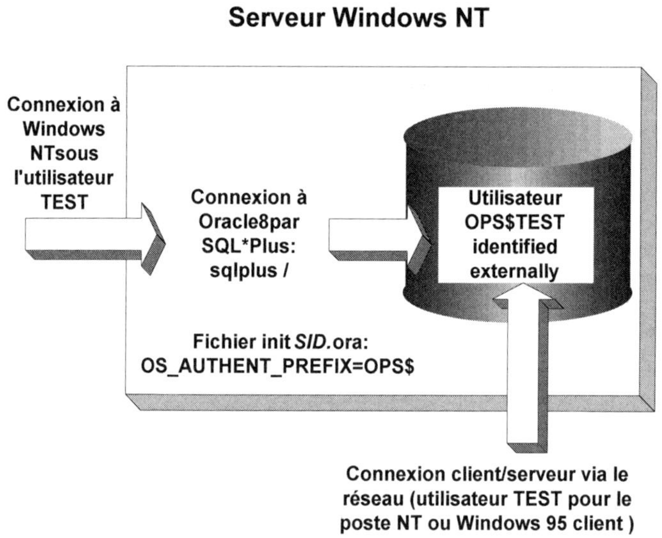

Pour assurer ce mode de fonctionnement, il faut :

1. que le compte utilisateur Windows NT TEST existe ;
2. que le fichier d'initialisation de votre instance Init*SID*.ora contienne le paramètre OS_AUTHENT_PREFIX. Sa valeur par défaut est OPS$ (n'importe quel autre préfixe peut être utilisé. Il peut même être annulé en spécifiant une chaîne vide '' '') ;
3. que votre utilisateur soit créé dans la base Oracle. Par exemple :
```
C:\> SVRMGR30
SVRMGR> connect internal
connecté
SVRMGR> create user OPS$TEST identified externally ;
```
   OPS$ doit être identique à la valeur donnée par le paramètre OS_AUTHENT_PREFIX.
4. Connectez-vous sous votre nom d'utilisateur NT TEST, puis à Oracle, sans fournir le moindre renseignement supplémentaire :
```
C:\> SVRMGR30
SVRMGR> connect / @mon_alias
connecté
```

Vous êtes maintenant connecté à votre base Oracle pointée par l'alias *mon_alias* sous le nom d'utilisateur Oracle OPS$TEST. Ce mode de fonctionnement évite la multiplication des mots de passe pour vos applications.

Note : OPS$TEST est un utilisateur Oracle à part entière. Il est différent de l'utilisateur Oracle TEST qui ne sera pas « identified externally » et pour lequel la fourniture d'un mot de passe reste obligatoire.

Résumé des différentes configurations

Résumons à présent les différentes syntaxes de connexion, selon les configurations décrites précédemment.

Les tests seront faits avec Server Manager (Svrmgr30). L'alias de connexion pour la base cible (Beq-local) est du type « bequeath » et doit exister dans votre fichier local Tnsnames.ora. Votre Listener doit être en marche. La valeur *SID* doit être remplacée par celle de votre instance.

Connect Internal avec fichier mot de passe utilisé (déconseillé)

Paramètre	Valeur
Droit NT particulier	le groupe local NT ORA_DBA ou ORA_*SID*_DBA n'est pas affecté à l'utilisateur NT connecté
Valeur dans la Registry ORACLE	la valeur DBA_AUTHORIZATION=BYPASS n'existe pas ORA_*SID*_PWFILE existe et pointe vers le fichier mot de passe caché
Paramètre d'initialisation dans Init*SID*.ora	REMOTE_LOGIN_PASSWORDFILE=EXCLUSIVE ou SHARED

```
SVRMGR> connect internal/mot_de_passe_internal @beq-local;
-- le compte Internal donne les rôles SYSOPER et SYSDBA
SVRMGR> connect internal/mot_de_passe_internal @beq-local as sysoper;
SVRMGR> connect internal/mot_de_passe_internal @beq-local as sysdba;
```

Connect Internal reposant sur un droit NT (conseillé)

Paramètre	Valeur
Droit NT particulier	le groupe local NT ORA_DBA ou ORA_*SID*_DBA existe et a été affecté à l'utilisateur NT connecté
Valeur dans la Registry ORACLE	DBA_AUTHORIZATION=BYPASS existe uniquement pour que ORADIM80 démarre sans mot de passe ORA_*SID*_PWFILE n'existe pas
Paramètre d'initialisation dans init*SID*.ora	REMOTE_LOGIN_PASSWORDFILE=NONE

Vous êtes connecté sous l'utilisateur NT qui appartient au groupe local ORA_DBA ou ORA_*SID*_DBA.

```
SVRMGR> connect /;
-- l'appartenance au groupe local NT donne les rôles SYSOPER et SYSDBA
SVRMGR> connect / @beq-local as sysoper
SVRMGR> connect / @beq-local as sysdba
```

Pour les autres connexions

Paramètre	Valeur
Droit NT particulier	le groupe local NT ORA_DBA ou ORA_*SID*_DBA existe et a été affecté à l'utilisateur NT connecté
Valeur dans la Registry ORACLE	DBA_AUTHORIZATION=BYPASS existe (uniquement pour que ORADIM80 démarre sans mot de passe) ORA_*SID*_PWFILE n'existe pas
Paramètre d'initialisation dans Init*SID*.ora	REMOTE_LOGIN_PASSWORDFILE=NONE

Vous êtes connecté sous un utilisateur NT qui n'appartient pas au groupe local ORA_DBA ou ORA_*SID*_DBA.

```
-- connexion sans droit de démarrer / arrêter la base
SVRMGR> connect utilisateur/mot_de_passe
-- si votre utilisateur a reçu les rôles SYSOPER ou SYSDBA
-- vous pouvez démarrer / arrêter la base
SVRMGR> connect utilisateur/mot_de_passe @beq-local as sysoper
SVRMGR> connect utilisateur/mot_de_passe @beq-local as sysdba
```

Pour les connexions OPS$

Paramètre	Valeur
Droit NT particulier	le groupe local NT ORA_DBA ou ORA_*SID*_DBA existe et a été affecté à l'utilisateur NT connecté
Valeur dans la Registry ORACLE	DBA_AUTHORIZATION=BYPASS existe (uniquement pour que ORADIM80 démarre sans mot de passe) ORA_*SID*_PWFILE n'existe pas
Paramètre d'initialisation dans Init*SID*.ora	REMOTE_LOGIN_PASSWORDFILE=NONE OS_AUTHENT_PREFIX = OPS$ (ou autre...)
Utilisateur NT	par exemple TEST. Cet utilisateur NT n'a pas reçu le groupe local ORA_DBA
Utilisateur Oracle	l'utilisateur Oracle OPS$TEST doit exister

Vous êtes connecté sous l'utilisateur NT (TEST) qui n'appartient pas au groupe local ORA_DBA ou ORA_*SID*_DBA.

```
-- connexion sans droit de démarrer / arrêter la base
-- vous êtes connectés sous le compte Oracle OPS$TEST
SVRMGR> connect /
-- si votre utilisateur OPS$TEST a reçu les rôles SYSOPER ou SYSDBA
-- vous pouvez démarrer / arrêter la base
```

```
SVRMGR> connect / @beq-local as sysoper
SVRMGR> connect / @beq-local as sysdba
```

Préparer le service de planning pour accéder à Oracle

Le service de planning de NT (la commande AT, décrite au chapitre 2 (*Environnement NT : l'indispensable*) est utilisé pour déclencher, à l'heure qui convient, l'exécution automatique de tâches. La tâche à programmer est exécutée dans le contexte du service de planning. Pour permettre à AT de lancer des commandes Oracle et d'effectuer des arrêt/démarrage de base sans saisir ni voir de mot de passe, il faut, là aussi, préparer l'environnement.

La configuration générale doit être la suivante :

Paramètre	Valeur
Droit NT particulier	le groupe local NT ORA_DBA ou ORA_*SID*_DBA existe
Valeur dans la Registry ORACLE	DBA_AUTHORIZATION=BYPASS existe (uniquement pour que ORADIM80 démarre sans mot de passe) ORA_*SID*_PWFILE n'existe pas
Paramètre d'initialisation dans Init*SID*.ora	REMOTE_LOGIN_PASSWORDFILE=NONE

Un nouveau compte utilisateur NT est créé spécialement pour exécuter les commandes AT. L'utilisateur NT sous lequel les commandes seront lancées doit appartenir au groupe local ORA_DBA ou ORA_*SID*_DBA. Aucun mot de passe ne sera saisi dans les commandes.

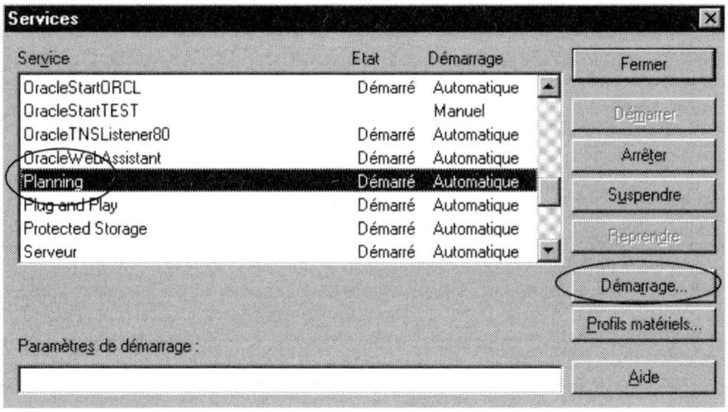

A partir du gestionnaire des services NT, cliquez sur Démarrage.

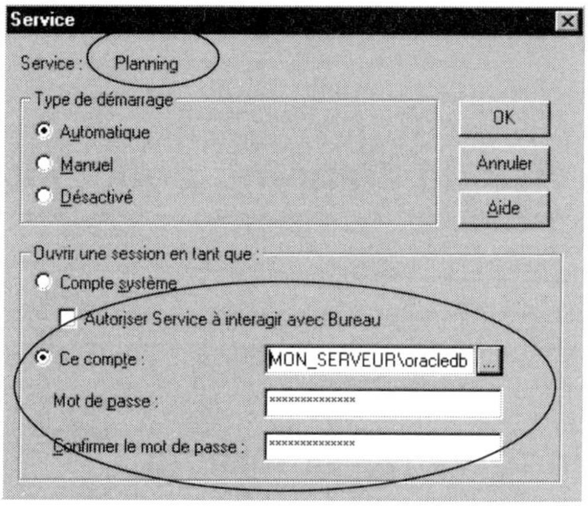

Donnez au service Planning le compte NT sous lequel il devra s'exécuter. Ce compte devra permettre de démarrer/arrêter une base Oracle sans fournir de mot de passe. Il devra assurer d'autres opérations demandées au service de planning comme les sauvegardes du système ou les accès à des lecteurs de bandes.

Par exemple, le fichier suivant soumis à AT permettra de démarrer automatiquement votre instance ORCL.

```
rem fichier lanceorcl.cmd
set ORACLE_SID=ORCL

rem creation d'un fichier lance.sql
echo connect / @beq-local as sysoper      > lance.sql
echo startup                              >>lance.sql
echo exit                                 >>lance.sql

rem execution du fichier lance.sql par Server Manager
c:\orant\bin\svrmgr30.exe @lance.sql

rem Nettoyage
del lance.sql
```

Cet autre exemple, plus complet, vous montre comment créer un script de commande lancé par AT, qui automatise le démarrage d'une instance Oracle.

```
REM Fichier: LanceORCL.CMD

REM Démarre le Listener s'il est arrêté.
net start |find "OracleTNSListener80" || net start OracleTNSListener80

REM Démarre le process Oracle s'il est arrêté.
net start | find "OracleServiceORCL" || net start OracleServiceORCL

REM Ecrit un fichier SQL pour démarrer la base.
REM L'alias Beq-local doit exister dans votre fichier tnsnames.ora

echo connect internal@beq-local;                     > lanceORCL.sql
echo startup pfile=c:\orant\database\initorcl.ora; >> lanceORCL.sql
echo exit;                                          >> lanceORCL.sql
```

```
REM Exécute le script lanceORCL.sql.
c :\orant\bin\svrmgr30.exe @lanceORCL.sql

REM Détruit le fichier lanceORCL.sql
if exist lanceORCL.sql del lanceORCL.sql
```

Note : comme ces programmes permettent de démarrer une instance une fois le service OracleServiceSID lancé, mais sans utiliser d'OracleStartSID, vous n'avez pas besoin de la clé de registre DBA_AUTHORIZATION=BYPASS. Cette clé est utilisée exclusivement par OracleStartSID.

Protections Windows NT et Oracle

Votre sécurité est maximale ? Les conseils suivants élargissent la sécurité de la base de données à l'administration de Windows NT.

Protégez l'accès de votre base de registres

L'accès à votre base de registres doit être protégé. Le compte NT qui a servi à installer Oracle doit être le seul à pouvoir modifier la base de registre. Tous les autres comptes doivent y accéder en lecture seule.

Protégez l'accès à vos fichiers

Votre base de données et votre installation Oracle sont précieuses. Protégez-les. Le compte NT qui a servi à installer Oracle doit être le seul à pouvoir modifier les fichiers. Tous les autres comptes doivent accéder aux fichiers en lecture seule.

N'oubliez pas que, si votre système de fichiers est de type FAT, un utilisateur connecté à ce système a tous les droits sur l'ensemble des fichiers accédés. Avec un système de fichier NTFS, les utilisateurs accèdent uniquement aux fichiers autorisés, pour les opérations permises.

Protégez l'accès à vos bases de données

Vos bases de données peuvent contenir des informations confidentielles. Protégez-les. Ne divulguez pas vos mots de passe, effectuez des changements réguliers, changez systématiquement le mot de passe de l'utilisateur System (manager) et Sys (change_on_install).

Comment tester votre sécurité ?

Vous avez suivi nos conseils et vous voulez tester rapidement la sécurité de votre configuration Oracle sur Windows NT ? Vérifiez ces éléments :

- Existe-t-il des fichiers STRT*.CMD ? Si oui, le mot de passe de l'utilisateur Internal figure-t-il dans ces fichiers ?
- Le mot de passe de l'utilisateur System est-il Manager ?
- Le mot de passe de l'utilisateur Sys est-il change_on_install ?
- Dans vos scripts de sauvegarde et d'administration, des mots de passe sont-ils visibles ?

Résumé

La sécurité est primordiale pour une base de données. Ce chapitre donne un ensemble d'éléments pratiques pour mettre en œuvre, selon vos besoins, la meilleure sécurité possible.

Il était possible d'aller plus loin dans ce sens et de montrer comment Oracle s'intègre dans la gestion des domaines NT, mais nous avons préféré insister sur les principes fondamentaux. Une fois ces bases assimilées, l'intégration d'Oracle avec les autres options de sécurité de NT ne vous posera pas de problème.

9

Oracle Enterprise Manager

Objectifs d'Oracle Enterprise Manager

Accompagnant les perfectionnements du matériel, les bases de données évoluent selon plusieurs axes. Les entreprises sont de plus en plus demandeuses de bases de données plus nombreuses, d'une taille plus importante ou encore plus distribuées, parfois les trois en même temps. Les contraintes de disponibilité et de performances augmentent, elles aussi, et se font chaque fois plus exigentes.

Oracle Enterprise Manager (OEM) est un système d'administration de nouvelle génération qui propose une réponse intégrée, pour répondre à toutes ces exigences. Il est développé d'une manière modulaire et ouverte. Une console d'administration centrale constitue une « tour de contrôle » à partir de laquelle vous pouvez lancer des utilitaires, spécialisés dans les diverses tâches à accomplir. Pour plus de souplesse, ces utilitaires peuvent être lancés séparément.

Au fil du temps et de la sortie des nouveaux produits Oracle, de nouveaux utilitaires sont intégrés à Oracle Enterprise Manager pour aider à les administrer dans un environnement cohérent et évolutif.

C'est un outil majeur dont l'envergure dépasse celle des produits proposés par les concurrents d'Oracle. Il est accompli et permet d'envisager des tâches complexes avec beaucoup de sérénité. Il est conçu pour gérer les grands systèmes aussi simplement que les petits.

Dernier avantage et non des moindres, cet outil est gratuit, livré en standard avec les versions d'Oracle8. Seuls les modules du Performance Pack sont actuellement facturés.

Depuis la console d'Enterprise Manager, un gestionnaire de système peut :

- administrer, gérer la performance et superviser plusieurs bases ;
- planifier des tâches sur différentes machines ;
- visualiser la bonne réalisation des tâches ;
- surveiller certains points et être prévenu lorsque des anomalies surviennent.

L'avantage majeur d'Oracle Enterprise Manager est de transformer une administration traditionnellement réactive en une administration proactive.

Dans ce chapitre, nous expliquerons les concepts d'Oracle Enterprise Manager, ses composants, ainsi que la façon de procéder pour mettre en œuvre un environnement d'administration. Nous identifierons rapidement les différents utilitaires et expliquerons en détail l'utilisation des jobs ou des events.

Architecture d'Oracle Enterprise Manager

La console d'Oracle Enterprise Manager

La console d'Oracle Enterprise Manager est le point de contrôle unique de l'administrateur. Elle permet d'accéder à toutes les ressources Oracle grâce à des assistants dédiés.

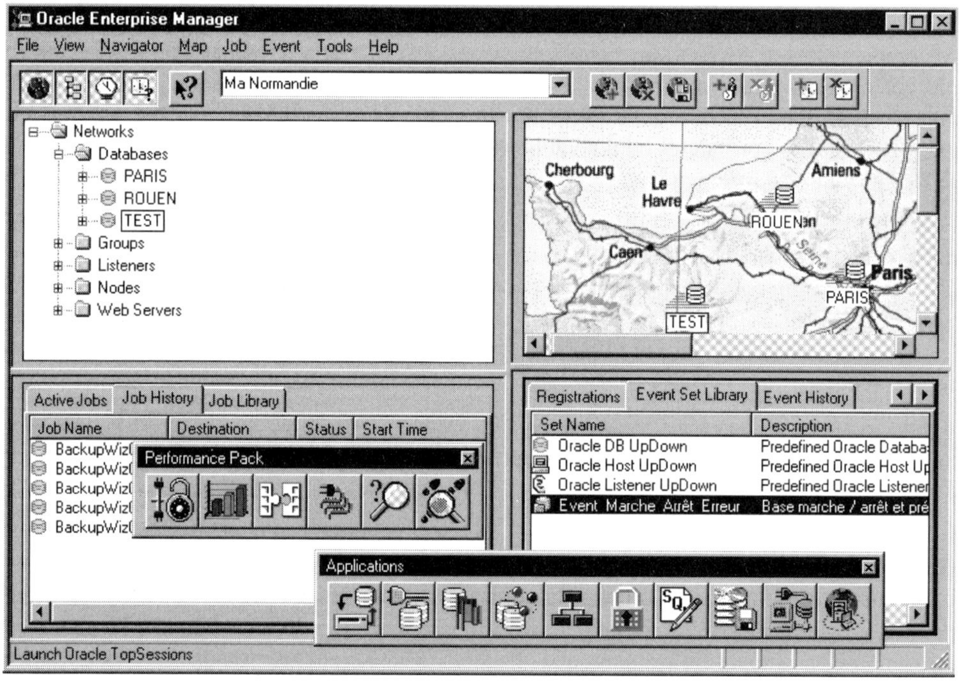

Cette console graphique fait largement appel aux techniques de « glisser/déposer » et au « clic droit » de votre souris. Elle est constituée de fenêtres, de menus, de barres et de palettes d'outils.

Les quatre fenêtres visualisent respectivement l'environnement sous forme de listes hiérarchiques, une représentation de votre configuration, les « jobs » et les « événements ».

Les palettes d'outils Applications et Performance Tasks sont accessibles ainsi que des menus et icônes contextuels.

Pour se connecter à la console d'administration, un nom d'utilisateur et un mot de passe sont requis. Seuls des utilisateurs déclarés peuvent utiliser la console.

Le système de jobs

Enterprise Manager permet de définir des jobs ou « travaux » à accomplir sur des sites distants. Par exemple, un administrateur peut planifier l'exécution simultanée sur plusieurs sites d'une sauvegarde des bases de données, chaque samedi soir. Enterprise Manager se charge de transmettre les travaux à effectuer aux machines distantes, de garder un historique des jobs, de visualiser ceux en cours, de contrôler leur exécution et leur accomplissement.

Les *events* ou événements

Enterprise Manager permet de surveiller des points précis de votre système et d'être prévenu automatiquement si cet événement surveillé se produit. Ce sont les *events* ou événements.

De plus, on peut associer à un événement un *fixit job* ou job correctif qui se déclenchera automatiquement dès que l'événement se produira.

Par exemple, il est possible de surveiller la place disque libre sur vos machines et de prévenir automatiquement l'administrateur pour lui signifier qu'il va falloir ajouter un disque ou réorganiser ses données.

Les agents intelligents

Pour lancer des jobs et des events sur des machines distantes, Oracle utilise des agents de communication. Ces agents doivent être présents et lancés sur toutes les machines distantes.

La console envoie les ordres aux agents distants. Les agents sont responsables de l'exécution des jobs et de la surveillance des événements demandés par la console. L'agent est, de plus, chargé de remonter vers la console toutes les informations sur le déroulement des jobs et des events.

La découverte de services

Oracle Enterprise Manager permet d'administrer les logiciels Oracle. Pour faire face à leur diversité, une découverte automatique des « services » est proposée. Il suffit de donner le nom d'une machine cible pour que l'agent distant renvoie toutes les informations nécessaires à la console sur les produits installés, bases Oracle, Listener, produits Internet, clusters, etc.

Le *repository* ou référentiel

Le référentiel est un jeu de tables situées dans une base Oracle. Oracle Enterprise Manager utilise ce référentiel pour conserver toutes ses informations de configuration et d'état.

Par exemple, le résultat des jobs et des events est stocké dans ce référentiel. Par cette architecture, la console d'Oracle Enterprise Manager est « banalisée ». Vous pouvez lancer ainsi des jobs à partir d'une console et surveiller leur exécution à partir d'une autre console, dans un autre lieu.

Les applications standard

Des applications standard sont livrées avec Enterprise Manager. Ce sont des outils qui se focalisent sur une tâche précise et qui peuvent être lancés à partir de la console ou directement en client-serveur sur une base distante.

Ces applications sont contenues dans la palette d'outils *Application* et sont décrites dans ce chapitre :

- Oracle Backup Manager ;
- Oracle Data Manager ;
- Oracle Instance Manager ;
- Oracle Replication Manager ;
- Oracle Schema Manager ;
- Oracle Security Manager ;
- Oracle SQL WorkSheet ;
- Oracle Storage Manager ;
- Oracle Net8 Assistant ;
- Oracle Software Manager.

Les applications optionnelles : Performance Pack

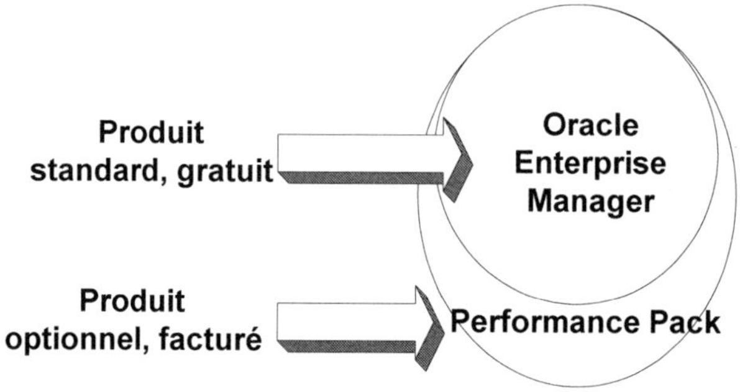

Des applications optionnelles, c'est-à-dire facturées, existent autour d'Oracle Enterprise Manager. Les plus intéressantes sont celles du Performance Pack, qui se focalisent sur l'analyse des performances et du tuning des bases. Ces options sont décrites dans ce chapitre :

- Oracle Lock Manager ;
- Oracle Performance Manager ;
- Oracle Tablespace Manager ;
- Oracle Top Session ;
- Oracle Trace ;
- Oracle Expert.

Les *maps* ou cartes

Des cartes ou images graphiques peuvent paramétrer votre console. C'est une aide précieuse qui permet d'associer une base de données à un emplacement géographique. Dans notre exemple, nous avons positionné une carte de la Normandie en déplaçant par glisser/déposer les bases de données à l'endroit où elles se situent.

Les *Groups* ou groupes

Vous pouvez réunir plusieurs bases de données au sein d'un groupe. Toutes les actions de paramétrage, droits d'accès, etc., qui seront affectées en une seule opération au groupe, seront répercutées à l'ensemble des bases de données membres du groupe. Un job ou un event peut notamment être affecté à un groupe.

Cette caractéristique méconnue est l'une des plus puissantes et des plus productives d'Oracle Enterprise manager.

Configurer l'installation

Pour être opérationnel, Oracle Enterprise Manager a besoin d'être adapté à votre configuration. Après l'installation de la console d'Oracle Enterprise Manager sur un poste NT ou Windows 95 et des agents intelligents sur toutes les machines hébergeant des bases Oracle8, les tâches suivantes restent encore à réaliser :

- démarrer une base Oracle et les services associés ;
- créer un compte Oracle dans une base ;
- créer un compte utilisateur Windows NT ;
- valider votre configuration Net8 ;
- créer le dictionnaire d'Oracle Enterprise Manager et découvrir les services ;
- paramétrer votre environnement.

Ces étapes sont décrites dans les paragraphes suivants.

Démarrer une base Oracle et les services associés

Cette base Oracle hébergera votre dictionnaire Oracle Enterprise Manager.

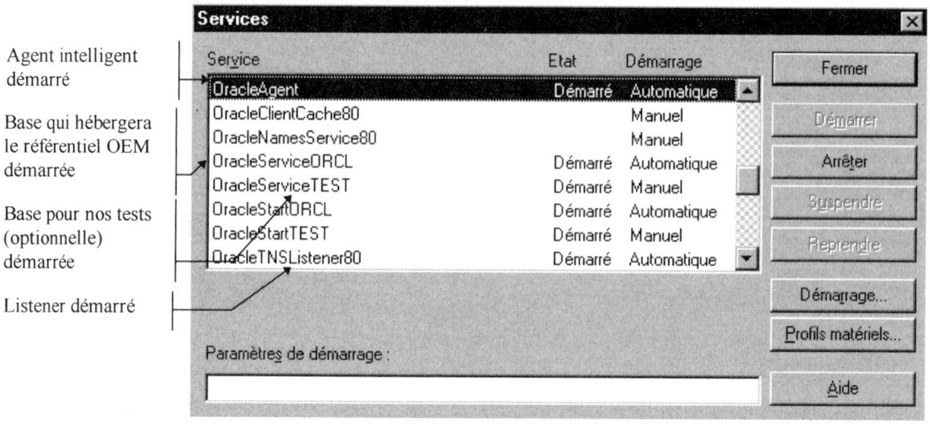

Démarrez vos bases de données, les Listeners Net8 ainsi que les agents intelligents, sur toutes les machines concernées.

Note : L'agent intelligent est indispensable dans deux cas : lors de la phase de découverte de vos machines, puis lors de l'exécution des jobs et events. Si, après la découverte, vous décidez de ne pas utiliser les jobs et les events, vous pouvez arrêter les agents intelligents sur toutes vos machines, ce qui économisera de la mémoire ainsi que de la puissance processeur.

Créez un compte Oracle dans une base

Dans une base Oracle, ce compte hébergera le référentiel d'Oracle Enterprise Manager. Cette base devra être disponible lorsque vous accéderez à Oracle Enterprise Manager. C'est sous ce compte que vous vous connecterez à la console d'Oracle Enterprise Manager.

Pour notre exemple, la base qui hébergera notre référentiel sera ORCL, notre base de test (optionnelle) sera TEST.

Pour créer un compte, utilisez SQL*Plus, Server Manager, si vous connaissez les commandes en ligne, ou Oracle Security Manager (outil intégré à OEM), que vous pouvez lancer en client-serveur sur la base « référentiel OEM ». C'est ce dernier outil que nous utilisons ici.

Pour le lancer : Démarrer > Programmes > Oracle Enterprise Manager > Security Manager. Connectez-vous à votre base servant de « référentiel OEM » sous le compte SYSTEM.

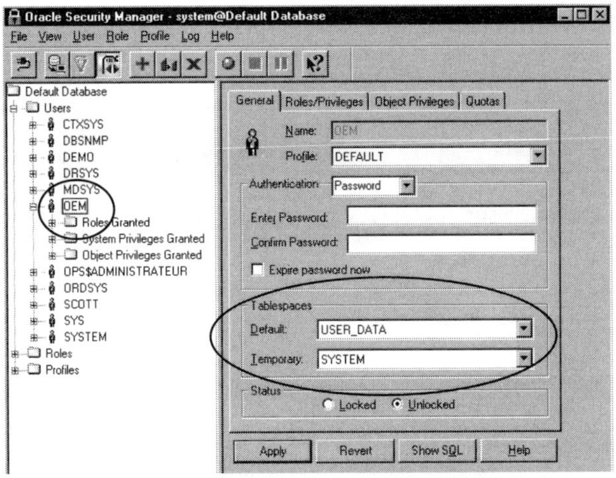

Créez un utilisateur (OEM dans notre cas). Donnez-lui un tablespace par défaut, où il créera les tables par défaut et un tablespace temporaire où s'effectueront ses opérations de tri.

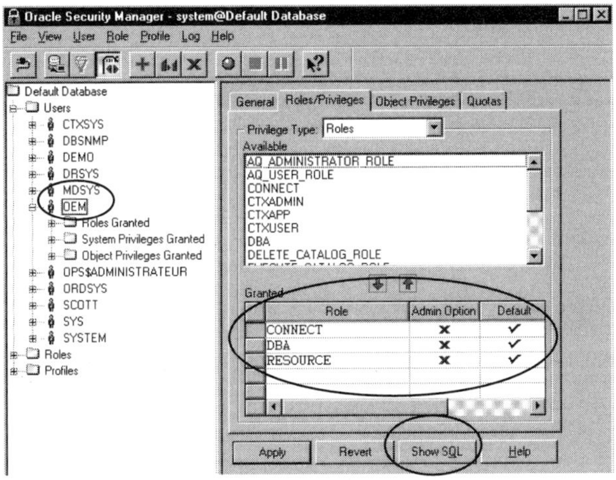

Donnez les droits DBA, ou DataBase Administrator, à cet utilisateur. Votre compte « référentiel OEM » est maintenant opérationnel.

Note 1 : Comme toutes les actions sur une base Oracle sont des ordres SQL, vous pouvez cliquer sur Show SQL pour voir les commandes « en ligne » qui sont envoyées à la base. C'est un formidable outil d'entraînement.

Note 2 : Dans la barre d'icônes de l'outil, vous pouvez lancer un « enregistrement » de tous les ordres SQL que vous réalisez, par les utilitaires graphiques. A l'issue de « l'enregistrement », la suite d'ordres SQL est conservée dans un fichier texte, pour être relancée par la suite sur une ou plusieurs bases de données.

Créez un compte utilisateur Windows NT

Cet utilisateur Windows NT est particulier. Lorsque vous exécutez un « job » ou un « event » sur une machine distante, il est sous le contrôle de l'agent intelligent de cette machine distante. Cet agent exécute les commandes soumises sous le compte NT de cet utilisateur.

Cet utilisateur doit exister sur toutes les machines NT ou Unix hébergeant des Agents intelligents Oracle.

Pour créer cet utilisateur : Démarrer > Programmes > Outils d'administration > Gestionnaire des utilisateurs.

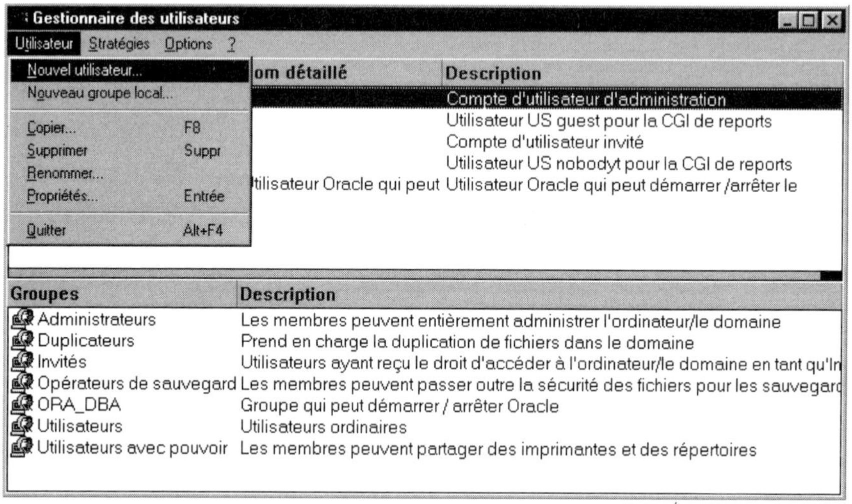

Choisissez *Nouvel Utilisateur* dans le menu *Utilisateur*.

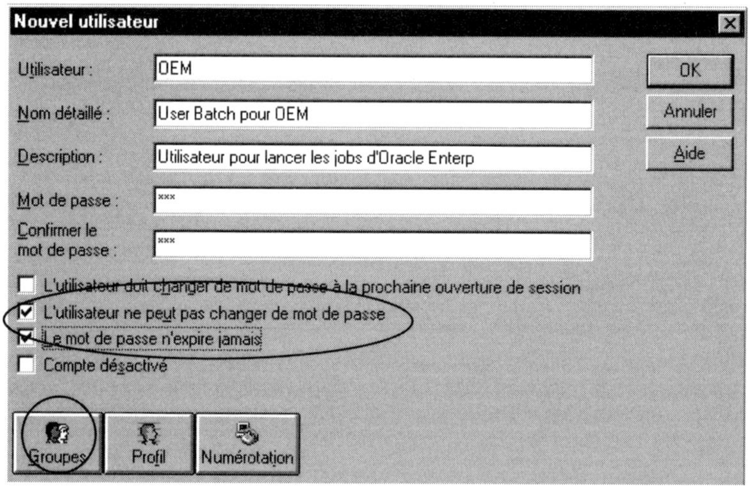

Cet utilisateur doit avoir un nom identique à celui de l'utilisateur propriétaire du référentiel d'Oracle Enterprise Manager (OEM dans notre exemple). Définissez-le comme un utilisateur local.

Note : Travaillez toujours avec des utilisateurs déclarés en local sur votre machine avant de travailler avec des utilisateurs rattachés à des domaines de sécurité de Windows NT. Cela vous permet de tout mettre au point en local, avant d'étendre votre configuration.

Validez les options de sorte que l'utilisateur ne puisse pas changer de mot de passe et que celui-ci n'expire jamais.

Sélectionnez les groupes auxquels cet utilisateur appartient.

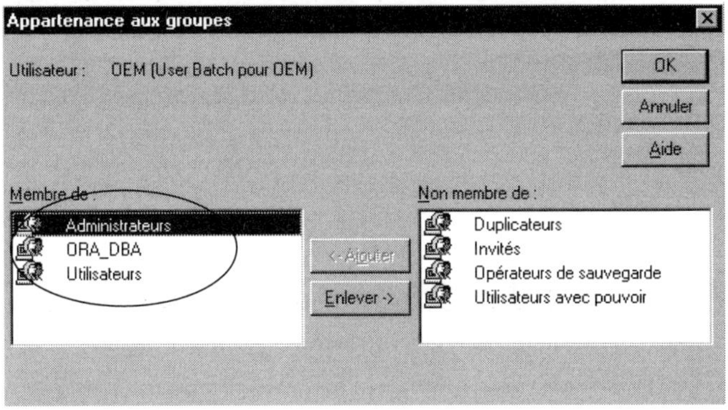

Le groupe Administrateurs est obligatoire. Le groupe ORA_DBA est optionnel. Ce groupe est commenté au chapitre 8 (*Stratégie de sécurité sous Windows NT*).

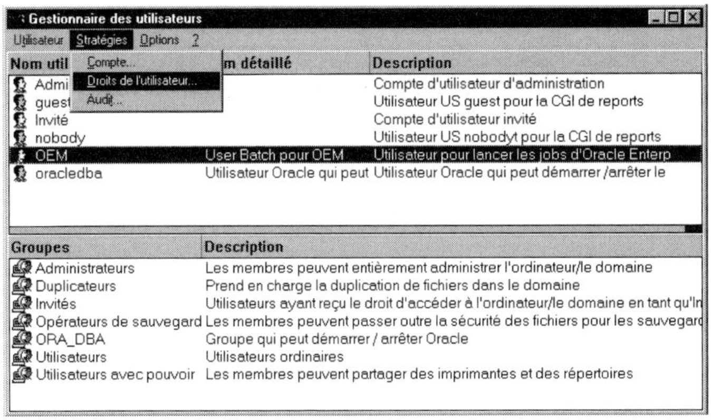

Votre utilisateur est créé, attribuons-lui à présent des droits supplémentaires.

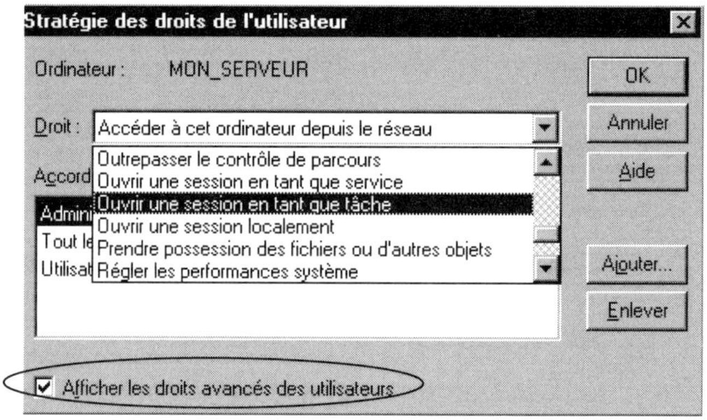

Cochez la case *Afficher les droits avancés des utilisateurs*, choisissez le droit *Ouvrir une session en tant que tâche.*

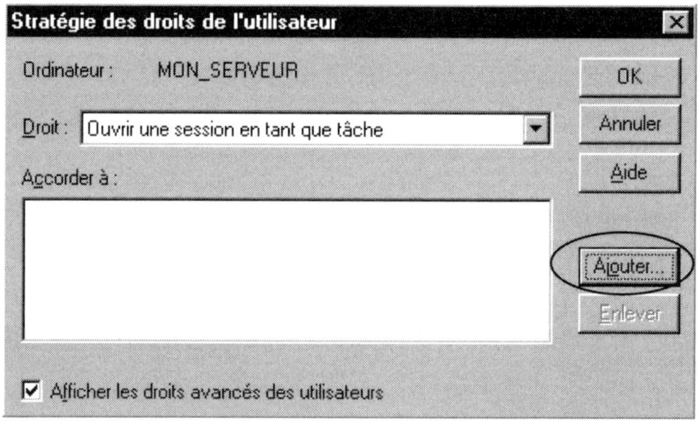

Sélectionnez *Ajouter* pour choisir l'utilisateur qui héritera de ce droit.

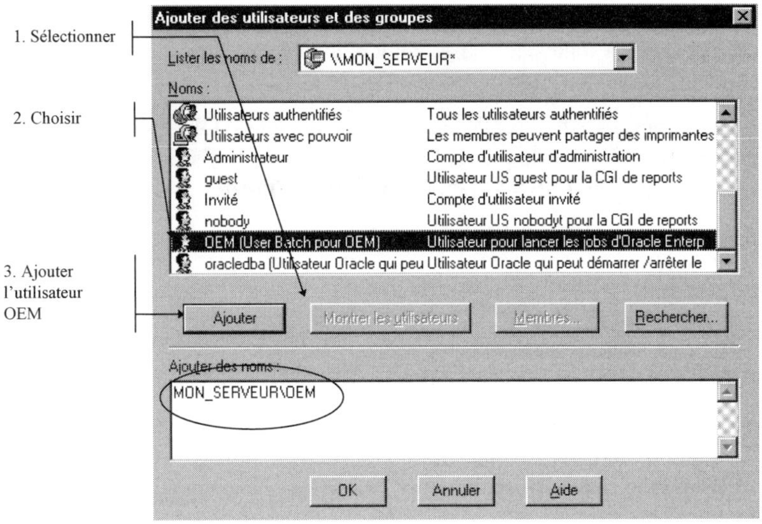

Validez vos actions.

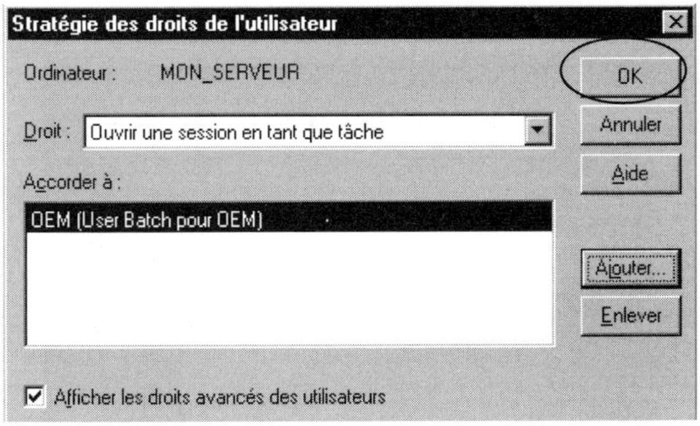

Votre utilisateur « OEM » possède maintenant le droit avancé *Ouvrir une session en tant que tâche*. Validez vos actions et quittez le gestionnaire de utilisateurs de NT.

Note : Un utilisateur de ce type doit exister sur toutes les machines NT ou Unix hébergeant des agents intelligents Oracle. Si votre machine cible fonctionne sous Unix, référez-vous à la documentation Unix.

Validez votre configuration Net8

Net8 est le logiciel de middleware pour communiquer en client-serveur. Le chapitre 5 (*Net8, le middleware Oracle)* est consacré à ce sujet.

Assurez-vous qu'à partir du poste qui vous servira de console Oracle Enterprise Manager vous puissez accéder à toutes les bases Oracle situées sur des machines distantes ou sur votre machine locale.

Cette validation peut s'effectuer avec un outil comme SQL*Plus. Donnez votre nom d'utilisateur Oracle, son mot de passe, l'alias qui pointe vers la base de données cible. Cet alias figure dans le fichier TNSNAMES.ORA situé en $ORACLE_HOME\NET8\ADMIN.

Note : Les alias existant dans votre fichier Tnsnames.ora doivent être identiques aux noms des bases de données qui apparaissent dans la console d'administration. Pour notre exemple, les alias PARIS, ROUEN, TEST existent dans le fichier Tnsnames.ora et pointent vers les bases cibles.

Créez le référentiel d'Oracle Enterprise Manager

Cette étape est automatique. Dès connexion à votre base hébergeant le référentiel OEM, la console d'Oracle Enterprise Manager va contrôler si ses tables existent. Dans le cas contraire, elle les crée automatiquement.

Attention ! Si, par la suite, vous vous trompez de compte utilisateur, vous pouvez créer plusieurs référentiels OEM, dans une ou plusieurs bases de données.

Cliquez successivement sur Démarrer > Programmes > Oracle Enterprise Manager > Enterprise manager.

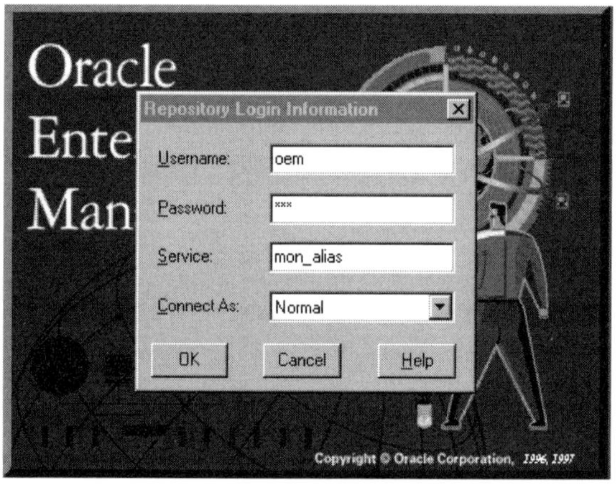

Connectez-vous sous l'utilisateur Oracle créé dans les étapes précédentes, appartenant à la base de données pointée par l'alias Net8 *mon_alias* (optionnel).

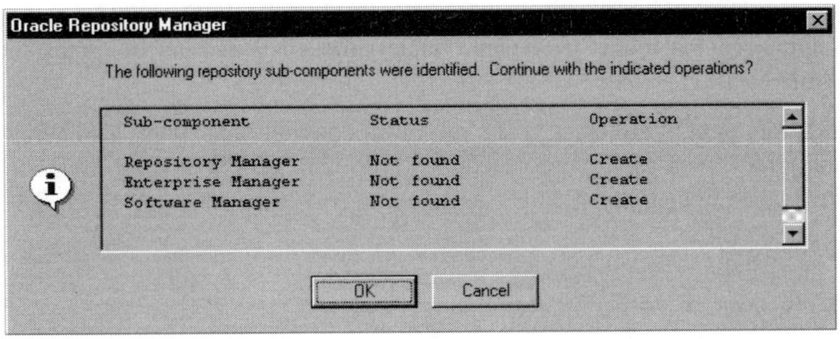

Comme le référentiel OEM n'existe pas, la console vous propose de le créer automatiquement. Acceptez si aucun autre référentiel n'a été créé.

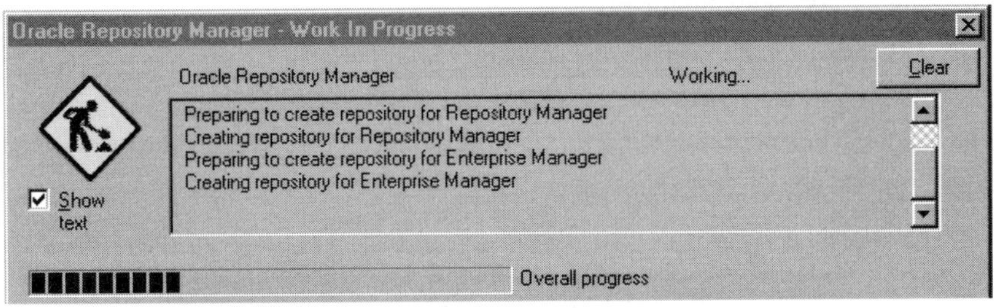

Le référentiel se crée. Après, la découverte automatique des services commence. Cette phase est indispensable à Oracle Enterprise Manager pour découvrir vos machines, les bases de données, les agents, ainsi que les autres produits Oracle comme les serveurs Web d'Oracle.

Note : Cette phase de découverte réalisée par un assistant peut être répétée si votre configuration évolue : nouvelle base, nouvelle machine... L'assistant est accessible à partir des menus de la console d'Oracle Enterprise Manager.

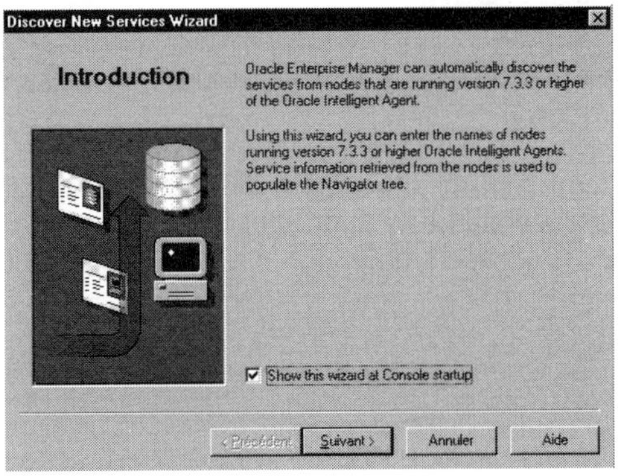

Enumérez les noms des serveurs qui hébergent des bases et des agents Oracle. Ces bases et ces agents doivent être en marche pour être découverts.

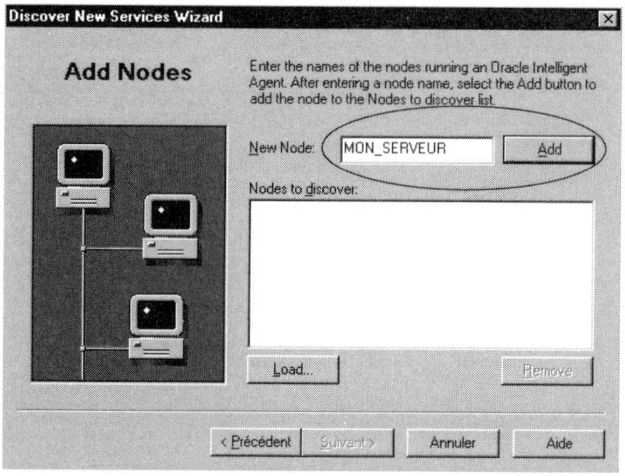

Indiquez le nom de vos serveurs NT à découvrir.

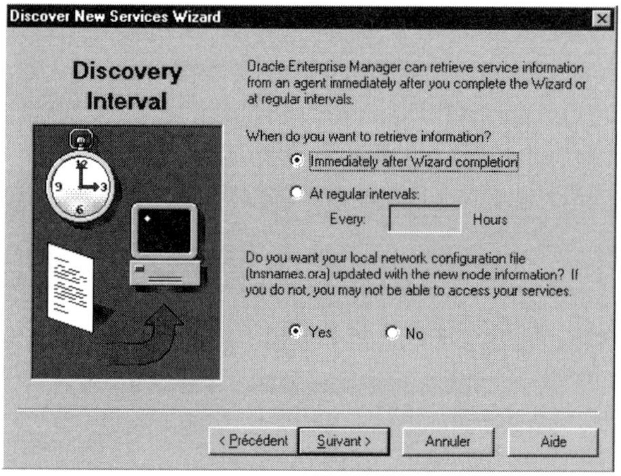

Cette découverte peut être automatisée, mais elle s'effectuera uniquement sur la liste des machines citées. Pour découvrir la configuration d'une nouvelle machine sur votre réseau, il faudra relancer l'assistant à partir de la console d'Oracle Enterprise Manager.

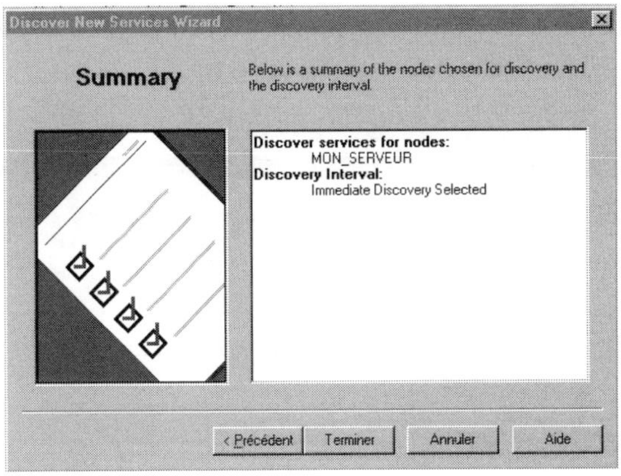

Validez les machines à découvrir.

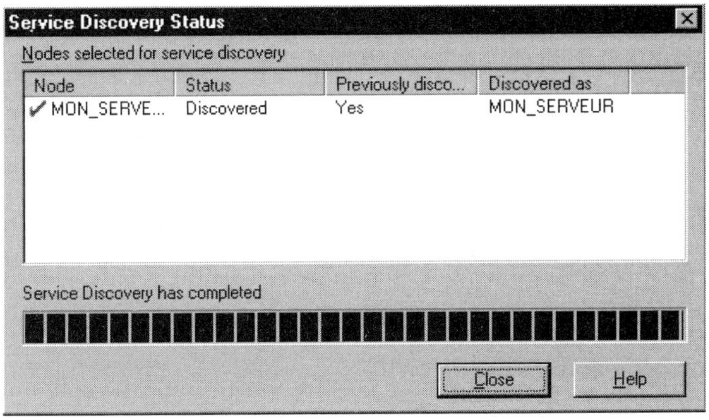

La découverte s'effectue automatiquement sur les machines listées.

Oracle Enterprise Manager est maintenant paramétré, son référentiel créé et les services accessibles découverts.

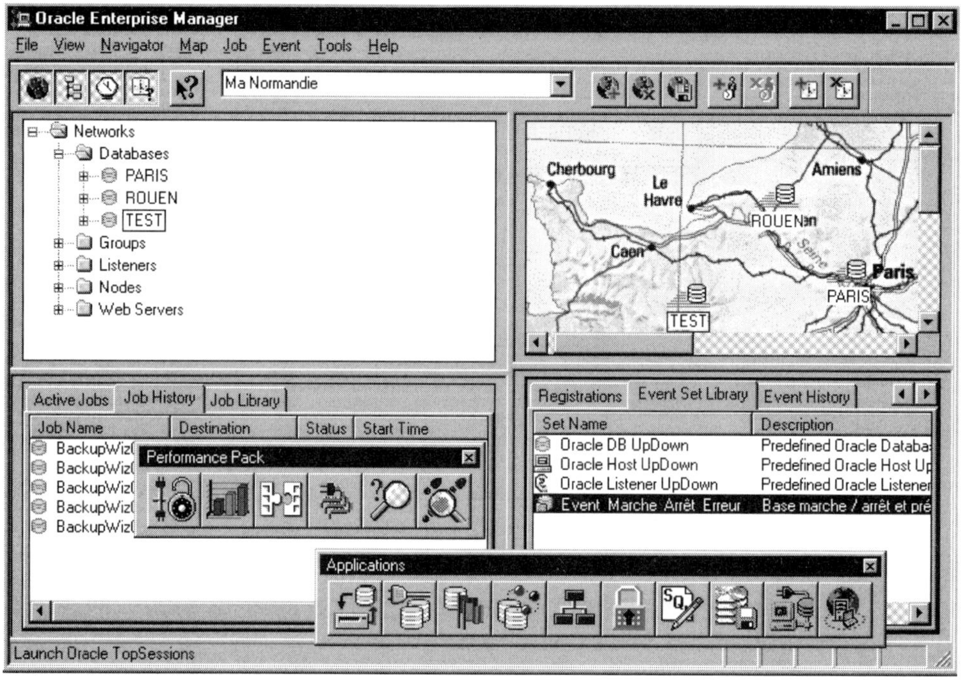

Note : La découverte des services par Oracle Enterprise Manager modifie le format de votre fichier Tnsnames.ora qui contient vos alias. Si vous souhaitez récupérer une présentation plus lisible du contenu de ce fichier, lancez Démarrer > Programmes > Oracle pour Windows NT > Oracle pour Net8 Assistant. Quittez cet assistant en enregistrant votre configuration. La présentation du fichier Tnsnames.ora se trouve modifiée et redevient facilement lisible.

Paramétrez votre environnement

Dans la console Oracle Enterprise Manager, l'option *Preferences* du menu *Files* vous permet de paramétrer votre environnement.

Vous pouvez définir des utilisateurs et des mots de passe par défaut pour les bases de données, ainsi que les connexions des comptes NT qui doivent exécuter les jobs et les events, etc.

Bien souvent, les problèmes rencontrés avec Oracle Enterprise Manager proviennent de connexions par défaut, non adaptées à la tâche confiée. On peut se connecter sur un compte Oracle qui n'a pas les droits suffisants ou encore se connecter en « NORMAL » alors qu'il faut être en « SYSOPER » ou « SYSDBA » pour démarrer/arrêter une base (voir le chapitre 8, *Stratégie de sécurité sous Windows NT*).

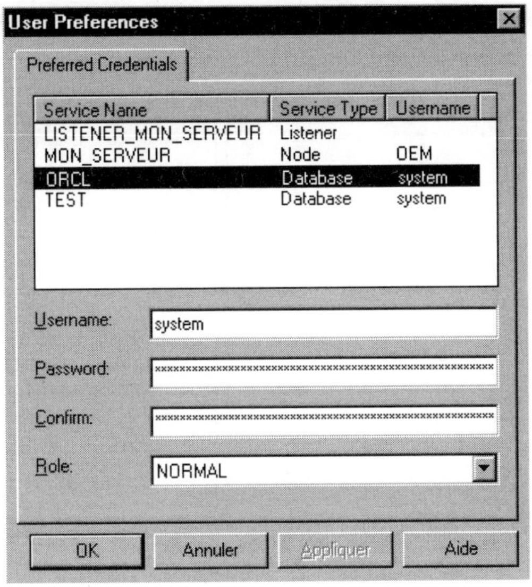

La gestion des jobs ou travaux

Avec Oracle Enterprise Manager, n'importe quel type de job peut être planifié sur une machine ou sur un groupe de machines. Pourquoi « machine » ? Parce que les jobs ne travaillent pas forcément avec une base de données, mais peuvent exécuter n'importe quel type de tâche sur votre serveur.

La vie d'un job se déroule en trois temps :

- création et paramétrage du job ;
- exécution du job ;
- résultat obtenu.

Lorsque vous êtes positionné dans la fenêtre des jobs de la console d'Oracle Enterprise Manager, vous pouvez créer un nouveau job. Attribuez-lui un nom et une description, choisissez sa mise en œuvre sur une machine ou sur une base de données et indiquez enfin les bases sur lesquelles il doit s'exécuter.

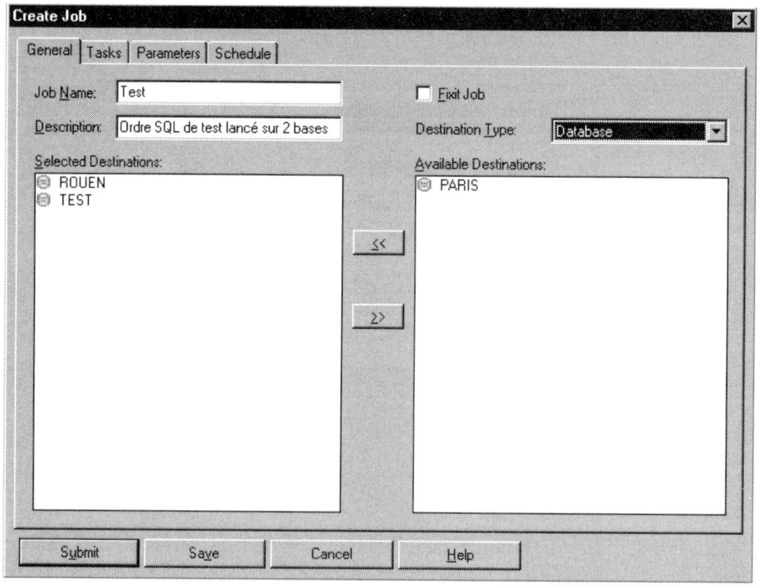

Dans notre exemple, le job va s'exécuter sur deux bases.

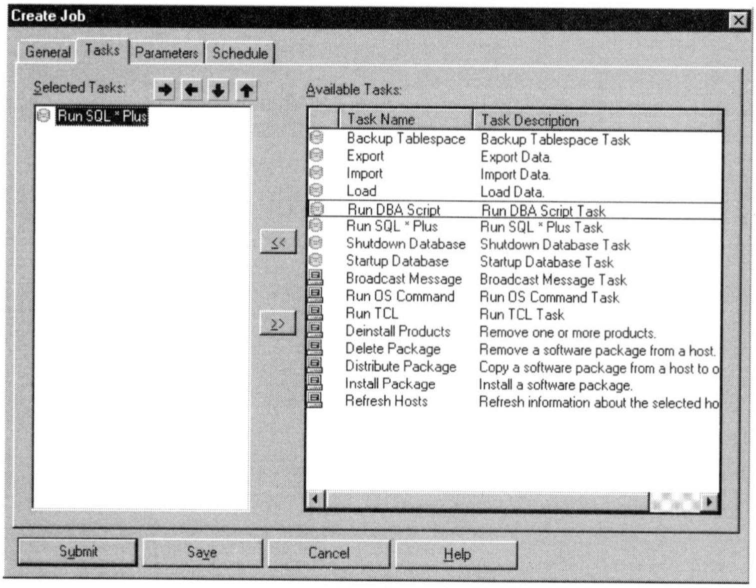

Dans la liste des tâches, choisissez celle que vous souhaitez faire réaliser par votre job.

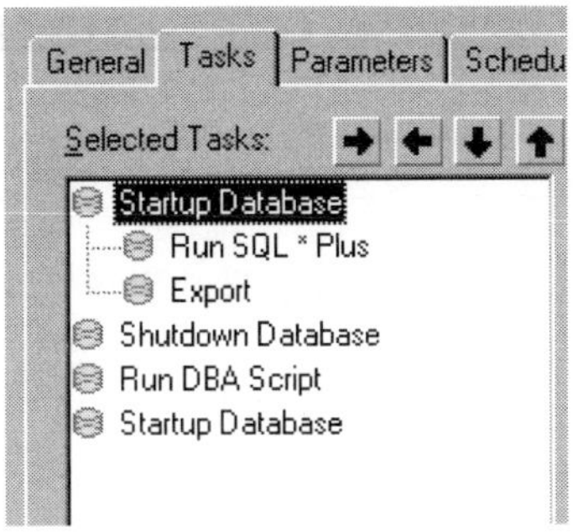

Les tâches peuvent être enchaînées et conditionnelles. Par exemple, le lancement de l'ordre SQL, puis l'export ne se feront que si le démarrage de la base réussit.

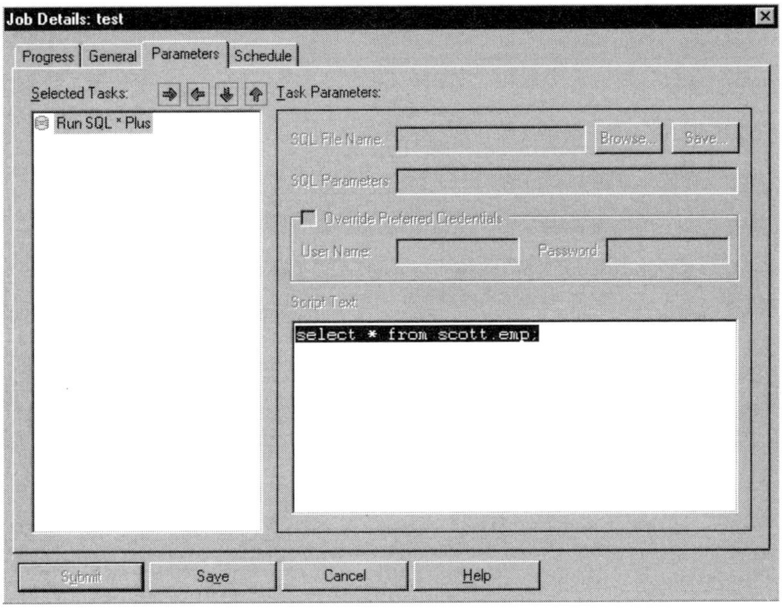

Pour notre test, un ordre SQL simple sera lancé.

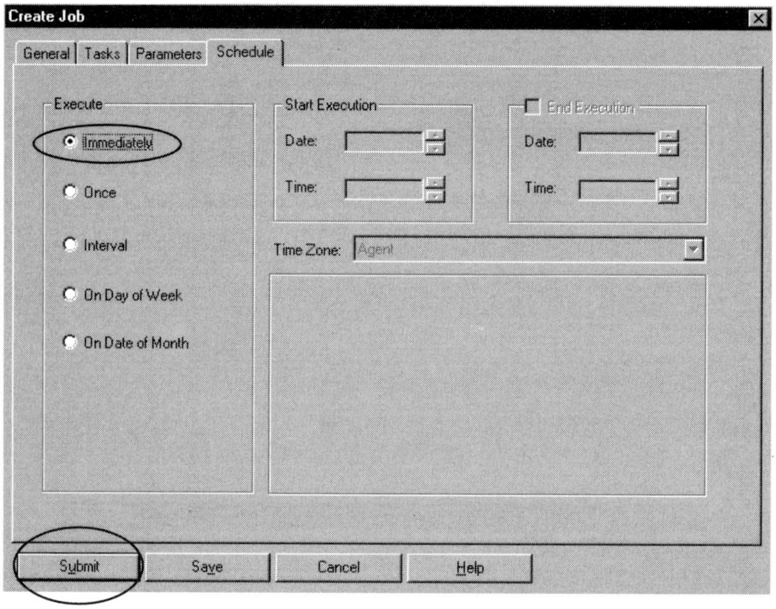

C'est l'action de *Submit* ou soumission qui lance notre job. Il peut être programmé à dates fixes ou à intervalle de temps choisi.

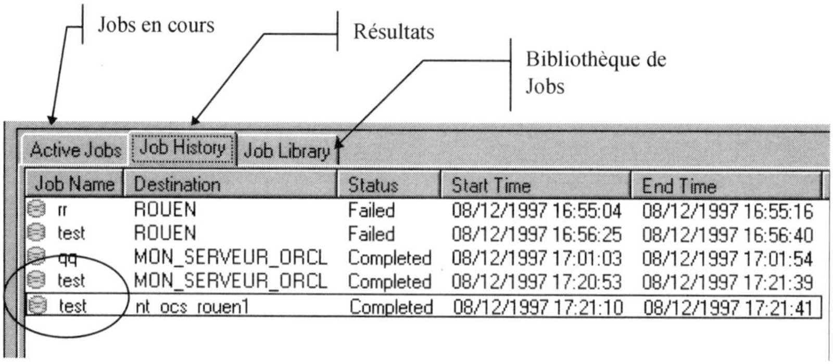

La fenêtre des jobs et ses différents onglets permettent d'en contrôler l'exécution. Nos jobs sont terminés, nous allons cliquer sur l'un d'entre eux pour obtenir le résultat.

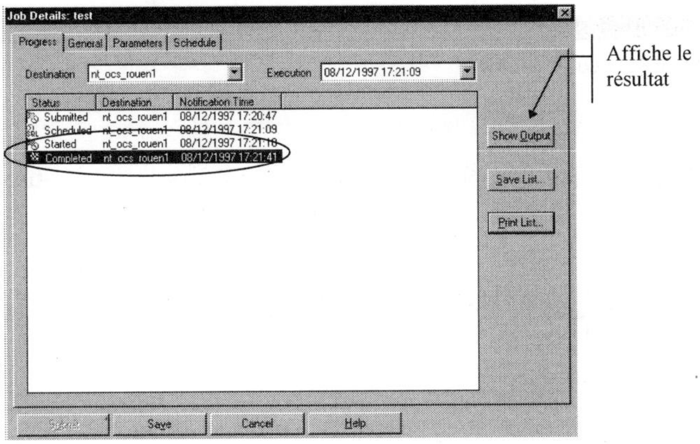

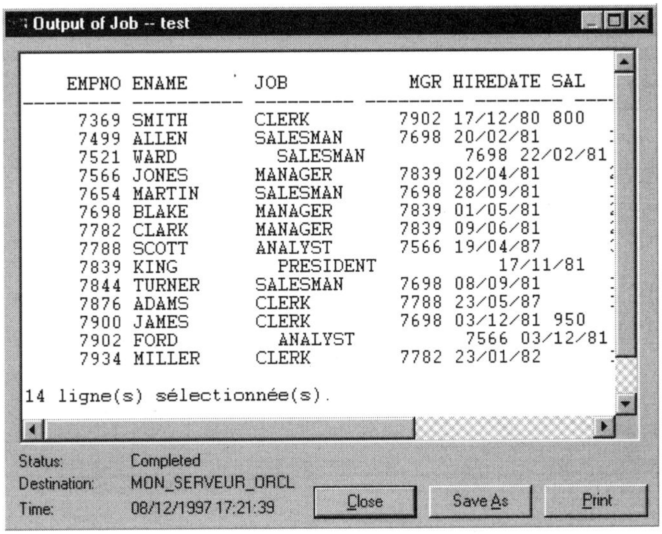

Le résultat complet s'affiche.

Cette partie nous a permis d'observer la mise en œuvre des jobs. Elle doit être effectuée avant d'aborder la surveillance des événements, car les deux peuvent être liés.

La gestion des events ou événements

Le cycle de vie des events est le même que celui des jobs. On crée d'abord une bibliothèque d'événements qui est conservée.

Dans une deuxième phase, on décide de surveiller une ou plusieurs bases. Le résultat de cette surveillance est visible sur la carte, si vos bases ont été placées dessus par un glisser/déposer.

Enfin, il existe un historique qui indique aux administrateurs les événements survenus en leur absence.

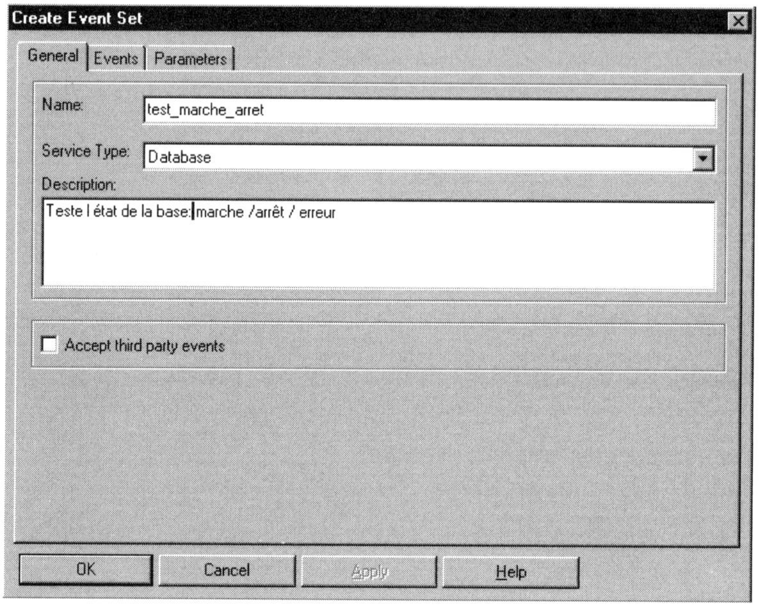

Pour créer un événement, il faut être connecté à la console d'Oracle Enterprise Manager.

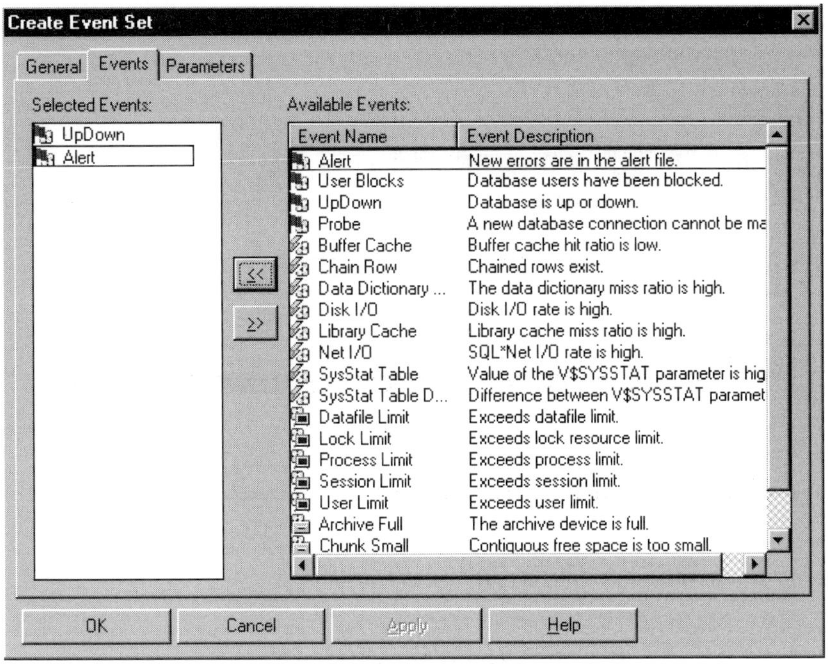

Dans la bibliothèque d'événements, choisissez ceux que vous voulez surveiller.

Note : La liste des événements disponibles dépend de l'installation ou non du Performance Pack.

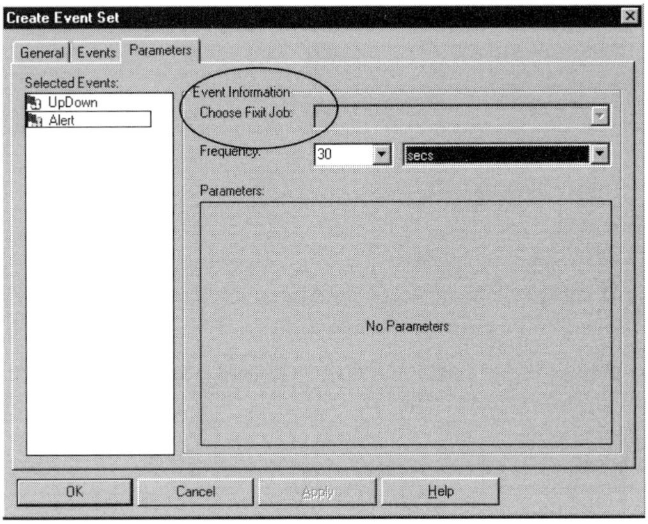

Si une action corrective ou *fixit job* doit être déclenchée lorsque survient un événement, vous devez le spécifier au préalable.

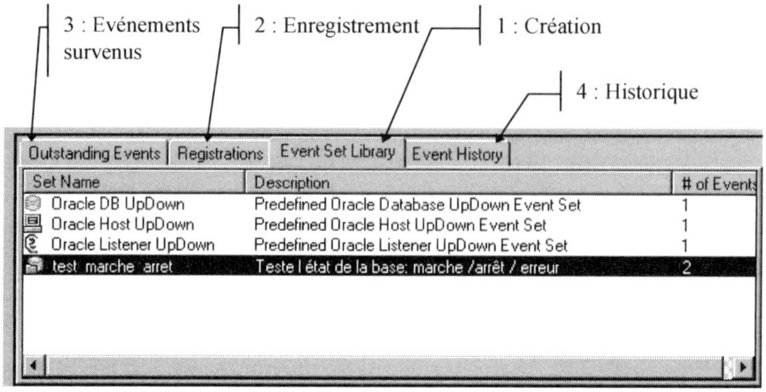

Le contrôle des events est complet à partir de la console.

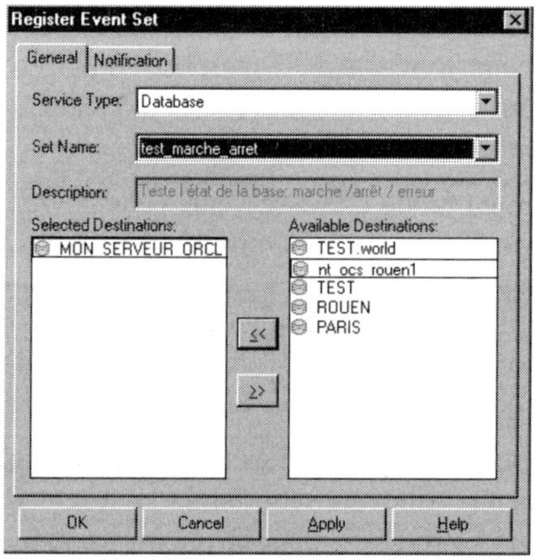

Lors de la phase d'enregistrement, vous choisissez les bases surveillées et la façon dont vous devez être prévenu si l'événement survient.

Si, par un glisser/déposer vous positionnez votre base de données sur la carte, vous verrez en interactif la valeur de votre événement.

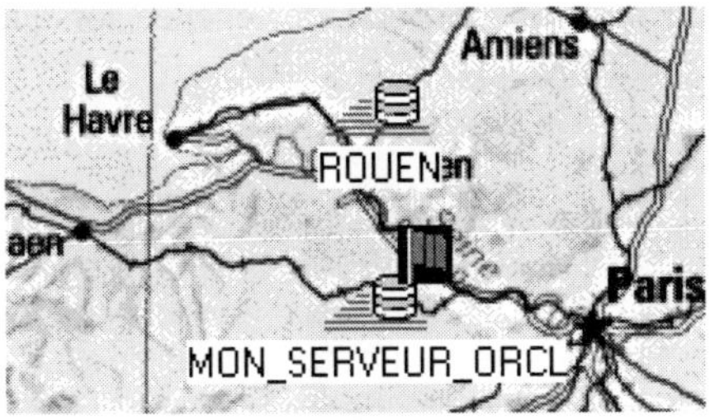

Le drapeau vert indique que votre base de données est en marche. Les autres bases n'ont pas de drapeau car aucun event n'a été défini pour elles.

Cette partie nous a permis d'observer la mise en œuvre des événements et de découvrir leurs principales caractéristiques.

Les applications standard

Des applications standard sont livrées avec Enterprise Manager. Se sont des outils qui se focalisent sur une tâche précise et qui peuvent être lancés à partir de la console ou directement en client-serveur sur une base distante.

Si vous lancez l'application en mode client-serveur, vous devrez saisir à chaque fois votre nom, votre mot de passe, votre alias Net8 et votre rôle (SYSOPER, SYSDBA, NORMAL). Si vous lancez l'application à partir de la console d'administration, vous êtes connecté automatiquement à la base de données sur laquelle vous êtes positionné dans votre console. Le nom d'utilisateur, le mot de passe et les rôles supplémentaires (SYSOPER, SYSDBA, NORMAL) qui prévalent sont ceux saisis dans les préférences.

Nous vous proposons un aperçu des possibilités de chaque application, mais n'hésitez pas à les découvrir par vous-même. Elles offrent un large éventail de possibilités. Utilisez abondamment le clic droit de votre souris pour découvrir les options de ces applications.

Il existe de nombreuses zones de recouvrement entre ces utilitaires. Vous pouvez effectuer une action indifféremment avec l'un ou l'autre. C'est pourquoi il est important de bien les explorer.

Comme illustration, nous joignons une copie d'écran de chacune de ces applications.

Oracle Backup Manager

Permet de gérer et d'automatiser vos sauvegardes. Cet utilitaire est détaillé dans le chapitre 10 (*La sauvegarde d'une base Oracle8*).

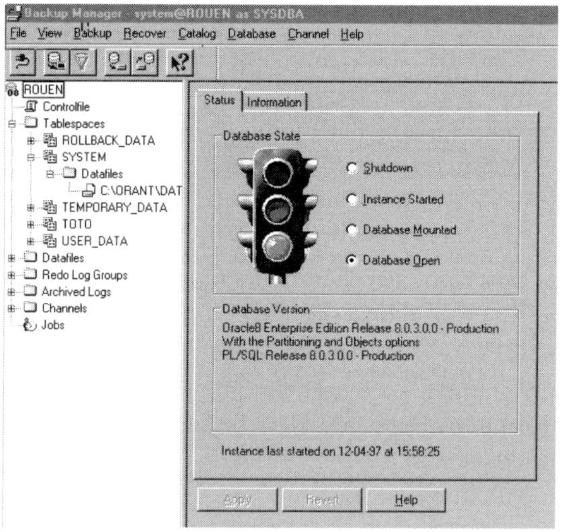

Oracle Data Manager

Permet d'importer/exporter/charger vos tables. Ce programme vous donne un accès facile aux utilitaires bien connus d'Oracle, Export, Import, SQL*Loader qui sont présents sur toutes les machines et toutes les versions d'Oracle.

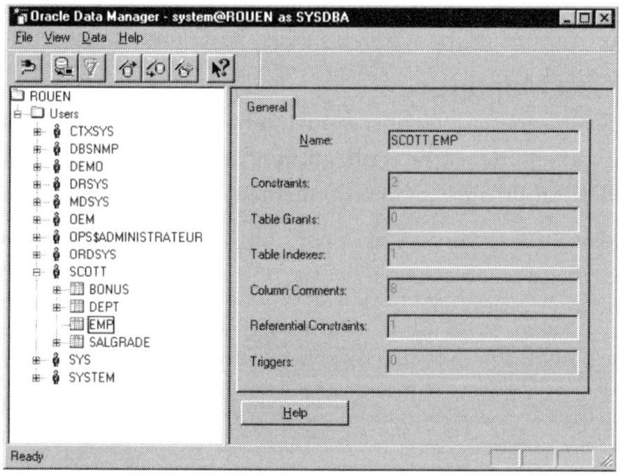

Oracle Instance Manager

Permet d'administrer vos instances, de les démarrer, de les arrêter, d'observer leur statut, etc. Vous pouvez également faire du tuning, en modifiant les paramètres d'initialisation de vos instances et en les conservant en local sur votre poste. Ce sont ces paramètres modifiés qui seront utilisés pour démarrer vos bases à distance.

Pour démarrer/arrêter vos bases de données à distance, nous vous conseillons de vous reporter au chapitre 8 (*Stratégie de sécurité sous Windows NT*).

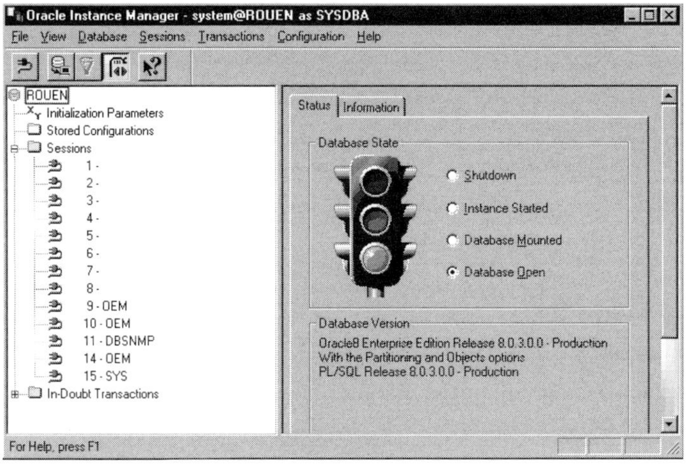

Oracle Replication Manager

Pour gérer tous les aspects de votre réplication. Il permet non seulement de la mettre en œuvre mais aussi d'en contrôler le fonctionnement et d'agir en cas de problème ou de conflit.

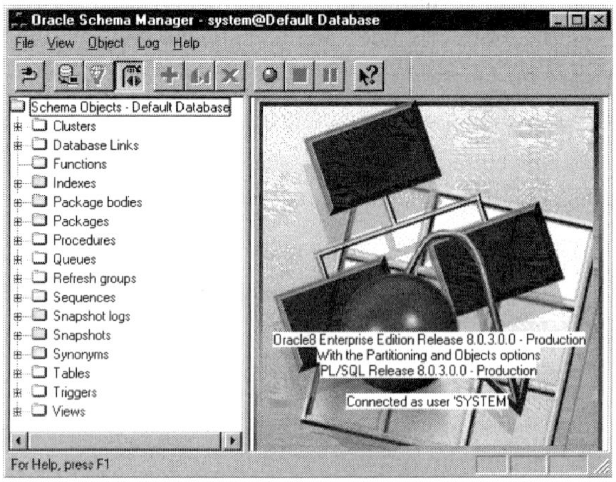

Oracle Schema Manager

Pour accéder et modifier l'ensemble des caractéristiques de votre schéma, ses tables, ses procédures, ses fonctions, ses index, etc.

De nombreux écrans, onglets et options y sont accessibles. N'oubliez pas que vous pouvez enregistrer des modifications apportées aux schémas dans cette application et les rejouer automatiquement sur une ou plusieurs bases.

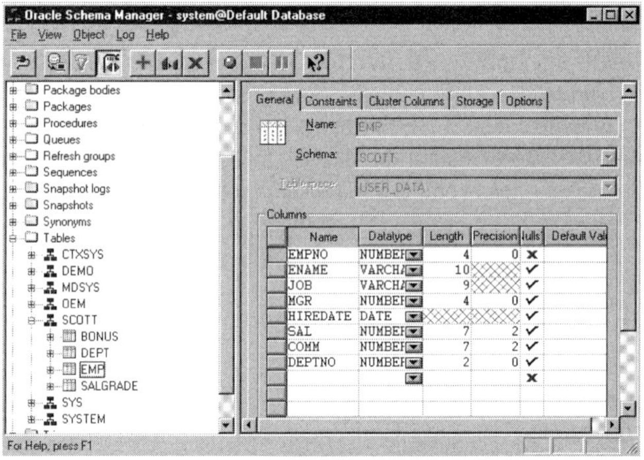

Oracle Security Manager

Accède à tous les paramètres de sécurité : vos droits d'accès, les mots de passe, les profils utilisateurs, etc. Vous accédez aussi aux dépendances entre des objets : « qui possède quoi ». Cela est d'une grande utilité pour effectuer des analyses d'impact lors de modifications. Par exemple, vous répondez immédiatement à des questions telles que :

- dans quelle procédure ou fonction cette table est-elle utilisée ? ;
- quels sont les index qui s'appuient sur cette table ?
- quelles sont les relations entre les tables ?
- dans quels triggers cette table est-elle accédée ?

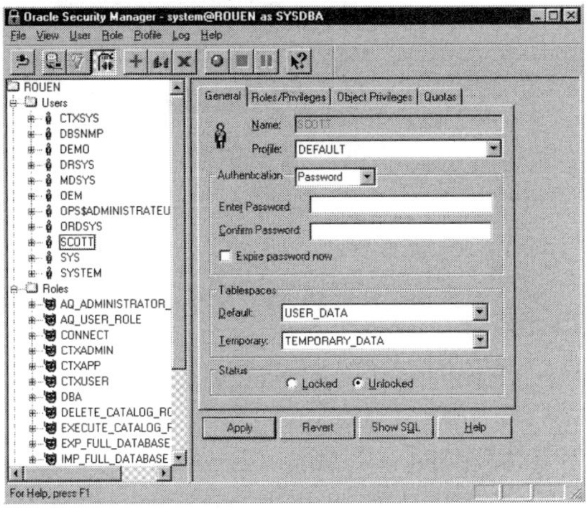

Oracle SQL WorkSheet

L'environnement SQL interactif que nous attendions tous ! Vous visualisez vos commandes, disposez d'un historique des commandes lancées, etc. Simple, efficace, agréable. Il fait subir un énorme coup de vieux à SQL*Plus. L'avantage que conserve encore SQL*Plus concerne la possibilité de présentation des données extraites de la base. Nous vous proposons dans l'annexe 3 des exemples de présentation avec SQL*Plus.

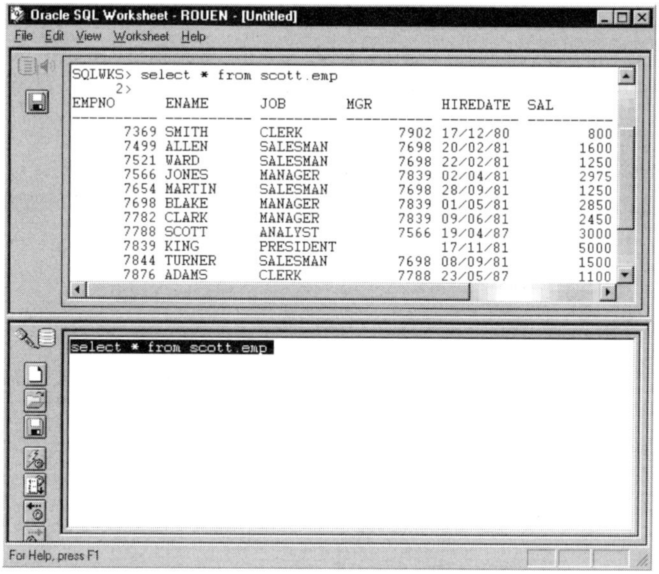

Oracle Storage Manager

Pour tous les aspects physiques de votre base de données : les fichiers base, rollback segment, le remplissage des tablespaces, etc. Il donne aussi sous forme de graphe une vision de synthèse de l'espace disponible restant dans votre base de données.

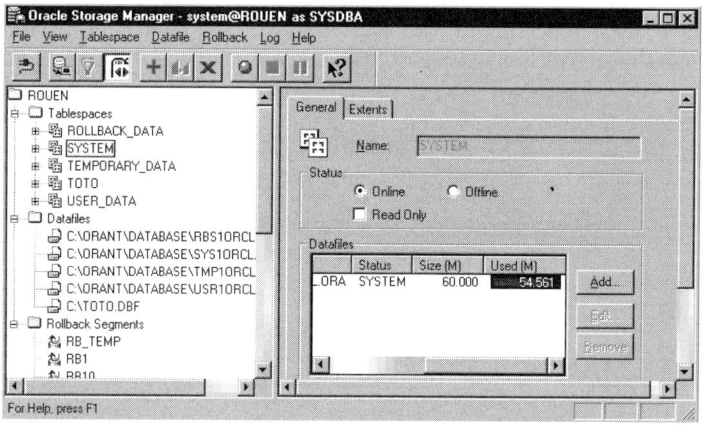

Oracle Net8 Assistant

Utilitaire pour construire vos alias et votre configuration réseau (voir le chapitre 5, *Net8, le Middleware Oracle*).

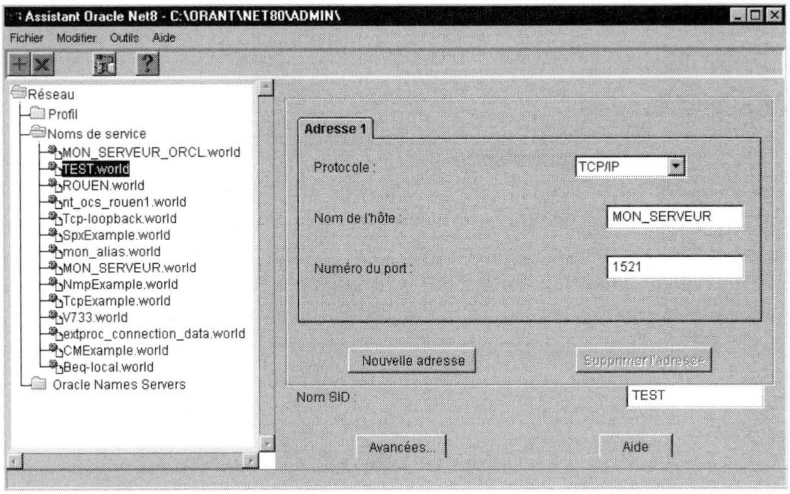

Note : Cet utilitaire formate automatiquement de manière lisible le fichier TNSNAMES.ORA, même si sa présentation avait été modifiée par une découverte automatique des services.

Oracle Software Manager

Permet de télédistribuer vos logiciels (voir le chapitre 3, *L'installation d'Oracle8 sur NT*).

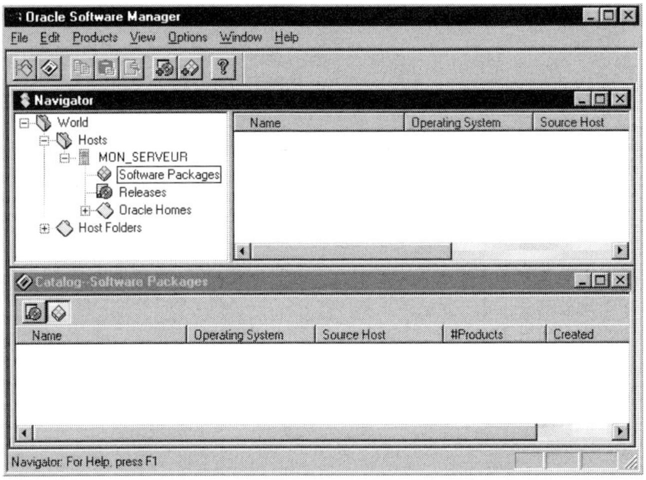

Les applications optionnelles : Performance Pack

Ces options facturées sont très intéressantes, elles s'intègrent parfaitement dans l'environnement d'Oracle Enterprise Manager et se focalisent sur l'analyse des performances et du tuning des bases.

Oracle Lock Manager

Permet de visualiser les verrous posés par vos utilisateurs. Ces verrous sont gérés automatiquement par Oracle8 dès qu'une données est insérée, mise à jour, supprimée (la lecture ne pose pas de verrou). Détecte très facilement les blocages et situations d'attente inexpliquées. Contrairement aux autres bases de données, ces blocages sont très rares avec Oracle8, les verrous étant posés par défaut au niveau de l'enregistrement (pas de verrou sur la table, ni sur un bloc disque contenant les données).

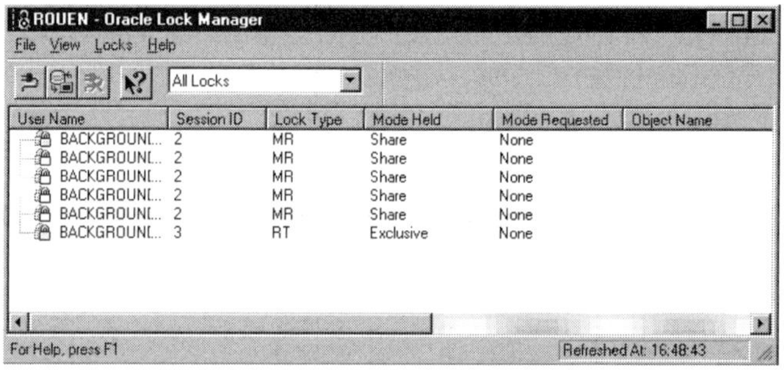

Oracle Performance Manager

Véritable panneau de pilotage de vos performances.

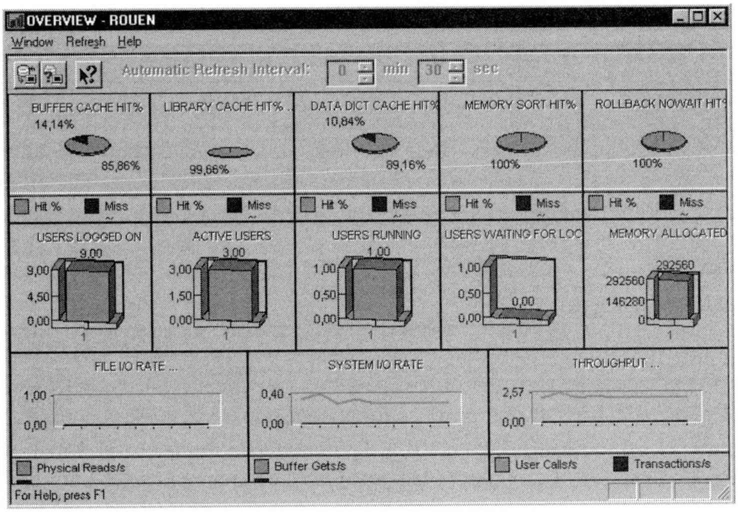

Oracle Tablespace Manager

Permet de visualiser le contenu des vos tablespaces, la fragmentation des objets, la place libre, etc. Permet d'automatiser une défragmentation à partir d'un export/import de données.

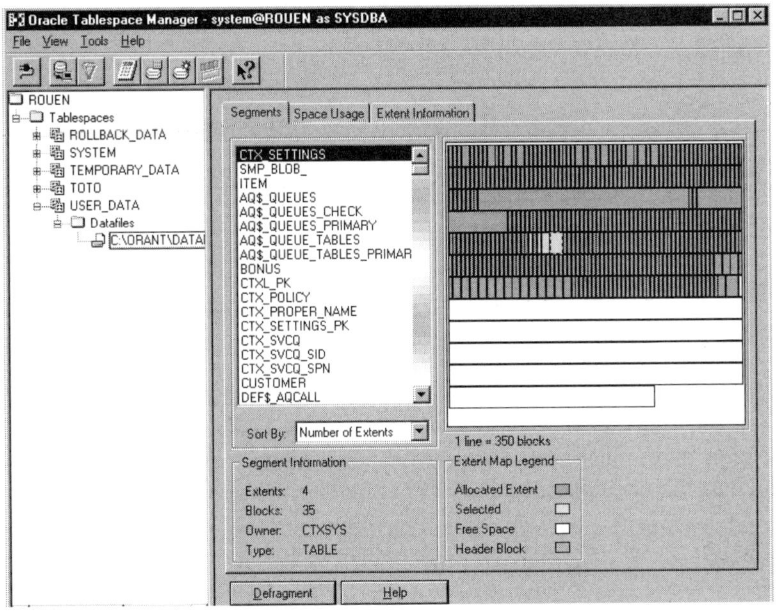

Oracle Top Session

Visualise les sessions connectées et permet de voir les ordres SQL en cours et ceux qui ont été lancés auparavant. Le plan d'exécution de la requête, c'est-à-dire la façon dont Oracle8 a traité votre requête, est affiché.

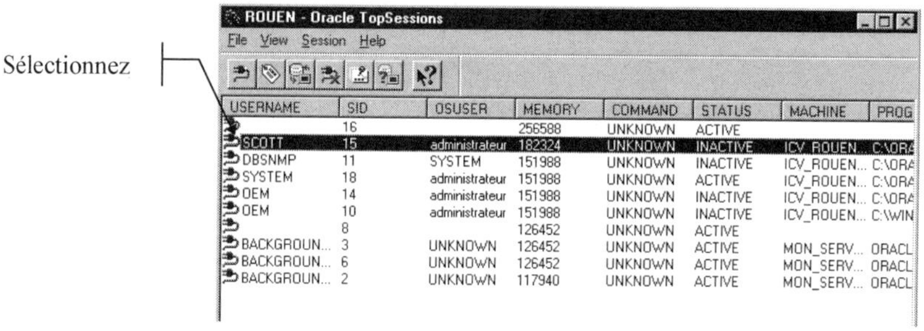

Sur ce premier écran, vous visualisez l'ensemble des connexions à votre base de données. Les renseignement sont très riches : vous visualisez le nom de la machine cliente, la connexion Oracle, la connexion Microsoft (ou Unix si l'utilisateur distant utilise ce système d'exploitation), etc. Tous ces éléments sont remontés automatiquement par Net8.

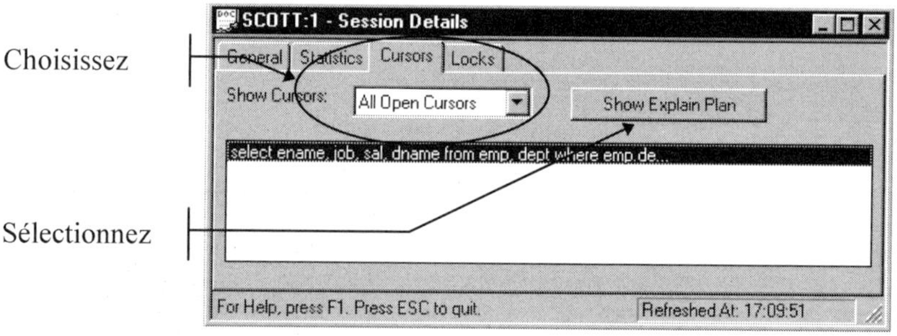

Pour les ordres SQL actuellement lancés, ou qui sont encore dans le cache des ordres SQL, vous pouvez visualiser leur *plan d'exécution*, c'est-à-dire la façon dont le moteur Oracle8 a traité votre ordre SQL, quels index il a utilisés, etc. C'est un renseignement indispensable dès que l'on veut faire de l'optimisation ou contrôler les performances.

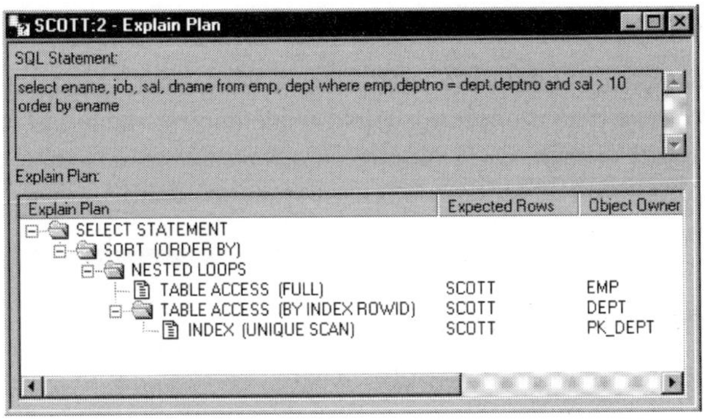

*Note : Nous indiquons comment obtenir le plan d'exécution de requêtes SQL à partir du programme SQL*Plus au chapitre 12 (*Optimisation et performances*).*

Oracle Trace

Permet de tracer vos applications en insérant des « sondes ». Au vu de la complexité de cette option, rares sont les clients qui doivent l'utiliser.

Oracle Expert

Analyse vos bases de données en production et vous donne un avis d'expert pour leur tuning et l'amélioration des performances. Les avis fournis sont d'un bon niveau mais les correctifs proposés doivent être soumis à un administrateur Oracle expérimenté.

Les faiblesses d'Oracle Enterprise Manager

Oracle Enterprise Manager est un environnement très performant, souple d'utilisation, mais qui présente un certain nombre de faiblesses. Notre objectif est de vous donner un avis objectif sur ces composants.

Aucune impression n'est possible

L'inconvénient majeur d'Oracle Enterprise Manager est qu'il ne produit aucune impression « papier » des données visualisées. Cela est particulièrement gênant si l'on désire conserver l'état d'une base de données afin d'en mesurer l'évolution dans le temps, ou de la comparer avec une autre. C'est pourquoi nous vous fournissons, en annexe 3 des commandes SQL qui vous aideront à réaliser ces objectifs.

Une seule console est permise

Dans la version actuelle, l'architecture des jobs et des events fait qu'une seule console d'administration doit être utilisée pour visualiser l'accomplissement des jobs et des events. Sinon, les résultats sont transmis à la première console qui se connecte et l'autre ne voit rien... Cela complique l'utilisation dans le cas de grandes configurations. Cette limitation devrait évoluer dans le temps.

Les agents sont consommateurs

Les agents chargés d'accomplir les jobs et les events sont très consommateurs en ressources processeur et mémoire. Si vous ne les utilisez pas, désactivez-les impérativement à partir du Gestionnaire des services de NT.

La stabilité n'est pas celle d'un ordonnanceur

L'avantage de l'architecture proposée par Oracle est de vous donner un système capable de lancer des jobs et des events sur différents systèmes d'exploitation. C'est une première approche qui ne remplace pas un véritable ordonnanceur, stable et performant. Les agents doivent progresser en maturité pour devenir solides et supporter sans défaillance un rôle d'ordonnanceur. Dans la version actuelle, réservez les jobs et les events pour des tâches « légères ».

Faut-il utiliser Oracle Enterprise Manager ?

N'ayez pas peur, ces quelques inconvénients vous sont présentés pour vous donner un recul par rapport au produit. Les reproches que l'on peut lui faire ne changent en rien notre avis : Oracle Enterprise Manager est un excellent produit que nous vous conseillons d'utiliser sans modération.

Résumé

Oracle Enterprise Manager est un produit très sophistiqué, permettant d'apporter une solution à de très nombreuses questions d'administration. Dans ce chapitre vous avez pu constater que sa mise en œuvre n'est pas forcément évidente.

Nous vous conseillons, sans aucune réserve, d'utiliser toutes les applications standard. Leur champ d'action est très important et elles sont très pratiques d'usage.

La mise en œuvre des jobs et des events dépend de votre configuration et des choix effectués. Vous avez à votre disposition différentes manières de lancer des jobs. Ils peuvent être effectués à partir d'Enterprise Manager ou, par exemple, à partir de commandes de type AT sous Windows NT.

L'avantage d'Oracle Enterprise Manager est évident lorsque vous travaillez avec des bases de données dont les systèmes d'exploitation sont différents. La console, les jobs et events sont uniques quel que soit le système d'exploitation cible.

Un regret pourtant, c'est qu'Oracle Enterprise Manager ne sait gérer aucune impression des éléments affichés. C'est pour pallier ce manque que nous vous fournissons en annexe des scripts SQL qui permettent d'avoir une vision du contenu d'une base et de son évolution dans le temps.

10

La sauvegarde d'une base Oracle8

Une base de données contient souvent des informations vitales pour votre société. La mise en place de sauvegardes fiables est essentielle à votre sécurité et à votre tranquillité d'esprit. C'est la tâche majeure dévolue à tout administrateur Oracle.

Ce chapitre a pour objectif de vous aider à choisir le meilleur moyen de sauvegarde pour votre base de données. Nous aborderons à la fois les utilitaires fournis en standard avec Oracle8, puis nous évoquerons Enterprise Manager avant de vous proposer une méthode simple et efficace de scripts pour automatiser vos sauvegardes.

Dans ce chapitre, seule la sauvegarde de la base Oracle8 est abordée. Nous ne traitons ni de la sauvegarde du système Windows NT ni des mesures à prendre pour pouvoir démarrer le système à partir de disquettes de sauvegarde suite à un crash majeur. Ces mesures doivent impérativement être mises en œuvre. Dans un souci de compatibilité, nous vous conseillons, pour sauvegarder vos bases Oracle, d'utiliser les mêmes moyens que ceux ayant permis de sauvegarder l'ensemble de votre système Windows NT.

Principes de sauvegarde d'une base Oracle8

Sauvegarder consiste à conserver partiellement ou totalement une base de données pour pouvoir la restaurer en cas d'incident. Par principe, il faut toujours s'attendre au pire.

Le choix du type de sauvegarde dépend bien évidemment de vos contraintes et tout d'abord du niveau de disponibilité requis par votre machine. Il est parfois plus facile de se poser la question inverse : « de combien de temps disposez-vous pour remettre en œuvre vos bases de données en cas d'incident ? » Cela vous permettra de choisir les moyens adéquats pour les réaliser.

Que la base Oracle8 soit fermée ou ouverte, la sauvegarde peut s'effectuer avec les utilisateurs « en ligne ». Ces deux cas sont abordés dans ce chapitre.

Bien entendu, une sauvegarde ne peut être considérée effective qu'une fois validée, le cas idéal étant de tester le redémarrage de votre base de données sur une autre machine Windows NT. Cela vous permet de cerner l'ensemble des autres fichiers et actions à mettre en œuvre pour reconstruire votre environnement de production.

Les éléments à sauvegarder

Pour vos bases Oracle8, il faut sauvegarder l'ensemble des fichiers qui la composent : fichiers de contrôle, redo-log et données. Ce sont ceux-là que nous traiterons dans ce chapitre.

Autres éléments à sauvegarder

D'autres fichiers d'initialisation (Init*SID*.ora), du réseau (Listener.ora, Tnsnames.ora) ainsi que vos applications sont également utiles à sauvegarder, de même que votre système Windows NT.

Les trois méthodes de sauvegarde proposées

Trois méthodes sont abordées dans ce chapitre :

1. La première consiste à utiliser le *NT Backup Manager* livré et installé avec Oracle8. C'est un utilitaire graphique simple qui convient pour automatiser vos sauvegardes.
2. La deuxième met en œuvre Oracle Enterprise Manager pour définir des sauvegardes et les lancer sur des systèmes distants.
3. La troisième utilise des lignes de commande, des scripts « en ligne », destinés à être lancés en tâche de fond par la commande de planification AT.

Avantages et inconvénients de ces méthodes

Le *NT Backup Manager* présente comme principal avantage d'être simple, facile d'utilisation et de répondre aux besoins de nombreux utilisateurs d'Oracle8. Il a comme inconvénient de n'être que graphique, c'est-à-dire qu'il a toujours besoin d'actions au moyens de la souris. Il requiert votre présence (ne peut s'exécuter sur une machine distante) et n'est pas utilisable si vous souhaitez réaliser vos sauvegardes sans intervention humaine. Il est par ailleurs inutilisable si votre machine héberge plusieurs bases de données, car il ne peut sauvegarder que la base de données pointée par la variable ORACLE_SID de la base de registres de NT.

Oracle Enterprise Manager ne connaît pas ces limitations. Il vous permet de lancer des sauvegardes planifiées quand vous le désirez, sur des machines locales ou distantes, sur une ou plusieurs bases de données. Les options proposées sont nombreuses. Il a comme inconvénient d'imposer l'utilisation des agents d'Oracle Enterprise Manager sur toutes vos machines. Or, ces agents sont gourmands en ressources consommées. De plus, les commandes qui sont exécutées, écrites en langage TCL, sont assez hermétiques. Il n'est pas toujours facile de s'assurer du bon accomplissement de vos sauvegardes, ce qui est très gênant.

Des scripts écrits par vous et lancés au moyen de la commande de planification AT ont comme avantage d'être proches de la machine, peu consommateurs, entièrement contrôlés et pilotés par vous. Ils vous permettent d'ajouter vos commandes pour joindre tout autre type de sauvegarde (système NT, applications...) à celui de votre base de données. Ils ont pour inconvénient de vous obliger à écrire des lignes de commande, selon une démarche plus proche d'Unix que de Windows NT.

Sauvegarde et restauration

Ces deux actions sont les plus importantes pour un administrateur Oracle. Soyez extrêmement vigilant. N'hésitez pas à faire valider vos sauvegardes par une autre personne. Enfin, entraînez-vous pour que vous soyez en mesure de réagir positivement, sans succomber à la panique et au stress imposé par des utilisateurs encombrants lorsqu'un dysfonctionnement survient.

Nous vous conseillons fortement de conserver par écrit, dans un cahier de suivi ou dans un fichier, toutes les actions effectuées sur votre machine lors de sa configuration et de la mise en œuvre des différentes bases de données. Cela est très utile en cas de reconstruction d'un environnement identique.

Enfin, avant toute opération de correction effectuée dans le feu de l'action, il est indispensable d'effectuer une sauvegarde. Cela vous permet de prendre du recul, d'examiner la situation, de pouvoir revenir plusieurs fois au niveau de l'incident et de ne pas transformer cet incident en catastrophe.

L'export/import des données : un moyen de sauvegarde ?

Les utilitaires d'export/import des données sont très utilisés avec Oracle. L'export permet d'extraire tout ou partie de votre base de données et de la conserver dans un fichier. Ce fichier peut être transféré vers une base Oracle sur n'importe quel système d'exploitation cible et importé.

L'export/import est avant tout un outil de migration, de défragmentation et de transfert de données d'un environnement vers un autre.

Il permet par exemple d'importer une table qui aurait été détruite par mégarde, sans se lancer dans la restauration d'un tablespace et donc de toutes les tables contenues par ce tablespace.

L'export/import est donc un moyen de sauvegarde supplémentaire à une sauvegarde complète de votre base de données.

Existe-t-il d'autres options de sauvegarde ?

Oracle8 a introduit de nouvelles options de sauvegarde qui sont extrêmement poussées et performantes. Notre but est de vous fournir les éléments fondamentaux de toute sauvegarde.

Un volume entier de la documentation Oracle est consacré aux sauvegardes et restaurations d'Oracle8.

Sauvegarde base fermée ou base ouverte

Sauvegarde base fermée

Lorsque la base est fermée, l'opération de sauvegarde est simple : elle consiste à copier tous les fichiers de la base dans un endroit sûr.

Cela se complique avec les options d'administration des tablespaces. L'ensemble des fichiers des différents tablespaces regroupe la totalité des fichiers base de données. Pour plus de souplesse, Oracle8 permet à un tablespace plein de s'allouer automatiquement un nouveau fichier sur disque. Il est impératif que vos sauvegardes constituent dynamiquement la liste des fichiers à sauvegarder, c'est-à-dire en interrogeant le dictionnaire de la base de données. L'oubli d'un fichier (base, contrôle, redo-log) peut rendre impossible la reconstitution de votre base en cas de restauration.

Sauvegarde base ouverte

Lorsque la base est ouverte, c'est-à-dire en production et accessible au public, l'administrateur a la possibilité de faire une sauvegarde des fichiers d'un tablespace en service (*On line*) ou hors service (*Off line*).

Dans le cas de la sauvegarde d'un tablespace en service, l'administrateur va devoir copier les fichiers de la base de données alors que les utilisateurs continuent de les exploiter. Ceci n'est possible que si le processus d'archivage des fichiers redo-log est actif et que la base est en mode ARCHIVELOG.

Pour démarrer le processus d'archivage des redo-log, mettez les lignes **LOG_ARCHIVE_START = TRUE** et **LOG_ARCHIVE_DEST** dans le fichier Init*SID*.ora de votre instance, arrêtez votre base puis relancez-la.

Pour mettre votre base de données en mode ARCHIVELOG (c'est-à-dire pour qu'elle copie les redo-log à l'endroit précisé par LOG_ARCHIVE_DEST), vous devez utiliser Server Manager :

```
C:> set ORACLE_SID=TEST (mettez votre SID)
SVRMGR30>
SVRMGR30> connect internal
SVRMGR30> shutdown immediate ;
SVRMGR30> startup mount ;
SVRMGR30> alter database archivelog ;
SVRMGR30> shutdown immediate ;
SVRMGR30> startup
```

Dans ce cas, pour sauvegarder le tablespace X en ligne, il faut procéder ainsi :

```
SQL> ALTER TABLESPACE x BEGIN BACKUP
```

```
Backup niveau système d'exploitation (avec l'utilitaire OCOPY80) de tous
les fichiers du tablespace
SQL> ALTER TABLESPACE x END BACKUP
```

La sauvegarde de la base entière se fait tablespace par tablespace, y compris pour le tablespace SYSTEM.

L'utilitaire OCOPY80 est fourni avec Oracle8. Il permet de copier les fichiers de la base de données alors que des processus les verrouillent. Ceci n'est pas possible avec la commande COPY de Windows NT.

Dans le cas d'une sauvegarde d'un tablespace hors service, il suffit de le mettre hors service (*Off line*) de façon à ce que personne ne puisse l'utiliser et de copier les fichiers qui le composent.

Pour sauvegarder le tablespace X hors ligne, il faut procéder ainsi :

```
SQL> ALTER TABLESPACE x OFFLINE
Backup niveau système d'exploitation (avec l'utilitaire OCOPY80) de tous
les fichiers du tablespace
SQL> ALTER TABLESPACE x ONLINE
```

Notez que seul le tablespace SYSTEM ne peut pas être mis *Off line*.

Des commandes SQL fournies en annexe 3 permettent de contrôler les options utilisées par votre base de données.

L'assistant NT Backup Manager

Cet assistant est installé et exécuté en local sur votre serveur. Il vous guide pas à pas dans vos sauvegardes. Il utilise la variable ORACLE_SID de la base de registre de NT, ce qui le rend inutilisable si vous avez plus de deux bases de données à sauvegarder sur votre système.

Il a comme avantage de vous proposer une sauvegarde dans un répertoire local ou distant, ou encore directement sur bande. En cas de sauvegarde sur un répertoire distant, méfiez-vous des volumes transférés, car ces copies utilisent les mécanismes de Windows NT, peu performants pour des transferts de gros volumes vis à vis de commandes FTP (File Transfer Protocol).

Pour démarrer cet utilitaire, Démarrer > Programmes > Oracle pour Windows NT > NT Backup Manager.

Pour restaurer une base de données après un incident, c'est NT Recovery Manager qui vous aidera.

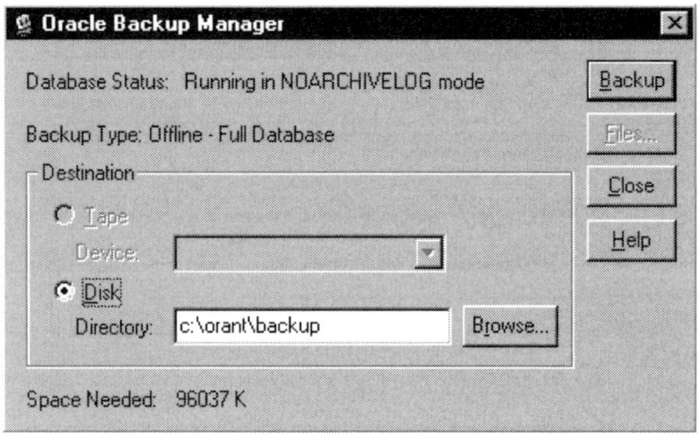

Dans le cas où le mode Archivelog n'est pas activé, vous devez déconnecter tous les utilisateurs de la base de données pour commencer votre sauvegarde.

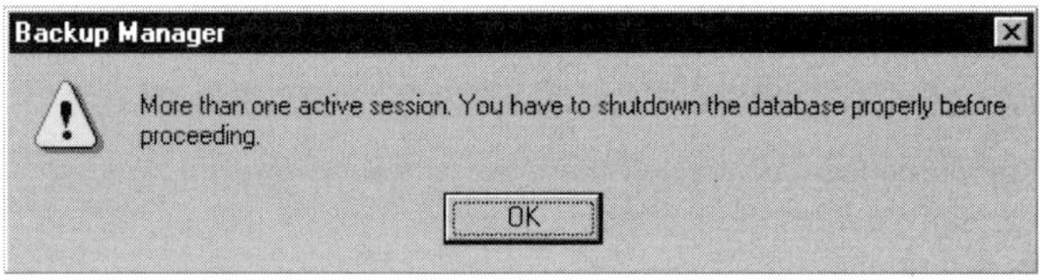

*Note : Des utilitaires comme l'agent d'Oracle Enterprise Manager sont toujours connectés aux bases, dès leur lancement. Il faut les arrêter pour pouvoir utiliser Backup Manager. Pour visualiser les sessions connectées, interrogez la vue V$SESSIONS à partir de l'outil SQL*Plus.*

Une fois vos sauvegardes effectuées, c'est *Recovery Manager* qui vous aide dans vos restaurations.

N'oubliez pas de faire une sauvegarde complète de tous les composants de votre base avant de tenter une quelconque restauration.

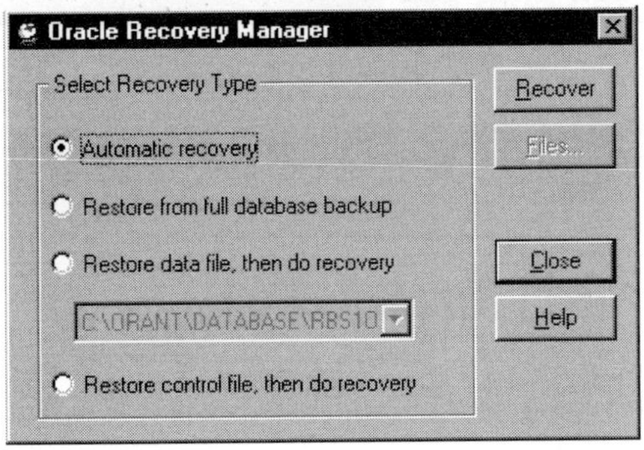

Les sauvegardes avec Enterprise Manager

Dans cette partie, nous ferons souvent appel à des notions abordées dans le chapitre 9 *(Oracle Enterprise Manager)*.

Parmi les utilitaires standard d'Oracle Enterprise Manager, *Backup Manager* est conçu pour automatiser vos sauvegardes. Son principe s'appuie sur les mécanismes des jobs lancés à des fréquences déterminées.

Toutes les caractéristiques de vos sauvegardes sont indiquées et transmises à l'agent d'Oracle Enterprise Manager situé sur la machine distante. Il est responsable de l'exécution et de son compte rendu.

L'outil graphique fait partie des composants de base d'Oracle Enterprise Manager. Il est accessible à partir de Démarrer > Programmes > Oracle Enterprise Manager > Backup Manager.

Vous devez vous connecter à la base de données à sauvegarder.

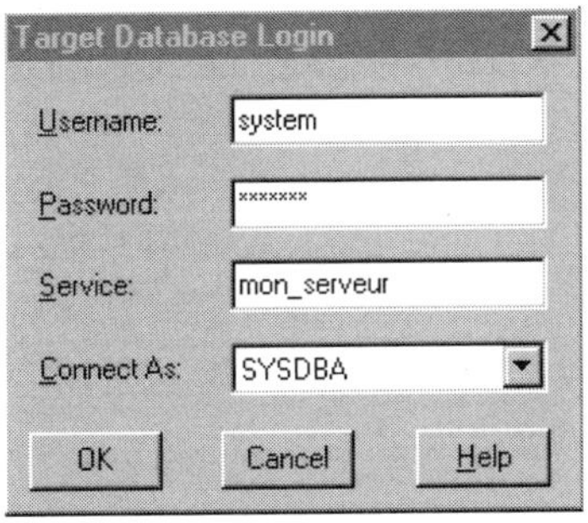

Puis choisir le type de sauvegarde à effectuer.

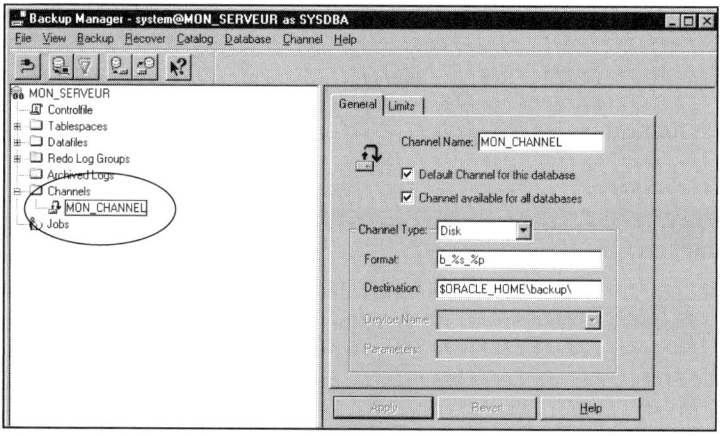

Avant toute action, vous devez créer un « channel », c'est-à-dire donner les informations précisant où et comment sera effectuée votre sauvegarde.

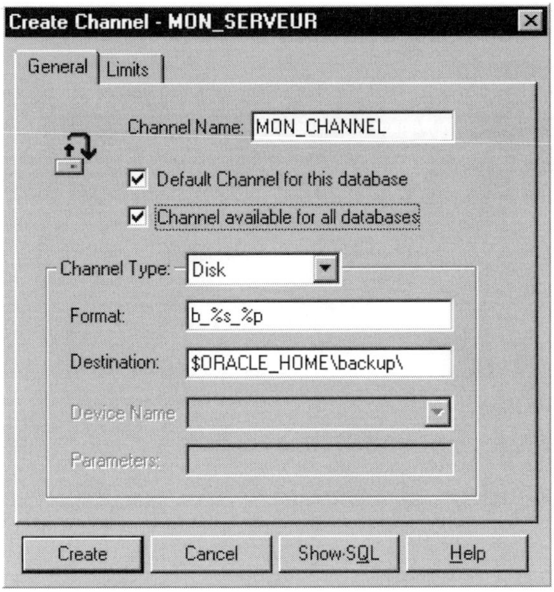

Ensuite, vous devez configurer votre sauvegarde qui sera transmise à l'agent intelligent distant sous la forme d'un job à effectuer.

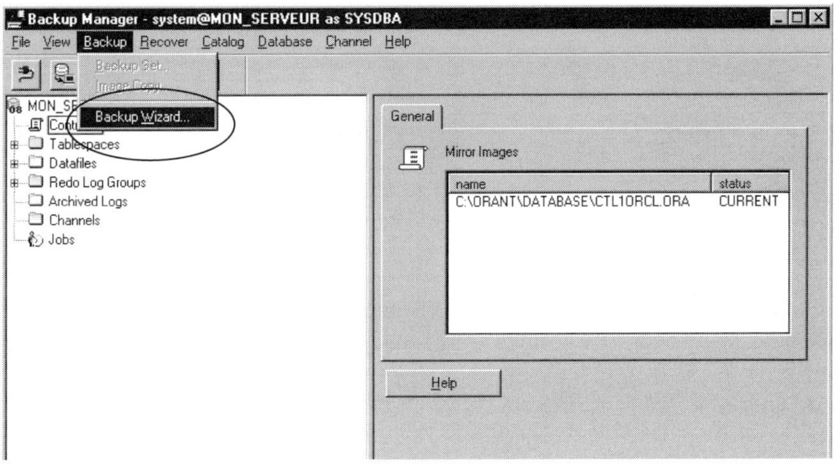

Lancez l'assistant de sauvegarde qui vous guide pas à pas.

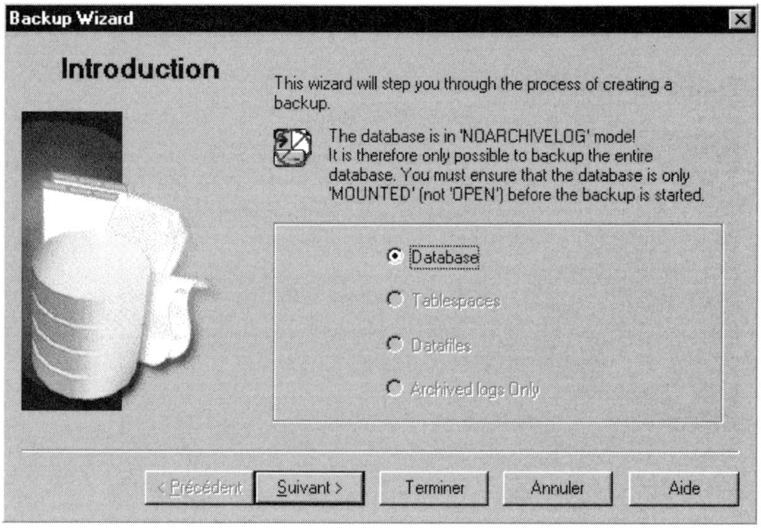

Choisissez le type de sauvegarde.

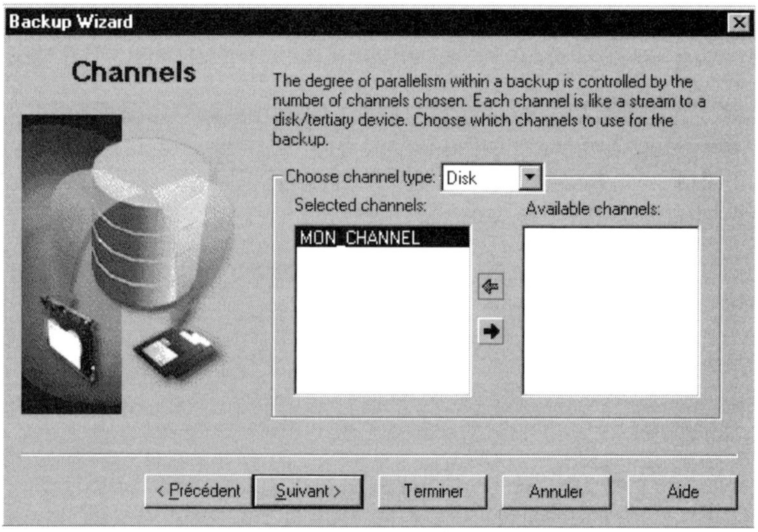

Sélectionnez votre « channel » puis laissez-vous guider par l'assistant.

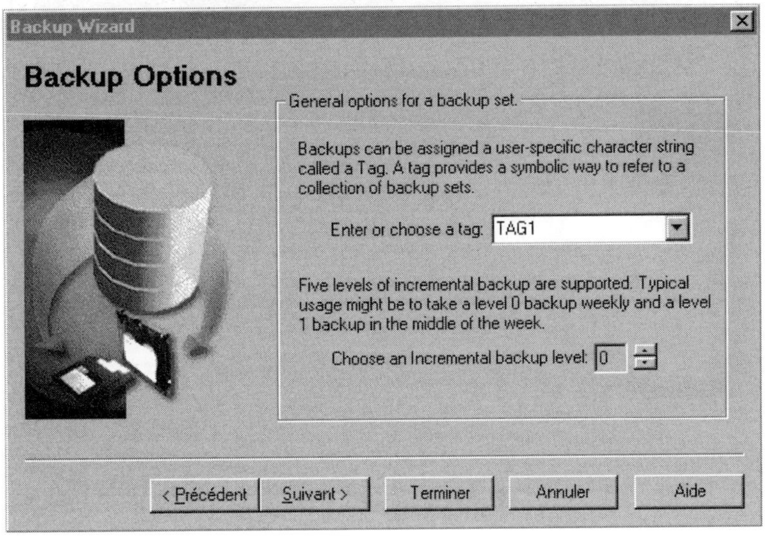
Backup Wizard
Backup Options
General options for a backup set.
Backups can be assigned a user-specific character string called a Tag. A tag provides a symbolic way to refer to a collection of backup sets.
Enter or choose a tag: TAG1
Five levels of incremental backup are supported. Typical usage might be to take a level 0 backup weekly and a level 1 backup in the middle of the week.
Choose an Incremental backup level: 0
< Précédent
Suivant >
Terminer
Annuler
Aide

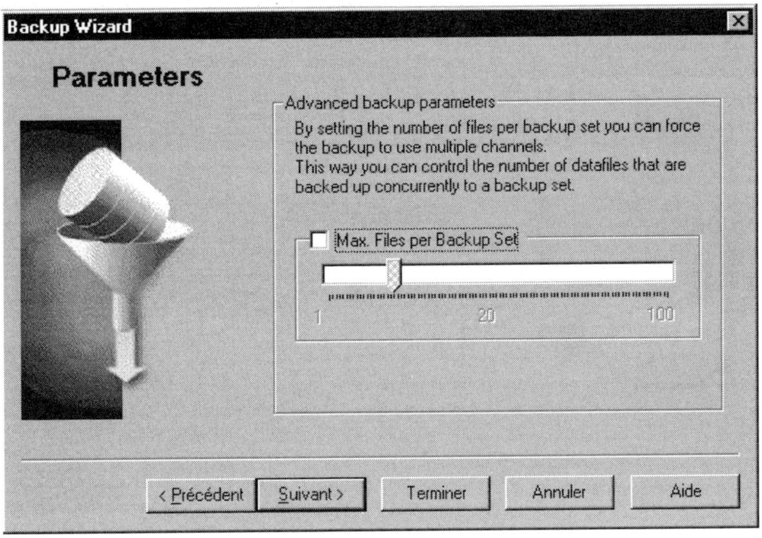
Backup Wizard
Parameters
Advanced backup parameters
By setting the number of files per backup set you can force the backup to use multiple channels.
This way you can control the number of datafiles that are backed up concurrently to a backup set.
Max. Files per Backup Set
1
20
100
< Précédent
Suivant >
Terminer
Annuler
Aide

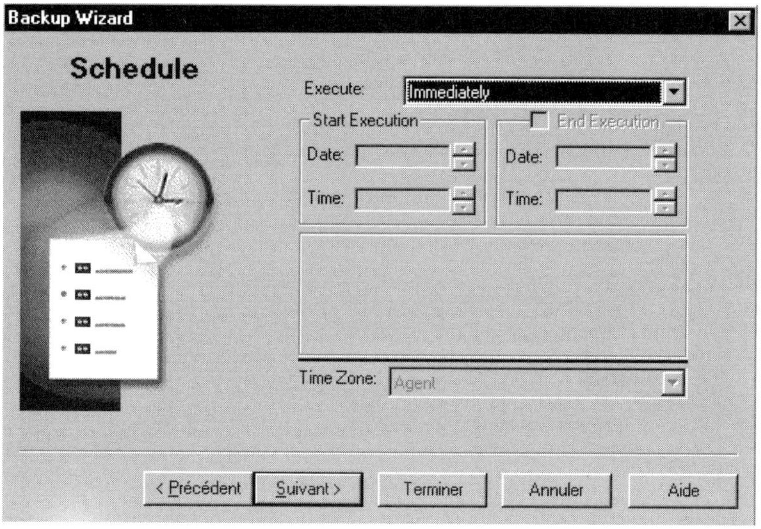
Backup Wizard
Schedule
Execute:
Immediately
Start Execution
End Execution
Date:
Time:
Date:
Time:
Time Zone:
Agent
< Précédent
Suivant >
Terminer
Annuler
Aide

Backup Wizard
Save / Submit
Script options
Backup job identification
Name:
BackupWiz0001
Description:
Oracle8-BRM
Operation
Save this backup configuration to the library.
Initiate backup.
< Précédent
Suivant >
Terminer
Annuler
Aide

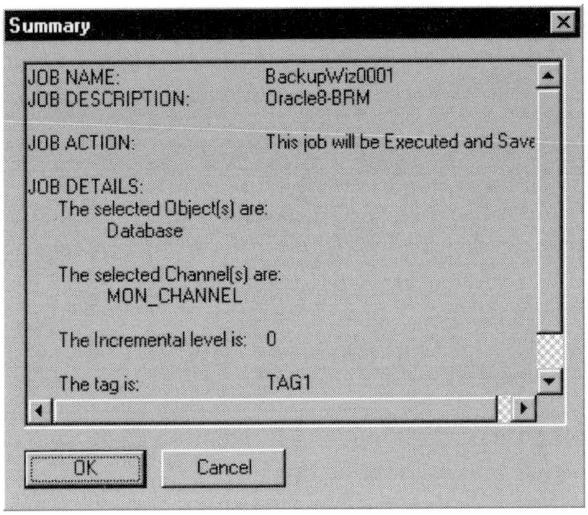

Tous vos choix sont résumés sur cet écran et le résultat de votre sauvegarde peut être consulté dans la partie gestion des jobs de la console d'Oracle Enterprise Manager.

Les sauvegardes par script de commandes

C'est notre mode de sauvegarde préféré car son contrôle est total et c'est le plus flexible. Il utilise différentes techniques que nous vous présentons maintenant.

Création dynamique des fichiers à sauvegarder

Les vues V$DATAFILE, V$LOGFILE, V$CONTROLFILE permettent de récupérer dynamiquement les fichiers qui composent la base de données. Il suffit d'insérer du texte avant et après pour créer des fichiers de sauvegarde du type :

```
copie fichier1 vers destination
copie fichier2 vers destination
etc.
```

Principes de nos sauvegardes

le lancement des sauvegardes s'effectue en deux temps : le fichier Sauvegarde.cmd contient toutes les commandes pour effectuer votre sauvegarde, Lance.cmd a pour tâche de lancer le fichier de commande, de conserver les messages et de vous avertir si des erreurs sont trouvées.

Exécution par la commande de planification AT

La commande AT permet de lancer des fichiers de commande à des fréquences déterminées. L'utilitaire WinAT permet de piloter la commande AT au moyen d'une interface graphique.

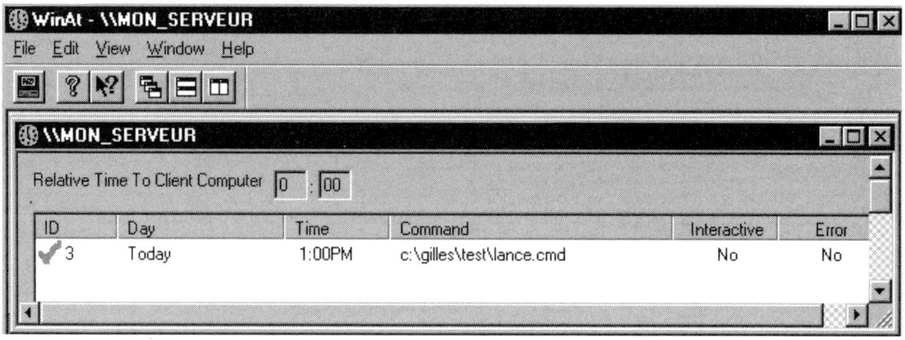

Nous utilisons les conseils prodigués au chapitre 8 (*Stratégie de sécurité sous Windows NT)*, pour mettre en œuvre la commande AT et travailler sur la base de données Oracle sans rendre visible un mot de passe.

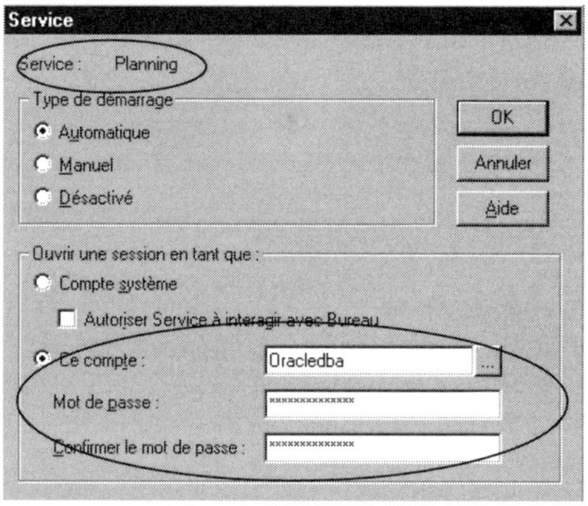

Il est particulièrement important que les commandes lancées par l'outil de planification s'exécutent sous le même compte NT que celui utilisé lors de vos tests de mise au point des scripts.

Remontées d'informations

Une fois la sauvegarde effectuée, les fichiers résultat sont scrutés. Si des erreurs ou des mots clés sont trouvés, des alertes sont remontées. Ces alertes sont définies comme vous le souhaitez : des messages dans l'observateur d'événements, dans un fichier particulier, ou encore l'envoi d'un message dans une messagerie. Vous avez toute liberté d'opter pour la solution qui vous convient le mieux.

Lancement des sauvegardes

```
rem
rem Fichier LANCE.CMD: sert a lancer les scripts de sauvegarde.
rem
rem Il recupere aussi les erreurs rencontrees et vous avertit
```

```
rem par le moyen que vous aurez choisi.

rem Adaptez cette valeur a votre environnement
set L_RAPPORT=c:\orant\backup
set L_SOURCE=c:\gilles\test

rem ***********************************************************
rem Lance le script de sauvegarde et conserve tous les messages
rem ***********************************************************

call %L_SOURCE%\sauvegarde.cmd >> %L_RAPPORT%\messages.log

rem ***********************************************************
rem Recherche d'erreurs, remontees dans l'Observateur d'Evenement
rem ***********************************************************
findstr /in "error" %L_RAPPORT%\messages.log && findstr /in "error"
%L_RAPPORT%\messages.log >>%L_RAPPORT%\erreur.log
findstr /in "ora-" %L_RAPPORT%\messages.log && findstr /in "ora-"
%L_RAPPORT%\messages.log >>%L_RAPPORT%\erreur.log
findstr /in "cannot" %L_RAPPORT%\messages.log && findstr /in "cannot"
%L_RAPPORT%\messages.log >>%L_RAPPORT%\erreur.log
findstr /in "not logged" %L_RAPPORT%\messages.log && findstr /in "not
logged" %L_RAPPORT%\messages.log >>%L_RAPPORT%\erreur.log
findstr /in "failure" %L_RAPPORT%\messages.log && findstr /in "failure"
%L_RAPPORT%\messages.log >>%L_RAPPORT%\erreur.log
if exist %L_RAPPORT%\erreur.log c:\ntreskit\logevent -s E "!!! ERREUR
DANS VOTRE SAUVEGARDE ORACLE !!! Consultez les fichiers situes en:
%L_RAPPORT%"

rem ***********************************************************
rem Nettoyage des fichiers de commande crees dans SAUVEGARDE.CMD
rem ***********************************************************

if exist %L_SOURCE%\db_start.sql del %L_SOURCE%\db_start.sql
if exist %L_SOURCE%\db_stop.sql del %L_SOURCE%\db_stop.sql
if exist %L_SOURCE%\db_resteint.sql del %L_SOURCE%\del db_resteint.sql

rem ***********************************************************
rem Fin du fichier de lancement
rem ***********************************************************
```

Sauvegarde à froid (base arrêtée)

```
@echo off
rem Fichier SAUVEGARDE.CMD
ECHO **********************************************************
ECHO Script de création d'une sauvegarde d'une base Oracle8
ECHO sur Windows NT.
ECHO **********************************************************
ECHO
setlocal

rem ***********************************************************
```

```
rem Modifiez ces valeurs pour les adapter a votre environnement
rem ************************************************************

set ORACLE_SID=ORCL
set L_CONNECT=internal/@beq-local
set L_INIT=c:\orant\database\init%ORACLE_SID%.ora

REM Donnez le lieu ou sauvegarder les fichiers de votre base
set L_SAUVE= c:\orant\backup

rem Identifiez les exécutables Oracle utilisés
set L_SVRMGR=c:\orant\bin\svrmgr30.exe
set L_EXPORT=c:\orant\bin\exp80.exe
set L_PLUS=c:\orant\bin\plus80.exe
set L_COPY=c:\orant\bin\ocopy80.exe

rem ************************************************************
ECHO -- Lance des programmes utilises dans les sauvegardes
rem ************************************************************

rem Si le Listener n'est pas demarre, on le lance
net start | find "OracleTNSListener80" || net start OracleTNSListener80

rem Si le process Oracle n'est pas demarre, on le lance
net start | find "OracleService%ORACLE_SID%" || net start
OracleService%ORACLE_SID%

rem ************************************************************
ECHO -- Debut de la sauvegarde
rem ************************************************************

REM Creation du fichier de demarrage de la base : DB_START.SQL
echo connect %L_CONNECT% as sysoper; >db_start.sql
echo startup pfile=%L_INIT% >>db_start.sql
echo exit >>db_start.sql

REM Creation du fichier d'arret de la base : DB_STOP.SQL
echo connect %L_CONNECT% as sysoper; >db_stop.sql
echo shutdown immediate >>db_stop.sql
echo exit >>db_stop.sql

REM Creation du fichier d'arret de la base et de demarrage
REM en mode restreint : DB_RESTEINT.SQL
REM Aucun autre utilisateur supplementaire ne peut se connecter.
echo connect %L_CONNECT% as sysoper; >db_resteint.sql
echo shutdown immediate; >> db_resteint.sql
echo startup pfile=%L_INIT% restrict; >> db_resteint.sql
echo exit >> db_resteint.sql


ECHO ************************************************************
ECHO SAUVEGARDE BASE ARRETEE (SAUVEGARDE A FROID)
ECHO ************************************************************
```

```
ECHO -- Arret de la base et demarrage en mode restreint
%L_SVRMGR% @db_resteint.sql

ECHO -- Creation du script SQL*PLUS pour la sauvegarde a froid
echo set heading off; >%L_SAUVE%\sauve.sql
echo set feedback off; >>%L_SAUVE%\sauve.sql
echo spool %L_SAUVE%\sauve.cmd; >>%L_SAUVE%\sauve.sql
echo select 'copy '^|^|member^|^|' %L_SAUVE%' from v$logfile; ✂
>>%L_SAUVE%\sauve.sql
echo select 'copy '^|^|name^|^|' %L_SAUVE%' from v$controlfile; ✂
>>%L_SAUVE%\sauve.sql
echo select 'copy '^|^|name^|^|' %L_SAUVE%' from v$datafile; ✂
>>%L_SAUVE%\sauve.sql
echo spool off; >>%L_SAUVE%\sauve.sql
echo exit; >>%L_SAUVE%\sauve.sql

ECHO -- Lancement du script SQL pour créer le script de sauvegarde
%L_PLUS% %L_CONNECT% @%L_SAUVE%\sauve.sql

ECHO -- Arret de la base de donnees
%L_SVRMGR% @db_stop.sql


ECHO -- Ajoutez ici les autres fichiers a sauvegarder
echo rem Autres fichiers a sauvegarder... >>%L_SAUVE%\sauve.cmd

ECHO -- Lance le script de sauvegarde
call %L_SAUVE%\sauve.cmd

ECHO -- Optionnel : arrete le process Oracle
net stop OracleService%ORACLE_SID%
net start OracleService%ORACLE_SID%

ECHO -- Demarre la base de donnees
%L_SVRMGR% @db_start.sql

ECHO -- Sauvegarde a froid terminee
endlocal
ECHO ****************************************************************
ECHO Fin du script
ECHO ****************************************************************
```

Résumé

Ce chapitre a abordé, en les commentant, différents types de sauvegarde : au moyen d'utilitaires standard, d'Oracle Enterprise Manager et enfin par des scripts de commandes.

De nombreux conseils sont fournis pour vous aider à choisir parmi ces sauvegardes et pour les mettre en œuvre.

11

Les disques durs : FAT, NTFS et RAID

Ce chapitre concerne à la fois votre administrateur système et votre administrateur Oracle8. Sur les systèmes Windows NT, il s'agit souvent d'une seule et même personne.

Nous commentons d'abord un aspect important de votre système : le stockage des données. Windows NT propose les technologies FAT et NTFS. Avec ces technologies, vous pouvez mettre en œuvre des techniques RAID. Tous ces points sont traités dans le cadre de la mise en œuvre d'une base de données, qui a des contraintes spécifiques.

Nous abordons aussi les fichiers de type Raw Devices, ainsi que la notation de fichiers UNC, confinée à Windows NT et à l'univers Microsoft.

Tous ces points sont abordés en indiquant leur influence sur les performances dans le contexte d'une base de données.

Les différents systèmes de fichiers : FAT et NTFS

Windows NT permet de mettre en place deux types de systèmes de fichiers : FAT ou NTFS. Les logiciels d'Oracle8 ainsi que les bases de données peuvent être installés indifféremment sur l'un ou sur l'autre.

Le choix de l'un ou de l'autre s'opère au niveau du formatage des disques et se trouve donc sous la responsabilité de votre administrateur de système Windows NT. Ce formatage de disques se fera aussi bien sur des disques classiques que sur des disques de technologie RAID.

Le système de fichiers a une grande importance pour une base de données dans la mesure où celle-ci le sollicite fortement. Les critères majeurs sont les suivants :

Sécurité d'accès

Le système FAT est très peu sécurisé. Dès qu'un utilisateur est connecté, il dispose de tous les droits sur n'importe quel fichier FAT.

Au contraire, NTFS propose une sécurité plus évoluée. Un utilisateur connecté à un système de fichiers NTFS doit disposer des droits d'accès aux fichiers pour pouvoir les manipuler.

Taille maximale

La taille maximale d'un fichier n'est plus un problème, ni pour FAT, ni pour NTFS. Pour FAT, la taille maximale est de 16 Go par fichier, pour NTFS, on dépasse le téraoctet.

De toutes façons, nous vous recommandons des tailles inférieures pour vos fichiers base car vos supports de sauvegarde (bandes, cartouches...) doivent pouvoir les contenir.

Performances

Dès que le volume d'un disque devient important (> 500 Mo), le système de fichiers NTFS est plus rapide que le FAT (ce point est traité dans ce chapitre). Ne mettez pas en œuvre le système de compression des données de NTFS qui ralentit les accès.

Comme les disques FAT sont rapides pour des fichiers de petite taille, placez dessus les fichiers de contrôle et redo-log. Réservez les disques NTFS aux fichiers composant la base de données.

Taille du cluster

La taille du cluster est l'unité d'échange entre votre système d'exploitation et vos disques. Il représente la façon dont Windows NT formate votre disque dur.

Pour Oracle8, l'unité d'échange entre sa zone de mémoire réservée (SGA) et la base de données se fait suivant la taille du paramètre DB_BLOCK_SIZE. Ce paramètre est précisé lors de la création de la base de données.

Note : Vous devez vous assurer que la taille DB_BLOCK_SIZE d'Oracle est égale ou constitue un multiple de la taille du cluster de disque.

FAT et NTFS : recommandations

Pour de petites configurations sans besoin particulier de sécurité ni de performances, des disques au formatage FAT conviennent. Comme Microsoft recommande fortement le formatage NTFS des disques NT pour gérer la sécurité d'accès, vous pouvez utiliser ces disques pour Oracle : ils sont plus performants pour les gros fichiers des bases de données.

Les technologies RAID

Le « mirroring », le « duplexing », le « shadowing » ou encore le « stripping » sont autant de techniques destinées à améliorer les performances entrée/sortie des disques et à renforcer la sécurité des unités de stockage de masse.

Depuis quelques temps, les performances des processeurs ont, en moyenne, doublé chaque année. Dans le même temps, la capacité des périphériques de stockage a doublé, mais au rythme d'une fois tous les trois ans seulement. Il y a un décalage évident d'évolution des performances entre les disques durs et les processeurs.

Pour pallier ces décalages, nous sommes amenés à mettre en œuvre des techniques capables, malgré la « lenteur » des disques, d'exploiter au mieux la cadence élevée des processeurs tout en satisfaisant les besoins croissants en capacité de stockage des systèmes informatiques actuels.

Un système disque de type RAID (Redundant Array of Inexpensive Disks) a pour objectif de répondre aux principaux critères de performance et de protection des données.

Une panne sur l'un des disques du système ne doit ni altérer l'exploitation ni entraîner de perte de données. En cas de défaillance d'un disque RAID, les techniques utilisées sont celles du mirroring (recopie complète d'un ou de plusieurs disques à partir d'un contrôleur), du duplexing (principe très proche, mais via deux contrôleurs distincts et synchronisés) et du stripping (combinaison de plusieurs unités physiques en une seule unité logique et distribution des blocs de données sur l'ensemble de ces unités logiques). Plusieurs niveaux RAID existent (RAID 1, RAID 2, ... , RAID 5) qui peuvent prêter à confusion. Le niveau RAID 3, par exemple, ne se base pas du tout sur le niveau RAID 2. Il est plus approprié de parler de types RAID.

Le panachage entre les accès écriture et lecture ainsi que la longueur d'un transfert sont des points importants. Les performances varient également avec la longueur (taille) des demandes aux disques et, par conséquent, en fonction de l'application. Une application transactionnelle travaillera plutôt avec de petites requêtes courtes et fréquentes, alors qu'une application décisionnelle (infocentre, datawarehouse), effectuera des requêtes plus longues et des « balayages » séquentiels de disques.

On ne peut pas affirmer que les systèmes RAID apportent une solution sur mesure à tous les problèmes de flux de données. Une solution RAID n'est pas forcément plus rapide que les mêmes disques utilisés d'une manière conventionnelle.

RAID niveau 0

Le RAID 0 définit une technique d'entrelacement (stripping) : cela consiste à assembler plusieurs petites unités de disque pour composer une grande unité logique. Aussi, l'information ne sera pas écrite en contigu sur une seule unité physique, mais sera décomposée et stockée sur plusieurs unités. Pour lire ou écrire une information, plusieurs disques sont en jeu, ce qui augmente le débit de transfert. Le facteur d'entrelacement indique la taille du fragment stocké sur une seule unité physique. Plus ce facteur est petit (1 octet), plus le débit de transfert moyen s'en trouvera amélioré par un transfert en parallèle sur toutes les différentes unités.

Avantages et inconvénients

Dans le cas de défaillance d'un seul des disques de l'ensemble, l'accès à la totalité des données est souvent impossible. Pour cette raison, on dit souvent que le système RAID 0 (stripping) n'est pas un véritable système RAID. Les performances sont excellentes, mais l'insécurité rend la solution inadaptée aux impératifs de l'entreprise.

RAID niveau 1

Le RAID 1 définit la technique du disque miroir (mirroring). Le principe consiste à dupliquer toutes les données d'un disque (ou d'un périphérique RAID appelé RAID 10 ou RAID 0+1) sur un second disque.

Avantages et inconvénients

RAID 1 est une technique simple et facile à mettre en œuvre. Elle est cependant très onéreuse car seule la moitié de la capacité totale de stockage est disponible pour vos données. Ses performances (proches du débit maximal d'un disque) ainsi que la sécurité sont excellents.

RAID niveau 2

L'algorithme de détection et de correction d'erreurs utilisé pour le RAID 2 est l'ECC (Error Correction Code). Les données sont stockées suivant le même principe que le RAID 0 (répartition des bits sur plusieurs unités physiques), à la différence qu'on y ajoute des bits de contrôle ECC écrits sur une unité physique supplémentaire. On observe souvent 4 disques de données pour 3 disques ECC.

Avantages et inconvénients

La sécurité est excellente mais les performances sont médiocres avec ce type RAID.

RAID niveau 3

Par rapport au RAID 2, le niveau 3 remplace les unités ECC par un seul disque destiné au contrôle de parité.

Avantages et inconvénients

Les performances sont excellentes pour la lecture de nombreux blocs mais faibles pour les écritures de petits blocs, tout transfert physique étant précédé de nombreux accès en lecture, afin de localiser les blocs physiques. Les écritures offrent ainsi des performances très moyennes.

RAID niveau 4

Le RAID niveau 4 est identique au RAID 3, mise à part la valeur du facteur d'entrelacement. Cette technique présente un avantage considérable : la lecture d'un nombre de blocs réduit n'impose pas un accès physique à l'ensemble des unités du système, mais se limite aux unités où sont stockées les données.

Avantages et inconvénients

La capacité en lecture/écriture du RAID 4 se trouve améliorée pour les petits transferts par rapport au RAID 3. En revanche, pour les gros transferts, le RAID 3 conserve l'avantage.

RAID niveau 5

RAID 3 et RAID 4 doivent accéder au disque de parité, en écriture comme en lecture. Pour RAID 5, les données et les indicateurs de parité se trouvent répartis sur tous les disques du système.

Avantages et inconvénients

Les accès en lecture comme en écriture sont améliorés, puisque les accès physiques sont répartis sur plusieurs unités. Si le facteur d'entrelacement est trop faible, beaucoup trop de disques seront accédés même pour de petites requêtes.

En considérant le débit en Mo par seconde, un ensemble RAID 5 est nettement moins performant qu'un disque dur unique. Comme les contrôleurs de disque peuvent écrire de manière asynchrone, ces performances peuvent s'approcher de celles d'un RAID 0.

Les petites lectures sont excellentes à condition que les données soient contenues dans la taille d'un bloc d'entrelacement. Une lecture n'accède qu'à un bloc d'un disque, dans ce cas.

Comparaison des différents niveaux RAID

C'est l'association des deux critères performance et sécurité qui entraîne le choix d'une solution RAID. Si l'on ne recherche que la performance, une solution « classique » sans RAID sera pratiquement toujours plus performante.

Bien souvent, le choix d'un système RAID se limite à deux possibilités : RAID 1 ou RAID 5. Ce sont en effet eux qui offrent les meilleurs rapports performances/sécurité.

Capacité de stockage

Les différentes manières d'assurer la sécurité influent sur le volume disque mis à votre disposition par rapport au volume total requis.

Pour le RAID niveau 5, ce niveau se situe entre 80 % et 90 % du volume total, alors que le RAID 1 ne laisse que 50 % du volume total à votre disposition.

Coût d'acquisition

Ce critère est directement lié au précédent.

Sécurité

RAID 1 et RAID 5 sont excellents, l'un comme l'autre. Après un « crash » disque, le RAID 5 immobilise moins votre système, car il propose souvent la possibilité de reconstruire le disque manquant à partir des informations de parité stockées sur les autres disques. Pour le RAID 1, comme on opère une copie disque à disque, le disque en reconstruction est mobilisé à près de 100 %, ce qui le rend indisponible pour les autres opérations.

Performance

La performance respective des différents systèmes RAID est difficile à évaluer car les besoins sont nombreux entre les opérations lecture ou d'écriture, le volume des données touchées ainsi que la fréquence ou la charge transactionnelle. Chaque système présente des points forts et des points faibles en fonction de ces considérations.

Un RAID 5 sera excellent dans le cas d'une grosse charge d'écritures, alors que le RAID 1 qui doit doubler toutes les écritures sera ainsi défavorisé. Ces critères sont inversés dans le cas de lectures massives.

Note : Dans le cas du RAID 5, n'oubliez pas que le facteur d'entrelacement de vos disques doit être un multiple du paramètre DB_BLOCK_SIZE d'Oracle, qui définit la taille des blocs échangés entre les fichiers de la base Oracle, la mémoire et les processus. S'il est plus petit, chaque bloc accédé impose l'accès à plusieurs disques. S'il n'en constitue pas un multiple, de l'espace disque est gaspillé car un seul bloc Oracle est contenu dans un bloc de stripping et la place restante est perdue.

FAT, NTFS et technologie RAID

Toutes ces techniques se marient entre elles. Sur une unité de disque RAID ayant sa propre configuration, vous pouvez construire des systèmes de fichiers Windows NT de type FAT ou NTFS.

Votre système Windows NT peut mixer toutes ces technologies. Vous pouvez avoir des disques FAT à l'intérieur de votre machine et une baie de disques RAID au format NTFS à l'extérieur.

Il en est de même pour les contrôleurs de disques. Ils peuvent être sous forme d'un logiciel incorporé en standard dans Windows NT, ou encore sous forme d'une carte matérielle branchée dans votre ordinateur ou présente dans votre baie de disques externe.

Dans tous les cas, nous vous conseillons de croiser les informations en provenance de vos fournisseurs de matériel avec celles en provenance d'utilisateurs de bases de données. Et surtout, n'oubliez pas qu'avoir un système de disques performant et sécurisé ne vous dispense pas de réaliser des sauvegardes.

Les fichiers de type Raw Devices

Tout comme le système d'exploitation Unix, Windows NT permet à Oracle8 d'utiliser des partitions de type Raw Devices. Ces partitions sont des portions de vos disques durs qui ne sont pas affectées à des systèmes de fichiers. Les mécanismes d'échange entre Oracle8 et les fichiers Raw Devices court-circuitent complètement le système de fichiers de Windows NT. Les lectures et les écritures sont directes entre Oracle8 et les partitions Raw Devices.

Ce système de fichiers est le plus performant. On estime les gains d'accès en entrées/sorties disque entre 2 % et 5 %. Mais dans ce cas, l'exploitation est beaucoup plus délicate car vous manipulez des fichiers qui ne sont pas visibles au niveau du système d'exploitation.

Un fichier Raw Devices n'a pas de « nom » sous Windows NT (comme 'c :\toto.txt'), c'est la partition qui lui sert de nom. Pour les manipuler, la syntaxe doit être du type : '\\.\k:' où k: est la lettre affectée à votre partition.

Dans les configurations de type cluster, comme Oracle Parallel Server, les différentes machines composant le cluster accèdent simultanément à un jeu de disques commun. Les fichiers de la base sont obligatoirement du type Raw Devices.

Actuellement, Windows NT présente des faiblesses pour manipuler ce type de fichiers. Bien que l'on puisse les créer, il n'existe aucune commande du système d'exploitation pour les manipuler. Par exemple, pour sauvegarder vos fichiers Raw Devices, vous devez utiliser des outils de sauvegarde du marché dont les logiciels permettent de manipuler les fichiers Raw Devices entre vos disques et les bandes. Unix dispose de plus de souplesse pour ces fonctions évoluées.

Utilisation des noms de fichiers UNC

L'UNC ou *Universal Naming Convention* est le nom complet d'une ressource sur un réseau Windows NT, conforme à la syntaxe *\\nom_serveur\nom_partagé* où *nom_serveur* correspond au nom de votre serveur et *nom_partagé* est le nom de la ressource partagée sur ce serveur.

Pour utiliser la notation UNC, il faut que l'utilisateur Windows NT sous lequel vous êtes connecté ait les droits suffisants.

Par défaut, la base Oracle8 fonctionne sous l'utilisateur Windows NT SYSTEME. Cet utilisateur ne permet pas l'utilisation des fichiers UNC. Pour que la base de données puisse utiliser des fichiers respectant la notation UNC, il faut modifier le compte par défaut sous lequel la base Oracle fonctionne.

Vous pouvez le changer à partir du gestionnaire des services de Windows NT :

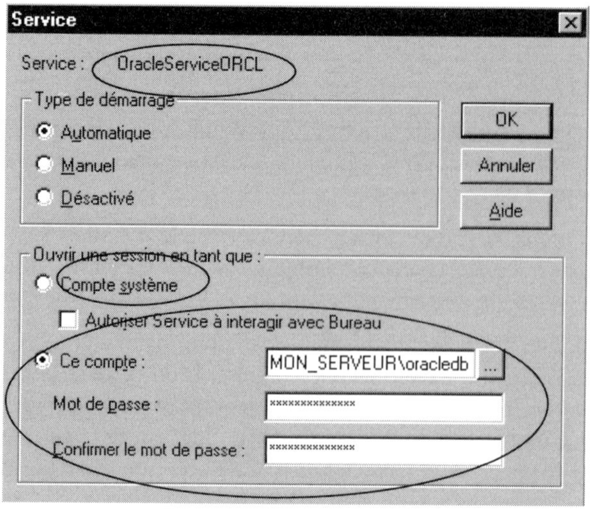

Note : Ce type de fonctionnement est fortement déconseillé, parce que les fichiers composant vos bases de données peuvent ainsi se trouver sur différents serveurs qui ne sont pas forcément tous accessibles. De plus, vous introduisez le réseau et ses problèmes d'engorgement entre le moteur Oracle et l'accès à ses données. Le seul intérêt est de pouvoir copier automatiquement vos fichiers redo-log archivés sur une autre machine. La destination des fichiers respectera la syntaxe UNC. Vous n'aurez aucune aide du support technique si vous utilisez cette notation (cela est interdit par Oracle), mais cela peut dépanner dans certains cas.

Résumé

Ce chapitre concerne à la fois votre administrateur système ainsi que votre administrateur Oracle8. Sur les systèmes Windows NT, c'est souvent une seule et même personne !

Toutes les informations ont été données dans le souci de vous aider à choisir et mettre en œuvre une solution matérielle adaptée à vos besoins. On accorde beaucoup de temps à choisir son type de processeur, le volume mémoire, etc., beaucoup moins au choix et à la mise en œuvre des disques, en dépit de l'importance pour la performance globale d'une base de données.

12

Optimisation et performances

Comment tirer le meilleur parti d'Oracle8 sur Windows NT ? Ce sujet est vaste : l'optimisation ou « tuning » consiste à établir le meilleur niveau de performances d'un système en tenant compte de contraintes souvent contradictoires. Notre objectif est de vous donner un ensemble d'éléments fondamentaux pour assurer des performances aussi bonnes que possible.

Le chapitre précédent a traité l'aspect important de votre système de stockage de données. Nous vous proposons de le lire préalablement, car votre optimisation est limitée si votre système de fichiers constitue un goulet d'étranglement.

Nous indiquons comment paramétrer Windows NT pour obtenir des performances maximales dans un contexte de base de données et nous aborderons les paramètres d'Oracle8 qu'il est important de connaître pour améliorer encore ces performances.

L'optimisation de Windows NT

Comparé à Unix, Windows NT dispose de beaucoup moins de leviers pour ajuster les performances globales du système. Cela peut être gênant pour de grands systèmes Windows NT mais c'est en général un avantage pour toutes les configurations intermédiaires.

La plupart des actions menées au niveau de Windows NT ont pour but de limiter les ressources consommées par des tâches autres que la base de données.

Les principales recommandations sont les suivantes :

Réduisez la priorité des applications de premier plan

Donnez un maximum de temps de traitement à Windows NT pour les tâches de fond, c'est-à-dire la base de données.

A partir du panneau de configuration, lancez l'utilitaire de configuration du système : Démarrer > Paramètres > Panneau de configuration, puis Système.

Affectez un maximum de temps processeur aux applications fonctionnant en tâche de fond.

C'est aussi à partir de cet écran que vous définissez la taille du fichier d'échange de votre système, c'est-à-dire sa zone de « swap » qui, lorsque la taille de la mémoire disponible est dépassée, servira à stocker sur disque des informations prévues normalement en mémoire. L'utilisation de ce fichier d'échange est à surveiller, nous verrons comment dans ce même chapitre, car les accès disques sont beaucoup plus lents que les accès mémoire.

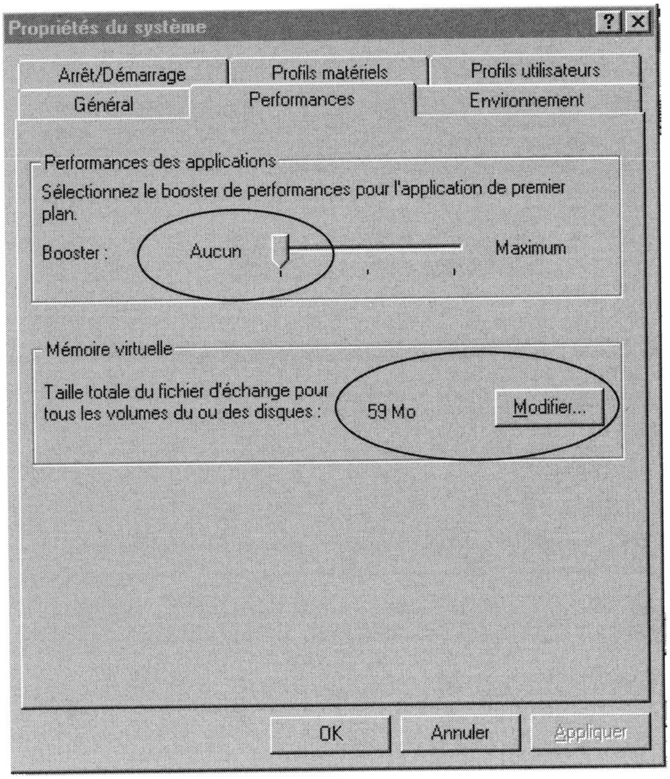

Définissez votre serveur NT comme serveur d'application

Windows NT est un système d'exploitation capable d'adresser plus de 4 Go de mémoire. La moitié de la mémoire disponible est réservée par Windows NT pour son système de fichiers et ses propres services.

Peu de serveurs Windows NT peuvent s'offrir le luxe de disposer de 4 Go de mémoire, c'est pourquoi le fichier d'échange joue un rôle important. Le gestionnaire de mémoire de Windows NT gère la répartition de la mémoire entre une utilisation de la mémoire physique et une utilisation du fichier d'échange.

Par sa conception, Windows NT est avant tout un serveur de fichiers et d'impression. Près de 40 % de la mémoire est affectée à ces tâches, qui sont à éviter sur un serveur de base de données. Il faut donc modifier la configuration du serveur pour qu'il octroie plus de mémoire et de temps processeur à l'application base de données.

A partir du Panneau de configuration, lancez l'application *Réseau*.

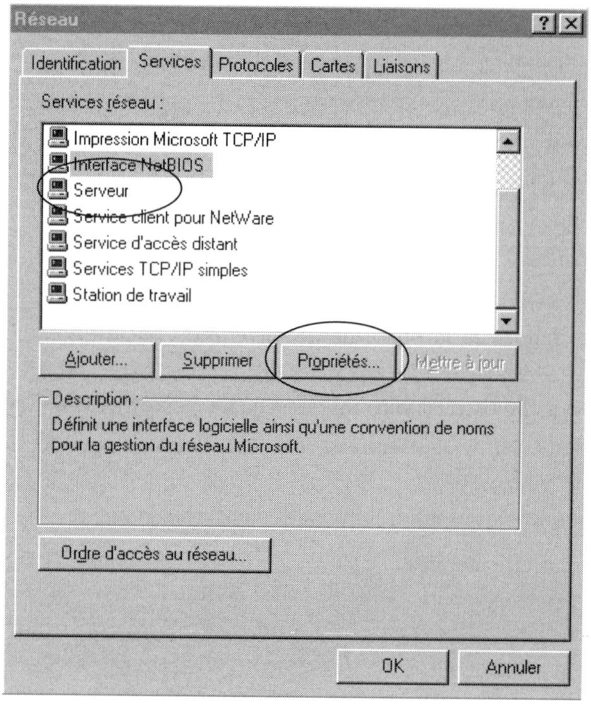

Dans l'onglet *Services*, sélectionnez *Serveur* puis *Propriétés*. Sélectionnez le bouton radio pour avoir un *serveur d'application* et validez votre action.

Supprimez les services non indispensables

De nombreux services sont lancés par Windows NT et par Oracle8. Annulez tous ceux qui ne sont pas indispensables à votre configuration.

A partir du Panneau de configuration, choisissez l'icône *Services*.

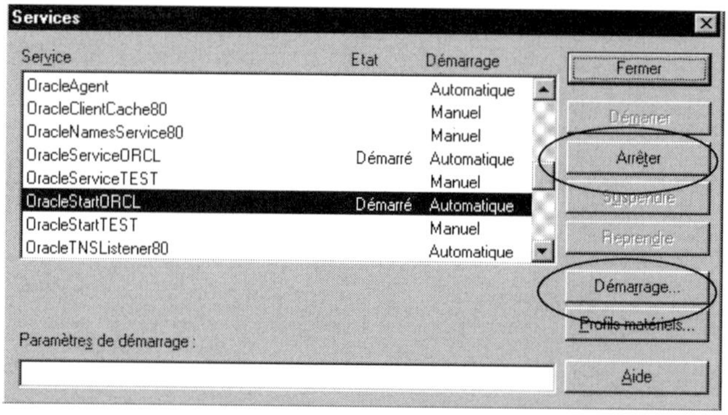

Vous pouvez arrêter chaque service et définir ses propriétés de démarrage lors du prochain lancement de votre machine.

Certains services peuvent normalement être stoppés :

- Plug and Play (en dehors de nouvelles installations) ;
- Gestionnaire de connexions d'accès distant ;
- Gestionnaire de numérotation automatique d'accès distant ;
- Serveur d'accès distant ;
- Service Téléphonie ;
- OracleAgent (en dehors de la phase de découverte d'Oracle Enterprise Manager et du lancement de jobs et d'events) ;
- OracleNamesService80 (sauf si vous utilisez Oracle Names, ce qui est rare) ;
- OracleWebAssistant (si vous n'utilisez pas cet outil qui publie des pages HTML extraites de vos bases) ;
- ... et tous ceux qui ne sont ni utiles, ni utilisés dans votre contexte.

D'autres ne doivent pas être stoppés :

- L'enregistrement d'événements ;
- Messagerie ;
- Service d'appels RPC ;
- Serveur ;
- Planning ;
- Aide TCP/IP NetBIOS ;
- Station de travail ;
- OracleService*SID* ;
- OracleStart*SID* ;
- OracleTNSListener80.

Supprimez les protocoles inutiles et adaptez leur ordre

Différents protocoles sont installés sur votre serveur et, certains, peuvent certainement être supprimés.

A partir du Panneau de configuration, lancez l'icône *Réseau* et sélectionnez l'onglet *Protocoles*.

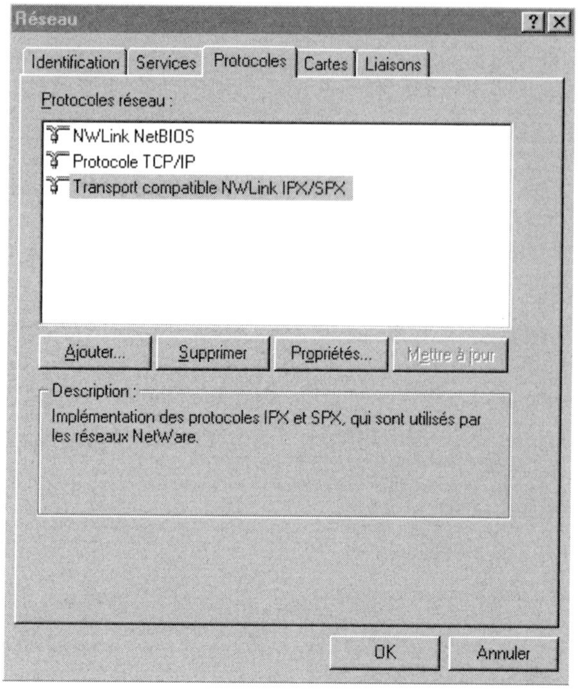

Supprimez les protocoles réseau qui ne sont pas indispensables à votre configuration. Attention, cela peut avoir des conséquences importantes sur votre serveur (bien que tous les protocoles puissent être réinstallés) et doit être fait en collaboration avec votre administrateur réseau.

Si plusieurs protocoles sont exploités sur votre serveur, donnez-leur un ordre qui favorise le protocole le plus utilisé par votre base Oracle8. Ce protocole est très souvent TCP/IP. Passez par l'onglet *Liaisons* du gestionnaire de réseau.

Pour chaque service réseau, mettez le protocole de communication de votre base de données en tête des protocoles utilisés à l'aide des boutons *Monter* et *Descendre.*

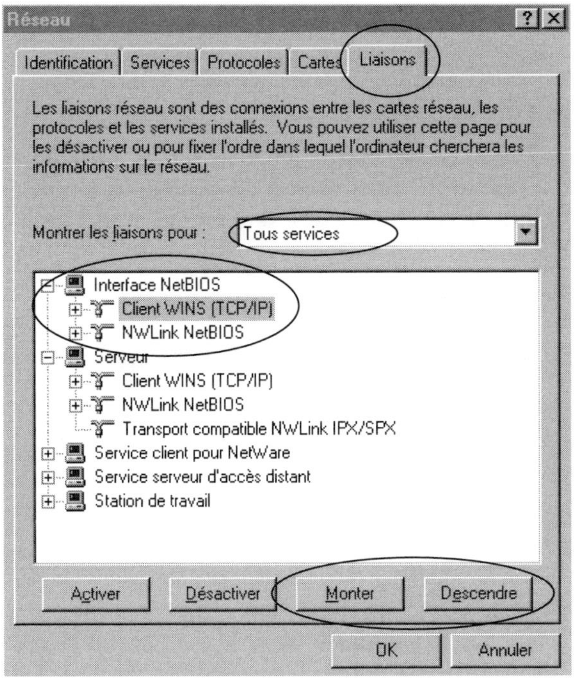

Utilisez le dernier Service Pack de Windows NT

Microsoft améliore Windows NT en sortant régulièrement des correctifs ou Service Packs. Ils comprennent des améliorations touchant les performances, la sécurité, des corrections de bugs, etc. Ils sont numérotés et doivent être lancés dans l'ordre de leur parution : Service Packs 1, puis 2, puis 3...

Pour les systèmes Windows NT en langue française, attendez que Microsoft édite le Service Packs en français. Des problèmes ont été constatés en lançant des Service Packs américains sur des NT français. Ne soyez pas trop pressé : on a vu des Services Packs dont beaucoup d'améliorations consistaient en une correction des bugs introduits par le Service Packs précédent.

Utilisez des disques performants, bien configurés

Le chapitre précédent a traité différents types de configuration des disques. Cette technologie évolue moins vite et d'une façon moins médiatisée que celle des processeurs. Nous vous recommandons d'en prendre le plus grand soin. Une grande partie des performances globales de votre système provient des disques. De plus, il est facile de prévoir une configuration homogène alors qu'il est difficile et contraignant d'en modifier une existante.

Les niveaux RAID les plus utilisés sont les niveaux 0 (très bonnes performances, aucune tolérance aux pannes), niveau 1 (mirroring), niveau 0+1 (combine les deux techniques :

performances et tolérances aux pannes) et enfin le niveau 5 (tous les disques forment un volume logique où les données sont entrelacées ou strippées sur les différents disques, avec un contrôle de parité pour la tolérance aux pannes). Les performances relatives des niveaux RAID sont commentées dans le chapitre précédent.

L'entrelacement ou *stripping* est une opération touchant le niveau physique des disques. Il peut être réalisé par Windows NT ou, de manière plus performante, par le contrôleur RAID. N'oubliez pas que le facteur d'entrelacement doit être un multiple du DB_BLOCK_SIZE que vous utiliserez pour la base Oracle8. Ces points sont commentés dans le chapitre précédent.

Répartissez vos fichiers sur les différents disques

Chaque base de données se compose de différents types de fichiers : les fichiers redo-log, les fichiers de contrôle et les fichiers composant la base de données. Ces fichiers ont des comportements différents avec les disques.

Les fichiers redo-log sont utilisés par chaque transaction. Une petite écriture est effectuée immédiatement et séquentiellement dans l'un des fichiers redo-log. Leur importance est fondamentale dans le fonctionnement d'une base Oracle8 : votre écriture physique dans les fichiers base de données peut être différée : c'est l'écriture dans les fichiers redo-log qui garantit la sécurité. Tout ralentissement à ce niveau a un impact direct sur le temps de réponse des utilisateurs lors d'insertions, de suppressions ou de modifications. Le disque qui les contient doit être très rapide pour les petites écritures. Les redo-log peuvent être multiplexés sur différents disques pour plus de sécurité.

Les fichiers de contrôle sont peu utilisés. Ils doivent, eux aussi, être situés sur des disques rapides pour de petites écritures. L'emplacement des copies est défini dans le fichier INIT*SID*.ORA de chaque instance.

Ce sont les fichiers composant la base de données qui sont les plus sensibles aux performances des disques. Il faut qu'ils soient répartis, si possible, sur différents disques pilotés par des contrôleurs différents. A un disque de grande capacité de stockage, préférez plusieurs petits disques qui offrent souvent de meilleures performances.

Nos recommandations pour placer les différents fichiers

Une partition FAT est indispensable à votre partition d'amorçage (boot) de Windows NT, pour permettre de redémarrer votre système à partir d'une disquette en cas de problème. Le système Windows NT ainsi que les exécutables Oracle8 peuvent être installés sur cette même partition FAT.

Les différents fichiers composant les tablespaces sont normalement placés sur des partitions NTFS.

Vos fichiers de contrôle et surtout redo-log peuvent être placés sur une partition FAT si des engorgements sont constatés au niveau des entrées/sorties disque en NTFS.

Si vous êtes surchargé en entrées/sorties disque, vous pouvez modifier votre DB_BLOCK_SIZE (mais cela vous oblige à reconstruire complètement votre base de données) ou encore utiliser des fichiers sur des partitions Raw Devices.

Répartissez votre mémoire virtuelle sur différents disques

Windows NT écrit dans des fichiers disque dédiés lorsqu'il dépasse sa capacité mémoire. Cela doit être évité si possible, car les accès aux disques sont beaucoup plus lents que les accès à la mémoire.

Répartissez vos fichiers d'échange Windows NT sur différents disques, pour de meilleures performances.

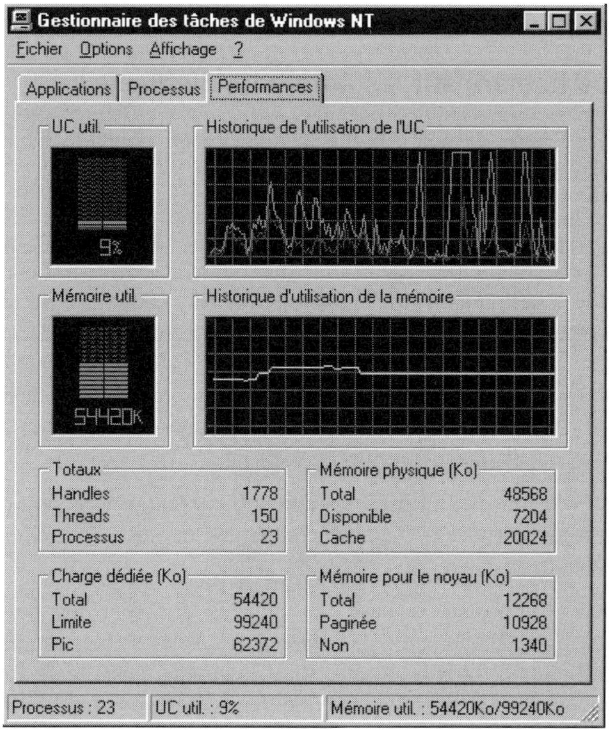

Le Gestionnaire des tâches et l'Analyseur de performances vous aident à visualiser la quantité de mémoire, physique et logique, mobilisée par votre système.

Fermez toutes les applications inutiles

Comme pour les services, fermez toutes les applications inutiles qui fonctionnent sur votre serveur :

Les applications démarrées au lancement de la machine

Certaines applications comme les barres d'outils de Microsoft Office sont démarrées au lancement de la machine. Ce sont des applications inutilement encombrantes qui n'ont pas leur place sur un serveur base de données.

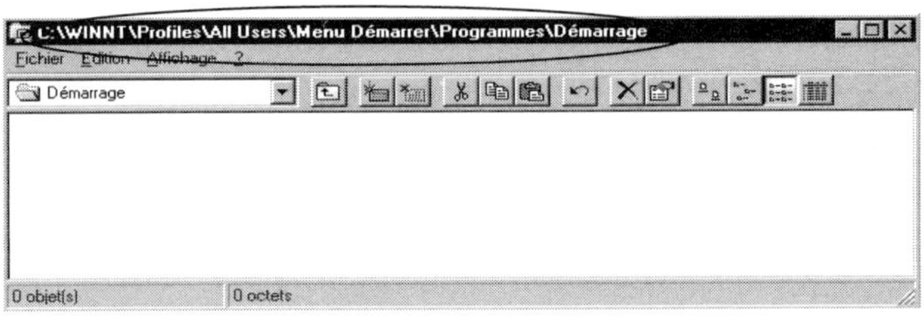

Les économiseurs d'écran

On les oublie souvent, mais ce sont de véritables catastrophes en terme de consommation processeur et mémoire. S'ils travaillent sur une station autonome, pourquoi pas. Mais dans le cadre d'un serveur base de données, ne laissez pas un pourcentage important de vos ressources ainsi gaspillé.

L'économiseur d'écran est accessible à partir de : Démarrer > Paramètres > Panneau de configuration, icône D*isplay*.

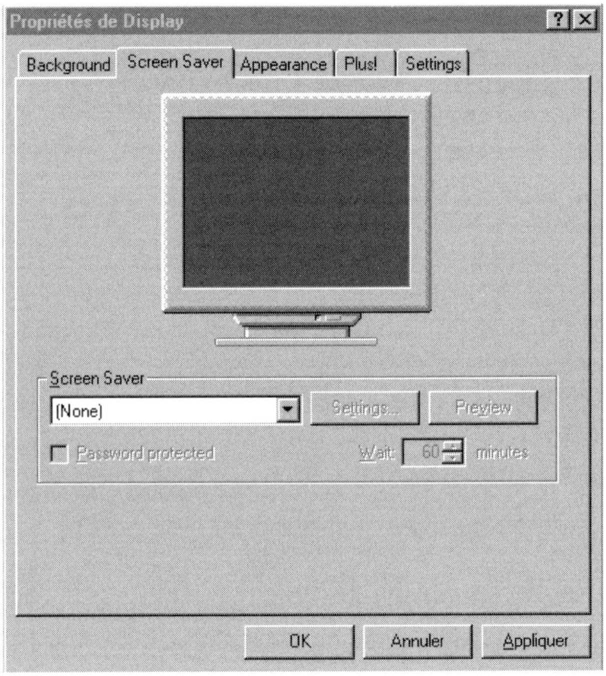

Choisissez l'économiseur le plus simple possible, en évitant les « Flying Toasters » et autres fractales.

L'optimisation d'Oracle8

L'art du tuning est complexe et peut être long. C'est un processus itératif pour lequel l'impact de la modification d'un paramètre doit être mesuré. Seuls les points fondamentaux sont abordés dans ce chapitre. Qu'on ne s'y trompe pas, ils constituent souvent 80 % à 90 % des gains attendus d'une optimisation.

Tout d'abord, 80 % des performances viennent de l'application. Même avec un tuning parfait, vous ne compenserez jamais une application défaillante. Les règles de l'art du développement doivent être respectées en préalable à toute optimisation.

Les aspects traités pour Oracle8 concernent le paramétrage de la base de données, sa bonne organisation physique ainsi que la pertinence des statistiques mises à la disposition de son optimiseur.

L'organisation physique de la base de données

Dans une base Oracle8, l'organisation physique doit respecter la règle fondamentale du rangement : une place pour chaque chose et chaque chose à sa place. La base de données ne déroge pas à cette règle : si tout est bien rangé, elle travaille plus vite avec moins d'efforts.

Les point importants à vérifier sont : la taille adéquate du DB_BLOCK_SIZE, l'absence de fragmentation et de chaînage pour les tables et les index et enfin la pertinence des statistiques mises à la disposition de l'optimiseur d'Oracle8.

Le DB_BLOCK_SIZE d'Oracle

Il y a de gros gains de performance à attendre de ce paramètre. Il a été abordé dans le chapitre 3 *(L'installation d'Oracle8 sur NT)* et le chapitre 7 (*Gestion d'une base Oracle8)*. Il définit l'unité de taille qui servira de fondement à tous les échanges internes à la base de données, au niveau des disques et de la mémoire. Sous Windows NT, on rencontre principalement les valeurs 2 K, 4 K ou 8 K.

Ce paramètre est fixé une fois pour toutes, lors de la création de la base de données. Il ne peut être modifié par la suite. Il est défini dans le fichier Init*SID*.ora et peut être vérifié en lançant l'ordre SQL suivant à partir de SQL*Plus :

```
SQL> connect system
SQL> select name, value from v$parameter where name='DB_BLOCK_SIZE' ;
```

Suivant la valeur de ce paramètre, vous pouvez réduire très fortement le nombre d'accès à vos disques. Entre DB_BLOCK_SIZE à 2 K et 8 K les accès disque peuvent être diminués d'un facteur quatre ! Encore faut-il que votre application en bénéficie ! On pratique souvent la répartition suivante :

- 2 K : pour les applications réalisant beaucoup de transactions, qui accèdent et manipulent peu de données à la fois.
- 4 K : valeur intermédiaire, correcte pour les applications transactionnelles et des requêtes balayant beaucoup de blocs de données sur disque.

- 8 K : pour les applications décisionnelles : infocentre, datawarehouse, qui accèdent toutes à de gros volumes de données.

Note : Pour que ce gain de performance soit valable, n'oubliez pas que la taille du DB_BLOCK_SIZE choisi doit être un multiple du facteur d'entrelacement (stripping) de vos disques RAID ou NTFS.

Avoir des tables et des index ni fragmentés, ni chaînés

Les tables et surtout les index ne doivent être ni fragmentés, ni chaînés. La fragmentation intervient lorsque l'espace physique initial alloué à un objet se trouve rempli. Oracle alloue automatiquement une extension à cet objet. Cette allocation automatique d'espace supplémentaire ne se situe pas forcément dans le voisinage de l'extension initiale. Avoir de la fragmentation, c'est obliger ses disques durs à des déplacements constants, lors du balayage d'un même objet.

Le chaînage intervient dans le cas suivant : lors de sa création, l'enregistrement est contenu dans un bloc Oracle. Si, par la suite, il est modifié et si les données « ajoutées » ou « modifiées » ne tiennent plus dans ce bloc initial, il y a chaînage de l'enregistrement vers un autre bloc. Ceci est normalement limité par les paramètres PCTFREE et PCTUSED, utilisés pour gérer une table. Ils permettent de prévoir un pourcentage de la taille totale de l'enregistrement « par sécurité » pour intégrer les modifications ultérieures.

Note : Pour des enregistrements qui évoluent et qui sont modifiés dans le temps, PCTFREE est utile. En revanche, si vos données sont insérées et jamais modifiées (cas fréquent des bases décisionnelles), il est préférable de fixer PCTFREE à zéro pour vos tables et index afin de limiter la place disque occupée par vos objets.

Comment mesurer la fragmentation ?

La fragmentation n'est pas forcément grave pour une table, elle est beaucoup plus gênante pour un index. L'accès à la table doit être rapide et un index fragmenté entraîne des « sauts » de place en place sur le disque, lors de son balayage. L'outil Oracle Tablespace Manager d'Oracle Enterprise Manager Performance Pack permet de mettre en évidence la fragmentation de votre disque.

La requête SQL suivante, lancée à partir de SQL*Plus, vous permet de mesurer le nombre d'extensions des objets de votre base :

```
SQL> connect system
SQL> col owner for a8
SQL> col segment_name for a17
SQL> col segment_type for a9 heading "Type Seg"
SQL> col extents for 9999 heading "Ext"
SQL> select segment_name, tablespace_name, segment_type, extents, bytes,
owner from sys.dba_segments
 where owner != 'SYS' or (owner = 'SYS' and segment_type = 'ROLLBACK')
 and owner != 'SYSTEM'
 order by owner, segment_Type desc, segment_name
/
SQL>
```

Le résultat de cette requête visualise, par propriétaire, les tables et les index fragmentés :

```
                         Place utilisee par segment
```

```
                    (tri par owner puis type de segment)

SEGMENT_NAME  TABLESPACE_NAME  Type Segment     Extent          BYTES OWNER
------------  ---------------  ------------     ------          ----- -----
...
BONUS         USER_DATA        TABLE            1               10240 SCOTT
DEPT          USER_DATA        TABLE            4               10240 SCOTT
EMP           USER_DATA        TABLE            5              100240 SCOTT
PK_DEPT       USER_INDEX       INDEX            10              40240 SCOTT
PK_EMP        USER_INDEX       INDEX            11              50240 SCOTT
...
```

Dans cet exemple, figurent les tables et les index, propriétés de l'utilisateur Scott. Les tables EMP, DEPT et surtout les index PK_DEPT, PK_EMP sont fragmentés. Cela nuit à la performance, surtout en regard de la taille des objets. Pour une table de 1 Go, une fragmentation en 4 extensions ne semble pas excessive, une table (ou un index) de 100 Ko qui possède le même nombre d'extensions doit donner lieu à correction.

Dans cette liste d'objets, vos ROLLBACK SEGMENTS sont fragmentés, ce qui est tout à fait normal et souhaité pour eux, car ils contiennent, pour tous les utilisateurs, les transactions en attente de validation ou d'annulation.

Comment limiter la fragmentation ?

La fragmentation des tables et index peut être limitée par les paramètres appropriés liés à vos tables et index. Ce sont essentiellement les clauses de stockage qui le permettent.

Elles définissent la taille initiale de votre objet, la taille de la première extension créée et, enfin, un pourcentage d'incrément appliqué à la précédente extension pour les suivantes.

```
storage (initial taille_initiale_de_l_objet next extent_initial
pctincrease pourcentage_incrément)
```

On trouve donc la syntaxe suivante au niveau de la création des tables et index :

```
CREATE TABLE EMP(
 EMPNO        NUMBER(4, 0),
 ENAME        VARCHAR2(10),
 JOB          VARCHAR2(9),
 MGR          NUMBER(4, 0),
 HIREDATE     DATE,
 SAL          NUMBER(7, 2),
 COMM         NUMBER(7, 2),
 DEPTNO       NUMBER(2, 0))
PCTFREE 10          -- 10% de place libre de 'sécurité'
STORAGE (
INITIAL 1 M         -- taille de l'extent initiale
NEXT 200 K          -- taille du premier extent
MINEXTENTS 1        -- 1 seule extent à la création
MAXEXTENTS 121      -- nombre maximum d'extents
PCTINCREASE 50      -- extent(n+1) = extent(n)(1+0,5)
)
TABLESPACE USER_DATA ;
```

Pour limiter la fragmentation, tous ces paramètres doivent être précisés. Donnez une taille cohérente aux paramètres PCTFREE, INITIAL, NEXT et PCTINCREASE en fonction de votre contexte.

Comment supprimer la fragmentation ?

Ces méthodes consistent toutes en une réorganisation physique des tables et index.

Note : Avant toute réorganisation de vos données, procédez toujours à une sauvegarde complète de votre base de données. Effectuez la réorganisation sans utilisateur connecté.

Les deux grandes approches pour une table sont : effectuer un export de la table, la supprimer, puis importer la table exportée. Si vous disposez de suffisamment de place disque, renommez la table fragmentée, créez la table initiale en puisant les données dans la table renommée, puis supprimez la table renommée.

Pour un index, le plus rapide est de le détruire puis de le créer.

Prérequis indispensable

Et oui, encore une fois, quitte à être répétitif : une sauvegarde complète de votre base de données, base fermée, est indispensable. Les opérations menées ne sont pas dangereuses, mais vous pouvez rencontrer les pires difficultés à créer vos objets une fois ceux-ci supprimés.

Exporter puis importer une table ou un index

Les utilitaires export/import sont simples d'utilisation. La marche à suivre consiste à utiliser un export de vos tables fragmentées, avec l'option COMPRESS=YES (par défaut), qui assemble votre table ou la définition de votre index dans une seule extension.

Supprimez la table et les index fragmentés, puis réimportez-les.

Difficultés pouvant être rencontrées lors d'un export/import

Plusieurs cas peuvent survenir. Aucun d'entre eux n'est grave, mais il faut savoir y faire face.

L'export pose rarement des problèmes, sauf si vous ne disposez pas de place disque suffisante pour contenir vos données exportées. Dans ce cas, vous pouvez toujours faire fonctionner l'Export en client-serveur.

La suppression d'une table peut poser des difficultés si des contraintes d'intégrité la relient à d'autres tables. Elles empêcheront la suppression dans ce cas. Il faut désactiver les contraintes, supprimer la table, l'importer puis réactiver les contraintes. Cela doit être effectué avec les développeurs des applications.

L'import peut poser des problèmes si le plus gros extent disponible dans la base est plus petit que celui nécessaire à la création de votre table. Dans les annexes, un script SQL d'audit vous permet de vérifier ce point. Dans ce cas, exportez votre table, supprimez-la, et créez-la avec les paramètres INITIAL (taille du premier extent) et MINEXTENTS (nombre d'extensions créées, de la taille du segment INITIAL) appropriés, puis importez votre table.

L'import peut provoquer une « explosion » de vos rollback segments, si leur taille ne leur permet pas de contenir l'intégralité de votre table avant la validation finale. On peut limiter cet impact en effectuant des validations intermédiaires lors de l'import.

Enfin, lors de la création d'index, vous pouvez manquer d'espace nécessaire à Oracle8 pour le tri des données. Vérifiez dans quel tablespace vous avez le plus d'espace libre (voir script d'audit en annexe), définissez ce tablespace comme tablespace temporaire de votre utilisateur et créez de nouveau votre index.

Comment mesurer le chaînage ?

Le chaînage est plus rare que la fragmentation. Il se rencontre souvent sur des tables ayant de nombreuses colonnes, dont l'accès est fréquent et qui comportent de nombreuses mises à jour.

La commande ANALYZE TABLE permet de contrôler le chaînage de vos tables.

Préparation de l'environnement

Vous devez au préalable créer la table CHAINED_ROWS qui recueillera les propriétaires, tables et enregistrements qui sont chaînés. Cette création devra être effectuée sur chaque base Oracle8 pour laquelle vous souhaitez mesurer le chaînage.

Connectez-vous sous l'utilisateur System, lancez le fichier suivant qui crée la table CHAINED_ROWS :

```
SQL> start ORACLE_HOME\RDBMS80\ADMIN\UTLCHAIN.SQL
```

Mesure du chaînage

Vous pouvez lancer table après table la commande suivante :

```
SQL> analyze table nom_table list chained rows into chained_row ;
SQL> select * from chained_row ;
```

La deuxième commande SQL permet de visualiser le résultat de la recherche.

Vous pouvez automatiser simplement cette recherche pour de nombreuses tables, par le script suivant :

```
SQL> set heading off
SQL> spool chainage.lis
SQL> select 'analyze table '||owner||'.'||table_name||' list chained rows
into chained_rows ; ' from dba_tables
where owner not in ('SYS', 'SYSTEM');
SQL> spool off
SQL> start chainage.lis
SQL> select * from chained_rows ;
SQL> host del chainage.lis -- suppression du fichier
```

Comment supprimer le chaînage ?

Le chaînage peut être corrigé par les mêmes méthodes que la fragmentation. Vous pouvez aussi l'effectuer table par table, avec la méthode suivante, si le nombre de lignes chaînées n'est pas trop important :

```
SQL> truncate table chained_rows ;
SQL> Rem Analyser la table
SQL> analyze table nom_table list chained rows into chained_row ;
SQL> Rem Créer une table intermédiaire contenant les lignes chaînées
SQL> create table table_tempo as select * from nom_table
     where rowid in ( select head_rowid from chained_rows where
                      table_name = nom_table ) ;
SQL> Rem Supprimer les lignes migrées de la table d'origine
SQL> delete from nom_table
     where rowid in ( select head_rowid from chained_rows where
                      table_name = nom_table ) ;
SQL> Rem Insérer les lignes intermédiaires dans la table d'origine
SQL> insert into nom_table select * from table_tempo ;
SQL> Rem Supprimer la table intermédiaire et l'analyse
SQL> drop table table_tempo ;
SQL> truncate table chained_rows ;
```

Avoir des statistiques à jour

Lorsque Oracle8 reçoit une requête SQL, il décide, en interne, comment la traiter de manière optimale. C'est tout à fait similaire au choix d'une route lorsque vous êtes en voiture. Vous pouvez utiliser des règles, par exemple « je ne prends que les autoroutes », ou avoir une carte routière efficace et à jour, qui vous fait prendre en compte certains paramètres, par exemple « cette route est sinueuse et chargée, je ne la prends pas », et qui vous guide jusqu'à votre objectif.

Par défaut, Oracle8 utilise un optimiseur de requêtes à base de règles. Si vous avez analysé vos tables et index, Oracle8 disposera d'une cartographie de vos données et utilisera l'optimiseur à base de statistiques. Ce dernier est le plus performant, car capable de tenir compte de beaucoup plus de paramètres.

Il faut dont analyser régulièrement vos tables et vos index, car leurs caractéristiques et leur volume changent au fil du temps. Nous vous conseillons une analyse complète de vos index et partielle pour vos tables les plus volumineuses, car l'analyse peut être longue. Par exemple :

```
SQL> ANALYZE TABLE ma_table ESTIMATE STATISTICS SAMPLE 20 PERCENT;
SQL> ANALYZE INDEX mon_table COMPUTE STATISTICS;
```

Vous pouvez automatiser cette analyse pour vos tables et index, par le script suivant :

```
SQL> set heading off
SQL> spool analyze_table.lis
SQL> select 'analyze table '||owner||'.'||table_name||' compute
statistics sample 20 percent ; ' from dba_tables
where owner not in ('SYS', 'SYSTEM');
SQL> spool off
SQL> start analyze_table.lis
SQL>
SQL> spool analyze_index.lis
SQL> select 'analyze index '||owner||'.'||index_name||' compute
statistics ; ' from dba_indexes
where owner not in ('SYS', 'SYSTEM');
```

```
SQL> spool off
SQL> start analyze_index.lis
SQL>
SQL> host del analyze_table.lis
SQL> host del analyze_index.lis
```

Les rollback segments

Un rollback segment contient l'information nécessaire pour annuler les modifications effectuées par une transaction. Ils sont utilisés essentiellement par les transactions qui doivent :

- être annulées (rollback) ;
- donner une lecture consistante.

Une contention se produit lorsque plusieurs ressources sont demandées en même temps par des processus internes. Ceci peut se produire sur les rollback segments dans le cas de nombreuses transactions simultanées.

Une règle simple à suivre est d'avoir : *nombre de rollback segments = (nombre d'utilisateurs)/4*. La taille de ces rollback segments dépend de celle des transactions effectuées.

Les rollback segments présentent une autre difficulté, si vous n'utilisez pas le paramètre OPTIMAL lors de leur création. Ce paramètre permet en effet de toujours disposer d'une taille « optimale » pour vos rollback segments. Comme vos transactions sont affectées indifféremment à un rollback segment ou à un autre, il n'y a pas de danger de tomber sur un « petit » ou un « gros ». Ils auront tous la taille spécifiée par ce paramètre.

Les rollback segments sont créés par la commande CREATE ROLLBACK SEGMENT. Des exemples figurent dans les scripts du chapitre qui traite de la création d'une base Oracle8 (chapitre 7, *Gestion d'une base Oracle8*).

Le script d'audit en annexe vous permet de voir les caractéristiques de vos rollback segments. Vous pouvez par ailleurs utiliser Oracle Enterprise Manager.

L'optimisation de la mémoire réservée pour Oracle8

La zone mémoire qu'Oracle8 utilise pour résoudre les requêtes SQL est paramétrable. Toute l'astuce consiste à lui allouer autant de mémoire que possible, sans solliciter la zone de « swap » qui intervient lorsque la capacité mémoire est dépassée et que Windows NT utilise les fichiers de pagination.

Il faudra donc ajuster les paramètres en observant constamment l'évolution globale de votre système, au moyen de l'Analyseur de performances de Windows NT. Vous pouvez mesurer la mémoire libre restante par l'intermédiaire du Gestionnaire de performances de Windows NT.

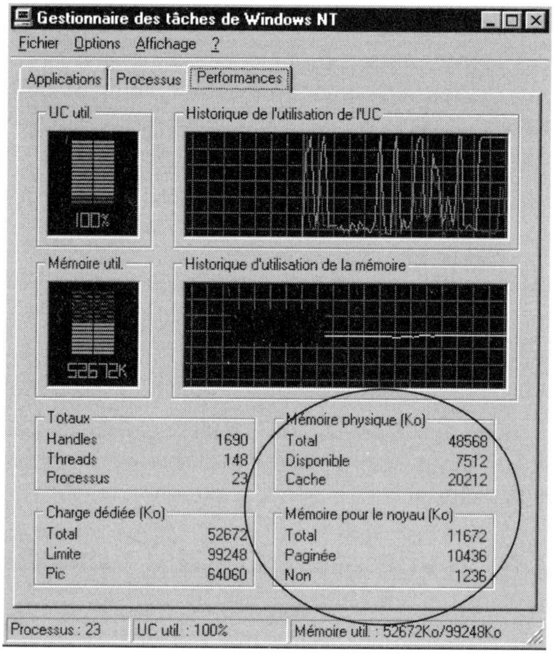

Ces paramètres d'allocation mémoire pour Oracle8 sont modifiables dans vos fichiers Init*SID*.ora, et deviennent actifs après un arrêt/démarrage de l'instance *SID* cible. La commande suivante (présente dans les commandes d'audit en annexe), permet de connaître la taille mémoire allouée à votre instance :

```
SQL> connect system
SQL> select * from v$sga ;
```

Les paramètres les plus importants, influant sur la zone mémoire réservée par chaque instance Oracle8, sont les suivants :

DB_BLOCK_BUFFERS

Ce paramètre définit la zone mémoire utilisée pour conserver les données des tables et des index accédés. Plus cette zone est grande, plus petite est la probabilité d'accéder au disque à la suite d'un ordre SELECT. C'est lui qui a le plus d'impact sur la taille totale de la SGA. La taille occupée peut être calculée par la formule :

DB_BLOCK_BUFFERS * DB_BLOCK_SIZE = taille mémoire allouée en cache pour les données et les index.

Comme le DB_BLOCK_SIZE peut varier de 2 Ko à 8 Ko suivant votre configuration, tenez-en compte pour calculer le nombre de blocs alloués à DB_BLOCK_BUFFERS.

DB_BLOCK_SIZE

Ce paramètre a été largement commenté dans le chapitre précédent.

SORT_AREA_SIZE

Lorsque le volume des données à trier est faible, Oracle8 réalise l'opération dans une zone mémoire allouée au thread qui a demandé le tri. Avec un grand volume, cette zone peut s'avérer trop petite, auquel cas Oracle utilise le segment temporaire sur disque. Ceci génère plus d'entrées/sorties disque et ralentit le tri.

LOG_BUFFER

Alloue une zone qui conserve les données à insérer dans les fichiers redo-log. Augmenter cette zone permet de réduire les entrées/sorties des fichiers log.

SHARED_POOL_SIZE

Cette zone mémoire est utilisée pour conserver les plan d'exécution de vos requêtes ainsi que les procédures PL/SQL traitées par le serveur. Elle peut être diminuée si vous utilisez peu le PL/SQL, car c'est lui qui occupe le plus d'espace.

L'optimisation de vos ordres SQL : utilisation de SQL*Plus

Face à une requête SQL longue, que faire ? Le plus simple est de rechercher comment le moteur d'Oracle8 la traite. C'est ce plan d'exécution qui vous dira tout. Il permet d'observer quels sont les index utilisés (ou non utilisés), l'ordre de balayage des tables, etc. C'est le point de départ de tout tuning applicatif sérieux.

Le plan d'exécution des ordres SQL avec SQL*Plus

SQL*Plus est un outil interactif, qui vous permet de lancer des commandes SQL et PL/SQL (le langage de développement procédural d'Oracle). Cet outil existe sur toutes les machines où Oracle a été porté.

Bien que vieillissant et offrant moins de souplesse que l'utilitaire SQL*Worksheet d'Oracle Enterprise Manager, SQL*Plus dispose d'une nouvelle option très intéressante avec Oracle8 : vous pouvez voir le plan d'exécution d'une requête SQL en interactif. Ce sont les mêmes statistiques que nous pouvons observer dans l'utilitaire Oracle Top Sessions d'Oracle Enterprise Manager Performance Pack (sans avoir à acheter cette option facturée).

Auparavant, ceci se faisait par l'utilitaire TKPROF, qui existe toujours, mais qui est d'un usage bien plus contraignant.

Préparation de l'environnement

Avant que la préparation devienne opérationnelle, un ensemble d'opérations doit être mené sur chaque base Oracle8 pour laquelle vous souhaitez effectuer des plans d'exécution.

Connectez-vous sous l'utilisateur Sys, lancez le fichier suivant qui crée le rôle PLUSTRACE :

```
SQL> start ORACLE_HOME\PLUS80\PLUSTRCE.SQL
```

Toujours sous le même utilisateur Sys, affectez le rôle aux utilisateurs qui analyseront les plans d'exécution des requêtes. Par exemple, pour l'utilisateur Scott :

```
SQL> grant PLUSTRACE to scott ;
```

Enfin, créez la table PLAN_TABLE qui sert à stocker temporairement le plan d'exécution des requêtes. Utilisez le fichier Utlxplan.sql livré avec votre version Oracle, pour créer cette table.

```
SQL> connect scott
SQL> start ORACLE_HOME\RDBMS80\ADMIN\UTLXPLAN.SQL
```

*Utilisation d'AUTOTRACE avec SQL*Plus*

L'utilisation d'AUTOTRACE est ensuite très simple. Ses options sont :

AUTOTRACE OFF | ON |TRACEONLY [EXPLAIN] [STATISTICS]

L'exemple suivant met en œuvre l'utilisation de l'autotrace :

```
SQL> spool fichier_spool.lis
SQL> connect scott
SQL> set AUTOTRACE TRACEONLY EXPLAIN STATISTICS
SQL> select ename, job, dname from emp, dept
     where emp.deptno = dept.deptno order by sal;

14 ligne(s) sélectionnée(s).


Plan d'exécution
----------------------------------------------------------
   0      SELECT STATEMENT Optimizer=CHOOSE
   1    0   SORT (ORDER BY)
   2    1     NESTED LOOPS
   3    2       TABLE ACCESS (FULL) OF 'EMP'
   4    2       TABLE ACCESS (BY INDEX ROWID) OF 'DEPT
   5    4         INDEX (UNIQUE SCAN) OF 'PK_DEPT' (UNIQUE)




Statistiques
----------------------------------------------------------
        349  recursive calls
          5  db block gets
         84  consistent gets
         22  physical reads
          0  redo size
       1168  bytes sent via SQL*Net to client
        709  bytes received via SQL*Net from client
          4  SQL*Net roundtrips to/from client
          8  sorts (memory)
          0  sorts (disk)
         14  rows processed
SQL>
SQL> spool off
```

Tous les renseignements concernant la façon dont Oracle8 a traité votre ordre SQL figurent dans ces statistiques.

Nous retrouvons ces mêmes statistiques dans l'utilitaire Oracle Top Sessions d'Oracle Enterprise Manager Performance Pack. L'avantage de l'option AUTOTRACE de SQL*Plus est que, si vous utilisez un « spool » de fichier, vous pouvez imprimer le plan d'exécution de votre requête ce qui n'est pas possible à partir d'Oracle Top Sessions.

Nous ne précisons pas dans ce livre l'interprétation d'un plan d'exécution ainsi que les statistiques, mais ce sont des points importants du processus d'amélioration des performances de vos ordres SQL.

Cette méthode vous permet de visualiser l'influence des statistiques d'Oracle8 sur la résolution des ordres SQL : effectuez l'analyse d'une requête, mettez à jour les statistiques des tables et des index intervenant dans cette requête, relancez la requête.

Utilisation de la commande HOST

Sous SQL*Plus, la commande HOST permet d'exécuter une commande ou un exécutable du système d'exploitation.

Jusqu'à la version 3.51 de Windows NT, le système d'exploitation exécutait la commande, puis rendait la main à SQL*Plus pour exécuter la suite des opérations. Avec Windows NT 4.0, le système d'exploitation rend immédiatement la main à SQL*Plus, avant même d'avoir terminé la commande lancée par HOST.

Les options HOST START|WAIT permettent de contrôler le mode de fonctionnement souhaité. Cela s'avère très utile pour tous les scripts.

```
SQL> HOST START mon_programme
SQL> HOST WAIT  mon_programme
```

L'optimisation d'un système complet

Vous avez suivi nos conseils pour optimiser votre système Windows NT, puis votre base Oracle8. Les conseils suivants vont vous permettre de surveiller l'activité complète de votre système Windows NT, avec une ou plusieurs bases Oracle8 en fonction.

Utilisation de l'Analyseur de performances de Windows NT

L'Analyseur de performances de Windows NT est utilisé pour mesurer l'activité complète du système. Pour collecter les informations relatives aux performances des disques, vous devez activer l'utilitaire *diskperf*, puis arrêter et relancer votre système.

```
C:\> diskperf -YE
```

L'utilitaire diskperf est coûteux en ressources. Utilisez-le uniquement lors de campagnes de collectes. L'option (-N) permet d'annuler la collecte lors du prochain redémarrage de votre système.

Un serveur Windows NT avec Oracle8 doit présenter les caractéristiques suivantes pour être bien configuré :

Pas d'attente sur les entrées/sorties disque

Les entrées/sorties des disques doivent être très peu en attente. Cela indique que votre processeur travaille et traite en parallèle les entrées/sorties fournies. Les paramètres à suivre dans l'Analyseur de performances sont :

- l'utilisation du processeur : *Processeur* : *% Temps processeur* ;
- l'utilisation du disque physique : *Disque physique* : *Transferts disque/s* ;
- l'utilisation du disque logique : *Disque logique* : *Transferts disque/s* ;
- la file d'attente processeur : *Système* : *Longueur de la file du processeur* ;
- les threads effectuant des entrées/sorties : *Thread* : *%Temps processeur.*

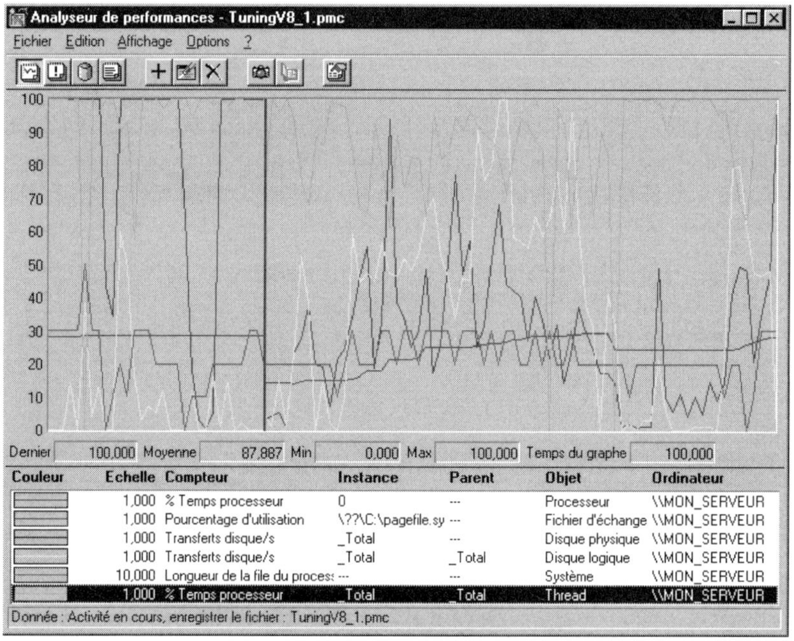

Les threads utilisateurs sont les plus consommateurs

L'essentiel de l'utilisation du processeur est alloué aux threads utilisateurs et non aux threads assurant le fonctionnement de la base de données. Assurez-vous que les threads utilisateurs accaparent la majorité de votre processeur en consultant *Thread : % Temps processeur* déjà évoqué.

Votre processeur ne consomme que du temps utilisateur

La plus grande partie du temps processeur consommé doit être du temps utilisateur. Vérifiez l'utilisation du processeur en observant les pourcentages respectifs consommés par *Système : % Temps privilégié* et *Système : % Temps utilisateur*. Le temps privilégié peut être conçu comme une surcharge de votre système d'exploitation. Plus le pourcentage du temps utilisateur est élevé, meilleur est votre système.

Le temps de réponse constaté par vos utilisateurs

Face à un système correctement paramétré pour lequel les utilisateurs ont de mauvais temps de réponse, vous disposez de deux axes de travail : tuner les applications ou augmenter la puissance (processeur et mémoire) de votre serveur. Le tuning des applications est un processus itératif sur lequel il est obligatoire de revenir durant la vie de vos applications, car le contenu de la base de données évolue.

Utilisation de l'Analyseur de performances Oracle8

L'Analyseur de performances de Windows NT peut être paramétré. Il peut accepter d'autres entrées que celles livrées en standard. C'est ce qu'a fait Oracle en ajoutant ses propres compteurs concernant des critères spécifiques à la base de données. Comme les informations sont puisées à l'intérieur de la base de données Oracle8 pour être visualisées par l'analyseur de performances, cet accès doit être paramétré.

Mise en œuvre d'Oracle8 Performance Monitor

Les paramètres sont conservés dans la base de registres en : HKEY_LOCAL_MACHINE\SERVICES\CurrentControlSet\Services\Oracle80\ Performance.

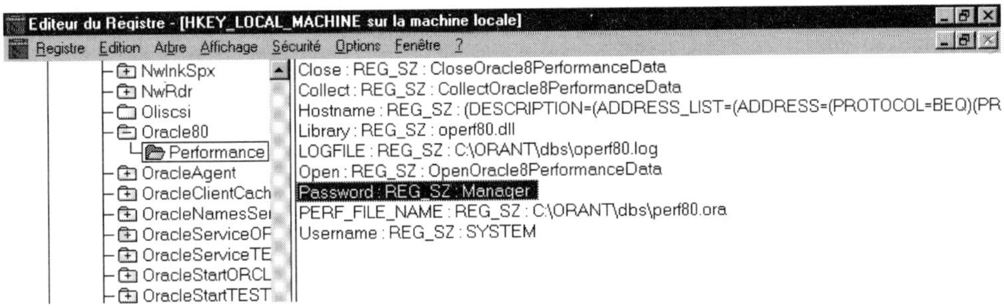

Les paramètres à mettre à jour sont :

- *Username* : SYSTEM, ou un autre utilisateur ayant le privilège DBA ;
- *Password* : le mot de passe de l'utilisateur SYSTEM (voir le commentaire suivant sur la sécurité) ;
- *Hostname* : la chaîne de connexion Net8 pour accéder à l'instance cible.

Nous vous rappelons ici comment paramétrer la variable *Hostname* dans le cas d'une chaîne de connexion « Bequeath » pour accéder à l'instance ORCL. Cela est expliqué au chapitre 5 (*Net8, le middleware Oracle*).

```
Hostname=(DESCRIPTION=(ADDRESS_LIST=(ADDRESS=(PROTOCOL=BEQ)(PROGRAM=oracl
e80)(ARGV0=oracle80orcl)(ARGS='(DESCRIPTION=(LOCAL=YES)(ADDRESS=(PROTOCOL
=beq)))')))(CONNECT_DATA=(SID=ORCL)))

ou encore :

Hostname= alias valide présent dans votre fichier TNSNAMES.ORA
```

Pour activer les mesures de performance des disques, lancez la commandes **diskperf -Y** puis relancez Windows NT pour que cette commande soit prise en compte. Pour désactiver, lancez **diskperf -N**. Comme diskperf consomme beaucoup de ressources, soyez sûr d'être en diskperf -N lorsque vous êtes en dehors d'une campagne de collecte ou en production.

Sécurité et utilité d'Oracle8 Performance Monitor

Catastophiques ! Ce type de paramétrage cumule les inconvénients : saisie en clair du mot de passe et chaîne de connexion à la base unique. Vous ne pouvez en effet voir le contenu que d'une seule instance, celle sur laquelle le Hostname pointe. Ce procédé n'est ni pratique, ni sécurisé.

Avec les recommandations du chapitre 8 (*Stratégie de sécurité sous Windows NT*), nous avons exposé la façon de configurer votre environnement pour éviter de saisir un mot de passe en clair dans vos scripts de commandes. Les recommandations sont identiques dans ce cas.

Souhaitons qu'Oracle corrige vite cet utilitaire (qui souffre de nombreux autres bugs !) et l'oriente vers une approche plus professionnelle.

Utilisation d'Oracle8 Performance Monitor

Pour lancer Oracle8 Performance Monitor, Démarrer > Programmes > Oracle pour Windows NT > Oracle Performance Monitor V8.

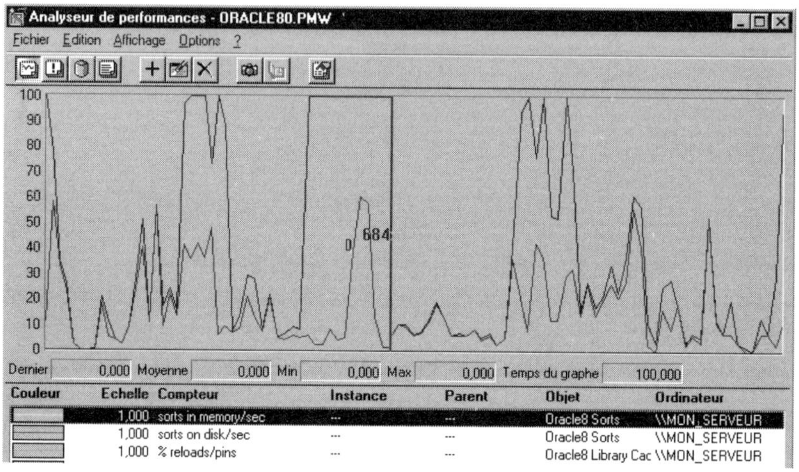

Résumé

Ce chapitre a abordé l'optimisation d'une base de données Oracle8 sous Windows NT suivant 3 axes :

- comment optimiser le système Windows NT pour héberger une base de données ;
- comment optimiser Oracle8 pour obtenir des performances optimales ;
- comment optimiser l'ensemble d'un système en fonctionnement.

13

Migrer de Microsoft Access vers Oracle8

Bien que Microsoft Access soit une excellente base de données personnelle, elle atteint très vite ses limites dans un environnement d'entreprise. Ces limites concernent la taille de la base Access, le nombre d'utilisateurs simultanés, le mode de verrouillage des enregistrements, le trafic réseau généré, etc. Pour pallier ces inconvénients, il est possible de faire migrer la base de données Access vers Oracle8, tout en conservant l'application Access, qui travaille alors en mode client-serveur. Vous bénéficiez de la puissance d'Oracle8 pour le traitement de larges volumes de données et de connexions multiples, tout en conservant votre application existante.

Ce chapitre couvre :

- les limites rencontrées avec les applications Access ;
- les avantages d'Oracle8 pour la gestion d'importants volumes de données ;
- l'accès aux données d'Oracle8 à partir d'Access via ODBC ;
- les étapes à suivre pour faire migrer vos données, avec l'assistant Oracle Migration Assistant for MS-Access, accompagné d'un exemple de migration ;
- des techniques pour modifier votre application après migration des données.

S'appuyant sur Access, les conseils et recommandations donnés sont par ailleurs parfaitement exploitables pour faire migrer d'autres bases de données vers Oracle8.

Limites rencontrées avec MS-Access

Faire migrer une application Access vers Oracle8 ne se fait pas sans raisons. Les limites rencontrées par Access sont reconnues par Microsoft, dont la position a évolué au fil du temps. Avant d'acquérir SQL Server auprès de Sybase, Access était considéré comme la base de données idéale pour toutes sortes d'applications dans le monde du PC. De la plus simple (monoposte, peu de données), à la plus complexe (multiutilisateur, gros volume de données). Cependant, des limites sont très vites apparues. C'est pourquoi, dès la commercialisation de SQL Server, Microsoft a rapidement encouragé les utilisateurs Access à opérer la migration. Cela représentait deux avantages pour Microsoft : vendre un nouveau produit, SQL Server, ainsi qu'un nouveau système d'exploitation (Windows NT 4.0, en version Server). Reste à connaître les limites de SQL Server, qui n'ont pas encore été précisées par Microsoft... Suite de l'épisode à la sortie de NT5 ?

SQL Server fonctionne exclusivement sur Windows NT Server. Oracle8 fonctionne en version monoutilisateur sur Windows 95, et multiutilisateur sur Windows NT Workstation et Windows NT Server. Cela signifie que faire migrer vos applications Access vers SQL Server vous contraint à acquérir le système d'exploitation le plus « haut de gamme », donc cher, de Microsoft. Ce choix n'est pas dicté uniquement par la technique !

Le trafic réseau généré par les fichiers Access

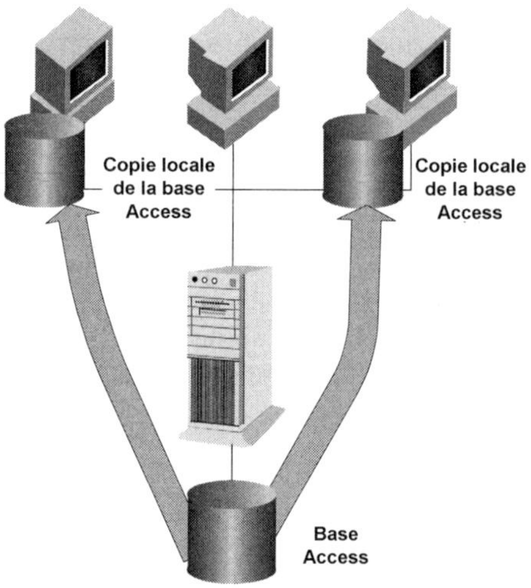

Le principal inconvénient d'Access utilisé simultanément par plusieurs postes clients, est que l'ensemble de la base de données transite vers chaque utilisateur. Le trafic réseau s'en trouve augmenté avec des pics impressionnants.

Le principe d'Oracle est inverse : la base de données est statique, seules les données nécessaires à l'application cliente transitent vers son poste, sur le réseau. Dès que la base de données devient importante, les avantages du mode client-serveur d'Oracle sont évidents.

Le mode de verrouillage des enregistrements

Autre limitation, le mode de gestion de la concurrence d'accès et du verrouillage des données. Plusieurs utilisateurs peuvent accéder simultanément à la même base Access, mais de nombreux problèmes apparaissent dès que ces utilisateurs modifient les données. Le nombre d'utilisateurs « réels », pour une utilisation « confortable » s'en trouve très limité. En effet, chaque utilisateur de base de données, lors de la modification d'un enregistrement, « s'approprie » une partie de la base en posant un « verrou » dessus. Suivant la technologie de base de données, le verrou peut être posé sur l'ensemble de la table, une portion correspondant à une taille fixée (un bloc disque), ou l'enregistrement modifié seulement.

Le mode de verrou posé sur Access est mauvais dès que plusieurs utilisateurs accèdent à des données communes. Access pose des verrous sur des blocs de données, voire des tables entières. Les conflits de verrouillage entre plusieurs postes sont fréquents, et les postes se bloquent mutuellement.

A l'inverse, le moteur d'Oracle8 fonctionne selon le principe : « je gère le verrouillage des données, tout le monde doit passer par moi pour y accéder ». Dans ce cas, un mécanisme sophistiqué de gestion du verrouillage est mis en œuvre, de manière totalement transparente pour l'utilisateur et le développeur. Le mode « par défaut » d'Oracle8 est de verrouiller uniquement l'enregistrement modifié, sans aucune escalade de verrous si plusieurs données de la même table sont verrouillées. Ce mode est très efficace et c'est un nouvel exemple d'avancée technologique d'Oracle8 par rapport à SQL Server.

Principes de la migration

Access peut accéder à Oracle8 en mode client-serveur. L'idée est de faire migrer les données vers Oracle8 tout en conservant l'application Access et en lui imposant des modifications minimales. La migration des données est assurée par un assistant, livré avec Oracle8.

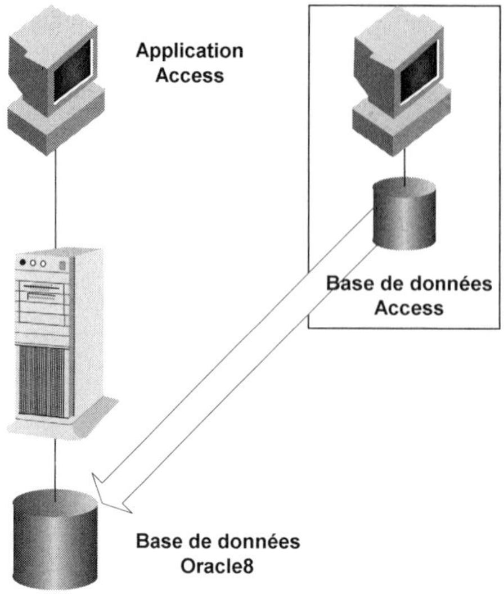

L'assistant de migration Access vers Oracle8

L'installation d'Oracle8 comporte un outil, l'Oracle Migration Assistant for MS Access. C'est un utilitaire bien réalisé et très pratique. Si vous avez installé Oracle8 en français, tout son fonctionnement et les fichiers d'aide Windows sont en français. L'assistant peut être utilisé pour faire migrer des bases de données Access 2.0 (16 bits) et des bases de données Access 7.0 (32 bits).

L'assistant ne demande que les informations nécessaires à la migration, avec possibilité de les paramétrer. Vous pouvez choisir de faire migrer votre base de données Access avec ou sans données, ainsi que de modifier votre base de données Access pour tester le fonctionnement de vos formulaires et de vos états avec la nouvelle base de données Oracle8.

Prérequis techniques à la migration

Vérifiez les conditions suivantes avant d'utiliser l'assistant Oracle Migration Assistant for MS Access :

1. Une base de données Oracle8 doit être installée et en marche. L'assistant ne fonctionne que sur des ordinateurs équipés de Windows 95 ou de Windows NT 4.0.
2. Assurez-vous auprès de votre administrateur Oracle que vous disposez d'un compte utilisateur Oracle8 avec des droits d'administration de bases de données (DBA). Ces droits sont nécessaires pour créer les utilisateurs et les espaces de tables Oracle8 où sera migrée votre base de données Access.

3. Assurez-vous que l'ordinateur sur lequel fonctionne Oracle8 dispose d'un espace disque suffisant pour les fichiers de données Oracle8, afin d'y stocker votre base de données migrée. Si vous faites migrer vos données, prévoyez un espace disque libre équivalent à 2,15 fois la taille des fichiers de la base de données Access. Si vous ne faites migrer que la structure, et non pas les données, prévoyez alors 2 Mo d'espace disque par base de données Access à faire migrer.
4. Assurez-vous que vous pouvez vous connecter à Oracle8. L'Oracle Migration Assistant for MS Access doit être en mesure de se connecter à Oracle8 afin de faire migrer votre base de données. Si votre base de données Oracle8 est sur un serveur de réseau, Net8 doit être installé et configuré sur votre ordinateur pour que vous puissiez vous connecter à Oracle8. Le chapitre 5 *(Net8, le middleware Oracle),* traite cette configuration.
5. Si vous voulez que vos formulaires et vos états Access soient compatibles avec votre base Oracle8, configurez un nom de source de données ODBC sur votre ordinateur (là où se trouvent vos fichiers Access) vers votre base de données Oracle8. Faites appel à l'administrateur ODBC pour ajouter un nom de source de données à votre serveur Oracle8. Ce nom vous permet de vous connecter à votre base de données Oracle8. Le chapitre 6 *(ODBC et Oracle OLE Objects, JDBC)* explique comment créer et tester une source de données ODBC.
6. L'ordre de configuration est Net8, valider la connexion Net8, puis ODBC et valider la connexion ODBC.
7. Assurez-vous que votre ordinateur dispose d'espace disque libre équivalant à 0,21 fois la taille des bases de données Access à faire migrer. Cet espace doit se trouver sur le disque sur lequel est installé l'assistant de migration Oracle pour Microsoft Access. Il sert à stocker les informations de migration intermédiaires.
8. Assurez-vous d'avoir installé Oracle Objects pour OLE sur Windows 95 ou sur Windows NT, livré sur le même CD-Rom que l'assistant de migration.

Principes de la migration

Lorsque vous utilisez l'assistant, celui-ci vous demande de sélectionner une base de données Access (identifiée par le suffixe de fichier .mdb) à faire migrer vers Oracle8. La base de données choisie peut comporter une ou plusieurs tables attachées, situées dans d'autres fichiers .mdb. Ces fichiers .mdb sont automatiquement sélectionnés pour la migration.

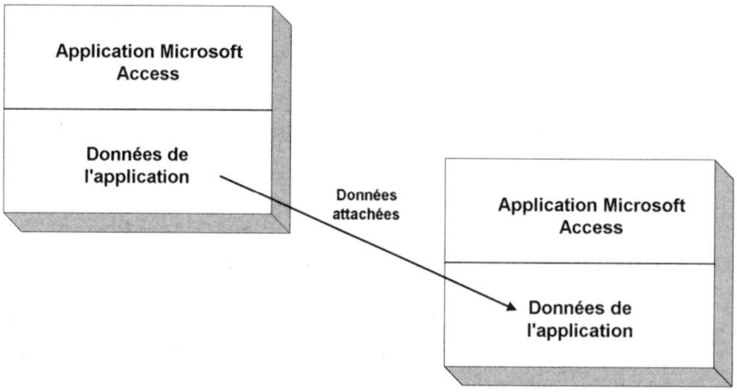

Au cours du processus de migration, l'assistant :

- explore votre base de données Access à la recherche d'informations sur les tables, les relations et les tables attachées. Ces informations servent à générer des structures et des relations équivalentes dans votre base de données Oracle8 ;
- génère des instructions de schéma Oracle8 servant à créer votre base de données Oracle8. Les structures Access ne comprennent qu'une partie de ce que l'on appelle des schémas, dans Oracle8 ;
- fait migrer vos structures et vos relations Access vers un schéma de base de données Oracle8.

Au cours de ce processus, vous pouvez personnaliser votre migration (attribuer des noms différents à vos tables, vos colonnes et vos index, par exemple) ou accepter les correspondances par défaut créées par l'assistant. Vous pouvez également modifier votre base de données Access afin qu'elle soit compatible, après migration, avec vos formulaires et vos états Access existants. Dans ce cas, l'assistant crée automatiquement des tables de correspondance reliant vos formulaires et vos états Access aux données maintenant stockées dans Oracle8. Une connexion ODBC relie Access à Oracle8. Le trafic réseau est réduit, car seules les interrogations et les données correspondantes sont acheminées sur le réseau (au lieu des tables complètes avec Access).

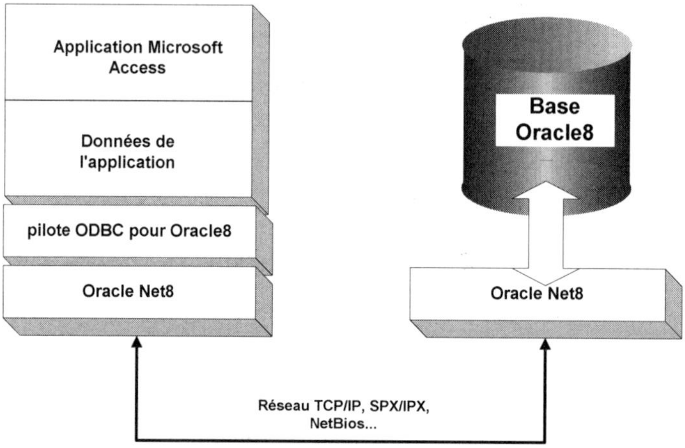

L'assistant ne déplace aucun paramètre de sécurité Access. Faites appel à Oracle8 pour appliquer des paramètres de sécurité à votre base de données nouvellement migrée. Si vous le souhaitez, vous pouvez utiliser vos formulaires et vos états Access comme vous l'avez toujours fait, mais tout en tirant parti des fonctions évoluées offertes par une base de données Oracle8.

Exemple d'une migration Access vers Oracle8

Nous allons utiliser cet assistant pour faire migrer les données d'une base Access de test, vers une base Oracle8. L'assistant est accessible par Démarrer > Programmes > Oracle pour Windows NT > Oracle Migration Assistant for MS Access.

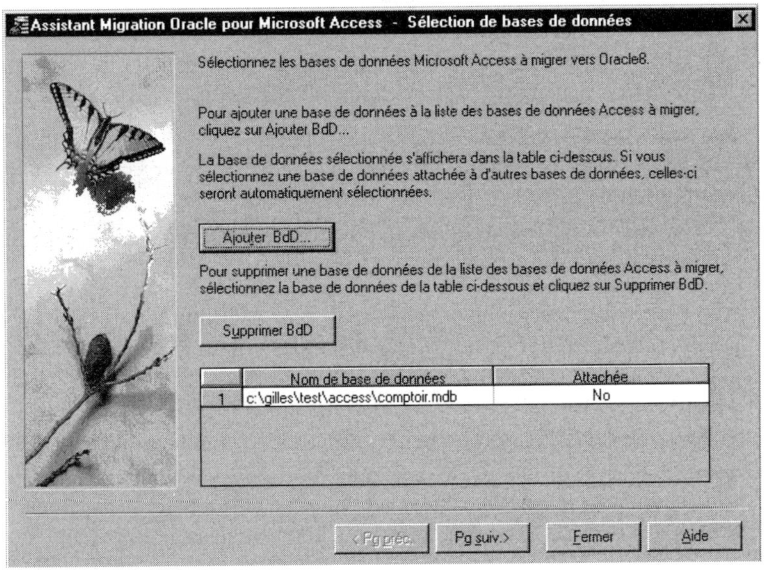

Cet écran permet de choisir la base de données à faire migrer. Si cette base est attachée à d'autres bases, elles sont automatiquement sélectionnées. L'assistant peut faire migrer plusieurs types de bases de données Access, notamment :

- des bases de données Access uniques, avec tables attachées explicitement et dynamiquement ;
- des bases de données Access multiples, partageant des tables attachées à d'autres bases de données Access ;
- des bases de données Access contenant des champs OLE ou MEMO.

Note : Avant d'effectuer des opérations sur vos bases Access, comprimez les fichiers de votre base de données Access et faites-en une copie de sauvegarde. Cela vous permet d'effectuer des essais et des retours en arrière.

Si vous le souhaitez, mettez vos tables de données Access et votre intégrité référentielle dans un fichier .mdb différent de celui de l'application (formulaires, états, macros et modules) et créez des rattachements. Le fichier contenant les tables de données et l'intégrité référentielle est le fichier .mdb à faire migrer vers Oracle8.

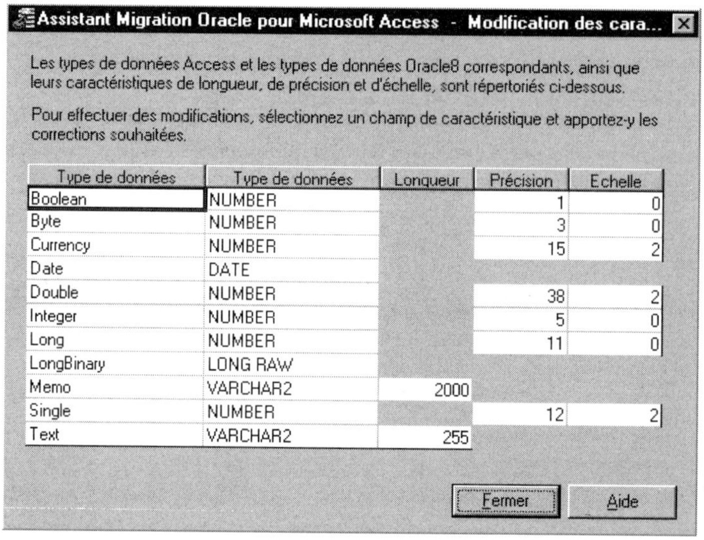

Type de données	Type de données	Longueur	Précision	Echelle
Boolean	NUMBER		1	0
Byte	NUMBER		3	0
Currency	NUMBER		15	2
Date	DATE			
Double	NUMBER		38	2
Integer	NUMBER		5	0
Long	NUMBER		11	0
LongBinary	LONG RAW			
Memo	VARCHAR2	2000		
Single	NUMBER		12	2
Text	VARCHAR2	255		

Les types de données d'une base de données Access sont différents de ceux d'une base Oracle8. Une correspondance de types de données est proposée dans l'assistant. Elle donne satisfaction dans la plupart des cas, mais vous pouvez personnaliser ces choix.

Access possède en plus les champs suivants :

Type Access	**Type Oracle8 correspondant**
`MEMO`	`LONG ou VARCHAR2(2000)`
`OLE OBJECT`	`LONG RAW`
`COMPTEUR`	`Pas d'équivalent`

Un champ Access de type MEMO peut être traduit en un type LONG (un seul champ LONG par table Oracle), ou VARCHAR2(2000). C'est le choix VARCHAR2(2000) que nous vous recommandons.

Les champs Access de type COMPTEUR n'ont pas de type correspondant dans Oracle. Le couple Oracle « séquence + trigger sur une table » fonctionne comme le type COMPTEUR d'Access. L'assistant de migration réalise automatiquement ces opérations pour vous. Par exemple, le code suivant est extrait des fichiers scripts SQL créés par l'assistant, lorsqu'il rencontre un champ Access de type COMPTEUR :

```
CREATE SEQUENCE SEQ_CATÉGORIES
INCREMENT BY 1 START WITH 10
/

CREATE TRIGGER TRG_CATÉGORIES
BEFORE INSERT OR UPDATE ON CATÉGORIES
FOR EACH ROW
DECLARE
```

```
        iCounter CATÉGORIES.CODE_CATÉGORIE%TYPE;
        cannot_change_counter EXCEPTION;
    BEGIN
        IF INSERTING THEN
            Select SEQ_CATÉGORIES.NEXTVAL INTO iCounter FROM Dual;
            :new.CODE_CATÉGORIE := iCounter;
        END IF;

        IF UPDATING THEN
            IF NOT (:new.CODE_CATÉGORIE = :old.CODE_CATÉGORIE) THEN
                RAISE cannot_change_counter;
            END IF;
        END IF;

    EXCEPTION
         WHEN cannot_change_counter THEN
         raise_application_error(-20000, 'Cannot Change Counter Value');
    END;
    /
```

La séquence SEQ_CATÉGORIES est créée. A chaque appel de la séquence SEQ_CATÉGORIES.NEXTVAL, elle s'incrémentera d'une unité. Le trigger TRG_CATÉGORIES portant sur la table CATÉGORIES affecte une nouvelle valeur à la colonne CODE_CATÉGORIE (de type Access COMPTEUR), si un nouvel enregistrement est inséré et empêche toute modification de la colonne CODE_CATÉGORIE en cas de modification d'un enregistrement existant. L'avantage des séquences Oracle est qu'elles sont indépendantes des sessions utilisateurs. Ainsi, si je prends une valeur de séquence, les autres utilisateurs ne sont pas en attente d'un « COMMIT » de ma part pour pouvoir accéder à la valeur suivante.

Par la suite, un écran montre l'exploration de la base Access pour y puiser tout un ensemble de renseignements sur sa structure, son contenu.

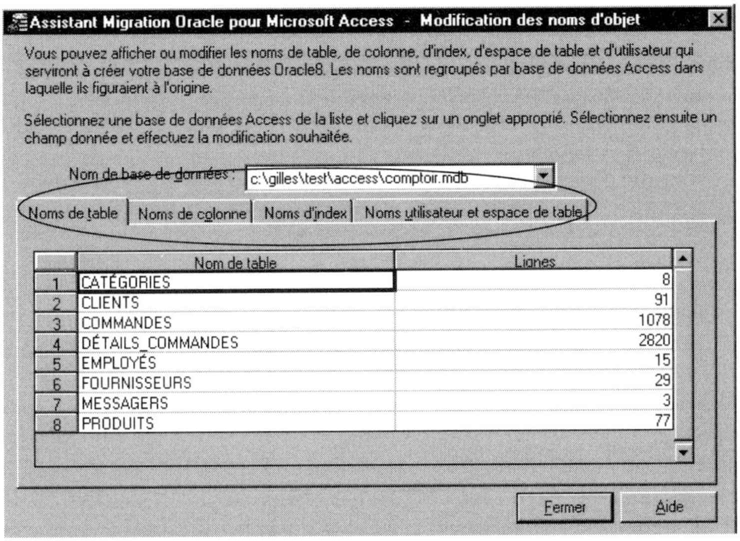

Vous pouvez modifier le nom des tables et des colonnes qui seront créées dans la base Oracle8. La manière de nommer vos tables, colonnes, etc. est plus souple dans Access que dans Oracle. Par exemple, un « nom Access » peut aller jusqu'à 64 caractères et commencer par n'importe lequel d'entre eux. Un « nom Oracle » a 30 caractères au maximum, doit commencer par une lettre, contenir uniquement les caractères A-Z, 0-9, _, $, # et ne pas utiliser un mot réservé par Oracle (table, trigger, index...).

Bien que les « noms Oracle » puissent être créés en minuscules ou majuscules, il est préférable de travailler uniquement en majuscules. En réalité, les outils Oracle (comme SQL*Plus) convertissent automatiquement tous les ordres SQL en majuscules. Ce n'est pas le cas d'Access qui peut créer des tables Oracle avec des minuscules. C'est un point à surveiller lorsque vous travaillez directement à partir d'Access.

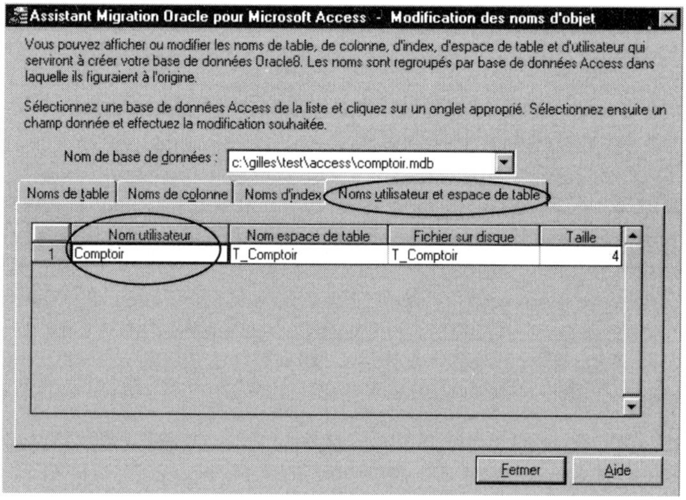

Vous pouvez également modifier le nom de l'utilisateur qui sera le propriétaire Oracle8 des données Access migrées, le nom du tablespace ou « Nom espace de table » où seront créées les tables et index et enfin, le nom du premier fichier associé à ce tablespace. Nous vous conseillons de modifier le nom du fichier en y ajoutant un chemin d'accès et une extension. Au fichier T_COMPTOIR (qui sera créé par défaut en $ORACLE_HOME\DATABASE), préférez une notation du style C :\ORANT\DATABASE\T_COMPTOIR.DBF.

*Note : Dans notre exemple, le nouvel utilisateur créé dans la base Oracle8 sera COMPTOIR. Son mot de passe par défaut sera ORACLE, à modifier ensuite à partir de l'outil SQL*Plus, par un ordre du type : « ALTER USER COMPTOIR IDENTIFIED BY nouveau_mot_de_passe ».*

Les instructions SQL Oracle servant à créer le schéma de la base de données Oracle8 vont maintenant être générées. Dans Oracle8, le schéma est constitué du nom utilisateur ainsi que des structures et des objets associés. Cette opération de collecte d'informations peut prendre plusieurs minutes, suivant la complexité des bases Access sélectionnées. Au cours de la génération, les instructions SQL sont écrites dans différents fichiers script SQL, sur votre disque dur. Cela permet de les référencer et de les utiliser par la suite.

Note : Actuellement, les fichiers SQL créés se situent en $ORACLE_HOME\A2owiz80. Ils ont tous l'extension .sql, commencent par C pour les fichiers de création et D (drop) pour les fichiers de suppression.

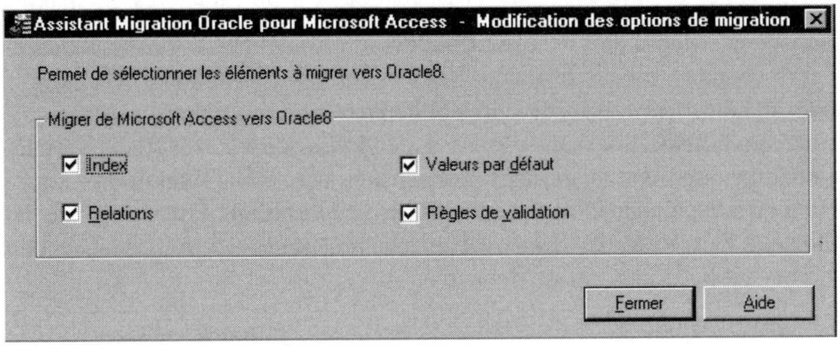

Des options existent, qui vous permettent de contrôler la migration de la base de données. Elles concernent notamment le choix de migration des index et des relations. Les relations permettent d'ajouter des clés étrangères aux ordres de création des tables.

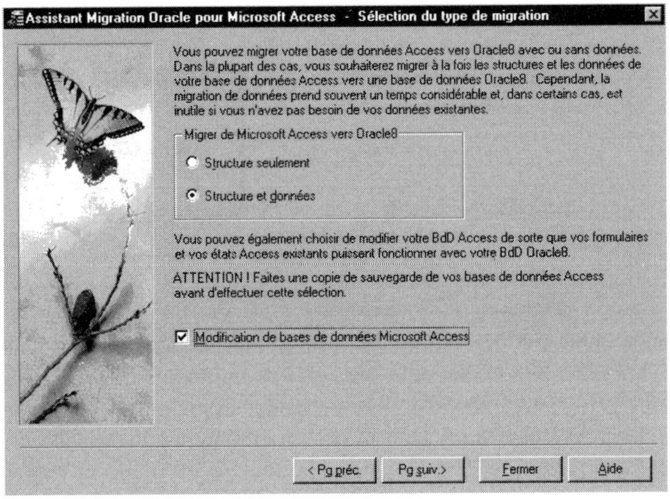

L'écran précédent est l'un des plus importants de la migration. Si la case « Modification de bases de données Access » est cochée, vous allez modifier les fichiers de votre base de données Access. Si vous n'avez pas déjà effectué ces modifications, nous vous recommandons, par mesure de sécurité, de faire une copie de sauvegarde de ces fichiers avant de continuer.

Vous pouvez choisir de ne faire migrer que la structure des données ou la structure et les données et enfin de modifier votre base Access de façon à ce que vos formulaires et états Access puissent manipuler des données Oracle8 et non des données Access. Dans ce cas, l'assistant crée des tables de correspondance dans vos bases Access .mdb. Ces tables permettent aux formulaires et aux états Access d'être compatibles avec une base de données Oracle8 sans subir de modifications.

Si vous choisissez de modifier votre base de données Access afin que les formulaires et les états Access soient compatibles avec vos données migrées Oracle8, l'assistant crée alors des tables de correspondance dans le fichier .mdb de la base de données Access et dans tout fichier .mdb attaché. Les tables de correspondance portent le nom de la table Access à laquelle elles sont associées dans une base de données Oracle8. Tout formulaire, état, interrogation ou code Access existant, référençant une table Access par son nom, fait référence maintenant à une table qui extrait les informations demandées de la base de données Oracle8. La table de correspondance achemine toutes les demandes de données à la nouvelle table Oracle8 contenant les données.

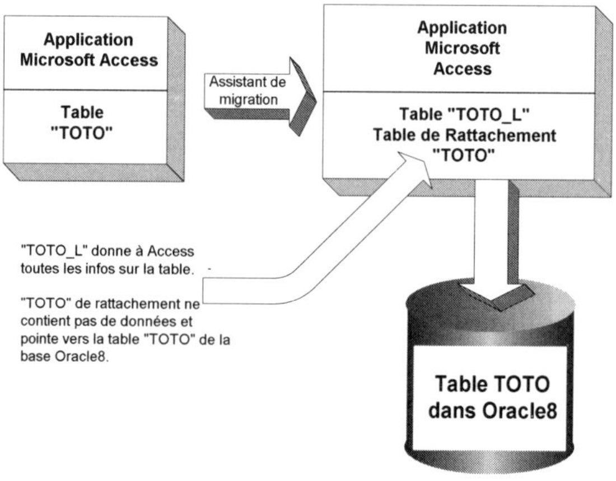

Les tables Access d'origine sont renommées en « nom_de_table_L » (L pour *Local*) et une table de correspondance portant le nom de table d'origine est créée. Un rattachement de table est également créé vers la nouvelle table Oracle nommée "nom_de_table_R" (R pour *Remote*). Toutes les interrogations de données depuis l'application Access sont acheminées vers la table de correspondance, qui pointe vers la nouvelle table Oracle8 et en extrait les données.

La table ainsi renommée est conservée afin que ses données puissent être accessibles en local et, surtout, afin que tout nouveau formulaire Access créé puisse être fondé sur ces tables. Ceci permet au formulaire Access d'hériter d'un ensemble complet de propriétés de table. Une fois le formulaire Access défini, la source de données peut être transférée à la table de correspondance, afin que les données soient extraites d'Oracle8.

Un lien de table de rattachement est créé afin de relier les formulaires et les états Access aux données déplacées vers Oracle8.

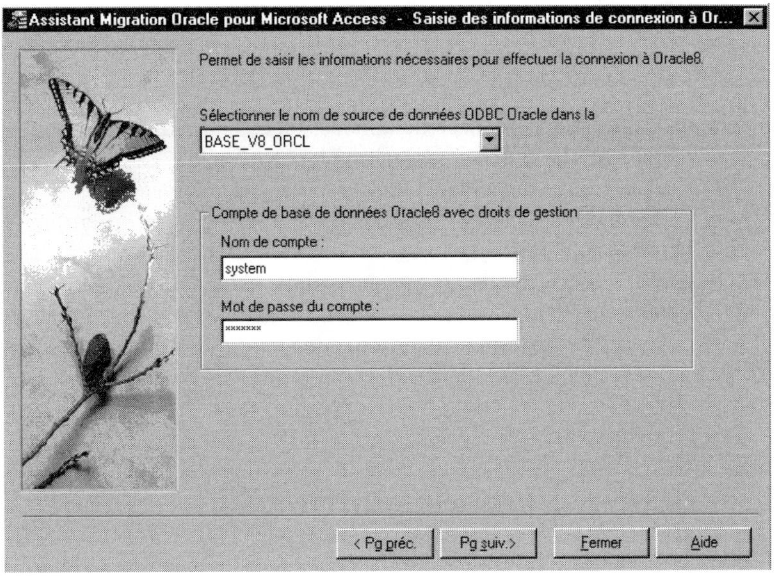

L'écran précédent demande le nom du Data Source Name ODBC (voir à ce sujet le chapitre 6 (*ODBC et Oracle Objects pour OLE*, *JDBC et SQLJ*) ainsi qu'une connexion Oracle8 de privilège administrateur. En effet, un tablespace associé à un fichier et un nouvel utilisateur Oracle vont être créés. C'est cet utilisateur qui sera le propriétaire des données migrées.

*Note : Si, dans l'écran précédent, on ne modifie pas l'application Access, un alias Net8 est demandé à la place du Data Source Name ODBC. Le chapitre 5 (*Net8, le middleware Oracle*) est consacré à ce sujet.*

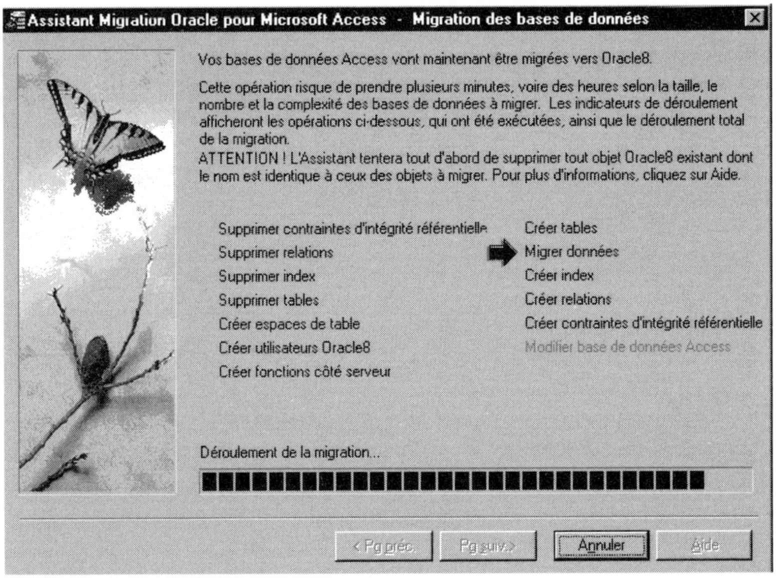

La migration de l'ensemble de votre base Access ainsi que sa modification ont lieu à cette étape.

Une fois la migration terminée, des récapitulatifs ainsi que des états vous permettent d'en contrôler la bonne exécution.

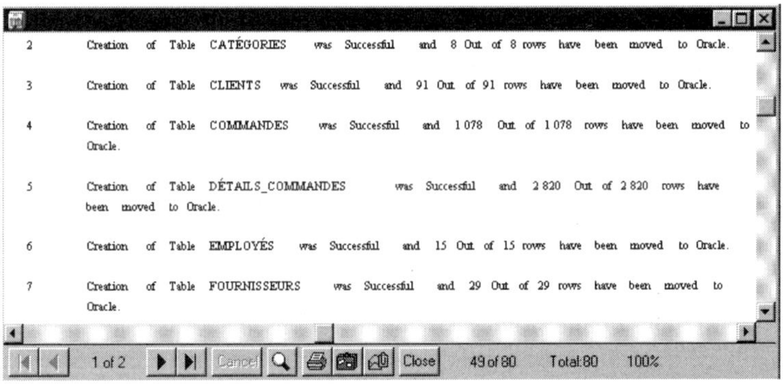

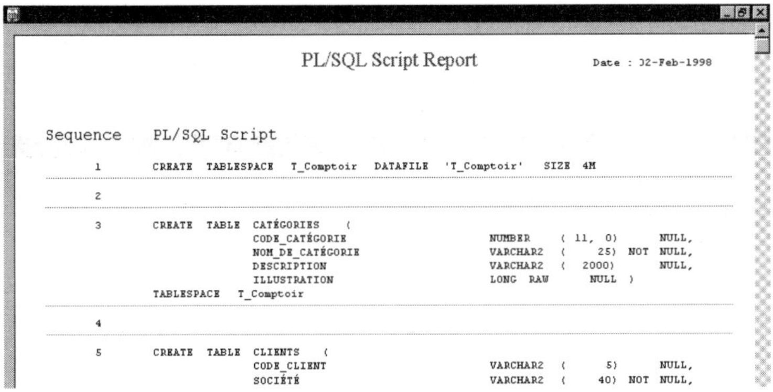

PL/SQL Script Report Date : 02-Feb-1998

Sequence	PL/SQL Script
1	CREATE TABLESPACE T_Comptoir DATAFILE 'T_Comptoir' SIZE 4M
2	
3	CREATE TABLE CATÉGORIES (CODE_CATÉGORIE NUMBER (11, 0) NULL, NOM_DE_CATÉGORIE VARCHAR2 (25) NOT NULL, DESCRIPTION VARCHAR2 (2000) NULL, ILLUSTRATION LONG RAW NULL) TABLESPACE T_Comptoir
4	
5	CREATE TABLE CLIENTS (CODE_CLIENT VARCHAR2 (5) NULL, SOCIÉTÉ VARCHAR2 (40) NOT NULL,

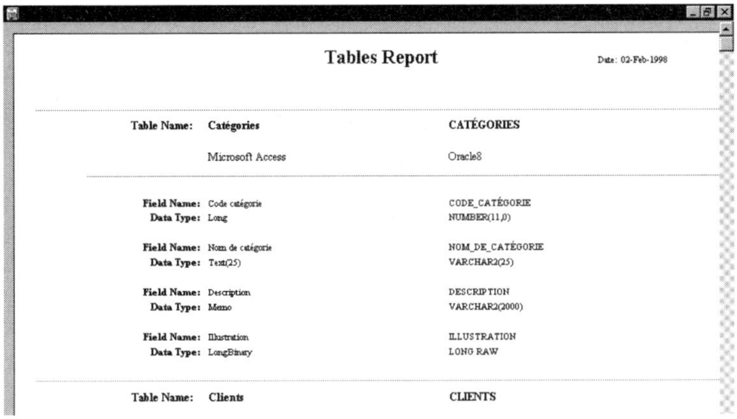

Tables Report Date: 02-Feb-1998

	Microsoft Access	Oracle8
Table Name:	**Catégories**	**CATÉGORIES**
Field Name:	Code catégorie	CODE_CATÉGORIE
Data Type:	Long	NUMBER(11,0)
Field Name:	Nom de catégorie	NOM_DE_CATÉGORIE
Data Type:	Text(25)	VARCHAR2(25)
Field Name:	Description	DESCRIPTION
Data Type:	Memo	VARCHAR2(2000)
Field Name:	Illustration	ILLUSTRATION
Data Type:	LongBinary	LONG RAW
Table Name:	**Clients**	**CLIENTS**

Tous les scripts SQL issus des phases d'analyse de vos bases Access sont accessibles. Vos données sont maintenant migrées dans Oracle8 et votre application Access a été modifiée pour accéder aux données gérées par Oracle8.

Modifications à apporter à vos applications Access

Comme nous l'avons vu dans le paragraphe précédent, vous pouvez utiliser votre application Access telle quelle, toutes les modifications nécessaires ayant été effectuées. Pourtant, le volume de données accédées peut ne plus rien avoir en commun entre Access et Oracle. L'application doit tenir compte de ces changements et nous vous conseillons d'effectuer les modifications suivantes pour tirer le meilleur parti du couple Access/Oracle8.

Ne plus « balayer » les tables

C'est simple et pratique de pouvoir visualiser le contenu d'une table dans un tableau. Tout le monde l'a fait, mais il est temps d'arrêter. C'est très bien lorsque votre base est utilisée uniquement par vous et que vos données sont présentes dans un fichier .mdb situé sur votre disque dur. Maintenant, vous êtes dans un environnement multi-utilisateur partageant des données sur un réseau. Lorsque vous ouvrez une table dans une « feuille Access », c'est l'intégralité de la table qui transite sur votre poste. A la place de quelques milliers de lignes, vous pouvez en rapatrier maintenant des millions.

Evitez d'apporter dans vos interrogations un trop grand nombre de lignes. Elles risquent d'être inutiles car trop nombreuses pour l'utilisateur et augmenteront votre temps de réponse. Ciblez au plus juste vos interrogations, le goulet d'étranglement de nombreux sites étant le réseau.

Groupez vos ordres SQL

Pour limiter le trafic réseau, groupez vos ordres SQL afin de les rendre plus concis et plus efficaces.

Mettez en œuvre les possibilités avancées d'Oracle8

Oracle8 vous offre un très large panel de possibilités de programmation. Vous pouvez faire effectuer des traitements complexes par votre serveur, en disposant ainsi de plus de puissance de traitement. Vos procédures, fonctions, packages d'Oracle8 sont accessibles à partir de vos applications Access. Utilisez-les sans réserve.

Travaillez avec des tables « attachées »

Pour travailler simplement entre Access et Oracle8, utilisez la caractéristique d'Access « Attacher table ». Une « table de correspondance » effectue la correspondance entre le nom des tables/colonnes Access et celui des tables /colonnes Oracle8. C'est le principe utilisé par l'assistant Oracle.

Adaptez votre syntaxe Microsoft Basic

Si vous avez programmé en langage Microsoft Basic pour Access, quelques modifications doivent être apportées. Ces modifications sont imposées par ODBC, donc quelle que soit la base de données cible. Par exemple, l'opération Basic « *seek* » n'est pas autorisée avec des tables distantes attachées via ODBC. De même, les *RecordSets* doivent être ouverts sous forme de *Dynasets* et non sous forme de tables. Dans certaines situations extrêmes, le code Basic doit être profondément remanié.

Utiliser Access pour faire migrer des données provenant d'autres bases

Access est un outil simple d'utilisation. Il permet de se connecter à Oracle, mais aussi à d'autres bases de données. Utiliser Access peut être un moyen simple et élégant de faire migrer des données d'une base X vers Oracle.

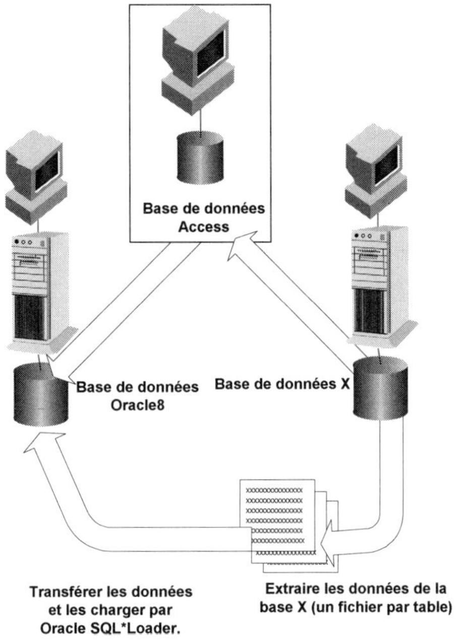

Dans ce cas, vous avez le choix entre faire migrer temporairement vos données en provenance de la base X dans Access, pour les transférer dans Oracle8 grâce à l'assistant décrit dans ce chapitre ; ou alors, vous pouvez extraire les données de votre base X, fichier par fichier, pour les charger dans Oracle8 par l'outil Oracle SQL*Loader (l'annexe 4 de ce livre est consacrée à SQL*Loader).

Les petites tables constituent souvent de bonnes cibles pour utiliser Access, le transfert des grosses tables étant à réserver à SQL*Loader.

Comment utiliser Access dans ce cas ?

Il y a plusieurs techniques pour faire migrer des données contenues dans Access vers Oracle. La plus simple (et la plus puissante) est l'Assistant. Vous pouvez aussi transférer une table dans Access, l'ouvrir, effectuer un « copier » de l'ensemble de ses lignes, ouvrir la table Oracle attachée et « copier » les données sélectionnées. Même les objets OLE sont copiés par cette méthode.

Extraire les données d'une base distante avec Access

Vous pouvez aussi utiliser Access comme un outil d'extraction des données contenues dans une base X distante. L'utilisation de *l'Export Access* vous permet de créer facilement des fichiers ASCII contenant vos données. Ils ne vous reste plus qu'à charger ces fichiers de données avec SQL*Loader. Cette méthode peut être utilisée pour faire migrer de gros volumes de données.

Résumé

Ce chapitre explique comment faire migrer des données contenues dans des bases Access vers Oracle8. Nous avons expliqué en détail les limites rencontrées avec Access et les moyens de les dépasser.

Ce chapitre couvre :

- les limites rencontrées avec les applications Access ;
- les avantages d'Oracle8 pour la gestion d'importants volumes de données ;
- l'accès aux données d'Oracle8 à partir d'Access via ODBC ;
- les étapes à suivre pour faire migrer vos données, avec l'assistant Oracle Migration Assistant for MS Access, accompagné d'un exemple de migration ;
- des techniques pour modifier votre application après migration des données.

S'appuyant sur Access, les conseils et les recommandations proposés sont exploitables pour faire migrer d'autres bases de données vers Oracle8.

14

Clusters NT, Fail Safe et Parallel Server

L'objectif de ce chapitre est, par delà les effets d'annonce et les idées simplistes accolées aux cluster, de vous en présenter les enjeux, objectifs et principes de fonctionnement. Nous abordons Oracle Fail Safe, Oracle Parallel Server, Oracle Parallel Query et Microsoft Cluster Server (MSCS), l'ex-Wolfpack, en suivant comme ligne directrice la mise en œuvre de bases de données.

Historique et enjeux des technologies cluster

Après des années de fonctionnement sous différents systèmes d'exploitation, VMS (Digital), différents Unix du marché (Sequent, IBM, Sun, HP, etc.), Windows NT arrive sur ce marché et commence à offrir des solutions de type cluster. C'est un domaine nouveau à la fois pour Microsoft et pour les constructeurs de matériel micro qui devront intégrer cette technologie, ou plutôt ces technologies, car sous le nom de Microsoft Cluster Server (MSCS), l'ex-Wolfpack, Microsoft introduit étape par étape des technologies allant des plus simples aux plus rigides.

Les enjeux sont grands pour Microsoft et les constructeurs de micro-ordinateurs, car ils s'engagent sur un nouveau marché où les constructeurs « classiques » tels que IBM, Digital, Hewlett Packard, etc., vont se défendre bec et ongles face à la galaxie de constructeurs liés à Intel : Compaq, Dell, etc.

Cette nouvelle jeunesse pour la technologie cluster est aussi une très bonne opportunité pour des constructeurs comme Data General, Unisys, etc., qui faiblissaient et qui, forts de leur expérience technique et de leur connaissance des grands comptes, peuvent revenir en tête de la course.

Ne nous y trompons pas : le marché des systèmes évolue. Les mainframes et les minis survivront et devront coexister avec les machines NT les plus puissantes. Ce sera le marché le plus rentable pour les constructeurs : celui des gros serveurs, soumis à des contraintes technologiques fortes, nécessitant des équipes de consultants performants. A l'autre bout de l'échelle, le micro-ordinateur démocratise tout. Vous pouvez déjà acheter votre serveur NT « bas de gamme » sur un matériel mono-processeur par téléphone. Retrouvera-t-on les mêmes constructeurs aux deux bouts de l'échelle ? Rien n'est moins sûr.

Principes d'une architecture cluster NT

Un cluster est une architecture matérielle où plusieurs serveurs indépendants sont reliés pour fonctionner comme s'ils constituaient un seul serveur. Chaque serveur participant à un cluster est appelé nœud. Dans des conditions normales, chaque nœud agit de manière indépendante et gère son propre travail.

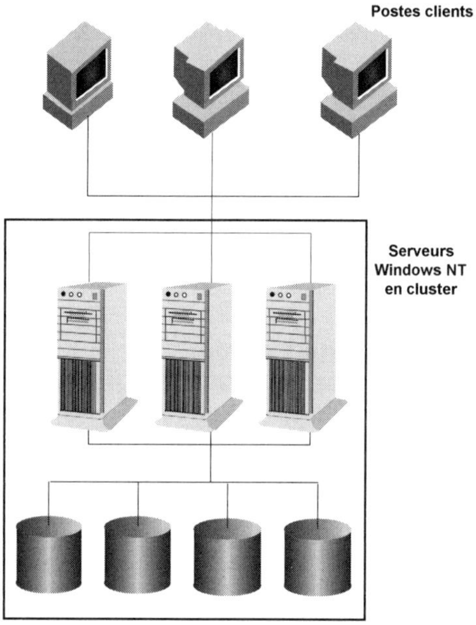

Les caractéristiques dominantes des clusters sont :

- performance ;
- fiabilité et disponibilité ;
- évolutivité facile par ajout de nœuds ;
- administration de plusieurs machines vues comme une seule.

En effet, les utilisateurs ne voient le cluster que comme une seule et même machine, distribuant des ressources communes. Un cluster est théoriquement (nous verrons pourquoi) indépendant de l'application et simple à administrer car constitué de machines connues et maîtrisées.

Les serveurs sont monoprocesseur ou multiprocesseur. Ils partagent un ensemble de disques commun (souvent de type RAID, doublés pour plus de fiabilité, comme présenté dans le chapitre 11 (*Les disques durs : FAT, NTFS et RAID*) et les machines sont reliées par des canaux spéciaux à haut débit de type Fast SCSI, Ethernet ou autres technologies du type ATM. Augmenter la puissance de l'ensemble est simple : il suffit d'ajouter un nœud ou des processeurs.

L'architecture cluster ne fait pas que mettre en commun des ressources, elle doit les gérer, en vérifier le bon fonctionnement, effectuer une répartition de la charge entre les nœuds les plus chargés et les moins chargés et, surtout, pallier les pannes en basculant des applications d'une machine vers une autre. C'est donc un ensemble technique particulièrement complexe.

Beaucoup de ces arguments n'ont de valeur que marketing. Il faut avant tout déterminer ce dont vous avez le plus besoin : haute disponibilité ? performance ? évolutivité ? Et n'oubliez pas que tout cela a un coût et va requérir des compétences souvent pointues, tant au niveau du système que de la base de données.

Utilisation d'un cluster NT par Oracle8 : Fail Safe et Parallel Server

Pour utiliser la technologie cluster, deux grands principes de fonctionnement sont possibles. Nous allons vous les présenter en commentant Oracle Fail Safe et Oracle Parallel Server.

Objectifs de Fail Safe et Parallel Server

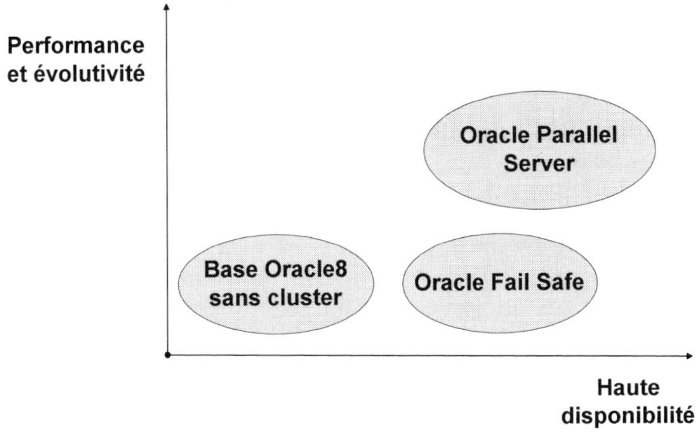

Pour bien positionner les objectifs respectifs d'Oracle Fail Safe et d'Oracle Parallel Server, le schéma précédent les compare suivant deux axes : celui de la haute disponibilité et celui de la performance et de l'évolutivité.

Le domaine d'Oracle Parallel Server combine à la fois les deux, alors qu'Oracle Fail Safe se concentre surtout sur la disponibilité.

Oracle Fail Safe

Oracle Fail Safe est lié aux possibilités offertes par les récentes fonctionnalités cluster de Microsoft. Il vous permet de disposer d'une solution sécurisée, facilement implémentable et à faible coût, mettant en œuvre des configurations matérielles cluster certifiées par Microsoft.

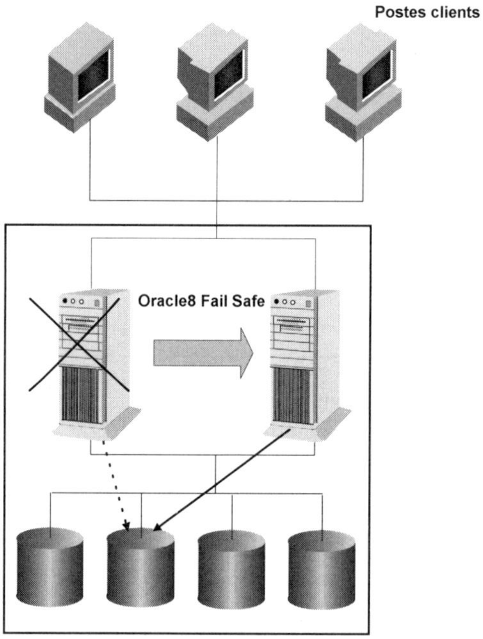

Dans une architecture Oracle Fail Safe, la base de données ne fonctionne que sur un seul serveur à un instant donné. Si une défaillance se produit, la base de données est automatiquement relancée sur l'autre serveur, qui était inactif jusque-là.

Le deuxième serveur n'est pas en « attente» de cet unique événement, il peut lui aussi héberger des bases de données. On peut disposer d'une configuration Oracle Fail Safe où chaque machine héberge ses propres bases, qui peuvent être basculées d'un serveur sur l'autre, en cas de problème.

Une configuration Fail Safe est limitée à deux nœuds : l'un actif, l'autre en sauvegarde. Disposer de deux serveurs n'accroît pas la puissance disponible pour une base, car un seul est actif à un instant donné.

Vos applications sont utilisables telles quelles avec Fail Safe, aucune mise au point n'est nécessaire.

Oracle Parallel Server

L'architecture d'Oracle Parallel Server est plus évoluée que celle d'Oracle Fail Safe. C'est elle qui propose à la fois performance, évolutivité et disponibilité. Dans le langage Oracle courant, le terme cluster est implicitement associé à Oracle Parallel Server.

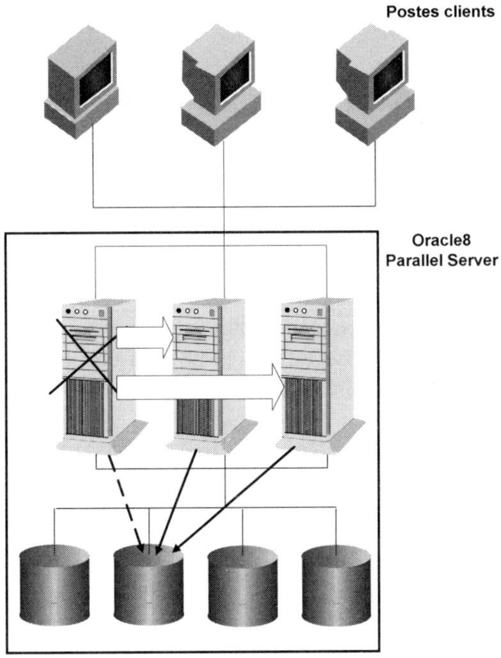

Dans une architecture Oracle Parallel Server, la base de données fonctionne simultanément sur l'ensemble des serveurs. On peut ajouter ou arrêter dynamiquement un nœud dans la configuration. Si une défaillance se produit, les autres nœuds assurent une continuité de service.

La configuration permet donc une grande puissance car tous les nœuds travaillent simultanément, contrairement à Fail Safe où un seul est actif.

Une configuration Parallel Server n'est pas limitée à deux nœuds, comme avec Oracle Fail Safe. On peut rencontrer des clusters à deux, trois, quatre nœuds, voire plus.

Vos applications doivent être modifiées pour tirer parti d'Oracle Parallel Server :

- pour déterminer sur quel nœud elles se connectent normalement ;
- pour choisir à quel nœud se connecter si le nœud par défaut est inaccessible.

Oracle Parallel Query

Oracle Parallel Query est une technique standard utilisée par le moteur d'Oracle8 pour résoudre vos ordres SQL sur des machines multiprocesseurs. L'idée maîtresse est la suivante : plutôt que de laisser travailler un seul processeur, certaines opérations seront découpées et confiées à des processeurs tiers. Elles s'exécutent donc en parallèle.

Quelles sont ces opérations susceptibles d'être parallélisées ? Ce sont des opérations longues, dont on cherchera à réduire le temps total. Ce sont sur elles que les plus gros gains de temps seront obtenus. On trouve ainsi les lectures complètes de tables (Full Table Scan), les opérations de tri des données, la création d'index, le chargement de tables avec SQL*Loader, etc.

Incorporé dans toutes les versions d'Oracle8 et, à ce titre, gratuit, Oracle Parallel Query est particulièrement intéressant car sa capacité de répartition du travail sur plusieurs processeurs peut s'étendre à plusieurs nœuds. On peut ainsi avoir une requête traitée par plusieurs nœuds, chacun d'entre eux étant doté de plusieurs processeurs.

Quels liens avec Microsoft Cluster Server (MSCS) ?

Microsoft Cluster Server (MSCS), l'ex-Wolfpack, consiste en un ensemble de logiciels et de recommandations pour construire une architecture cluster. MSCS est livré avec la version de Windows NT 4.0 Enterprise Edition et ne peut être utilisé que sur des matériels ayant reçu le label de Microsoft. Ceci va constituer une petite révolution pour les acteurs du monde micro : toute la configuration doit être certifiée, depuis le hardware machine, les cartes installées, les logiciels, jusqu'aux types de câbles reliant les machines. Les « bidouilleurs » qui sévissent parfois dans le monde micro n'auront pas leur place dans cet environnement !

Oracle Fail Safe et Oracle Parallel Server accèdent à des niveaux différents de Microsoft Cluster Server (MSCS). Oracle Fail Safe repose complètement sur MSCS, jusqu'à en subir les limitations : seules deux machines peuvent actuellement constituer un cluster. Pour lever cette limitation ainsi que d'autres, Oracle Parallel Server ne s'appuie que partiellement sur MSCS.

L'architecture logicielle qui a fait ses preuves sur VAX VMS (Digital) et divers Unix du marché est adaptée à Windows NT. La maturité de MSCS sur Windows NT interviendra certainement avec l'avènement de Windows NT 5.0. Ce sera un chemin long et pavé d'écueils. Microsoft devra donc se méfier car la moindre erreur sera immédiatement exploitée par ses détracteurs, d'autant plus qu'une partie du marché des systèmes d'entreprise est en jeu.

Tarifs d'Oracle Fail Safe et d'Oracle Parallel Server

La politique commerciale des éditeurs et d'Oracle varie dans le temps. On constate cependant qu'au fil des versions et des « releases », de plus en plus de fonctionnalités sont intégrées dans le produit standard.

A ce titre, Oracle Fail Safe est gratuit. Il est aussi disponible sur de nombreuses plates-formes autres que Windows NT.

Oracle Parallel Server est considéré comme une option technique d'Oracle nécessitant une architecture matérielle très particulière pour fonctionner. C'est pourquoi il est payant.

Comparatif d'Oracle Fail Safe et d'Oracle Parallel Server

Les arguments suivants vous offrent des éléments de comparaison entre Oracle Fail Safe et Oracle Parallel Server :

Oracle Fail Safe	Oracle Parallel Server
Adapté aux groupes de travail utilisant des clusters NT pour répartir la charge de travail sur plusieurs serveurs.	Conçu pour les applications d'entreprise qui mettent en œuvre des clusters NT pour disposer de plus de puissance et de disponibilité.
Haute disponibilité à une seule instance.	Haute disponibilité, qui offre un accès en parallèle à une base de données multi-instance. Chaque nœud héberge une instance de la même base de données.
Toutes les opérations d'administration sont identiques à celles effectuées sur une base mono-instance.	Le Tuning ainsi que les autres opérations d'administration nécessitent des connaissances approfondies du fonctionnement des bases Oracle multi-instance et de leur configuration.
Aucune connaissance spéciale des clusters NT n'est requise.	La configuration de clusters NT doit être maîtrisée.
Limité à deux nœuds, car Microsoft Cluster Server (MSCS) n'en supporte pas plus actuellement.	Supporte des clusters ayant plus de deux nœuds. Utilise partiellement MSCS et contourne ses limites actuelles.
Une application cliente n'a pas besoin d'être modifiée. Une seule adresse logique est utilisée pour les deux nœuds.	Pour en tirer pleinement parti, les applications doivent être modifiées pour rechercher la liste des adresses des nœuds où se connecter.

Fonctionnement d'Oracle Fail Safe

Cas d'utilisation d'Oracle Fail Safe

Ses utilisations et contraintes sont souvent celles rencontrées lors de l'utilisation de progiciels comme SAP R/3, Oracle Application, etc. Oracle Fail Safe peut être utilisé dans les cas suivants :

- arrêt programmé d'un serveur, pour une opération de maintenance logicielle ou matérielle ;
- arrêt non programmé : la base de données est relancée sur le second serveur ;
- répartition de charge manuelle, pour passer une base d'un serveur NT chargé vers un serveur plus disponible ;
- comme un seul nœud est actif à un instant *t*, Oracle Fail Safe agit uniquement sur la sécurité et la disponibilité.

Principe de fonctionnement

Oracle Fail Safe est constitué de deux grands modules :

- Oracle Fail Safe Server, qui s'appuie sur MSCS et assure le basculement de la base d'un serveur à l'autre ;
- Oracle Fail Safe Manager, outil graphique utilisé pour construire votre configuration cluster.

Dans des circonstances normales, chaque nœud agit de manière indépendante et effectue son propre travail. Les nœuds « dialoguent » à la fois par du matériel et du logiciel. Le matériel relie les deux nœuds par un canal de communication haut débit (souvent SCSII) et le logiciel est basé sur MSCS pour vérifier l'état de chacun des nœuds.

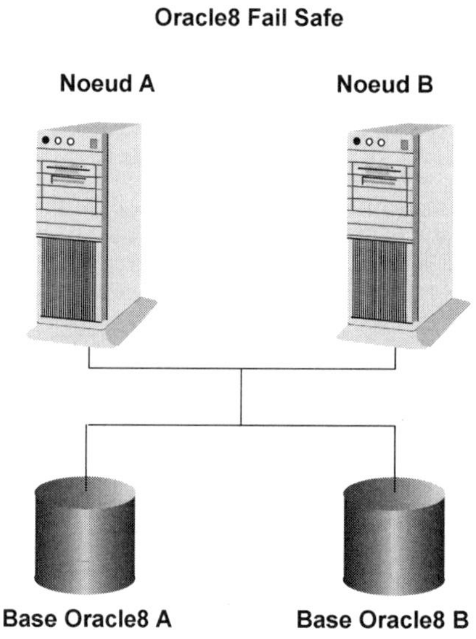

Dans notre exemple, chaque nœud héberge une instance Oracle8. L'instance A pour le nœud A et l'instance B pour le nœud B. Les fichiers utilisés par chacune de ces bases de données sont dans des disques (obligatoirement au format NTFS de Microsoft), accessibles par chacun des nœuds, grâce à MSCS.

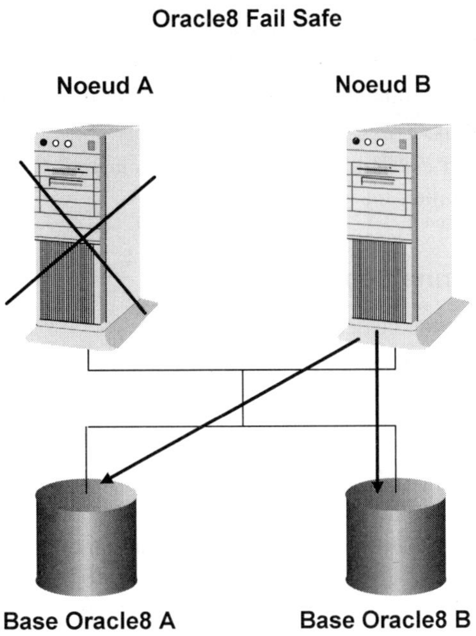

Si l'un des nœuds du cluster tombe en panne, le second prend en charge le travail effectué normalement par le premier (en plus de sa propre charge de travail). Dans ce cas, les applications du nœud A basculent (*fail over*) vers le nœud B. Les données de la base A sont accessibles à la machine B car les ressources disques sont communes pour les deux machines.

Après quelques minutes (au maximum) d'indisponibilité de la base A, ses utilisateurs peuvent se reconnecter et travailler aussi bien sur la base A que sur la base B.

Lorsque vous utilisez Oracle Fail Safe pour configurer vos bases Oracle8 sur un cluster NT, Oracle Fail Safe :

- minimise et gère les temps d'arrêt ;
- définit le nœud qui héberge la base et celui de « Fail Over » ;
- décrit les dépendances entre les bases et les autres ressources du cluster ;
- vérifie et valide la configuration de vos bases de données ;
- configure Net8 sur chaque machine ;
- surveille si vos bases sont lancées et fonctionnelles ;
- s'assure, lorsqu'une base s'arrête et passe d'un nœud vers l'autre, que toutes les ressources requises par la base s'arrêtent puis sont relancées dans le bon ordre.

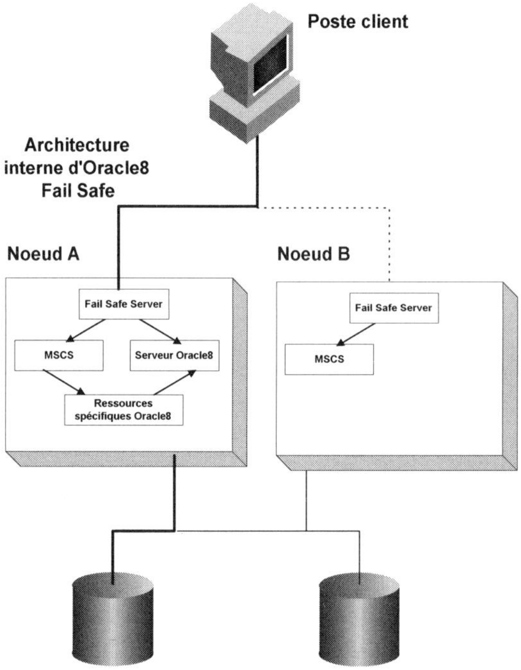

Avec Oracle Fail Safe, vous n'avez aucune modification à effectuer sur vos applications clientes.

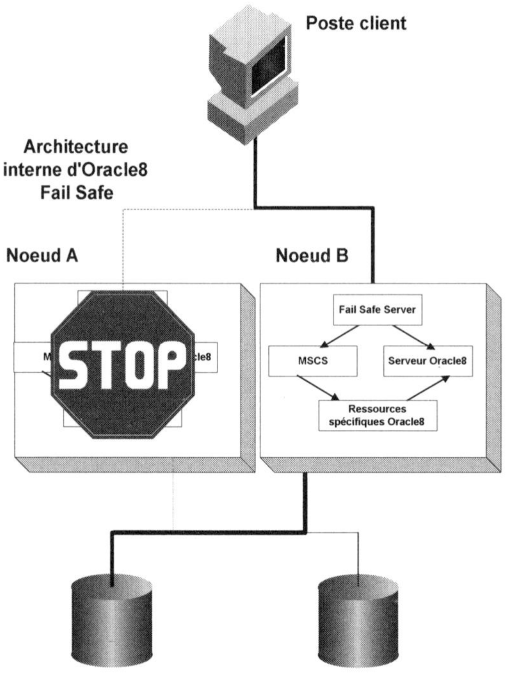

Une configuration cluster est « vue » comme une seule adresse réseau. Lors d'une demande de connexion, Oracle Fail Safe vous aiguille automatiquement au nœud qui supporte votre base de données active.

Que deviennent les utilisateurs connectés si le serveur s'arrête ?

C'est là que la réponse est le plus souvent évasive de la part d'Oracle et des autres promoteurs de clusters, car elle ne répond pas forcément à vos attentes. Il y a ce qui se fait automatiquement, ce qu'il est possible de faire en le programmant et ce que l'on pourra faire avec de nouvelles versions.

En cas d'arrêt du serveur sur lequel des utilisateurs sont connectés, il y a trois éléments importants à prendre en compte :

- que deviennent les transactions en cours ?
- le basculement vers la base survivante est-il automatique ?
- la connexion à la nouvelle base est-elle automatique ?

Ce qui se fait automatiquement

Vos transactions en cours sont annulées. Si l'application ne le prend pas en compte, vous devez vous reconnecter à la base de données, ce qui revient souvent à relancer votre application cliente. Lors d'une connexion, vous êtes toujours dirigé vers le nœud qui héberge la base Oracle Fail Safe active.

Ce que l'on peut faire en programmant

Une caractéristique de l'OCI (Oracle Call Interface), utilisée par les outils de développement qui s'interfacent à Oracle, permet aux postes clients de se connecter automatiquement au nœud survivant. De plus, les utilisateurs qui effectuent des ordres de consultation (SELECT) ne sont pas interrompus. Mais, encore une fois, il faut que votre développement ou votre outil de développement exploite ces possibilités...

Vous pouvez aussi programmer vos applications pour tester, avant chaque ordre SQL, si le serveur distant est « vivant » et, dans ce cas, se connecter de manière transparente au serveur ayant pris la main.

Ce que l'on pourra faire avec de nouvelles versions

Eviter la perte des transactions en cours lorsque le serveur s'arrête. Tout ce que l'on souhaite faire autrement, la reprise automatique d'application, une réelle haute sécurité, doit être programmé.

Fonctionnement d'Oracle Parallel Server

Oracle Parallel Server est la version la plus évoluée d'Oracle8, qui fonctionne sur l'architecture la plus évoluée de NT. C'est un véritable « engin de compétition » dont vous disposez, avec avantages et inconvénients.

Cas d'utilisation d'Oracle Parallel Server

Son intérêt est évident lorsque les contraintes et les performances de disponibilité sont plus fortes que celles résolues avec Oracle Fail Safe. On rencontre deux types d'utilisation :

- un seul serveur NT est incapable de supporter la charge des utilisateurs ou programmes connectés ;
- le système a besoin d'une haute disponibilité, proche de zéro temps d'arrêt toléré.

Principe de fonctionnement

Le point majeur qui distingue Oracle Parallel Server est que la base Oracle8 fonctionne simultanément sur chacun des nœuds du cluster. La puissance de chacun des nœuds s'ajoute et la sécurité est assurée si l'un des nœuds tombe en panne. Tableau idyllique ? Pas tant que cela, car le coût et la complexité technique de l'ensemble augmentent très fortement.

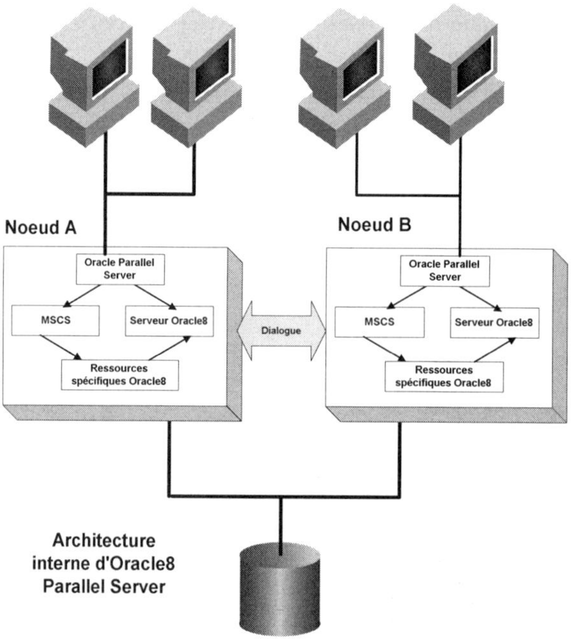

Architecture interne d'Oracle8 Parallel Server

Tout d'abord, vos postes clients doivent se connecter à un nœud particulier, pour équilibrer la charge. Il existe des systèmes, qui, pour les clients externes, ne présentent qu'une adresse réseau. Dans ce cas, le système fonctionne comme un métronome et connecte le client sur l'un des nœuds à l'instant même de la demande de connexion. Cela fonctionne assez bien pour équilibrer la charge entre différents nœuds actifs. Le problème est que ce mode de fonctionnement est lié au matériel et qu'il ne tient pas compte de l'éventualité où la base de données sur le nœud vers lequel il est dirigé est inactive. Cette lacune est difficilement tolérable dans un environnement base de données.

Le second point est l'équilibrage de la charge machine. Disposer de plusieurs nœuds est une chose, mais comment s'effectue l'équilibrage de la charge entre ces machines ? Et bien, il n'y en a pas ! Ni au niveau du système d'exploitation Windows NT, ni au niveau de la base de données Oracle8. Un utilisateur est connecté à un nœud et travaille sur ce nœud, un point c'est tout. Si vous souhaitez vous connecter à des bases de données actives d'un cluster, c'est à votre application de le mettre en œuvre. Idem si vous souhaitez effectuer un équilibrage des différentes charges machines.

Les machines ou applications clientes sont connectées à un nœud. Chaque nœud communique avec les autres grâce à un bus de communication haut débit, qui sert à propager aux autres nœuds les informations sur les données mises à jour sur un nœud, de façon qu'ils soient tous au même niveau d'information. C'est là une des limitations d'Oracle Parallel Server : si tous les nœuds effectuent des modifications intensives des données, le bus de communication devient très chargé et peut même atteindre saturation. Ceci est un point difficile à détecter et nécessite des compétences pointues pour le corriger.

Chaque nœud d'un cluster accède à des ressources communes : les fichiers de données. C'est MSCS qui met chaque nœud « au même niveau d'accès » par rapport aux données. Pourtant, des difficultés techniques subsistent. Pour que différents nœuds accèdent en même temps à un fichier, il faut que ce fichier soit du type Raw Device. C'est plus un type de partition disque (comme FAT, NTFS, HSFS) qu'un fichier. L'inconvénient majeur est qu'il ne se manipule pas comme un fichier et que cela complexifie singulièrement les opérations de sauvegarde/restauration. Là aussi, des compétences pointues sont requises pour administrer ce type de fichier.

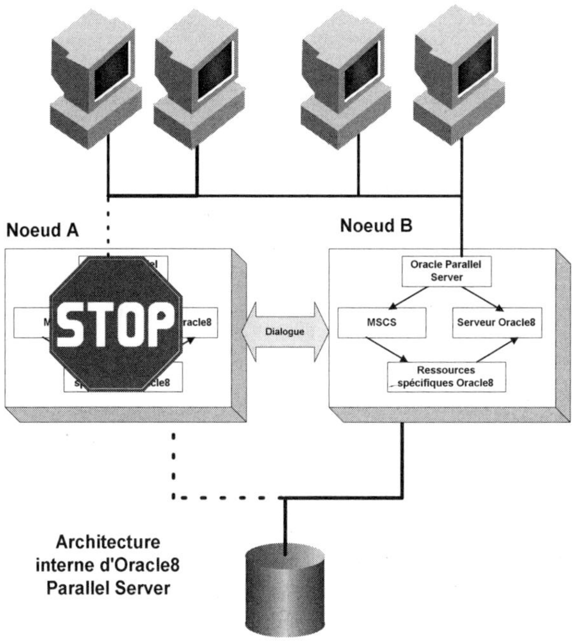

Lorsqu'un nœud s'arrête, les autres nœuds continuent d'accéder de manière transparente aux données.

Que deviennent les transactions en cours sur le nœud qui « tombe » ?

Les transactions validées sont assurées, les autres transactions en cours mais non validées sont annulées.

Le basculement vers un nœud survivant est-il automatique ?

Non. Il ne faut pas compter sur une transaction qui s'effectue sur un nœud et, après quelques instants d'arrêt, continue sur un autre nœud. Ce type de fonctionnement très évolué doit être développé dans vos applications.

La connexion est-elle automatique et le « contexte d'utilisation » est-il sauvegardé ?

Non. C'est à l'application de tenir compte de tous ces éléments.

Résumé

Après une présentation de l'univers des clusters, Oracle Fail Safe et Oracle Parallel Server ont été abordés.

On peut réserver Oracle Fail Safe aux configurations suivantes :

- votre serveur NT est capable de supporter tout seul la charge de la base de données ;
- ressources et connaissances techniques des clusters limitées ;
- faible coût de la configuration (Oracle est gratuit) ;
- haute disponibilité d'Oracle8 sur NT ;
- peu d'impact sur vos applications ;
- facile à mettre en œuvre et à utiliser pour des non-pécialistes des clusters.

On peut réserver Oracle Parallel Server aux configurations suivantes :

- ressources et connaissances techniques des clusters importantes ;
- coût important de la configuration (option Oracle facturée) ;
- haute disponibilité d'Oracle8 sur NT ;
- augmentation de la puissance totale de votre cluster par ajout de CPU ou de nœuds ;
- vos applications doivent obligatoirement être écrites pour tirer parti du cluster ;
- nécessite de fortes compétences du fonctionnement interne des clusters Oracle.

Notre recommandation finale nous porte vers Oracle Fail Safe, qui donne avec une technique simple à la fois une bonne disponibilité et une tolérance aux pannes. Nous sommes plus réservés envers Oracle Parallel Server qui nécessite de très fortes compétences et des développement spéciaux pour en tirer le meilleur parti. Le moyen le plus simple pour vérifier notre avis est d'exiger des références joignables utilisant Oracle Parallel Server sur Windows NT, pour lesquelles la mise en œuvre, les attentes et les compétences techniques soient proches des vôtres.

15

Oracle, le Network Computer et l'architecture NCA

Oracle est l'un des leaders techniques de l'informatique actuelle. Sa stratégie est déployée selon deux grands axes, le Network Computer (NC) et le Network Computer Architecture (NCA). Ce chapitre, hors des sentiers battus, du «politiquement correct» et de la «langue de bois» d'Oracle, vous propose une vision stratégique de ces architectures et de leur raison d'être.

NC et NCA : la stratégie Oracle

Mainframe, Mini, Internet : quels liens ?

L'industrie informatique est en continuelle évolution. Ce mouvement n'était jusque-là perceptible que par les techniciens et les financiers (ces derniers ne comprenant pas toujours que les «joujoux» des premiers coûtent si cher). Cette évolution a, aujourd'hui, largement dépassé le cadre de l'entreprise. L'outil informatique a conquis le grand public, en partie grâce à l'Internet et aux logiciels bureautiques.

L'architecture informatique évolue, grâce aux évolutions techniques et à la maîtrise des coûts. La première génération était conçue de manière centralisée, sur une machine unique, le «mainframe», qui hébergeait toutes les applications. Puis les «minis» sont arrivés, fiables, puissants et de faible coût. Une entreprise pouvait posséder plusieurs de ces machines, interconnectées. Elles ont popularisé le fonctionnement en réseau. Parallèlement, les micro-ordinateurs ont fait leur apparition et se sont progressivement intégrés aux réseaux qui voyaient le jour. Aujourd'hui, avec l'extraordinaire bouleversement des télécommunications, on peut facilement faire dialoguer des ordinateurs n'importe où dans le monde. L'Internet en est la démonstration éclatante.

Les techniques sous-jacentes d'Internet ont très profondément modifié le visage de l'informatique. Nous ne sommes plus dans un environnement clos, limité par la technologie d'un fournisseur, mais dans un environnement « ouvert », basé sur l'utilisation de composants standard. Comment un informaticien peut-il justifier auprès de son directeur de ne pouvoir lui fournir l'accès à des données sur tel serveur de la salle machine, alors que le directeur consulte les cours de la bourse de Hong-Kong sur Internet ? ***La technique s'efface au profit de l'objectif***.

Quel impact pour Oracle ?

Oracle et les autres fournisseurs de bases de données ont connu leur apogée sous le règne du « mini ». Le choix d'une base de données était très important. Il déterminait la capacité des composants informatiques de l'entreprise à communiquer ou non.

Aujourd'hui, le débat se déplace : *le réseau s'est substitué à la base de données comme élément fédérateur des systèmes informatiques. La base de données est devenue un composant banalisé.* Certains fournisseurs comme Sybase, Informix, subissent de plein fouet ce changement. Oracle, qui bénéficie d'autres sources de revenus grâce aux applications, a moins souffert de cette mutation.

Comment garder un leadership technologique ?

Oracle est un leader technologique. Comment garder ce rang alors que l'intérêt se déplace de la base de données vers le réseau ? Comment continuer à promouvoir son produit, les outils et les services associés, alors qu'Internet accapare tous les feux de l'actualité ? C'est l'objectif à la fois technique et marketing que se sont fixés le Network Computer (NC) et l'architecture Network Computer Architecture (NCA), soutenus par Oracle.

Network Computer (NC), objectif marketing ?

Pour éviter que la base de données soit banalisée et ramenée au rang de composant « standard », il faut lui donner un nouveau souffle et l'inscrire dans une nouvelle perspective. Aujourd'hui, l'informatique c'est « Hollywood », avec ses stars, ses flashs et ses paillettes. Pour avoir sa place dans le show-business informatique, il faut se trouver une cible de choix. Quoi de mieux que d'attaquer Bill Gates, l'omniprésent patron de Microsoft ? C'est l'assurance de faire les premières pages des médias.

Le Network Computer ne propose rien de moins que de supprimer les micro-ordinateurs, jugés trop lourds («fat clients») et trop chers à administrer. Il propose de lui substituer une machine qui épouse le concept «centré sur le réseau». Les micro-ordinateurs disparaissent, des serveurs plus puissants hébergent les applications. Le Network Computer n'est ni plus ni moins qu'une sorte de terminal graphique, offrant toute l'ergonomie d'un micro-ordinateur, sans en supporter les inconvénients.

Bingo ! Avec cette stratégie et l'attaque frontale contre Microsoft, une couverture médiatique mondiale est assurée. Alors que Microsoft profite d'une très large notoriété (les logos s'affichent continuellement sous Windows), le nom d'Oracle ne dépassait pas le cadre de l'informatique professionnelle. Aujourd'hui, la presse généraliste (Le Monde, Le Figaro, Les Echos, Libération, etc.) a parlé d'Oracle et de son Network Computer. La notoriété d'Oracle a largement dépassé le cercle informatique. Le premier objectif marketing du Network Computer, qui consistait à faire parler d'Oracle, a réussi.

Network Computer Architecture(NCA), objectif technique ?

Autant les concepts du NC sont orientés «grand public», avec un côté simplificateur et parfois réducteur, autant les concepts du NCA sont dirigés vers une clientèle d'informaticiens, pour lesquels l'attrait technique est primordial. NC et NCA sont donc les deux volets complémentaires d'une même stratégie.

Si le NC est «l'accroche», le NCA peut être considéré comme le fondement technologique qui permet de mettre en œuvre une architecture à base de NC. Oracle a conçu NCA comme une architecture souple, avec suffisamment de zones «floues» pour pouvoir l'adapter aux formidables et imprévisibles évolutions apportées par Internet.

Il existe un mouvement de balancier dans l'informatique. Basculant des mainframes aux minis puis aux micros, le balancier tend maintenant à revenir vers une architecture plus «centralisée», c'est-à-dire mini ou mainframe. N'en déduisons pas pour autant la mort des PC ! Ils ont encore de belles années devant eux.

Le Network Computer (NC)

Le micro-ordinateur et son interface Windows sont présents partout. Tellement incontournables que nul ne se pose plus la question de l'opportunité d'acheter un PC, tant cela paraît désormais relever de l'évidence. Plutôt que de mettre en cause l'un des composants du PC en proposant un outil révolutionnaire comme l'a fait Netscape (vite imité et concurrencé par un produit équivalent de Microsoft), le bouillant patron d'Oracle a suggéré une voie encore plus radicale : supprimer carrément le PC !

Un PC : pour quoi faire ?

Observons les tâches assurées actuellement dans les entreprises par les PC. Les applications accessibles sont aujourd'hui légion. On peut toutefois les classer en deux groupes.

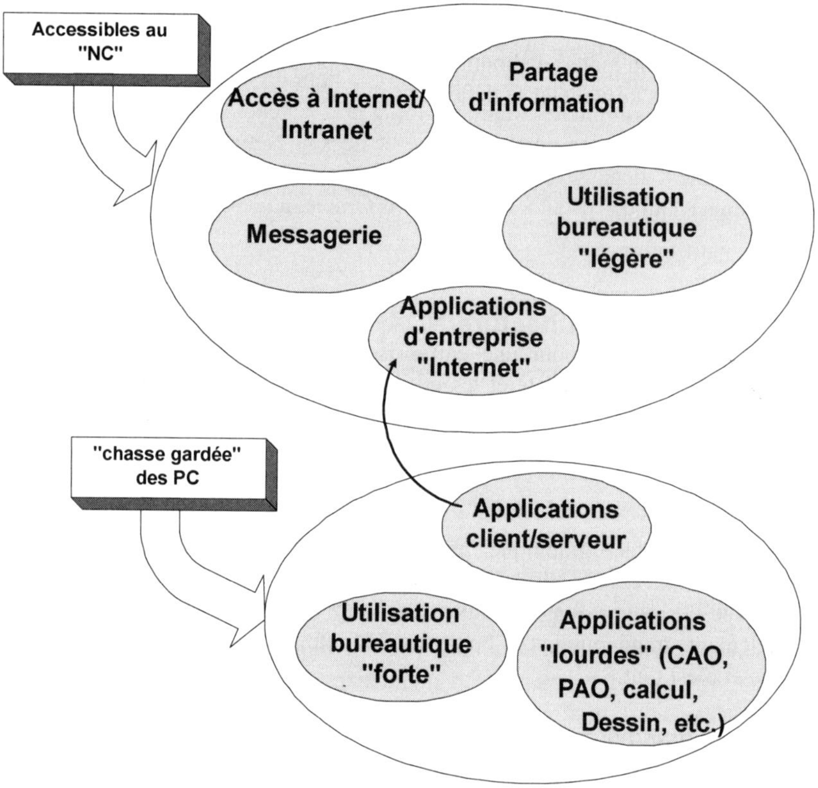

Le premier groupe rassemble des applications que les techniques Internet permettent aujourd'hui d'exécuter à partir d'un navigateur (navigateur).

Le second groupe englobe les applications qui sont la «chasse gardée» des PC. Ce sont elles qui nécessitent des machines toujours plus puissantes, avec les versions chaque fois plus raffinées des logiciels.

On constate que des applications client-serveur classiques peuvent être utilisées à l'identique au moyen d'un navigateur. Oracle, avec Developer2000, propose une évolution de ce type. Ce sont ces applications qui ont fait basculer la perception du PC dans les entreprises.

Pourquoi ne pas envisager une machine simple, économique, disposant d'une interface graphique, d'une connexion à un réseau, pour réaliser les fonctions actuellement assurées par un navigateur ?

Actuellement, toutes les applications ont besoin d'un PC pour fonctionner alors que pour un grand nombre d'entre elles, d'autres solutions sont envisageables.

Le PC : quels constats ?

Le PC est aujourd'hui un matériel abouti, capable de prouesses technologiques importantes. Mais plusieurs facteurs militent en sa défaveur :

- il est cher ;
- il est complexe ;
- il n'est pas grand public ;
- il n'est pas natif Internet ;

Le PC est cher

Le coût d'un PC est élevé pour une entreprise (ou un particulier). De plus, il évolue constamment, devient vite obsolète et les mises à jour sont difficiles. En comparaison, un terminal en mode caractère, d'un coût d'achat bien inférieur à un PC, est toujours d'actualité alors qu'une ou deux générations de PC sont passées.

Le PC est complexe

Oui, malgré sont interface graphique, un PC est complexe à installer, prendre en main, paramétrer, utiliser. Avez-vous déjà vu un utilisateur «lambda» paramétrer une imprimante, se dépêtrer avec des connexions réseaux ? Regardez l'arrière d'un PC, comparez avec un produit réellement grand public, le bon vieux Minitel. Une prise de courant, une prise téléphonique et c'est tout.

Le PC n'est pas grand public

Comparé à la pénétration du téléphone dans l'ensemble des foyers, le PC est très en retard. Sa complexité ne le rend pas grand public et, il faut le dire, le réserve à une élite.

Le PC n'est pas natif Internet

Acheter un PC uniquement pour accéder à Internet, c'est comme acheter une maison et n'en habiter qu'une seule pièce : un gaspillage.

Le ou «les» Network Computer ?

Pour toutes ces raisons, un nouveau type de matériel va apparaître. Il sera puissant, connecté, simple d'utilisation, facile à installer et économique. Est-ce que ce sera le Network Computer tel qu'il est promu par Oracle ? Rien n'est moins sûr. Il se peut qu'un opérateur de télécommunication grand public fasse une offre commerciale très alléchante avec un matériel «gratuit» à la clé, pour faire décoller le marché, à l'exemple des téléphones portables qui, à condition de s'abonner, étaient gratuits.

Nous sommes à un tournant de l'informatique. Jusqu'à présent, toutes les nouveautés informatiques s'adressaient presque exclusivement aux entreprises. Le Network Computer, qui sera le futur «Minitel Internet», échappera très certainement à l'entreprise. Ce sera un produit grand public que son succès imposera à l'entreprise.

C'est pourquoi il est fort probable que des acteurs économiques ayant une connaissance du grand public, de la diffusion de masse (hypermarchés), soient les inventeurs des nouveaux

Network Computers. Qui seront-ils ? De grands groupes asiatiques (Sony, Nintendo...), américains (Marconi, Intel...), français (Alcatel, Sagem...) ont les capacités techniques pour proposer un tel produit. Le NC d'Oracle aura affaire à rude concurrence.

Le Network Computer Architecture (NCA)

L'architecture NCA est un prolongement des architectures actuelles. Rien de fondamentalement révolutionnaire, il s'agit juste de la prise en compte et de l'intégration de nouvelles technologies.

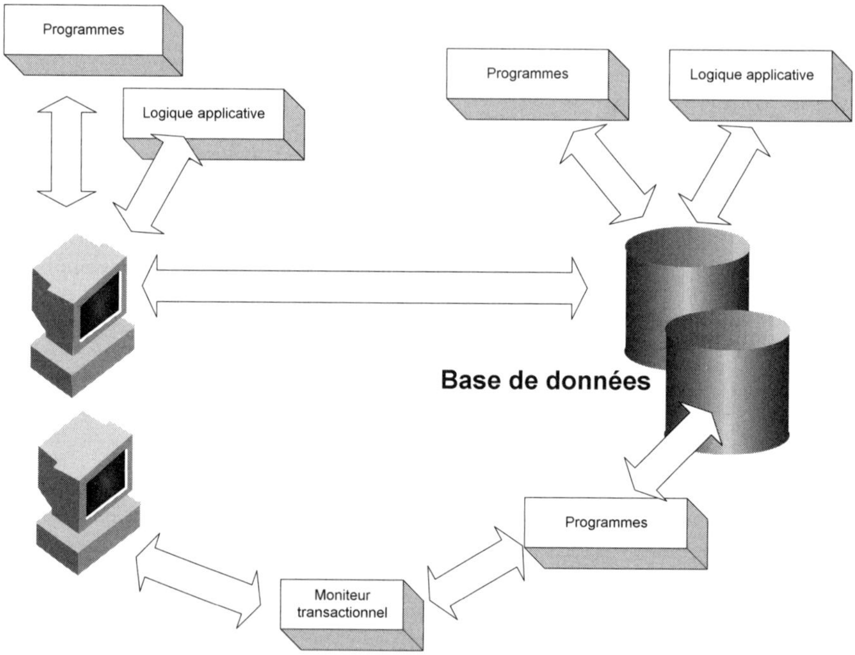

Actuellement, les architectures les plus répandues dans les entreprises sont des applications client-serveur (pour les plus récentes), ou des applications mainframe classiques, qui utilisent souvent des moniteurs transactionnels (permettant de connecter beaucoup d'utilisateurs, en limitant les ressources machines consommées). Ce sont des technologies matures, bien maîtrisées et stables.

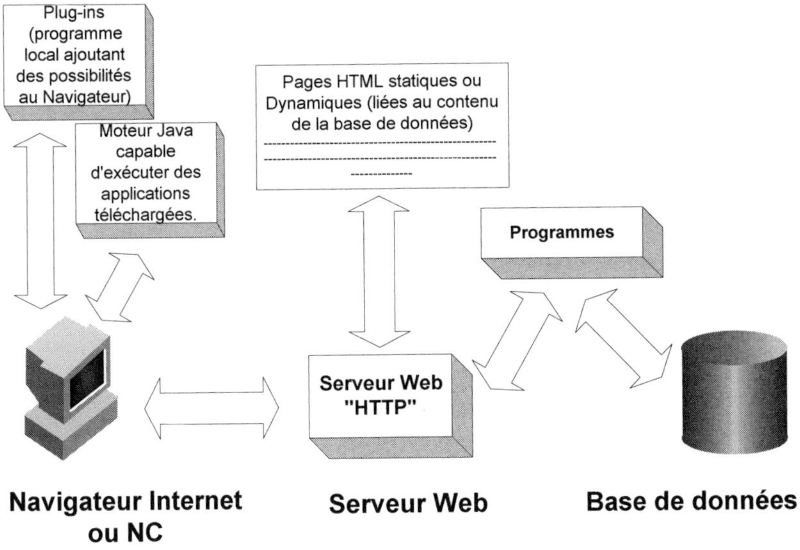

Le client-serveur a pris un coup de vieux avec l'avènement des techniques liées à Internet. Son inconvénient majeur est la difficulté d'installation et de déploiement des applications. Désormais, celles-ci résident entièrement sur un serveur Web ou serveur d'application intermédiaire, les postes clients étant «sans intelligence», réduits aux seuls composants de terminaux graphiques.

Même si un schéma dépend toujours de la manière dont il a été dessiné, il apparaît clairement que la base de données est banalisée, reléguée au rang de simple composant, qui plus est, en «bout de chaîne».

Aujourd'hui, les technologies liées à ce type d'architectures sont en pleine mutation. Il n'est pas un jour sans qu'un nouvel outil apparaisse ou tente d'apporter sa brique à l'édifice. En l'espace d'une année, l'informatique a connu de nombreux bouleversements. Un orateur a un jour évoqué le concept d'«une année Internet» dont la durée était estimée à 30 jours...

Tout n'est cependant pas parfait et cette architecture a besoin d'évoluer. Des besoins techniques importants, éprouvés depuis des années par les mainframes, les minis et les bases de données, en sont absents.

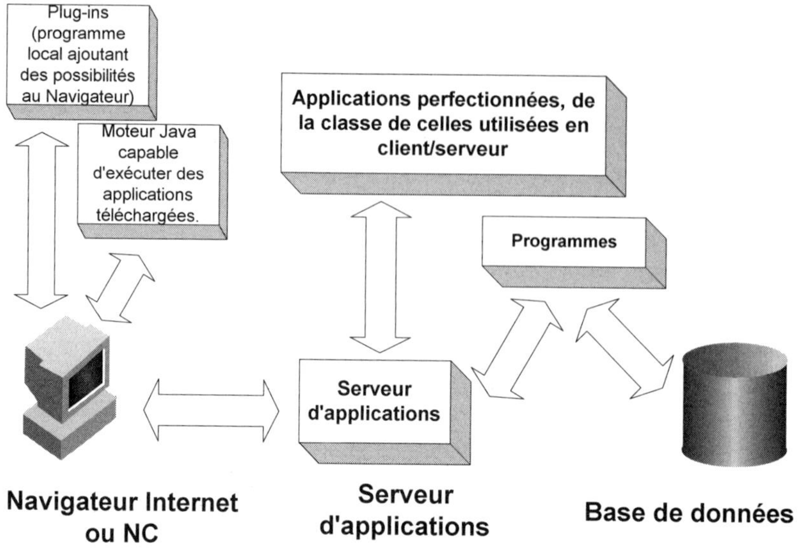

Cette architecture ressemble beaucoup à la précédente. On a substitué au serveur Web un serveur d'applications. C'est l'une des évolutions techniques proposées par l'Internet. Elle permet de développer des applications de la classe de celles réalisées avec les techniques du client-serveur, sans en présenter les inconvénients de déploiement.

NCA, un « fourre tout » ?

Pour présenter son architecture NCA, Oracle propose toujours le même schéma, incompréhensible et imprécis. Pourquoi ? Simplement parce que cela permet d'être «fourre tout», d'attraper les technologies émergeantes pour les intégrer au fil du temps et d'occulter celles qui ont sombré dans l'oubli. Opportunisme ? Très certainement, mais peut-on faire autrement lorsqu'une « année Internet » dure un mois... ?

L'architecture NCA permet de présenter une image lisse, homogène et cohérente pour soutenir l'ensemble des développements réalisés par Oracle. La réalité est beaucoup moins idéale. On assiste à une véritable concurrence interne entre des projets, dont certains sont parfois arrêtés brutalement, même après une large communication externe. C'est le cas d'un outil de développement ambitieux, 100 % objet, qui devait accompagner la sortie d'Oracle8. Il a fini aux oubliettes, car même si Oracle8 propose des extensions objet très intéressantes, utilisables avec profit pour certains types de projets, ce n'est plus l'objet qui est sous les feux du «Hollywood informatique», mais bel et bien Internet et les technologies associées. Parler objet aujourd'hui, c'est être à côté du marché informatique et cela fait rêver peu de techniciens. Alors qu'Internet...

Une vision pessimiste ?

Non, pas du tout ! NCA, dans un monde qui bouge, permet de poser des jalons et de préciser la voie choisie par Oracle. Le chemin n'est pas droit ? Il oscille entre plusieurs possibilités ? C'est tout à fait normal. Il serait suicidaire pour une société comme Oracle de jouer son va-tout sur une et une seule technologie. Personne n'exigerait de Microsoft d'opter une fois pour toutes pour Windows 98 ou pour Windows NT. Chaque éditeur se doit de jouer plusieurs cartes.

Résumé

Le Network Computer et le Network Computer Architecture ne sont pas des produits, ce sont des concepts marketing qui sous-tendent la stratégie de développement des produits Oracle. Même si la commercialisation et les bénéfices du Network Computer risquent d'échapper à Oracle, nous devons créditer son médiatique patron, Larry Ellison, d'en être le fondateur.

Le Network Computer Architecture essaie d'intégrer tout le foisonnement des techniques émergeantes de l'informatique en une vision cohérente et stratégique pour les entreprises. Certains graphiques proposés par le marketing Oracle tiennent du dessin humoristique : pas un seul concept actuellement en vogue sur le marché n'est oublié ! Parfois très éloigné des besoins des entreprises, le Network Computer Architecture est destiné à s'affiner et à s'épurer dans le temps, au fil de la sortie de «briques logicielles» opérationnelles, respectant certains de ces principes et de l'émergence de standards stables issus d'une maturité des techniques liées à Internet.

ANNEXE 1

Glossaire des termes utilisés

Accident d'instance — Un accident d'instance survient lorsque la base de données est empêchée brutalement de fonctionner. Par exemple, en arrêtant Windows NT alors que la base de données fonctionne. L'instance n'est pas fermée « proprement » et une restauration d'instance doit avoir lieu au prochain démarrage.

AIX — Nom de la version Unix commercialisée par IBM.

Alias — Un alias regroupe sous un nom plus facile à comprendre et à manipuler tout un ensemble d'éléments qui permet à Net8 de trouver la base de données cible.

Analyseur de performances — Outil standard, livré avec Windows NT, capable de mesurer une multitude de critères (mémoire, processeur...) et de les présenter sous forme de graphiques.

Applet — Terme utilisé dans le langage Java pour désigner un programme qui peut être importé dynamiquement dans des pages Web ou des applications, suivant les besoins.

Browser Web — Couramment traduit en français par Navigateur. Un navigateur est un programme manié par les utilisateurs pour lire les documents HTML et se déplacer sur intranet ou Internet. Les plus connus sont Navigator de Netscape et Internet Explorer de Microsoft.

CGI — Common Gateway Interface. Technique largement répandue dans l'industrie pour exécuter des applications sur un serveur Web. Alors que les pages HTML standard sont « statiques » (le même texte est retrouvé à chaque fois), CGI permet d'exécuter n'importe quel programme pour générer des documents Web HTML dynamiques.

Client-serveur Architecture matérielle et logicielle basée sur la séparation des traitements. Le CPU du « client » lance des requêtes auprès du CPU « serveur » qui lui répond.

Cluster Mise en commun des ressources de plusieurs machines pour augmenter la puissance totale et disposer d'une plus grande fiabilité.

Commit Ordre SQL de validation des modifications apportées aux données. Le « Rollback » est utilisé pour annuler les données non encore validées.

Connexion Oracle Ce sont le nom, le mot de passe et l'alias (facultatif) qui permettent de se connecter à une base Oracle. Ces renseignement sont souvent dissociés de la connexion au système d'exploitation.

CPU Central Processing Unit ou Processeur.

Dictionnaire de données C'est l'endroit à l'intérieur de la base de données où Oracle conserve la structure interne de la base. Toutes les informations comme le nom des tables, des vues, des colonnes, leur type, les privilèges des utilisateurs sont conservés. Le dictionnaire de données est géré à 100 % par Oracle.

DLL Dynamic Link Librairies. Fichiers système exécutables par Windows NT.

Domaine Un domaine de sécurité est mis en œuvre par Windows NT, de façon hiérarchique.

FireWall Littéralement : « pare-feu ». Désigne un ordinateur de sécurité qui contrôle tous les échanges entre un réseau privé et un réseau public, bloquant ainsi les intrus.

HP/UX Nom de la version Unix commercialisée par Hewlett Packard.

HTML Hypertext Markup Language. Langage ASCII à base de marqueurs, utilisé pour spécifier le contenu et les liens hypertexte vers d'autres documents se trouvant sur des serveurs WWW d'Internet. Les utilisateurs visualisent les documents HTML à l'aide de navigateurs Web.

HTTP Hypertext Transfer Protocol. Protocole de communication utilisé pour transporter l'information entre les navigateurs clients et le serveur WWW qui est accédé.

HyperText Collection de documents qui contiennent des références croisées, lesquelles, à l'aide du navigateur Web, permettent aux lecteurs de se déplacer facilement d'un document à un autre.

Index Bitmap Technologie de constitution des index, avantageuse par sa rapidité d'accès et son faible volume pour de très grosses tables.

INIT.ORA Fichier d'initialisation contenant des paramètres mis en œuvre lors du démarrage de l'instance. Il existe souvent un fichier de configuration par instance, nommé INIT*SID*.ORA, le *SID* étant l'identifiant de votre instance.

Instance C'est une base de données Oracle « en action », c'est-à-dire lancée et en ordre de marche. Dans ce cas, les programmes nécessaires au fonctionnement d'Oracle8 sont lancés et une zone de mémoire (la SGA) est réservée pour le fonctionnement de l'instance. Si plusieurs instances fonctionnent sur un même serveur, il y a autant de programmes Oracle et de SGA que d'instances.

Instance SID System Identifier. C'est le nom qui identifie de manière certaine l'instance Oracle8 avec laquelle on travaille.

Internet Réseau mondial d'ordinateurs basé sur le protocole réseau TCP/IP.

intranet Réseau interne, de protocole TCP/IP, dont l'accès est restreint (souvent à l'aide d'un pare-feu) aux personnes d'une société ou d'une organisation. Un intranet propose des services identiques à ceux proposés par Internet, mais il n'est pas nécessaire d'être connecté à Internet.

IO ou I/O Input/Output. Entrées/sorties disque ou mémoire.

Java Langage de programmation largement utilisé dans la communauté «Internet ».

Listener Processus Oracle fonctionnant sur le serveur qui est à l'écoute de toute connexion Net8. C'est lui qui gère toute la communication côté serveur dans les communications client-serveur.

LISTENER.ORA Fichier de configuration du Listener Oracle.

Mainframe Nom donné aux ordinateurs centraux, de forte puissance, qui ne fonctionnent pas sous Unix mais sous des systèmes propriétaires.

MSCS Microsoft Cluster Services. Logiciel Microsoft incorporé à la version Windows NT Enterprise Edition qui permet de gérer les clusters.

NC Network Computer. Terminal graphique dont l'objectif est de remplacer les PC.

NCA Network Computer Architecture. Architecture destinée à utiliser des « NC » et à intégrer de nouvelles technologies, popularisées par Internet et provenant de différents éditeurs.

Net8 Anciennement SQL*Net, c'est le logiciel de communication Oracle entre un poste client et un serveur Oracle8.

NetBEUI Protocole réseau utilisé par Microsoft.

NetBios Interface logicielle utilisée par Microsoft s'appuyant sur NetBEUI. Les logiciels s'interfacent à NetBios au même titre que TCP/IP.

NLS National Language Support. Paramétrage de la base Oracle et des applications clientes visant à intégrer les langues autres que l'anglais.

Observateur d'événements Outil standard livré avec Windows NT, qui recueille toute sortes d'informations issues du système : les erreurs, les tentatives d'accès infructueuses, etc.

OCI Oracle Call Interface. Ensemble de routines de bas niveau utilisées par les développeurs en langage C pour accéder à Oracle8.

ODBC Open DataBase Connectivity. Standard de fait qui permet à des applications du monde Windows d'accéder à des bases de données distantes.

OLE Object Linking and Embedding. Moyen logiciel utilisé entre des applications fonctionnant sous Windows, pour transférer et partager des informations entre des applications.

Oracle Enterprise Manager Logiciel graphique d'administration des bases Oracle.

Oracle Fail Safe Version d'Oracle fonctionnant sur une architecture cluster.

Oracle Objects for OLE Logiciel Oracle respectant les normes OLE de Microsoft qui permet à tout outil « parlant » OLE de communiquer avec une base Oracle.

Oracle Parallel Server Version d'Oracle fonctionnant sur une architecture cluster.

Oracle Server Moteur de la base de données Oracle.

ORANT C'est le nom du répertoire par défaut dans lequel sont installés les logiciels d'Oracle8.

Pare-feu voir FireWall.

PATH Chemin d'accès.

Personal Oracle Base de données Oracle en version monoposte. Intègre toutes les possibilités de programmation des autres versions.

PL/SQL Langage procédural (propriété d'Oracle), complémentaire du SQL. PL/SQL permet, dans vos programmes, de faire des boucles (LOOP, WHILE...), mettre des conditions (IF, THEN, ELSE...), traiter les erreurs rencontrées. Même si le programme écrit en PL/SQL n'est pas stocké dans la base de données, les programmes PL/SQL sont envoyés d'un bloc au serveur, réduisant ainsi le trafic réseau entre le client et serveur.

PMON (Process Monitor) C'est l'un des processus Oracle, qui a la charge d'effectuer une restauration automatique de l'instance Oracle8, lors de son démarrage, si son précédent arrêt n'a pas été « normal ».

Précompilateur Une « moulinette » Oracle qui permet d'écrire plus facilement des programmes en langage C ou autre. Le programme contenant des ordres SQL est passé au précompilateur, puis au compilateur du langage.

Privilège Droit d'exécution de tel ou tel type d'ordre SQL. Par exemple, c'est un privilège qui permet à un utilisateur de créer ou non une table.

Procédure Programme composé de commandes SQL et PL/SQL, exécuté par le serveur Oracle8. Les procédures et les fonctions sont presque identiques : la fonction accepte des paramètres d'entrée et retourne obligatoirement une valeur, la procédure a libre choix du retour de 0 à « n » valeurs.

Procédure externe Oracle8 permet à des procédure PL/SQL d'appeler des programmes écrits en langage C externes à la base de données.

Process ou Processus Programme exécuté sous contrôle du système d'exploitation. Chaque instance d'Oracle8 est gérée par un ensemble de processus, comme PMON (Process Monitor), SMON (System Monitor), etc. Quand un programme Windows NT s'exécute, un processus est créé. Il se compose du programme exécutable, d'une plage d'adresses virtuelles et d'un ou plusieurs threads « fils ».

Quota Limite composite de ressources Oracle donné à un utilisateur. S'il dépasse son quota, l'opération est annulée.

Redo-Log Fichier enregistrant séquentiellement toutes les modifications apportées aux données. Les fichiers Redo-

Log sont utilisés en cas de problème si les données n'ont pas eu le temps d'être écrites dans les fichiers de la base de données. Il y a plusieurs fichiers Redo-Log qui sont chaînés circulairement, c'est-à-dire que l'un se remplit, puis l'autre, etc.

Réplication — Possibilité d'effectuer des copies de données vers plusieurs bases de données, de manière synchronisée ou non.

Restauration — Opération inverse de la sauvegarde, qui consiste à appliquer tout ou partie d'une sauvegarde sur une base de données, pour la restaurer en ordre de marche.

Restauration d'instance — Si le processus d'arrêt « normal » d'une base Oracle n'a pas été respecté, une restauration d'instance automatique (et transparente pour l'administrateur) a lieu au démarrage suivant de l'instance. Les transactions validées sont inscrites dans la base de données et celles qui n'ont pas été validées sont annulées.

Rôle — Regroupe sous un nom un ensemble d'autorisations d'accès sur des tables, procédures, fonctions, etc. On affecte à un utilisateur ou à un rôle, un ou plusieurs rôles.

Rollback — « Retour en arrière ». Permet dans des commandes SQL d'annuler des opérations modifiant les données mais non encore validées explicitement par un « Commit ».

Sauvegarde — Sauvegarde de l'ensemble des fichiers composant votre base de données.

Scalability — Capacité à monter en charge.

Schéma — Esemble d'objets (tables, vues, procédures, fonctions, synonymes, etc.). Un schéma est souvent abusivement associé à l'utilisateur propriétaire de ces objets.

Scott — Utilisateur « historique » d'Oracle : c'est le nom du propriétaire du jeu d'essai installé par défaut dans les bases Oracle. Mot de passe de Scott : Tiger.

Script SHELL — Langage de commandes sous Unix, principalement utilisé pour l'administration et la gestion du système.

Select — Ordre SQL permettant de lire des données contenues dans une base Oracle8.

Service NT — Un service NT est un programme décrit dans la base de registres de Windows NT et administré par Windows NT. Il permet de lancer des programmes système qui sont accessibles et disponibles à d'autres programmes. Par exemple, la base Oracle8 peut être lancée sous la forme d'un service.

Session — Une session dure entre la connexion et la déconnexion d'une base Oracle.

SGA — System Global Area. Zone mémoire réservée par une base de données Oracle en marche.

Snapshot — « Cliché ». Dispositif logiciel Oracle de réplication des données. Il effectue un cliché des données qu'il est possible de répercuter sur d'autres bases Oracle8.

Solaris — Nom de la version Unix commercialisée par Sun.

SQL — Structured Query Language. Langage standard utilisé pour manipuler des données contenues dans des bases de données relationnelles.

Synonyme — Un alias pour une table, une vue, une séquence, etc. Le synonyme est utilisé pour masquer le nom et le propriétaire réel de l'objet. Un synonyme peut être privé ou public.

SYS — L'un des deux utilisateurs (l'autre est SYSTEM) créés par défaut sur chaque base Oracle et nécessaires à son fonctionnement. L'utilisateur SYS a comme mot de passe par défaut CHANGE_ON_INSTALL, qui doit être changé pour des raisons évidentes de sécurité. SYS ne doit être utilisé que lors d'opérations spéciales.

SYSDBA — Offre, en plus du rôle SYSOPER, le privilège DBA qui donne le droit d'accéder à l'ensemble du contenu de la base.

SYSOPER — Rôle d'administration spécial qui permet d'effectuer des opérations sophistiquées sur une base (démarrage, arrêt, restauration) sans disposer du privilège DBA (DataBase Administrator) qui donne le droit d'accéder à l'ensemble du contenu de la base.

SYSTEM — L'un des deux utilisateurs (l'autre est SYS) créés par défaut sur chaque base Oracle et nécessaires à son fonctionnement. L'utilisateur SYSTEM a comme mot de passe par défaut MANAGER, qui doit être changé pour des raisons évidentes de sécurité. SYSTEM est le compte d'administration d'une base Oracle.

Tablespace — Une base de données Oracle contient ses données dans des tablespaces. A chaque tablespace peut être associé un ou plusieurs fichiers physiques. Une tâche spéciale est souvent affectée à chaque tablespace : contenir les tables, les index, effectuer des tris, contenir des rollback segments, etc.

TCP/IP — Standard mondial des protocoles réseaux. Largement popularisé par Unix et Internet.

Thread Un thread est intimement lié à son processus « père ». Chaque thread d'un même processus « père » a une indépendance d'exécution. Il peut donc fonctionner en parallèle, sur des processeurs différents. Tout dépend donc de la façon dont les développeurs ont écrit les programmes. Oracle8 est un exécutable qui utilise largement les threads. Chaque « sous programme » qui gère un aspect de la base de données est lancé sous forme de thread.

TNSNAMES.ORA Fichier contenant la description d'alias Net8, qui permettent à un poste client Oracle de se connecter aux différents serveurs.

Tuning ou mise au point Optimisation. Lié au « tuning » des postes de radio grâce auquel on recherche une station par tests successifs.

URL Uniform Resource Locator. Adresse utilisée pour localiser un serveur Web et une page HTML d'accueil. Par exemple : *www.oracle.com.*

Windows NT Windows New Technology. La petite histoire dit que ce système d'exploitation a été développé par d'anciens de Digital qui avaient développé VMS et que si l'on choisit le successeur dans l'alphabet de chacune des lettres du sigle VMS on obtient WNT.

WolfPack Voir MSCS.

WWW World Wide Web. Réseau mondial de serveurs sur Internet, dont chacun présente une ou plusieurs pages HTML, fournissant des informations et des liens hypertexte vers d'autres documents qui se trouvent sur le même serveur ou sur d'autres.

ANNEXE 2

Mémento SQL

Ce mémento de commandes SQL liste les commandes SQL existantes. Nous ne vous fournissons pas la syntaxe qui est présente dans les documentations papier ou en ligne, mais nous vous expliquons brièvement l'utilité de chacune de ces commandes.

Langage de définition des données

Le DDL (Data Definition Language) regroupe les commandes qui permettent de travailler sur la « structure » destinée à contenir les données. Ces commandes vous permettent de :

- créer, modifier, supprimer tout objet (table, index...) ;
- attribuer et retirer des autorisations ;
- analyser les tables et index pour piloter l'optimiseur statistique d'Oracle8 ;
- mettre en place un audit sur tous les accès à vos bases.

Disponibilité d'accès

Certaines commandes nécessitent un accès exclusif à la structure des données pour être en mesure de les utiliser. Par exemple, on ne peut pas modifier la structure d'une table avec la commande ALTER TABLE si un utilisateur est en train de travailler ou de modifier des données sur cette table.

D'autres commandes n'ont pas besoin d'un accès exclusif aux données. Par exemple, plusieurs utilisateurs peuvent analyser simultanément le contenu d'une table ou d'un index avec la commande ANALYZE.

Impact des modifications

Certaines modifications ont un impact sur les programmes (procédures, fonctions, triggers...) qui exploitent les structures de données. Dans ce cas, les programmes sont marqués « à recompiler ». La recompilation de ces objets est automatique, lors de leur exécution suivante.

Si vous souhaitez visualiser les dépendances qui existent entre des objets, Oracle Enterprise Manager vous y aidera. Vous pouvez visualiser à la fois la liste des objets qui dépendent et ceux dont ils dépendent.

Validation des modifications

Attention, beaucoup de commandes DDL comme TRUNCATE, CREATE TABLE, etc., intègrent un « COMMIT » automatique. C'est-à-dire que votre action est définitive et que le « ROLLBACK », ou retour en arrière, est inactif. Cela signifie aussi que toutes les modifications portant sur vos données avant cette commande DDL sont, elles aussi, validées par la commande DDL.

Liste commentée des commandes DDL

Voici la liste des commandes DDL. Presque toutes ont leur nom précédé de CREATE (création), ALTER (modification) ou DROP (suppression) :

Commande DDL	Action de la commande
ALTER CLUSTER	Modifie les caractéristiques d'un cluster. Les clusters sont très rarement utilisés ; leur présence est plus historique qu'utile.
ALTER DATABASE	Ouvre (open) ou monte (mount) une base. Choisit les modes ARCHIVELOG/NOARCHIVELOG. Restaure à partir de bandes. Agit sur les membres des groupes Redo-Log. Renomme un fichier de la base ou des membres d'un Redo-Log. Sauvegarde le fichier de contrôle courant. Sauvegarde des commandes SQL dans un fichier trace. Ajoute un nouveau fichier à la base de données. Autorise l'extension automatique des fichiers de la base. Positionne un fichier de la base en ligne ou hors ligne. Modifie le nom de la base de données.
ALTER FUNCTION	Recompile une fonction stockée en base.
ALTER INDEX	Modifie les caractéristiques de stockage (storage) d'un index.
ALTER PACKAGE	Recompile un package stocké en base.
ALTER PROCEDURE	Recompile une procédure stockée en base.
ALTER PROFILE	Modifie les ressources affectées à un profil.

ALTER RESOURCE COST	Formule permettant de calculer le total des ressources mises à disposition d'une session.
ALTER ROLE	Modifie les autorisations regroupées sous le rôle.
ALTER ROLLBACK SEGMENT	Modifie les caractéristiques de stockage (storage) d'un rollback segment. Positionne un rollback segment en ligne, hors ligne. Spécifie une taille optimale à un rollback segment.
ALTER SEQUENCE	Modifie les valeurs données à une séquence.
ALTER SNAPSHOT	Modifie le fonctionnement d'un cliché (snapshot) : ses caractéristiques, son type de rafraîchissement, sa fréquence de rafraîchissement.
ALTER SHAPSHOT LOG	Modifie les caractéristiques de stockage (storage) du log d'un cliché.
ALTER TABLE	Ajoute une colonne ou une contrainte d'intégrité à une table. Modifie une colonne ou les caractéristiques de stockage (storage) d'une table. Active, désactive, supprime des contraintes d'intégrité. Active, désactive les triggers d'une table. Agit sur les extension (extents) d'une table. Modifie le degré de parallélisme affecté à une table (nombre de process actifs simultanément sur une table).
ALTER TABLESPACE	Ajoute, renomme des fichiers de la base. Modifie les caractéristiques de stockage (storage). Met en ligne, hors ligne un tablespace. Commence, arrête une sauvegarde (backup) en ligne. Autorise ou interdit les écritures sur un tablespace (cas des disques optiques ou CD-Rom)
ALTER TRIGGER	Active, désactive un trigger lié à une table.
ALTER TYPE	Modifie un type.
ALTER USER	Modifie les caractéristiques d'un utilisateur : mot de passe, tablespace affecté par défaut, tablespace temporaire, quotas, profiles ou rôles.
ALTER VIEW	Modifie et recompile une vue.
ANALYZE	Analyse une table, un index, pour fournir des statistiques fiables et actualisées à l'optimiseur statistique. Permet d'identifier s'il existe du chaînage sur une table.
AUDIT	Permet de surveiller toutes les actions ou opérations effectuées sur votre base de données.
COMMENT	Commente les tables, colonnes, vues, clichés d'une base, à des fins d'information.
CREATE CLUSTER	Crée un cluster contenant une ou plusieurs tables (peu utile).
CREATE CONTROLFILE	Crée un nouveau fichier de contrôle.
CREATE DATABASE	Crée une nouvelle base de données.

CREATE DATABASE LINK	Crée un nouveau lien vers une base de données distante.
CREATE DIRECTORY	Utilisé pour les BFILE conservés hors de la base de données.
CREATE FUNCTION	Crée une fonction dans la base de données.
CREATE INDEX	Crée un index sur une table.
CREATE LIBRARY	Crée une bibliothèque de fonctions appelables hors de la base de données.
CREATE PACKAGE	Crée des packages regroupant des procédures, fonctions, variables locales.
CREATE PACKAGE BODY	Crée le corps du package.
CREATE PROCEDURE	Crée une procédure stockée dans la base.
CREATE PROFILE	Crée un profile limitant les ressources consommées.
CREATE ROLE	Crée un rôle qui regroupera tout un ensemble de droits d'accès.
CREATE ROLLBACK SEGMENT	Crée un rollback segment pour conserver vos données en attente de validation et assurer les lectures consistantes.
CREATE SYNONYM	Crée un synonyme.
CREATE TABLE	Crée une table, ses colonnes, ses caractéristiques de stockage (storage) et ses contraintes d'intégrité.
CREATE TABLESPACE	Crée un emplacement de la base de données où seront stockés des tables, des index, des rollback segments, des espaces de tri temporaires. Cet emplacement est lié à un ou plusieurs fichiers répartis sur les disques de votre ordinateur.
CREATE TRIGGER	Crée un déclencheur (trigger) lié à une table.
CREATE TYPE	Crée un type objet.
CREATE USER	Crée un utilisateur.
CREATE VIEW	Crée une vue portant sur une ou plusieurs tables ou vues.
DROP CLUSTER	Supprime un cluster.
DROP DATABASE LINK	Supprime un lien vers une autre base de données.
DROP DIRECTORY	Supprime un répertoire.
DROP FUNCTION	Supprime une fonction.
DROP INDEX	Supprime un index.
DROP LIBRARY	Supprime une bibliothèque.
DROP PACKAGE	Supprime un package.
DROP PROCEDURE	Supprime une procédure.
DROP PROFILE	Supprime un profile utilisateur.
DROP ROLE	Supprime un rôle regroupant un ensemble d'autorisations.
DROP ROLLBACK SEGMENT	Supprime un rollback segment.
DROP SEQUENCE	Supprime un compteur (sequence).
DROP SNAPSHOT	Supprime un cliché.
DROP SNAPSHOT LOG	Supprime le log d'un cliché.

DROP SYNONYM	Supprime un synonyme.
DROP TABLE	Supprime une table et ses données.
DROP TABLESPACE	Supprime un tablespace et tout ce qu'il contient.
DROP TRIGGER	Supprime un déclencheur (trigger).
DROP TYPE	Supprime un type objet.
DROP USER	Supprime un utilisateur et tous les objets qu'il possède.
DROP VIEW	Supprime une vue.
GRANT	Donne des droits, privilèges, rôles à des utilisateurs ou à des rôles.
NOAUDIT	Affecte une commande AUDIT passée préalablement.
RENAME	Change le nom d'une table, index, vue...
REVOKE	Retire des droits, privilèges, rôles donnés à des utilisateurs ou à des rôles.
TRUNCATE	Supprime de manière irréversible l'ensemble des données contenues dans une table, sans affecter la structure de la table.

Langage de manipulation de données DML

Le langage de manipulation de données ou DML (Data Manipulation Language) est utilisé pour interroger, modifier, supprimer les données contenues dans vos schémas, c'est-à-dire dans vos structures de données.

Disponibilité d'accès

Les ordres SELECT (lecture des données) ne sont jamais bloqués, même si des utilisateurs modifient en même temps les données consultées. Dans ce cas, vous lisez les données avant modifications, telles qu'elles sont conservées dans les rollback segments.

Le cas le plus fréquent de blocage (bien que rare) est celui qui survient lorsque vous essayez de modifier/supprimer un enregistrement sur lequel un autre utilisateur a posé un verrou. Il vous faut alors attendre que ce dernier valide ou annule son action pour avoir accès en modification/suppression à l'enregistrement.

Ce cas est rare, car les verrous (qui sont posés automatiquement par Oracle durant vos modifications) ne concernent que les enregistrements modifiés. Oracle ne verrouille pas des pages mémoire ou disque (qui contiennent alors des données modifiées et d'autres non modifiées), mais des enregistrements. C'est le niveau de granularité le plus fin.

Validation des modifications

Les ordres DML modifiant des données (INSERT, UPDATE, DELETE) doivent être explicitement validés par un COMMIT ou annulés par un ROLLBACK.

L'ordre de consultation SELECT ne pose pas de verrou en lecture et ne nécessite aucune action supplémentaire.

Liste commentée des commandes DML

La liste suivante est celle des commandes DML (Data Manipulation Language) :

Commande DML	Action de la commande
DELETE	Supprime des enregistrements d'une table.
EXPLAIN PLAN	Montre le plan d'exécution d'un ordre SQL, c'est-à-dire la façon dont la base Oracle8 a traité votre ordre SQL.
INSERT	Ajoute de nouveaux enregistrements à une table.
LOCK TABLE	Permet de placer des verrous manuellement. Très peu utile et très peu utilisée. Le mécanisme par défaut d'Oracle est bien souvent largement suffisant.
SELECT	Recherche des enregistrement dans une ou plusieurs tables avec tout un ensemble de critères de recherche, de tri, etc.
UPDATE	Modifie des données d'enregistrements existants.

Contrôle des transactions

Le contrôle des transactions permet de valider ou d'annuler les modifications effectuées avec les commandes de manipulation des données (DML).

Commande de contrôle	Action de la commande
COMMIT	Valide de façon permanente l'ensemble des actions effectuées depuis le début de la transaction (c'est-à-dire depuis le commit ou le rollback précédent).
ROLLBACK	Annule toutes les actions effectuées depuis le début de la transaction ou depuis le dernier SAVEPOINT.
SAVEPOINT	Positionne un point qui permet de faire un Rollback jusqu'à ce point.
SET TRANSACTION	Modifie les propriétés de la transaction courante.

Contrôle des sessions

Le contrôle des sessions permet de modifier les propriétés de la session en cours. Ces commandes ne comportent pas de commit automatique.

Le langage PL/SQL n'offre pas de commandes de contrôle des sessions.

Contrôle des sessions	Action de la commande
ALTER SESSION	Active/désactive la trace d'un ordre SQL. Change les valeurs NLS (National Language Support) affectées à votre session. Ferme explicitement un Database Link (très utile si un réseau lent, dont la facturation dépend du temps de connexion, relie vos bases distantes). Force des transactions distribuées à valider des transactions douteuses. Modifie le fonctionnement de l'optimiseur statistique d'Oracle8.
SET ROLE	Active, désactive des rôles affectés à la session en cours.

Contrôle du système

Cette commande modifie dynamiquement certaines propriétés d'une instance en fonctionnement. C'est-à-dire qu'elle est capable d'agir sur la zone mémoire réservée à Oracle8 lors de son fonctionnement.

Seul un nombre limité de paramètres présents dans le fichier Init*SID*.ora, *SID* étant votre instance, sont modifiables dynamiquement par cette commande.

Cette commande ne comporte pas de commit automatique.

Commande	Action de la commande
ALTER SYSTEM	Modifie dynamiquement les paramètres d'une instance.

ANNEXE 3

Procédures pour le DBA

Ces procédures regroupent un ensemble de commandes SQL utiles aux administrateurs de données (DBA : DataBase Administrator).

Elles permettent de visualiser tout un ensemble de caractéristiques de votre base de données. Pourquoi ne pas utiliser Oracle Enterprise Manager qui réalise la même tâche ? Parce qu'Oracle Enterprise Manager ne permet pas d'obtenir une quelconque trace papier (ou fichier) des données visualisées. Il n'est donc pas possible de garder des traces écrites de l'état de vos bases à un instant donné pour en contrôler l'évolution dans le temps. Ensuite, un « bon vieux » script de commandes SQL paramétrable et modifiable suivant vos besoins est souvent fort utile.

Les vues et tables utilisées sont accessibles par tout utilisateur possédant le rôle DBA. Toutes les vues nécessaires à ces scripts ont des synonymes publics et sont accessibles aux utilisateurs ayant le privilège SELECT ANY TABLE.

Ce script d'audit est conçu pour être lancé avec l'outil SQL*Plus et il crée automatiquement un fichier résultat. Pour plus de clarté, nous commentons l'objectif et l'utilisation de chacune de ces commandes.

Tous les ordres SQL peuvent être regroupés dans un fichier Audit.sql, qui sera lancé à partir de SQL*Plus par la commande :

```
SQL> connect system -ou un autre utilisateur DBA
SQL> start c :\lieu_ou_se_trouve_le_fichier\audit.sql
```

Nous vous encourageons, bien évidemment, à adapter ces commandes à vos besoins.

Bannière d'accueil

Un fichier « spool » enregistre tous les résultats des commandes SQL lancées par la suite. La bannière permet d'identifier le moment où l'audit a été lancé. L'utilisateur connecté y figure.

Syntaxe SQL :

```
spool c :\emplacement\AUDIT.LIS

col jour nopri new_value to_day
ttitle center
'**************************************************************' skip 2 -
       left   '               ' to_day -
       right  'Auteur : G.BRIARD ' skip 2 -
       center 'AUDIT DE LA BASE ORACLE'     skip 2 -
       center
'**************************************************************'
select to_char(sysdate,'"le "DD/MM/YY HH:MM') jour from dual
/
set pause off
set pagesize 150
col tablespace_name for a15
col owner for a6
ttitle center 'Utilisateur Connecté' skip 2
show user
```

Résultat :

```
     **************************************************************
               le 15/02/98 12:02                  G.BRIARD
                         AUDIT DE LA BASE ORACLE
     **************************************************************


l'utilisateur est "SYSTEM"
```

Version Oracle utilisée

Récupération de la version Oracle utilisée.

Syntaxe SQL :

```
ttitle center "Version Oracle" skip 2
select banner from v$version
/
```

Résultat :

```
                                          Version Oracle

BANNER
----------------------------------------------------------------
Oracle8 Enterprise Edition Release 8.0.3.0.0 - Production
PL/SQL Release 8.0.3.0.0 - Production
```

```
CORE Version 4.0.3.0.0 - Production
TNS for 32-bit Windows: Version 8.0.3.0.0 - Production
NLSRTL Version 3.3.0.0.0 - Production
```

Base auditée

Identification de la base auditée. Y figurent, son nom, sa date de création, son mode ARCHIVELOG ou NOARCHIVELOG.

Syntaxe SQL :

```
ttitle center "Base Auditée" skip 2
select name "Nom Base", created, log_mode,checkpoint_change#,
archive_change# from v$database
/
```

Résultat :

```
                              Base Auditée

Nom Base  CREATED  LOG_MODE     CHECKPOINT_CHANGE# ARCHIVE_CHANGE#
--------- -------- ------------ ------------------ ---------------
ORACLE    05/01/98 NOARCHIVELOG            1732694         1692642
```

Taille de la SGA

Taille totale de la zone mémoire réservée par Oracle pour l'instance.

Syntaxe SQL :

```
ttitle center 'Taille de la SGA' skip 2
break on report
compute sum of value on report
col name for a20
col value for 99999999999
select * from V$SGA
/
clear break
clear compute
```

Résultat :

```
                             Taille de la SGA

NAME                        VALUE
-------------------- ------------
Fixed Size                  46136
Variable Size             4566448
Database Buffers           204800
Redo Buffers               524288
                     ------------
sum                       5341672
```

Cache Hit Ratio

Le Cache Hit Ratio est une information importante pour le tuning. Elle permet de connaître le pourcentage de requêtes SQL résolues, en utilisant les données déjà en mémoire, plutôt qu'en faisant des accès disques. Plus sa valeur est grande, mieux c'est.

Cette valeur dépend de la durée depuis le dernier démarrage de base, car il faut « monter » en mémoire les données avant de pouvoir les réutiliser. Elle dépend aussi du type d'utilisation de votre base, transactionnelle (toujours les mêmes données accédées) ou décisionnelle (données différentes accédées).

Syntaxe SQL :

```
ttitle center 'Calcul du Cache Hit Ratio' skip 2
select distinct ( to_number(S2.value) +
                  to_number(S3.value) -
                  to_number(S1.value))/
                 (to_number(S2.value) +
                  to_number(S3.value))*100 "Cache Hit Ratio"
from v$sysstat S1,
     v$sysstat S2,
     v$sysstat S3,
     v$statname N1,
     v$statname N2,
     v$statname N3
where S1.statistic# = N1.statistic#
  and S2.statistic# = N2.statistic#
  and S3.statistic# = N3.statistic#
  and N1.name = 'physical reads'
  and N2.name = 'consistent gets'
  and N3.name = 'db block gets'
/
```

Résultat :

```
                        Calcul du Cache Hit Ratio

Cache Hit Ratio
---------------
      63,463895
```

Paramètres de l'Init.ora

Figurent ici l'ensemble des paramètres d'initialisation : ceux qui figurent dans le fichier Init*SID*.ora de votre instance *SID* et ceux qui, non précisés dans ce fichier, ont une valeur par défaut.

Syntaxe SQL :

```
ttitle center "Parametres de INIT.ORA" skip 2
col name for a40 heading "Nom du parametre"
col value for a38 heading "Valeur"
select name, value from v$parameter
order by name
/
```

Résultat :

```
Parametres de INIT.ORA

Nom du parametre                          Valeur
----------------------------------------- ------------------------------
allow_partial_sn_results                  FALSE
always_anti_join                          NESTED_LOOPS
aq_tm_processes                           0
arch_io_slaves                            0
audit_trail                               NONE
background_dump_dest                      %RDBMS80%\trace
backup_disk_io_slaves                     0
backup_tape_io_slaves                     FALSE
....
text_enable                               TRUE
thread                                    0
timed_os_statistics                       0
timed_statistics                          FALSE
transaction_auditing                      TRUE
transactions                              75
transactions_per_rollback_segment         11
user_dump_dest                            %RDBMS80%\trace\utl_file_dir

193 ligne(s) sélectionnée(s).
```

Liste des fichiers physiques

Liste des fichiers physiques rattachés à des tablespaces, leurs nom, taille, emplacement et propriétés.

Syntaxe SQL :

```
ttitle center "Liste des fichiers physiques rattaches aux tablespaces"
skip 2
col "Fichier physique" for a40
col TBS for a11
col bytes for 999999999
break on report
compute sum of BYTES on status report
select file_name "Fichier Physique",tablespace_name "TBS",bytes,status
 from sys.dba_data_files
 order by tablespace_name
/
clear break
clear compute
```

Résultat :

```
          Liste des fichiers physiques rattaches aux tablespaces

Fichier Physique                         TBS              BYTES  STATUS
---------------------------------------- ----------- ---------- ------
C:\ORANT\DATABASE\RBS1ORCL.ORA           ROLLBACK_DATA 20971520 AVAILABLE
C:\ORANT\DATABASE\SYS1ORCL.ORA           SYSTEM        62914560 AVAILABLE
T_COMPTOIR                               T_COMPTOIR     4194304 AVAILABLE
```

```
C:\ORANT\DATABASE\TMP1ORCL.ORA          TEMPORARY_DATA 2097152 AVAILABLE
C:\ORANT\DATABASE\USR1ORCL.ORA          USER_DATA      8388608 AVAILABLE
```

Liste des fichiers physiques autoextensibles

Liste des fichiers physiques dont la taille peut s'accroître automatiquement, ainsi que les caractéristiques d'accroissement.

Syntaxe SQL :

```
ttitle center "Liste des fichiers physiques autoexensibles" skip 2
col "Fichier physique" for a40
select file_name "Fichier Physique",autoextensible, maxbytes, maxblocks,
increment_by
 from sys.dba_data_files
 order by tablespace_name
/
```

Résultat :

```
                 Liste des fichiers physiques autoexensibles

Fichier Physique                  AUT  MAXBYTES MAXBLOCKS INCREMENT_BY
--------------------------------- --- --------- --------- ------------
C:\ORANT\DATABASE\RBS1ORCL.ORA      YES 157286400     76800         2560
C:\ORANT\DATABASE\SYS1ORCL.ORA      YES 209715200    102400         5120
T_COMPTOIR                          NO          0         0            0
C:\ORANT\DATABASE\TMP1ORCL.ORA      YES 157286400     76800         2560
C:\ORANT\DATABASE\USR1ORCL.ORA      YES 157286400     76800         2560
```

Liste des fichiers redo-log

Liste des fichiers redo-log, leurs nom, taille, emplacement et propriétés.

Syntaxe SQL :

```
ttitle center "Liste des fichiers redo-log physiques" skip 2
col "nom des fichiers redolog" for a60
select group#,status,member "Nom des fichiers RedoLog" from v$logfile
/
```

Résultat :

```
                  Liste des fichiers redo-log physiques

   GROUP# STATUS  Nom des fichiers RedoLog
--------- ------- ----------------------------------
        1         C:\ORANT\DATABASE\LOG2ORCL.ORA
        2 STALE   C:\ORANT\DATABASE\LOG1ORCL.ORA
```

Liste des fichiers de contrôle

Liste des fichiers de contrôle, leurs nom, emplacement et propriétés.

Syntaxe SQL :

```
ttitle center "Liste des fichiers de controle physiques" skip 2
col "nom des fichiers de controle" for a70
```

```
select status, name "nom des fichiers de controle" from v$controlfile
/

Résultat :
                  Liste des fichiers de controle physiques

STATUS  nom des fichiers de controle
------- ---------------------------------------------------------------
        C:\ORANT\DATABASE\CTL1ORCL.ORA
        C:\ORANT\DATABASE\CTL2ORCL.ORA
```

Liste et propriétés des tablespaces

Liste des tablespaces existants ainsi que leurs propriétés.

Syntaxe SQL :

```
ttitle center "Liste des tablespaces" skip 2
col initial_extent for 9999999 head "Ini.Ext"
col next_extent    for 9999999 head "Nex.Ext"
col pct_increase   for 999999  head "Pct.In"
col min_extents    for 9999999 head "Min.Ext"
col max_extents    for 9999999 head "Max.Ext"

select * from sys.dba_tablespaces
/
```

Résultat :

```
Liste des tablespaces

TBS       Ini.Ext Nex.Ext Min.Ext Max.Ext Pct.In STATUS CONTENTS LOGGING
--------------- -------- -------- -------- -------- ------- ----------
SYSTEM         10240  10240  1  121  50     0 ONLINE   PERMANENT LOGGING
USER_DATA      10240  10240  1  121  50     0 ONLINE   PERMANENT LOGGING
ROLLBACK_DATA  10240  10240  1  121  50     0 ONLINE   PERMANENT LOGGING
TEMPORARY_DATA10240  10240  1  121  50     0 ONLINE   PERMANENT LOGGING
T_COMPTOIR     10240  10240  1  121  50     0 ONLINE   PERMANENT LOGGING
```

Taille totale des tablespaces

La taille de chacun des tablespaces est calculée en effectuant la somme de la taille des fichiers composant chaque tablespace.

Syntaxe SQL :

```
ttitle center "Taille totale des tablespaces" skip 2
select tablespace_name, sum(bytes)/1024 "Taille en Ko"
 from sys.dba_data_files
 group by tablespace_name
 order by tablespace_name
/
```

Résultat :

```
                         Taille totale des tablespaces

TABLESPACE_NAME Taille en Ko
--------------- ------------
ROLLBACK_DATA          20480
SYSTEM                 61440
T_COMPTOIR              4096
TEMPORARY_DATA          2048
USER_DATA               8192
```

Place libre dans les tablespaces

La taille totale des tablespaces ne constitue qu'une « enveloppe ». L'ordre SQL suivant vous permet de connaître l'espace restant libre à l'intérieur de cette enveloppe. Ce résultat est intéressant, que vos fichiers soient « AUTOEXTENSIBLE » ou non.

Syntaxe SQL :

```
ttitle center "Place libre dans les tablespaces" skip 2
col TBS for a15
select tablespace_name "Tablespace", sum(bytes)/1024 "Taille en Ko"
 from sys.dba_free_space
 group by tablespace_name
/
```

Résultat :

```
                       Place libre dans les tablespaces

Tablespace                     Taille en Ko
------------------------------ ------------
ROLLBACK_DATA                          3770
SYSTEM                                 5310
TEMPORARY_DATA                         2046
T_COMPTOIR                             2484
USER_DATA                              3240
```

Espace libre dans les tablespaces

Un tablespace peut offrir beaucoup de place libre, mais cette place peut être morcelée. C'est d'ailleurs la raison pour laquelle, même si beaucoup de place reste libre, vous ne pouvez pas créer une table d'une taille initiale de 50 Mo, le plus grand extent existant dans le tablespace n'est pas égal ou supérieur à la taille demandée.

L'ordre SQL suivant vous permet de mesurer l'étendue du morcellement qui existe dans vos tablespaces. L'espace libre est donné en nombre de blocs. La taille d'un bloc est indiquée dans le paramètre DB_BLOCK_SIZE de l'Init.ora (voir plus haut dans cette annexe).

Syntaxe SQL :

```
ttitle center "Espace Libre en nombre de blocs contigus" skip 1 -
       center " (1 block vaut db_block_size octets)"     skip 2
select tablespace_name,
       round(avg(blocks)) "En Moyenne",
```

```
       min(blocks) "Minimum",
       max(blocks) "Maximum",
       count(*) "Nombre"
from sys.dba_free_space
group by tablespace_name
/
```

Résultat :

```
                 Espace Libre en nombre de blocs contigus
                   (1 block vaut db_block_size octets)

TABLESPACE_NAME En Moyenne  Minimum   Maximum    Nombre
--------------- ---------- --------- --------- ---------
ROLLBACK_DATA         1885      1885      1885         1
SYSTEM                2655      2655      2655         1
TEMPORARY_DATA        1023      1023      1023         1
T_COMPTOIR            1242      1242      1242         1
USER_DATA             1620      1620      1620         1
```

Liste des rollback segments

Les rollback segments permettent de conserver les données modifiées, insérées, supprimées, en attente de validation ou d'annulation de la transaction.

Syntaxe SQL :

```
ttitle center "Liste des Rollback Segments" skip 2
col nomsegment for a10
col iniext for 999999999
col nextex for 99999999
col pctin  for 9999
col status for a8
col tablespace_name for a13 heading "Tablespace"
select segment_name "NomSegment",owner,tablespace_name,initial_extent
"IniExt",
 next_extent "NextEx",pct_increase "PctIn",status
 from sys.dba_rollback_segs
/
```

Résultat :

```
                        Liste des Rollback Segments

NomSegment OWNER  Tablespace        IniExt    NextEx PctIn STATUS
---------- ------ ------------- ---------- --------- ----- --------
SYSTEM     SYS    SYSTEM             51200     51200     0 ONLINE
RB_TEMP    SYS    SYSTEM            102400    102400     0 OFFLINE
RB1        PUBLIC ROLLBACK_DATA      51200     51200     0 ONLINE
RB2        PUBLIC ROLLBACK_DATA      51200     51200     0 ONLINE
RB3        PUBLIC ROLLBACK_DATA      51200     51200     0 ONLINE
RB4        PUBLIC ROLLBACK_DATA      51200     51200     0 ONLINE
RB5        PUBLIC ROLLBACK_DATA      51200     51200     0 ONLINE
RB6        PUBLIC ROLLBACK_DATA      51200     51200     0 ONLINE
RB7        PUBLIC ROLLBACK_DATA      51200     51200     0 ONLINE
RB8        PUBLIC ROLLBACK_DATA      51200     51200     0 OFFLINE
```

```
RB9          PUBLIC ROLLBACK_DATA       51200       51200       0 OFFLINE
RB10         PUBLIC ROLLBACK_DATA       51200       51200       0 OFFLINE
RB11         PUBLIC ROLLBACK_DATA       51200       51200       0 OFFLINE
RB12         PUBLIC ROLLBACK_DATA       51200       51200       0 OFFLINE
RB13         PUBLIC ROLLBACK_DATA       51200       51200       0 OFFLINE
RB14         PUBLIC ROLLBACK_DATA       51200       51200       0 OFFLINE
RB15         PUBLIC ROLLBACK_DATA       51200       51200       0 OFFLINE
RB16         PUBLIC ROLLBACK_DATA       51200       51200       0 OFFLINE

18 ligne(s) sélectionnée(s).
```

Place utilisée par Segment

C'est l'un des ordres SQL les plus intéressants de cette série. Il visualise, utilisateur par utilisateur, leurs tables, leurs index et les rollback segments, propriété de l'utilisateur SYS.

Pour chaque objet, sont indiqués : le tablespace dans lequel il est placé, la taille de l'objet et le nombre d'extensions. Ce nombre d'extensions indique la « fragmentation » de l'objet, comme indiqué au chapitre 12 (*Optimisation et performances*).

Syntaxe SQL :

```
ttitle center "Place utilisee par segment "          skip -
       center "(tri par owner puis type de segment)" skip 2
col owner for a8
col segment_name for a17
col segment_type for a9 heading "Type Seg"
col extents for 9999 heading "Ext"
col max_extents for 99999 heading "Mext"
select
segment_name,tablespace_name,segment_type,extents,max_extents,bytes,owner
 from sys.dba_segments
 where owner != 'SYS' or ( owner = 'SYS' and segment_type = 'ROLLBACK')
 order by owner,segment_Type desc, segment_name
/
```

Résultat :

```
                          Place utilisee par segment
                     (tri par owner puis type de segment)

SEGMENT_NAME      Tablespace     Type Seg   Ext   Mext        BYTES OWNER
------------- ------------- --------- ----- ------ ---------- --------
CATÉGORIES       T_COMPTOIR     TABLE        7    121     266240 COMPTOIR
CLIENTS          T_COMPTOIR     TABLE        2    121      20480 COMPTOIR
COMMANDES        T_COMPTOIR     TABLE        6    121     174080 COMPTOIR
DÉTAILS_COMMAND T_COMPTOIR     TABLE        5    121     112640 COMPTOIR
EMPLOYÉS         T_COMPTOIR     TABLE        9    121     593920 COMPTOIR
...
CUSTOMER         USER_DATA      TABLE        1    121      10240 DEMO
DEPARTMENT       USER_DATA      TABLE        1    121      10240 DEMO
EMPLOYEE         USER_DATA      TABLE        1    121      10240 DEMO
ITEM             USER_DATA      TABLE        2    121      20480 DEMO
JOB              USER_DATA      TABLE        1    121      10240 DEMO
...
```

```
EVT_DEST_PROFI  USER_DATA     TABLE        1    121       10240 OEM
EVT_HISTORY     USER_DATA     TABLE        1    121       10240 OEM
EVT_INSTANCE    USER_DATA     TABLE        1    121       10240 OEM
EVT_MAIL_CONFIG USER_DATA     TABLE        1    121       10240 OEM
...
CHAINED_ROWS    USER_DATA     TABLE        1    121       10240 SCOTT
DEPT            USER_DATA     TABLE        1    121       10240 SCOTT
EMP             USER_DATA     TABLE        1    121       10240 SCOTT
EMPBIS          USER_DATA     TABLE        1    121       10240 SCOTT
PLAN_TABLE      USER_DATA     TABLE        1    121       10240 SCOTT
SALGRADE        USER_DATA     TABLE        1    121       10240 SCOTT
TEST            USER_DATA     TABLE        1    121       10240 SCOTT
PK_DEPT         USER_DATA     INDEX        1    121       10240 SCOTT
PK_EMP          USER_DATA     INDEX        1    121       10240 SCOTT
SYS_C00935      USER_DATA     INDEX        1    121       10240 SCOTT
RB_TEMP         SYSTEM        ROLLBACK    21    121     2150400 SYS
RB1             ROLLBACK_DATA ROLLBACK    43    121     2201600 SYS
RB10            ROLLBACK_DATA ROLLBACK     2    121      102400 SYS
RB11            ROLLBACK_DATA ROLLBACK     2    121      102400 SYS
...
```

Liste et profil des utilisateurs

Donne la liste des utilisateurs déclarés et les profils (ressources autorisées) octroyés aux utilisateurs.

Syntaxe SQL :

```
ttitle center "Liste et profil des utilisateurs" skip 2
col "Def. TBS" for a11
col "Temp. TBS" for a10
col C for 9
col R for 9
col DBA for 999
col owner for a6
select username, default_tablespace "Def. TBS",
temporary_tablespace "Temp. TBS", profile
 from sys.dba_users
 order by username
/
```

Résultat :

```
Liste et profil des utilisateurs

USERNAME                  Def. TBS    Temp. TBS         PROFILE
------------------------ ----------- ---------------- ---------
COMPTOIR                  SYSTEM      SYSTEM            DEFAULT
CTXSYS                    USER_DATA   USER_DATA         DEFAULT
DBSNMP                    SYSTEM      SYSTEM            DEFAULT
DEMO                      USER_DATA   TEMPORARY_DATA    DEFAULT
DRSYS                     SYSTEM      SYSTEM            DEFAULT
MDSYS                     USER_DATA   TEMPORARY_DATA    DEFAULT
OEM                       USER_DATA   SYSTEM            DEFAULT
ORDSYS                    SYSTEM      SYSTEM            DEFAULT
```

```
SCOTT                    USER_DATA   TEMPORARY_DATA   DEFAULT
SYS                      SYSTEM      SYSTEM           DEFAULT
SYSTEM                   USER_DATA   TEMPORARY_DATA   DEFAULT
```

Liste des rôles existants

Un rôle regroupe sous un même nom tout un ensemble de droits sur différents objets. Allouer l'ensemble de ces droits à un utilisateur (ou à un autre rôle) se fait en une seule opération.

Syntaxe SQL :

```
ttitle center "Liste des roles existants" skip 2
select role, password_required from sys.dba_roles
order by role
/
```

Résultat :

```
                        Liste des roles existants

ROLE                           PASSWORD
------------------------------ --------
AQ_ADMINISTRATOR_ROLE          NO
AQ_USER_ROLE                   NO
CONNECT                        NO
CTXADMIN                       NO
CTXAPP                         NO
CTXUSER                        NO
DBA                            NO
DELETE_CATALOG_ROLE            NO
EXECUTE_CATALOG_ROLE           NO
EXP_FULL_DATABASE              NO
IMP_FULL_DATABASE              NO
PLUSTRACE                      NO
RECOVERY_CATALOG_OWNER         NO
RESOURCE                       NO
SELECT_CATALOG_ROLE            NO
SNMPAGENT                      NO
```

Rôles affectés aux utilisateurs

Visualise la liste des rôles attribués aux utilisateurs.

Syntaxe SQL :

```
ttitle center "Roles affectés aux utilisateurs" skip 2
break on grantee
select grantee, granted_role,admin_option,default_role
from sys.dba_role_privs
order by grantee, granted_role
/
```

Résultat :

```
                      Roles affectés aux utilisateurs
```

```
GRANTEE                        GRANTED_ROLE                   ADM DEF
------------------------------ ------------------------------ --- ---
COMPTOIR                       CONNECT                        NO  YES
                               RESOURCE                       NO  YES
DBA                            DELETE_CATALOG_ROLE            YES YES
                               EXECUTE_CATALOG_ROLE           YES YES
                               EXP_FULL_DATABASE              NO  YES
                               IMP_FULL_DATABASE              NO  YES
                               PLUSTRACE                      YES YES
                               SELECT_CATALOG_ROLE            YES YES
DBSNMP                         CONNECT                        NO  YES
                               RESOURCE                       NO  YES
                               SNMPAGENT                      NO  YES
DEMO                           CONNECT                        NO  YES
                               RESOURCE                       NO  YES
EXP_FULL_DATABASE              EXECUTE_CATALOG_ROLE           NO  YES
                               SELECT_CATALOG_ROLE            NO  YES
IMP_FULL_DATABASE              EXECUTE_CATALOG_ROLE           NO  YES
                               SELECT_CATALOG_ROLE            NO  YES
OEM                            CONNECT                        NO  YES
                               DBA                            NO  YES
                               RESOURCE                       NO  YES
SCOTT                          CONNECT                        NO  YES
                               PLUSTRACE                      NO  YES
                               RESOURCE                       NO  YES
SYSTEM                         DBA                            YES YES
...
```

Liste des profils existants

Syntaxe SQL :

```
ttitle center "Liste des profils existants" skip 2
col profile for a15
col resource_name for a25
col limit for a35
break on profile
select profile, resource_name, limit from sys.dba_profiles
/
```

Résultat :

```
                        Liste des profils existants

PROFILE         RESOURCE_NAME             LIMIT
--------------- ------------------------- -----------
DEFAULT         COMPOSITE_LIMIT           UNLIMITED
                FAILED_LOGIN_ATTEMPTS     UNLIMITED
                SESSIONS_PER_USER         UNLIMITED
                PASSWORD_LIFE_TIME        UNLIMITED
                CPU_PER_SESSION           UNLIMITED
                PASSWORD_REUSE_TIME       UNLIMITED
                CPU_PER_CALL              UNLIMITED
```

```
PASSWORD_REUSE_MAX          UNLIMITED
LOGICAL_READS_PER_SESSION UNLIMITED
PASSWORD_VERIFY_FUNCTION  UNLIMITED
LOGICAL_READS_PER_CALL      UNLIMITED
PASSWORD_LOCK_TIME          UNLIMITED
IDLE_TIME                   UNLIMITED
PASSWORD_GRACE_TIME         UNLIMITED
CONNECT_TIME                UNLIMITED
PRIVATE_SGA                 UNLIMITED
```

Fin du script

La sortie du script peut être automatisée.

```
clear break
spool off
set pagesize 20
exit
```

ANNEXE 4

Oracle SQL*Loader

Cette annexe traite de SQL*Loader et de sa mise en œuvre. Nous avons choisi de vous le présenter au moyen d'une série de questions/réponses et par le recours à de nombreux exemples.

Quelle utilisation pour SQL*Loader ?

SQL*Loader est un utilitaire servant à charger des données, provenant de fichiers externes, dans une base Oracle. Il permet de charger de nombreux formats de données, provenant d'un ou de plusieurs fichiers, dans une ou plusieurs tables.

C'est l'outil utilisé très souvent lors de migrations de données d'une base vers une autre ou lors de la construction d'un datawarehouse ou autre infocentre.

Comment fonctionne SQL*Loader ?

Pour piloter le chargement des données, SQL*Loader utilise un *fichier de contrôle*. Ce dernier détermine les fichiers de données à charger et vers quelle table de la base Oracle8.

Durant le chargement, SQL*Loader peut produire trois types de fichiers :

- le fichier *« log »* qui effectue un compte rendu complet du chargement ;
- le fichier *« bad »* qui conserve les enregistrements qui n'ont pu être insérés (rejetés lors de l'insertion dans la table cible) ;
- le fichier *« discard »* qui conserve les enregistrements illisibles (provenant du fichier de données à charger, mais non reconnus par SQL*Loader).

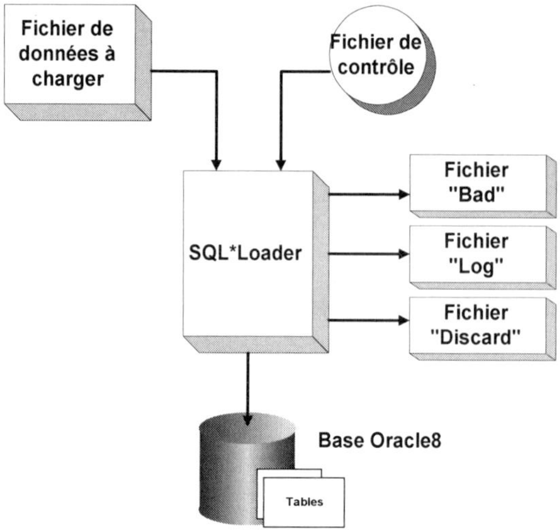

Comment utiliser SQL*Loader ?

SQL*Loader est avant tout un utilitaire « mode caractère ». Il peut être piloté par un utilitaire graphique, qui ne fera que passer les différents paramètres à la commande en ligne.

Sur Windows NT, il se nomme SQLLDR80.EXE et se situe en $ORACLE_HOME\BIN. Pour l'utiliser, ouvrez une fenêtre MS/DOS par Démarrer > Programmes > Invite de commandes, puis tapez sqlldr80 pour obtenir une aide sur la syntaxe.

Une commande usuelle ressemblera à ceci :

```
sqlload utilisateur/mot_de_passe@alias control=controle.ctl
```

Utilisateur/mot_de_passe@alias : connexion à la base Oracle8 locale ou distante.

Le fichier de contrôle Controle.ctl contenant :

```
        load data
①         infile *
②          replace
③          into table COURS
④         ( code  position (02:05) char(4),
            nom   position (08:27) char(20)
          )
⑤       begindata
          FRAN  LANGUE FRANCAISE
          ENGL  LANGUE ANGLAISE
          MATH  MATHEMATIQUES
          PHYS  PHYSIQUE
```

Avec :

① Les données ne proviennent pas d'un fichier mais sont présentes à la fin du fichier de contrôle.

② Les données présentes dans la table COURS seront remplacées.

③ Table cible dans la base Oracle8. Cette table doit être accessible à l'utilisateur de connexion.

④ On insère des données dans les colonnes CODE et NOM de la table COURS. Dans les données fournies en entrée, le CODE sera lu entre le second et le cinquième caractère, le NOM entre le huitième et le vingt-septième.

⑤ Données à insérer.

Comment générer les fichiers « log », « bad », « discard » ?

Ces fichiers sont créés soit à partir de la commande en ligne de SQL*Loader, soit à partir du fichier de contrôle :

```
sqlldr80 user/pwd control=test.ctl log=test.log bad=test.bad
discard=test.dsc
```

```
load data
infile 'fichier_donnees.dat'
badfile 'test.bad'
discardfile 'test.dsc'
truncate
into table test
 (colonne1,
  colonne2,
  colonne3)
```

Il est souvent plus aisé d'utiliser le même nom pour les fichiers de contrôle, « bad », « log », « discard », que le nom de la table que vous chargez. Cela aide à se repérer.

De même, avoir un maximum d'éléments dans les fichiers de contrôle facilite l'écriture, la mise au point et la maintenance des fichiers de contrôle dans le temps.

Les données à insérer peuvent-elles être de longueur variable ?

Oui, dans l'exemple suivant, la première et la seconde colonne sont de longueur fixe :

```
LOAD DATA
   INFILE *
   INTO TABLE test
①  FIELDS TERMINATED BY "," OPTIONALLY ENCLOSED BY '"'
②  TRAILING NULLCOLS
   (  colonne1,
     colonne2
   )
   BEGINDATA
   11111,AAAAAAAAAA
   222,"A,B,C,D,"
```

① Les données seront séparées par des virgules, et peuvent être encadrées par des guillemets (").

② TRAILING NULLCOLS signifie qu'à la fin de chaque champ inséré, les « blancs » ou « espaces » seront supprimés. Cela évite d'avoir des colonnes qui contiennent des valeurs du style "XXX□□□□□" avec le caractère □ qui « remplit » inutilement le champ. N'oubliez pas qu'avec Oracle, une colonne de type VARCHAR2(5) ne contient que les données stockées et que "XXX" et "XXX□□" ne sont pas identiques.

Les données à insérer peuvent-elles être de longueur variable ?

Oui, l'exemple suivant fait appel à un positionnement absolu des données lues dans le fichier d'entrée :

```
LOAD DATA
INFILE *
INTO TABLE positionnement_absolu
(  data1 POSITION(1:5),
   data2 POSITION(6:15)
)
BEGINDATA
11111AAAAAAAAAA
22222BBBBBBBBBB
```

Attention ! Lors du comptage de la position des champs, il est facile de commettre une erreur en produisant un décalage. Vérifiez toujours après un chargement que les données ont été insérées dans les « bonnes » colonnes.

SQL*Loader crée-t-il la table dans la base Oracle8 ?

Non, la table doit être créée avant le chargement des données.

Quels liens entre la table et le fichier de contrôle ?

Considérons l'exemple suivant. La structure de la table TEST est :

```
CREATE TABLE TEST (
COLONNE1     NUMBER(5) PRIMARY KEY,
COLONNE2     VARCHAR2(10),
COLONNE3     VARCHAR2(10),
COLONNE4     VARCHAR2(10)
);
```

Dans la colonne1, nous souhaitons insérer un nombre et dans les colonnes suivantes, les lettres de l'alphabet, dans l'ordre.

Le fichier de contrôle est là pour indiquer à SQL*Loader où placer les données lues dans le fichier de données :

```
LOAD DATA
   INFILE *
   INTO TABLE test
   FIELDS TERMINATED BY "," OPTIONALLY ENCLOSED BY '"'
   TRAILING NULLCOLS
   ( colonne1,
      colonne2,
      colonne3,
      colonne4
   )
   BEGINDATA
```

```
    11111,AAAAAAAAAA,BBB,CCCCCCC
    22222,AAAAAAAAA,BBBBBBBBBB,CCC
    333,AAAAAAAA,BBBBBB,CCCCC
```

Dans cet exemple, l'ordre des colonnes est celui des données à insérer.

```
LOAD DATA
    INFILE *
    INTO TABLE test
    FIELDS TERMINATED BY "," OPTIONALLY ENCLOSED BY '"'
    TRAILING NULLCOLS
    ( colonne3,
       colonne2,
       colonne4,
       colonne1
    )
    BEGINDATA
    BBBB,AAAAA,CCCC,11111
    BBBB,AAAAAAA,CCCCCC,222
    BBBBBB,AAAAAAAAAA,CCCCC,3333333
```

Ce sont bien les données à insérer qui pilotent l'ordre des colonnes du fichier de contrôle.

```
LOAD DATA
    INFILE *
    INTO TABLE test
    FIELDS TERMINATED BY "," OPTIONALLY ENCLOSED BY '"'
    TRAILING NULLCOLS
    ( colonne2,
       colonne4,
       colonne1
    )
    BEGINDATA
    AAAA,CCCC,11111
    AAAAAAA,CCCCCC,222
    AAAAAAAAAA,CCCCC,3333333
```

Dans l'exemple précédent, toutes les colonnes de la table ne sont pas insérées, car les valeurs « BBB... » sont absentes. En revanche, la colonne1 est obligatoire car c'est une clé primaire, qui doit donc exister pour chaque enregistrement inséré.

Comment préciser le type des données en entrée ?

Le type des données dans la table cible est bien défini. Souvent, la difficulté est de préciser à SQL*Loader le type des données en entrée pour qu'il les lise correctement.

C'est grâce au fichier de contrôle que nous précisons les types :

```
LOAD DATA
    INFILE *
    INTO TABLE test
    ( colonne1  INTEGER EXTERNAL  ,
       colonne2 CHAR          ,
       colonne3 INTEGER EXTERNAL  ,
     colonne4  DECIMAL EXTERNAL
    )
....
```

C'est en précisant ce type que vous pouvez lire n'importe quel format de données en entrée : signé, binaire packé décimal, etc.

Peut-on modifier les données lors de leur insertion ?

Oui. Vous disposez en plus de pratiquement toutes les fonctions SQL portant sur les nombres, chiffres, dates, etc.

```
    LOAD DATA
    INFILE *
    INTO TABLE test
①   (numero                               "ma_sequence.nextval",
②      heure_chargement                     "to_char(SYSDATE, 'HH24:MI')",
③      colonne2         POSITION(1:5)       ":colonne1/100",
       colonne1         POSITION(6:15)      "upper(:colonne2)"
    )
    BEGINDATA
    11111AAAAAAAAAA
    22222BBBBBBBBBB
```

① On insère un numéro de séquence qui numérotera les enregistrements en entrée.

② L'heure de chargement sera l'heure système.

③ Lors de l'utilisation des fonctions SQL, on fait précéder la référence à la colonne de « : », en l'encadrant par des « " ».

Peut-on insérer des données dans plusieurs tables ?

Oui. Cela est très utile lorsqu'on récupère des données provenant de fichiers qui ne sont pas normalisés au sens SQL :

```
LOAD DATA
INFILE *
REPLACE
INTO TABLE table1
     WHEN champ_test != ' '
( champ_test POSITION(1:4)   INTEGER EXTERNAL,
  colonne2   POSITION(6:15)  CHAR,
  colonne3   POSITION(17:18) CHAR,
  colonne4   POSITION(20:23) INTEGER EXTERNAL
)
INTO TABLE table2
     WHEN champ_test2 != ' '
( champ_test2 POSITION(25:27) INTEGER EXTERNAL,
  colonne2    POSITION(1:4)   INTEGER EXTERNAL
)
```

Comment charger plus vite avec SQL*Loader ?

Le paramètre DIRECT=TRUE dans la ligne de commande de SQL*Loader permet d'améliorer considérablement la vitesse de chargement de vos fichiers, en court-circuitant une bonne partie des opérations effectuées normalement par la base de données.

Certaines commandes présentes dans le fichier de contrôle (par exemple, "upper(:colonne2)") ne permettent pas d'utiliser le mode DIRECT, car elles font appel aux fonctions du SQL.

Lors du chargement en mode DIRECT, aucune indication ne s'affiche sur votre écran. Seule la fin est indiquée. Cela est surprenant car le mode normal nous habitue à suivre la progression du chargement.

Quelle relation entre SQL*Loader et les index ?

Au fur et à mesure du chargement d'une table, les index qui portent dessus sont construits. Cela impose d'avoir de la place pour le tri et la construction de l'index dans le tablespace temporaire.

En mode normal, les données sont ajoutées petit à petit dans la table et donc dans les index. Ils n'ont pas besoin d'une zone de tri importante.

En mode DIRECT=TRUE, les index sont construits en une fois, à la fin du chargement de la table. Ils ont besoin de plus de place dans la zone de tri.

De manière générale, il est préférable de charger les données, puis de construire les index. Cela améliore le temps global des deux opérations.

Comment forcer SQL*Loader à effectuer un commit à la fin du chargement ?

Vous ne pouvez pas, mais en donnant au paramètre ROWS=*valeur* une valeur importante, vous augmentez le nombre d'enregistrements entre deux commits.

Comment sont utilisés les rollback segments ?

Lors d'un chargement normal des données, les rollback segments doivent être suffisamment gros pour contenir les données entre deux commits.

Le mode DIRECT court-circuite les rollback segments.

Que contient le fichier « log », résultat d'un chargement ?

Le fichier log, résultat d'un chargement, est essentiel pour valider le bon chargement des données. Le fonctionnement standard de SQL*Loader arrête le chargement d'un fichier au bout de 50 erreurs rencontrées. Il peut donc s'arrêter avant terme.

Création de la table de test sous SQL*Plus :

```
SQL> connect scott/tiger
Connecté.
SQL> CREATE TABLE TEST (
  2  COLONNE1 NUMBER(5) PRIMARY KEY,
  3  COLONNE2 VARCHAR2(10),
  4  COLONNE3 VARCHAR2(10),
  5  COLONNE4 VARCHAR2(10)
  6  );
```

```
Table créée.
```

Fichier de contrôle :

```
LOAD DATA
   INFILE *
   INTO TABLE test
   FIELDS TERMINATED BY "," OPTIONALLY ENCLOSED BY '"'
   TRAILING NULLCOLS
   ( colonne1,
      colonne2,
      colonne3,
      colonne4
   )
   BEGINDATA
   11111,AAAAAAAAAA,BBB,CCCCCCC
   22222,AAAAAAAAA,BBBBBBBBBB,CCC
   333,AAAAAAAA,BBBBBB,CCCCC
```

Exécution du chargement :

```
sqlldr80 userid=scott/tiger control=test.ctl log=test.log
```

Voici le fichier log résultat du chargement de la table test piloté par le fichier de contrôle précédent :

```
SQL*Loader: Release 8.0.3.0.0 - Production on Di Jan 25 15:43:18 1998

(c) Copyright 1997 Oracle Corporation.  All rights reserved.

Fichier de contrôle  :  test.ctl
Fichier de données   :  test.ctl
Fichier défectueux   :  test.bad
Fichier de rebut  :  aucune spécification

 (Allouer tous les rebuts)

Nombre à charger  : ALL
Nombre à sauter   : 0
Erreurs permises  : 50
Tableau de liens  : 64 lignes, maximum de 65536 octets
Continuation    : aucune spécification
Chemin utilisé : Conventionnel

Table TEST, loaded à partir de chaque enregistrement physique.
Option d'insertion en vigueur pour cette table : INSERT
option TRAILING NULLCOLS effective

Nom de colonne Position   Long.  Séparat. Encadrem. Type de données
-----------------------------------------------------------------------
COLONNE1        FIRST        *        ,        O(")     CHARACTER
COLONNE2        NEXT         *        ,        O(")     CHARACTER
COLONNE3        NEXT         *        ,        O(")     CHARACTER
COLONNE4        NEXT         *        ,        O(")     CHARACTER
```

```
Table TEST:
  Chargement réussi de 3 Lignes.
  0 Lignes chargement impossible dû à des erreurs de données.
  0 Lignes chargement imposs. car échec de toutes les clauses WHEN.
  0 Lignes chargement imposs. car tous les champs étaient non renseignés.

Espace affecté au tableau de liens:      18944 octets(64 lignes)
Espace alloué à la mémoire en plus du tableau de liens: 0 octets

Nombre total d'enregistrements logiques ignorés :       0
Nombre total d'enregistrements logiques lus :           3
Nombre total d'enregistrements logiques rejetés :       0
Nombre total d'enregistrements logiques mis au rebut :  0

Le début de l'exécution a été effectué sur Di Jan 25 15:43:18 1998
La fin de l'exécution a été effectuée sur Di Jan 25 15:43:25 1998

Temps écoulé (ELAPSED):     00:00:06.61
Temps processeur (CPU):    00:00:00.18
```

En effectuant une lecture attentive, vous constaterez que tout est mentionné dans ce fichier log très complet : le contenu du fichier de contrôle, les paramètres lancés lors de l'exécution de SQL*Loader et le résultat de l'exécution incorporant la durée totale du chargement.

ANNEXE 5

Sites Internet et bibliographie

Si les sites Internet sont indispensables pour obtenir des informations techniques précises, récupérer les dernières versions, accéder à des forums, etc., le recul proposé par des livres et la diversité des sujets traités sont complémentaires. N'oublions pas que le seul outil multimédia réellement portable, utilisable dans n'importe quelle circonstance, en tout lieu... c'est le livre !

Il est maintenant impossible de séparer les sites Internet de la bibliographie. Nous proposons tout un ensemble de sites pour « surfer ». Ils ont été testés par nos soins, mais étant donné la vitesse d'évolution d'Internet, de nouveaux sites ont dû apparaître depuis ! A vous de les découvrir...

Recherches de livres techniques

A tout seigneur tout honneur, le site d'Eyrolles, l'éditeur de ce livre :

www.eyrolles.com

Un autre éditeur de choix, Oracle Press (Osborne/McGraw-Hill) publie la collection officielle d'Oracle. Les titres sont de valeur inégale :

www.osborne.com/oracle/index.htm

Pour les recherches bibliographiques, nous vous conseillons un certain nombre de sites Internet. Le site Internet de chacune de ces librairies spécialisées en informatique propose une recherche des ouvrages par mots clés. Parmi ces librairies, en France : Le Monde en « Tique » et Infothèque :

www.lmet.fr

www.infotheque.com

Aux USA, la plus grande bibliothèque du monde en ligne ; tous les sujets y sont traités :

www.amazon.com

Sites Internet créés par Oracle

Ces sites sont la propriété d'Oracle. Ils traitent de sujets divers. Le premier, l'incontournable est le site officiel. C'est à partir de lui que sont menées nombre d'opérations, dont le téléchargement de versions d'évaluation. De nombreux autres sites sont aussi accessibles :

www.oracle.com

www.oracle.com/products/trial/

Sites Oracle techniques

Si vous avez ce livre en main, c'est que Windows NT et Oracle vous intéressent. Le site suivant est dédié à ces sujets :

ntsolutions.oracle.com

Deux sites techniques sont intéressants. Le premier est lié au support Oracle. Vous devez fournir votre numéro de client Oracle (sous contrat de support) afin de vous créer un compte d'accès personnalisé. Des forums techniques, avec des animateurs du support Oracle fournissent des réponses à vos questions :

support.oracle.com

Le second site est lié à un programme hors support technique, de finalité similaire au *Microsoft Technet*. Son accès est actuellement gratuit : créez-vous vite un compte d'accès ! Un lieu construit par et pour des développeurs :

technet.oracle.com

Un site est fortement axé sur Java et sur les serveurs Internet d'Oracle : Oracle Application Server. Les informations techniques fournies sont d'un très bon niveau :

www.olab.com ou olab.oracle.com

Un site est dédié uniquement aux sauvegardes Oracle ainsi qu'aux outils qui peuvent s'y rattacher :

www.backup-oracle.com

La revue Oracle Magazine propose des articles souvent intéressants ; son abonnement est gratuit. Profitez-en ! De plus, l'intégralité de la revue ainsi que les anciens numéros sont consultables en ligne :

www.oramag.com

Sites Oracle généraux

Si vous souhaitez tout connaître sur le Network Computer, le « dada » du PDG d'Oracle, ces deux sites répondront à vos interrogations. Une montagne qui accouche d'une souris ?

www.nc.com

nc.oracle.com

Oracle propose une messagerie 100 % Internet. Vous pouvez vous créer un compte et l'utiliser à partir du site :

www.interoffice.net

Si vous êtes partenaire d'Oracle ou si vous cherchez un progiciel spécifique à vos besoins et reposant sur la technologie Oracle, vous pouvez consulter les sites suivants :

alliance.oracle.com

solutions.oracle.com

Les offres de formation sont présentées dans :

education.oracle.com

Si l'aventure Oracle vous tente :

jobs.oracle.com

Sites Oracle locaux et affiliés

Les filiales d'Oracle proposent des sites Internet, dans différentes langues. Ces sites sont parfois d'une qualité d'information très relative. Par exemple, le site français souffre de la comparaison avec son homologue britannique :

www.oracle.fr

www.uk.oracle.com

Site français des utilisateurs Oracle. Espérons que le contenu des sessions du club soit plus fourni que son site Web :

www.oracle.fr/aufo.html

www.ioug.org

www.eoug.com

Sites externes à Oracle

Tout d'abord, un grand merci au site français qui m'a permis de mettre le pied dans la galaxie des sites « privés ». C'est celui de B. Desquesne. Les renseignements et sites indiqués sont de premier ordre. Avec l'humour en plus !

home.nordnet.fr/~bdesquesne/index.html

Les sites externes techniques

Il existe un site indépendant d'une grande richesse, qui propose en particulier un large ensemble de FAQ (*Frequently Asked Questions* ou « Questions/Réponses »). D'un excellent niveau technique et fréquemment mis à jour, il possède une page très complète qui répertorie une liste impressionnante de sites Oracle. Un « must » !

www.onwe.co.za/frank/faq.htm

Nous pouvons aussi citer :

www.bf.rmit.edu.au/OracleFAQ

www.osborne.com/oracle/dbafaq/dbafaq1.htm

www.geocities.com/SiliconValley/7020/knora.htm

Un site réservé aux « fans » Oracle :

www.orafans.com

Interfacer de manière fine Oracle et Excel ; un spécialiste peut vous y aider :

www.rcitools.fr

Les forums de discussion

Un certain nombre de forums traitent d'Oracle. Même s'il existe un forum plus ciblé, il faut parfois rester dans un forum « généraliste », plus animé :

news :comp.databases

news :comp.databases.oracle.server

news :comp.databases.oracle.tools

news :comp.databases.oracle.misc

Les listes de diffusion

Vous pouvez vous inscrire à des listes de diffusion (mailing lists) dédiées aux produits Oracle. Vous trouverez la référence de ces listes sur le site suivant :

www.onwe.co.za/frank/faq.htm

www.saraswati.com

La liste dédiée à Developer2000 (le L4G Oracle) est très bonne. Pour y souscrire, envoyez un mail à : *listserv@kbs.net* contenant le texte suivant : SUBSCRIBE oracle-l votre_email

Comparer les bases de données

On apprend beaucoup en observant les autres :

www.tpc.org

www.microsoft.com

www.informix.com

www.sybase.com

Devenir un DBA certifié

Comment s'entraîner, s'améliorer, ou tout simplement se poser des questions :

education.oracle.com/certification

www.chauncey.com/itt/dbat001.html

www.chauncey.com/itt/dbaint.html

www.docsoftware.com/dbademo.htm

www.oracle-users.com

Java, SQLJ et JDBC

Java et ses interfaces d'accès aux bases de données vous intéressent ? Le site incontournable est celui de Sun, l'inventeur de Java, mais il en existe beaucoup d'autres :

www.sun.com

java.sun.com

www.javasoft.com

Gamelan est un site impressionnant par la diversité de ressources techniques proposées. De très nombreux exemples téléchargeables sont proposés.

www.gamelan.com

Annuaires de sites Java : on trouve de très nombreux pointeurs vers des sites dédiés à Java (spécifications du langage, tutoriels, exemples d'applets ou de Java Beans, outils de développement, adresse des groupes de news ainsi que des mailing lists).

www.teamjava.com/links/

www.javaworld.com/javaworld/jw-jumps.html

Liste exhaustive des API Java avec date de disponibilité et possibilité de téléchargement des spécifications complètes et des JDK correspondants.

www.javasoft.com/products/api-overview/

Pour avoir plus d'informations sur les accès aux bases de données distantes à partir de Java.

www.oracle.com/trial-products

splash.javasoft.com/databases/

splash.javasoft.com/databases/jdbc/jdbc.drivers.html

Groupes de news dédiés à JDBC.

news :comp.lang.java.databases

Outils de développement Web/bases de données ou Java. DBMS Magazine/Internet Systems donne un guide des produits de développement Web/intranet permettant l'accès aux bases de données.

www.dbmsmag.com/pcintnet.html

www.dbmsmag.com/intsys.html

Liste de produits de développement Java.

www.sys-con.com/inetbg/index.html

www.javaworld.com/javaworld/common/jw-toolstable-alphaproduct.html

www.teamjava.com/links/#products

Freewares et sharewares

Ce ne sont pas forcément des logiciels « au rabais ». Certains sont superbes et très bien réalisés ! Les sites suivants proposent des utilitaires Oracle.

www.cais.com/oic/prod/oicora.html

www.tiac.net/users/markford/index.htm

www.mcs.net/~hugo/ftp/files.html

Sites proposant un large choix de logiciels autour de Windows 95 et Windows NT.

www.geocel.com

www.tucows.com

www.windows95.com.

Revues informatique

Certaines revues sont spécialisées dans le domaine des bases de données ; d'autres plus généralistes sont à la pointe de tous les nouveaux produits et architectures.

Oracle Magazine est une revue qui présente des articles souvent très intéressants et l'abonnement est gratuit. Profitez-en ! De plus, l'intégralité de la revue ainsi que les anciens numéros sont consultables en ligne :

www.oramag.com

Database Programming & Design (Miller Freeman)

www.dbpd.com

Oracle View (Miller Freeman)

www.oreview.com

Index

E

F

G

H

I

J

K

L

M

N

O

T

U

W

Contenu et exploitation du CD-Rom de ce livre

Si vous êtes en phase d'évaluation du produit et que vous n'avez pas encore acheté votre licence, la documentation présente sur le CD-Rom d'accompagnement de ce livre va vous être particulièrement utile. Elle représente, en effet, l'intégralité de la documentation en ligne (en anglais) fournie avec le produit Oracle8® pour Windows NT (version 8.0.4).

Attention ! le CD-Rom fourni avec l'ouvrage ne contient pas le produit Oracle8® pour Windows NT lui-même. Pour vous procurer ce produit, consultez le site web : www.oracle.fr ou appelez le numéro vert *d'Oracle France : 0800 905 805.*

Cette documentation représente plus de 16 000 pages et est fournie sous les deux formats HTML et PDF.

Oracle8 Database
Oracle8 Getting Started for Windows NT (432 pages)
Getting to Know Oracle8 and the Oracle8 Enterprise Edition (52 pages)
Oracle8 Concepts, Release 8.0 (804 pages)
Oracle8 Administrator's Guide, Release 8.0 (512 pages)
Oracle8 Backup and Recovery, Release 8.0 (382 pages)
Oracle8 Distributed Database Systems, Release 8.0 (214 pages)
Oracle8 Migration, Release 8.0 (164 pages)
Oracle8 Replication, Release 8.0 (568 pages)
Oracle Server Manager User's Guide (416 pages)
Oracle8 Tuning, Release 8.0 (534 pages)
Oracle8 Utilities, Release 8.0 (396 pages)
Oracle8 Error Messages (1 460 pages)
Oracle8 Reference, Release 8.0 (612 pages)
Oracle8 SQL Reference, Release 8.0 (792 pages)
PL/SQL User's Guide and Reference, Release 8.0 (578 pages)

Cartridge

Oracle8 ConText Cartridge QuickStart (42 pages)

Oracle8 ConText Cartridge Application Developer's Guide (278 pages)

Oracle8 ConText Cartridge Administrator's Guide (432 pages)

Oracle8 ConText Cartridge Workbench User's Guide (152 pages)

Oracle8 Image Cartridge User's Guide (84 pages)

Oracle8 Spatial Cartridge User's Guide and Reference (175 pages)

Oracle8 Time Series Cartridge User's Guide (304 pages)

Oracle8 Visual Information Retrieval Cartridge User's Guide (121 pages)

SQL*Plus

SQL*Plus Getting Started for Windows NT and Windows 95 (36 pages)

SQL*Plus Quick Reference (23 pages)

SQL*Plus User's Guide and Reference (305 pages)

Networking

Net8 Getting Started for Windows NT and Windows 95 (240 pages)

Net8 Administrator's Guide (389 pages)

Oracle Cryptographic Toolkit Programmer's Guide (112 pages)

Oracle Security Server Guide (91 pages)

Oracle Advanced Networking Option Administrator's Guide (185 pages)

Oracle Enterprise Manager

Oracle Enterprise Manager Administrator's Guide (506 pages)

Oracle Enterprise Manager Application Developer's Guide (144 pages)

Oracle Enterprise Manager Concepts Guide (54 pages)

Oracle Enterprise Manager Configuration Guide (108 pages)

Oracle Enterprise Manager Messages Manual (284 pages)

Oracle Enterprise Manager Oracle Expert User's Guide (164 pages)

Oracle Enterprise Manager Oracle Trace Developer's Guide (176 pages)

Oracle Enterprise Manager Oracle Trace User's Guide (108 pages)

Oracle Enterprise Manager Performance Monitoring User's Guide (142 pages)

Oracle SNMP Support Reference Guide (271 pages)

Application Development

Oracle Call Interface Getting Started Release 8.0.4 for Windows NT and Windows 95 (22 pages)

Oracle Pro*C/C++ Getting Started Release 8.0.4 for Windows NT and Windows 95 (62 pages)

Oracle Pro*COBOL Getting Started Release 8.0.4 for Windows NT and Windows 95 (24 pages)

Oracle Call Interface Programmer's Guide, Release 8.0 (966 pages)

Oracle8 Application Developer's Guide, Release 8.0 (738 pages)

Oracle8 JDBC Drivers, Release 8.0 (44 pages)

Pro*C/C++ Precompiler Programmer's Guide, Release 8.0 (720 pages)

Pro*COBOL Precompiler Programmer's Guide, Release 8.0 (554 pages)

Oracle Parallel Server

Oracle Parallel Server Getting Started for Windows NT (168 pages)

Oracle Parallel Server Management User's Guide (90 pages)

Oracle Parallel Server Concepts and Administration (434 pages)

Oracle Web Publishing Assistant

Oracle Web Publishing Assistant Getting Started for Windows NT (78 pages)

Legato Storage Manager

Legato Storage Manager Administrator's Guide (160 pages)

Le CD-Rom est structuré en trois répertoires :

DOC	contient la documentation au format HTML,
PDFDOC	contient la documentation au format PDF,
ACROREAD	contient le runtime Adobe Acrobat qui vous permettra de lire les fichiers au format PDF.

Installation de Adobe Acrobat Reader (version 3.0.1 française)

Si vous ne disposez pas du logiciel Acrobat Reader sur votre PC, vous pouvez l'installer à partir du CD-Rom fourni avec l'ouvrage. Pour cela :

- Placez-vous sur le répertoire \ACROREAD du CD-Rom et lancez l'exécutable.
- Suivez les instructions automatiques.

Exploitation de la documentation du CD-Rom du livre

La documentation fournie sur votre CD-Rom peut être exploitée de deux façons :

Utiliser la documentation à partir du CD-Rom

Format HTML

- Placez-vous sur le répertoire \DOC de votre CD-Rom.
- Cliquez sur le fichier index.htm (ou ouvrez ce fichier à partir de votre navigateur Internet).

Format PDF

- Placez-vous sur le répertoire \PDFDOC.
- Cliquez sur le fichier index.pdf (ou ouvrez ce fichier à partir d'Acrobat Reader).

Copier et utiliser la documentation sur votre disque dur

Pour copier la documentation, vous devez disposer de la place suivante sur votre disque dur :

- version HTML (environ 74 Mo),
- version PDF (environ 64 Mo).

La copie s'effectue par un glisser/déposer des répertoires \DOC et \PDFDOC du CD-Rom vers votre disque dur. La manière de lancer les fichiers est la même que précédemment.

Attention ! Pour pouvoir exploiter ce CD-Rom, vous devez être équipé de Windows 95 ou de Windows NT et d'un lecteur de CD-Rom piloté par un driver 32 bits.

Achevé d'imprimer : Jouve Paris - N° 257921C
Dépôt légal : juin 1998
N° d'éditeur : 5971